朱虹◎著

JIANGXI JIAOYU LUJING

江西教育路径

江西教育出版社

JIANGXI EDUCATION PUBLISHING HOUSE

图书在版编目（ＣＩＰ）数据

江西教育路径 / 朱虹著. -- 南昌：江西教育出版社, 2017.10
　　ISBN 978-7-5392-9811-5

　　Ⅰ. ①江… Ⅱ. ①朱… Ⅲ. ①教育事业－发展战略－研究－江西 Ⅳ. ①G527.56

中国版本图书馆 CIP 数据核字(2017)第 250521 号

江西教育路径
JIANGXI JIAOYU LUJING

朱虹　著

江西教育出版社出版
（南昌市抚河北路 291 号　　邮编：330008）
各地新华书店经销
南昌市红星印刷有限公司印刷
720 毫米×1000 毫米　　16 开本　　31.5 印张　　字数 400 千
2017 年 10 月第 1 版　　2017 年 10 月第 1 次印刷
ISBN　978-7-5392-9811-5
定价：58.00 元

赣教版图书如有印装质量问题，请向我社调换　电话：0791-86710427
投稿邮箱：JXJYCBS@163.com　　　　电话：0791-86705643
网址：http://www.jxeph.com

赣版权登字-02-2017-556

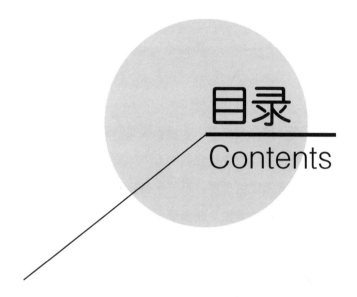

目录
Contents

高等教育篇

基础教育篇 ········

职业教育篇

民办教育篇

高等教育篇

GaoDeng JiaoYu Pian

历史上江西教育非常繁荣，这片土地上，文化底蕴深厚，名家巨擘辈出，"一门九进士""五里三状元"传为美谈。江西高等教育发展可以说是坐拥"近水楼台"，然而，由于起步较晚、经济环境制约等原因，江西高等教育发展却错失"得月先机"：由于资源配置、体制机制的限制，学科人才特别是领军人才短缺、全国有影响力的高水平大学不足等问题，拉开了江西高校与周边省份高校、国内一流高校之间的距离。

针对这些问题，江西省大力推进科教兴赣、人才强省的战略，高等教育焕发新的活力。学术研究方面，南昌大学教授江风益研发出"中国芯"、江西农业大学黄路生教授入选中国科学院院士……学科领军人才效益渐显；高校建设方面，宜春学院、上饶师范学院等地市院校给高等教育办学的积极转型注入新的生机。此外，独立学院、开放大学等也将成为未来高等教育办学的新形态。

本部分文章就发展总战略、高校学术文化建设、本科教育改革、研究生培养等切中江西高等教育的痛点问题进行阐述，认为江西高等教育的发展战略在于打造一流的师资、培养一流的学生、铸就一流的质量、建设一流的设施、创新一流的管理，实现从规模扩张向质量提升转变、从均衡推进向重点突破转变……今后，高校这一高水平研究平台将聚集更多一流人才，也将为服务江西经济社会发展提供"高端智库"。

建设有特色、高水平的大学

——江西高等教育发展战略

历史上江西教育的兴盛时期之长、影响之广，值得现今的江西人为之骄傲，这也是搞好当代江西高等教育的重要动力所在。先辈的教育实践为我们做出了榜样。各级教育行政主管部门和广大教育工作者都要充分感知这份荣耀，认真总结江西古代教育的宝贵经验，传承江西教育的辉煌历史，早日实现江西教育的历史复兴。

一、认清发展现状

改革开放后特别是近几年来，在江西省委、省政府正确领导下，我省大力推进科教兴赣、人才强省战略，高等教育在许多领域、许多方面取得了显著成绩。一是办学规模迈上新台阶。普通高校由2000年的32所增加到现在的86所（含独立学院13所），在校本专科生由14.43万人增加到82.86万人，研究生由2118人增加到2.38万人；民办高校由2000年的1所发展到现在的16所，在校生从1000人发展到10余万人，规模雄踞全国前列。特别是自2002年以来，我省大多数高校都建有新校区，校园面积扩大了三倍。二是人才队伍焕发新活力。江西农业大学黄路生教授当选中国科学院院士。全省高校有国家级教学名师 8 人。具有博士学位的专任教师由 2000 年的 178 人增至目前的 4446 人。2009 年以来，我省连续两年面向海内外公开选拔了 50 名知名学者任高校副校长，公开选聘了 15 位"井冈学者"特聘教授，引进了一批"长江学者"、国家杰青等高层次人才。三是学科建设取得新进展。博士培养单位从 2000 年的 3 所有望增加到今年的 10 所，硕士培养单位从 12 所增加到 16 所。目前，我省高校有博士学位一级学科授权点 19 个，硕士学位一级学科授权点 200 个，国家级重点学科 2 个，国家级重点培育学科 2 个，有国家示范（骨干）高职院校 5 所。全省高校约 40% 的专业为我省十大战略性新兴产业所需。四是科学研究实现新突破。2000 年以来全省高校获国家科技进步二等奖 7 项，国家技术发明奖 1 项。"十一五"期间，全省高校获省自然科学奖 62 项、技术发明奖 9 项、科技进步奖 117 项，分别占全省所获奖项总数的 98%、36%、30%。2011 年，全省高校获国家社科基金项目 84 项、经费 1300 万元。高校已成为我省基础研究、应用研究、科技产业化的生力军。五是社会服务作出新贡献。全省高校建立了 6 个产学研合作示范培育基地，组建了产业技术创新战略联盟，以"硅衬底 LED 照明材料"为代表的一批重大成果成功转化。高校哲学和人文社会科学立足区域经济社会发展，近年来为各级政府及企事业单位提供咨询报告 513 份，被部省级以上党政部门采纳 85 份，有 4 项研究成果获中央领导批示。

在充分肯定成绩的同时，也要清醒地看到，与江西辉煌的教育历史相比、与周边其他省份的发展成就相比、与党和政府及人民群众的热切期盼相比，江西高等教育还存在较大的差距。一是从我省各级各类教育在全国的综合排位来看，高等教育在全国的地位相对偏低，而高等教育是反映一个地区整体教育水平的重要标志，因此，高等教育的地位一定程度上影响到我省教育整体水平在全国的地位。二是从我省高校人才培养的结构层次上看，研究生教育所占比例过低，层次结构不合理。三是从我省重点高校数量上看，只有1所"211工程"大学，几乎没有在全国有影响的高水平大学。四是从高校核心竞争力的重要指标上看，到2011年底，我省院士有4人（高校1名），数量明显偏少；有博士培养资格的高校仅4所，一级学科博士点仅19个，一年招收的博士生人数才191名；仅有2个国家二级重点学科，无国家一级重点学科。五是从对经济社会发展的贡献度来看，我省在全国三大科技奖、教育部人文社科奖、国家教学成果奖方面，均未获得过一等奖；在国家重大创新项目、攻关项目方面尚无首席科学家，高校科研成果转化率不高，高校的职能作用有待进一步发挥。

总之，我省高等教育面临严峻的形势。这其中有外在的历史客观原因，也有自身发展的主观因素：一是办学理念问题，一些高校过于注重学校规模而缺乏鲜明特色；二是资源配置问题，部分高校的资源配置存在项目封闭、简单重复、低效浪费等现象；三是体制机制问题，缺乏活力，不利于领军人物和高水平教学科研团队脱颖而出。

二、明确根本任务

高等教育的根本任务是人才培养，核心是解决好培养什么人、怎么培养人的问题。完备的高等教育人才培养模式，是把教育者和受教育者、道德教育和知识技能、学术能力和行政能力、党的意志和个人发展相结合的系统工程。

为完成这个任务，必须实现五个一流。

（一）打造一流的师资

大学之所以有名，是因为教授有名。教育家梅贻琦先生曾经说过，"大学者，非大楼之谓也，乃大师之谓也"。当前摆在我省高等教育面前的一个首要问题就是缺少大师和领军人物。因此，必须把高校师资队伍建设作为高校最重要的基础工程来抓。要为教师心无旁骛安守教学科研工作岗位提供制度保障，改革教师评价办法，突出教学科研业绩评价，建立合理的激励竞争机制；要建立和完善教学名师评选制度，今后每年要公布一批全省高校的名师，从而吸引更多优秀人才长期从教、终身从教；要坚持内部培养和外部引进相结合，加强中青年教师培养，延揽高层次领军人才；要抓好师德师风教育，增强教师教书育人的责任感和使命感，倡导和培养一批像石秋杰这样的师德典型。

（二）培养一流的学生

高校的一切工作都要服从和服务于学生的成长成才，任何时候、任何情况都不能偏离培养学生成长成才这一永恒使命。要尊重人才培养规律，不仅要加强专业教育，更要注重"厚基础、宽领域、广适应、强能力"，把文化知识学习和思想品德修养、创新思维和社会实践、全面发展和个性发展结合起来，增强学生服务国家服务地方服务人民的社会责任感、勇于探索的创新精神和善于解决问题的实践能力。要坚持分类指导，按照不同高校的培养目标，努力培养一批拔尖创新人才、一批高层次专门人才、一批高技能应用人才，为我省科学发展、绿色崛起、进位赶超提供人才支撑和智力支持。

（三）铸就一流的质量

质量是高校赖以生存与发展的生命线，一流的大学始终都是把教育质量放在重要的位置，因为高质量的教育对莘莘学子具有极大的吸引力，同时，高质量高校培养出的毕业生也往往是用人单位争抢的"香饽饽"。要毫不动摇地坚持以教学为中心，一个不为教学操心的校长不是合格的校长，一个不把主要精力放在教学上的教师不是合格的教师；要进一步加强教学基本建设，服务教学一线，保障教学一线；要不断更新教学理念，丰富教学内涵，改进教学方法和手段，创新学习方式；要把本科教育作为学校最基础、最根本的教育，特别要把教授为本科生上课作为基本制度，坚决避免本科教学被弱化的现象。

（四）建设一流的设施

无论是科研创新，还是应用型人才培养，都需要一流的实验实训设施作支撑。要加大硬件投入，舍得在重点学科的教学科研设施设备的配置上花钱；要加强资源整合，推进与行业企业合作，共同建设实验室或实训基地；要推进校校协同，改变一个课题多家重复、封锁资料、互相拆台的情况；要推进信息技术在教学领域的广泛应用，增强学生应用网络资源进行学习的能力。

（五）创新一流的管理

没有一流的教育管理，就没有一流的教育环境，也谈不上一流的学校。要加强高校领导班子建设。正确协调好党委领导和校长负责的关系，书记、校长要团结共事，把握好各自的角色定位，既要有战略眼光，又要保证全身心投入办学和管理，还要善于调动中层干部的积极性，凝心聚力推动学校发展；要建设优良学风教风校风。高校都要制定符合自身发展方向的校训，坚持不懈地培植良好的学风教风校风，增强高校自身的"软实力"；要加强精细化管理。为广大师生营造安全、有序、乐学、舒适的校园环境和学习生活条件。要坚持廉洁办校，防止腐败现象的发生。

三、力促两大转变

江西高等教育的发展目标是："建设有特色、高水平的大学"，就是要坚持科学定位、特色立校，按照"学校有特色、专业有特点、学生有特长"的办学思路，努力建成一批学科优势明显、办学特色鲜明、国内有影响的本科高校，建成一批优质特色示范性高职院校，进而实现江西高等教育整体实力的进位赶超。为了实现这个目标，必须实施江西高校新的发展战略，力促两大转变。

一是发展方式上，实现从规模扩张向质量提升转变。经过近几年的快速发展，我省高校已经完成了规模化发展，校园面积扩大，学生人数攀升。应该说，在一定时期内，数量扩张、规模扩大是十分必要的。实践证明，当年我省大力推进新校园建设的决策是非常正确的，敏锐地抓住了历史机遇，很好地实现了我省高等教育从精英教育向大众教育的转变，让更多的年轻人跨进了大学校门，应当给予充分肯定。但我们也要清醒地看到，高校建新校区、扩大招生规模只是阶段性的特征和任务，下一步高校的工作思路和工作重心要从注重外延扩张、规模发展向注重内涵建设、质量提升转变，全面提升办学水平，花更大的工夫来提高教育质量和科研能力。要控制总量，改善结构，基本不再建新校区，稳定本科和高职的招生总数，适当提高研究生的招生人数。目前，我省高考考生人数从 2008 年最高峰的 38.4 万人，到 2009 年的 34.9 万人、2010 年的 31.2 万人、2011 年的 28.8 万人，2012 年只有 26.9 万人。高考考生人数持续减少，高考录取率超过了 80%。这不仅给高校完成招生计划带来新的压力，还将对部分高校特别是高职院校和民办院校的生存与发展造成深远的影响。

二是发展路径上，实现从均衡推进向重点突破转变。过去一些高校在迅速扩张的同时，办学讲求面面俱到，追求大而全，希望迅速整体推进，实现全面赶超。结果专业设置雷同、教学内容重复、研究课题单一，同质化办学现象严重，缺乏特色和优势。下一步高校的工作思路和工作重心要从注重均衡推进、整体发展向注重重点突破、特色发展转变。要进一步更新观念，学会"舍得"，勇于"放弃"，切实按照"唯一性"和"独特性"的原则，找准优势特色学科，整合优质资源，加大投入力度，推进协同创新，完善体制机制，全力以赴提升江西高等教育创新能力。

要实现以上这两大转变，当前重点是要抓好以下几项工作。

（一）找准优势特色学科

实现优势特色学科的重点突破，首先必须找准优势特色学科。要坚持集思广益，广泛听取多方意见，选对了学科就事半功倍。关键是要做到"四个结合"：一是结合区域经济社会发展的科研需求。主要围绕我省绿色生态等具有地域特殊性的科研需求，凝炼学科的发展方向。二是结合江西人文、自然的独特资源。要从高校所处区域的人文、自然等方面的独特资源中汲取养分，选择学科突破的方向。三是结合高校自身发展的既有优势。我省高校在过去几十年的发展积淀中，一些高校形成了自己有影响、有地位的特色学科。要充分发挥他们的优势，"再加一把火"，谋求新突破。四是结合学科发展的前沿趋势。要从学科与学科、科学与技术、自然科学与人文社会科学之间的交叉、渗透、融合中寻找到优势特色学科发展的方向、重点、途径与举措。江西省教育厅和各高校要根据"四个结合"的具体要求，编制学科专业建设总体规划，确立近期和中长期发展目标，明确主攻方向。

（二）整合教育优势资源

一个地区、一个高校、一个部门的资源总是有限的，要实现重点突破，必须整合各方优势资源，集中攻关，重点是做到"四个集中"：一是集中精力。教育行政部门和各高校领导班子的精力应当主要放在特色优势学科的建设和发展上。江西省政府将协调有关部门，在省级重大科研项目、重点科技攻关项目、创新项目、社科重点研究课题等的立项上，采取更为灵活的方式，向优势特色学科建设倾斜。二是集中人力。要多管齐下、多措并举，将本校甚至外校的科研领军人才延揽和集聚到优势特色学科建设上来，形成优秀的团队。从 2012 年开始，已经启动的我省科技领军人才培养计划、中青年教师访学计划、高校哲学社会科学高水平创新团队建设计划等各类人才培养计划，要服务于优势特色学科的重点建设，特别是今年将实施的第二批"井冈学者"计划，要与优势特色学科建设统筹考虑，充分发挥各类资源的整体作用。三是集中财力。要构建起政府、高校、企业、社会共同建设优势特色学科的多元投入机制。财政对高等教育投入的增量今后将主要用于优势特色学科建设；我省组织实施的"质量建设计划"、"哲学和社会科学高水平平台建设计划"、"中西部基础能力建设计划"，设立"高等教育社科基金"等项目，在立项和资金分配时，要立足优势特色学科发展。高校自身的资金也要优先安排优势特色学科项目建设。要吸引行业、企业等社会各方对高校重点学科建设给予支持。四是集中物力。在全省高校建立若干个优质科研和教育资源共建共享平台，包括实验室及试验设备、图书资料、学科团队及科研成果共建共享平台，形成优质教育资源共建共享机制。

（三）提升协同创新能力

今年3月，教育部、财政部正式印发了关于实施高等学校创新能力提升计划的意见（即"2011计划"）。该计划的组织实施，将为我省高等教育提升创新能力、实施发展路径向优势特色学科重点突破转变，提供千载难逢的历史机遇。各级政府、各有关职能部门、各高校一定要高度重视，认真部署，突出优势，通力配合，力争在实施"2011计划"上抢得发展先机。一是要领会"2011计划"的主要精神。该计划是以"国家急需、世界一流"为根本出发点，以人才、学科、科研三位一体创新能力提升为核心任务，以建设一批协同创新中心为载体，以创新发展方式转变为主线，支撑国家和区域经济社会又好又快发展，并在贡献中同步实现高校创新发展方式的转变和提高高等教育质量的目的。二是要把握"2011 计划"的扶持范围。该计划主要是服务国家和地方创新体系建设，建立协同创新的模式与机制，重在实现创新要素和资源的有效整合。该计划突破以往"985 工程"和"211 工程"建设学校的身份限制，不限定学校，不限定单位，只要具有自身优势和特色的高水平学科项目均可申报。三是要探索"2011 计划"的有效形式。要通过政策和项目引导，实现高校内部各学科之间、高校与高校之间、高校与科研院所之间、高校与企业（行业）之间、高校与区域之间的协同，以及高校与国际合作的协同，在政府、科技服务中介机构、金融机构等相关主体的协同支持下，合作攻关，从而在学科建设、科学研究、技术开发等方面取得重大进展和突破。四是要明确"2011 计划"的政策措施。江西省将启动"440 工程"，用 4 年的时间建设 40 个"江西 2011 协同创新中心"，即从 2012 年到 2015 年，每年遴选 10 个协同创新中心，对每个协同创新中心，省财政将安排一定的专项资金，高校再按照不低于 1:1 的比例自筹配套一部分资金。此外，对于建设和实施省级"2011 计划"成效显著的，将推荐申请国家"2011 计划"；2012 年继续实施的我省高校高水平创新平台建设"311 工程"项目建设，也要体现"2011 计划"的要求。

（四）强化组织领导工作

各级政府、有关职能部门、各高校要明确责任分工、完善推进机制、狠抓工作落实，为提高高等教育质量和优势特色学科建设提供有力的保障。一是明确责任分工。江西省政府要加大投入力度，统筹好各方面力量，整体推进优势特色学科建设。江西省财政、发改、组织人事、编制等有关职能部门要在有力保障落实有关资金、项目、人事编制等方面积极支持，通力配合。教育部门要承担具体组织实施工作，认真落实各项扶持政策，加强督促、检查和指导。科技、社科、文化、广电、新闻出版和工信等部门要在科研经费、科研项目等方面积极支持，通力配合。各高校要切实履行好主体责任，健全内部责任制度，承担优势特色学科建设的高校院（系）是直接责任单位，要积极推行学科带头人负责制，落实学科带头人在人、财、物方面的统筹权和责任。同时，要建立健全日常管理制度，提高管理的信息化、规范化、科学化水平。二是注重激励引导。要按照公平、公正、公开的原则，建立健全教学名师和优势特色学科的遴选标准、程序和办法，树立正确的导向。要积极探索构建有利于提高教育质量和优势特色学科建设的薪酬分配、人事考核等制度，激发和调动广大教师和科研人员的积极性、创造性。三是加强督查评估。要科学设计教学科研和学科建设的评估指标，使评估评价符合规律，符合实际，有利于教师乐教和优势特色学科发展。在设计教学科研和学科建设评估指标时，要与人才培养质量标准体系、高校教学评估制度、高等教育质量评估制度、高校内部质量保障体系等建设整体考虑，总体推进提高教育质量和优势特色学科评估监督机制的确立。要及时公开评估体系和结果，加强监督约束。同时，支持有条件的大学开展教学科研和学科专业的国际评估。四是做好宣传推广。要注重经验总结，把其中带有共性的、规律性的做法提炼出来，变成大家共同的财富。要充分调动各方面积极性，尊重和发挥基层的首创精神，鼓励试点，鼓励探索。对改革有成效，质量抓得好、学科建得好的单位和个人要进行表彰。要加强对教学科研和学科建设成功经验的宣传、交流和推广，营造良好的舆论氛围。

四、服务地方建设

高等学校是人才的摇篮、知识的殿堂、创新的基地，是经济社会发展的"发动机"和"助推器"。江西高校在过去的发展中，始终关注地方经济社会发展的需求，积极发挥人才培养、科研创新、社会服务等方面的功能作用，取得了一定的成绩，积累了一定的经验。但总体上看，我省高校服务地方经济社会发展的意识还不强、平台还不多、能力还不足。尤其是通过近三个月的调研，我感到江西高等教育有三个问题：一是吸引本地优质生源就读的比例不高。二是"人才流血"现象比较突出，优秀中学毕业生都跑到发达地区去读书、谋发展，导致穷地方帮助富地方培养人才。三是一些科研项目"上不着天，下不着地"，不切合地方经济社会发展实际。

因此，高校的教学科研一定要想地方经济社会发展之所想，急地方经济社会发展之所急，不断提升服务地方经济社会发展的能力和水平。有作为才能有地位，只有为地方经济社会发展作出贡献，高校的发展才能得到地方、社会、企业的认同和支持。否则，我们的教育将成为无源之水，无本之木。

（一）努力成为高素质人才的培养基地

高校要为我省推动产业转型升级提供强有力的人才支持。一是要优化学科专业结构。根据社会发展和就业市场需求，加快建设新兴交叉学科和边缘学科，加紧建设重点学科和紧缺专业，构建适应地方支柱产业发展、具有地方特色优势的学科专业结构体系。二是要创新人才培养模式。坚持以社会需求为导向，构建行业、企业参与制订人才培养方案的新机制，支持有条件的院校根据企业和社会需要实施"订单"培养模式。三是要加强实践教学。发挥实践教学基地的作用，完善实践教学体系，推进实践教学改革，建立各个实践教学环节的质量标准。

（二）努力成为科研成果转化的孵化器

高校一定要面向地方经济社会建设一线，寻求课题项目，组织精干力量，开展课题攻关，破解发展难题，为地方发展提供创新驱动力。一是要为推动产业发展服务。要围绕我省传统优势产业和战略性新兴产业，积极开展产业结构优化、关键技术开发和技术集成创新，形成具有自主知识产权的核心技术和竞争能力。二是要为"三农"服务。我省是农业大省，绿色食品制造产业是我省十大战略性新兴产业之一。高校应当结合我省农业优势，重点进行培育品牌产业和现代农业产业研究，进一步完善农业科技服务。三是要为现代服务业服务。围绕旅游、信息、金融、物流等现代服务业发展需求，加强技术攻关、智力服务和人才培养，促进现代服务业发展。四是要为民生工程和可持续发展服务。加快社会发展与民生领域的科技创新，针对公共卫生、生态环境、公共安全等热点民生问题，加强综合示范和关键技术应用研究，为建设"资源节约型、环境友好型社会"提供支撑。

（三）努力成为党和政府科学决策的思想库

高校要发挥自身的人才优势和科研优势，一要"谏政"，要围绕区域经济社会发展面临的重大关键问题进行立项研究，积极为地方各级党委、政府的决策提供咨询服务，为区域、行业、产业的加快发展提供科学论证。二要"荐才"，要积极推荐专家学者到地方相应政府部门、咨询机构任职或挂职，主动参与地方党委、政府宏观决策和重点项目的论证咨询。

（四）努力成为学习型社会的推动者

高校要切实发挥培养培训职能，发挥继续教育的主阵地作用，推动学习型社会建设。一是服务技能培训。高校特别是高职高专院校要积极主动开展针对在职职工、下岗职工、城镇新增劳动力、农村转移劳动力等群体的职业技能培训、就业指导和文化素质教育。二是服务终身教育。高校要紧紧围绕知识更新和群众终身教育需求，以提供在职学习机会为重点，大力发展成人继续教育。三是服务社区教育。高校要积极鼓励、组织教师参与社区教育，积极主动开展各类科普活动；

教育资源要逐步向社会开放，为社区和居民的学习、娱乐、健身提供便利条件。

（五）努力成为文化传承创新的引领者

江西文化底蕴丰厚，是儒释道开宗立派之地、华夏名贤荟萃之地、民族艺术扛鼎之地、工农业生产滥觞之地、中国红色革命发源之地。一方面，高校要在传承地方特色文化方面下功夫，加强对优秀传统文化的挖掘、保护、传承和运用现代科技手段的开发，加强参与城乡文化建设，努力把高校建成全省文化建设的示范区。另一方面，高校要在弘扬主旋律上下功夫，在当前复杂的国际国内形势下，要坚定地发挥社会主义核心价值体系的引领作用，加强党风廉政建设，形成正确的价值认同和良好的校风学风，促进高校与社会的和谐稳定。

（2012 年 5 月 16 日）

实现进位赶超须在"七个突出"上做文章

——全面深化江西省高等教育综合改革

全面深化江西省高等教育的综合改革，实现江西高等教育的进位赶超，必须突出立德树人、突出教师建设、突出办学特色、突出创新能力、突出打造品牌、突出加强管理。

一、突出立德树人

党的十八大报告强调，把立德树人作为教育的根本任务。培养出什么样的学生是衡量学校水平的一个重要标志。党的十八届三中全会提出，全面贯彻党的教育方针，坚持立德树人。这充分体现了中央对教育改革发展目标和现实需要的准确把握，更好地回答了"培养什么人、怎样培养人"这个根本问题。

（一）坚持立德树人，就要坚持以德为先

立德树人最基本的含义是，教育要以树人为本，树人要以立德为先。古人将"立德、立功、立言"合称"三不朽"，而把"立德"排在第一位。我们说促进学生德智体美全面发展，始终把"德"放在最前面。党选人用人的标准也是"德才兼备，以德为先"，这充分体现了对一个人德

行的看重。爱因斯坦曾说过："用专业知识教育人是不够的，通过专业教育他可以成为一个有用的机器，但是不能成为一个和谐发展的人。"只有坚持育人为本、德育为先，将智育和德育结合起来，将言传和身教结合起来，将授业和传道结合起来，学生才能成为全面和谐发展的人，才能成为中国特色社会主义事业的合格建设者和可靠接班人。

（二）坚持立德树人，就要抓好教学工作

我们通常说高校的基本功能是人才培养、科学研究、社会服务、文明传承，而其中人才培养又是最核心最根本的任务。大学作为学堂，就要以培养人作为办学的初始目标和终极旨归，离开了人才培养，大学就不成其为大学。因此，我们必须全力搞好教学工作，一个不为教学操心的高校党委书记、校长不是合格的党委书记、校长，一个不把主要精力放在教学上的教师不是合格的教师，一个培养不出优秀学生的学校不是合格的学校。学校要进一步加强教学基本建设，服务教学一线，保障教学一线；要不断更新教学理念，丰富教学内涵，改进教学方法和手段，创新学习方式；要把本科教育作为学校最根本的教育，特别是要把书记校长和教授为本科生上课作为一项基本制度，坚决避免本科教学被弱化的现象。

（三）坚持立德树人，就要加强大学生思想政治教育

高校一定要加强大学生思想政治教育，要加强意识形态建设，始终坚持和不断巩固马克思主义在意识形态领域的指导地位，用中国特色社会主义理论体系武装学生，把社会主义核心价值体系融入人才培养全过程，坚决反对"西化"、"分化"和邪教活动，引导学生树立正确的世界观、人生观、价值观，促进大学生把个人梦想和"中国梦"紧密融合在一起，把个人价值与社会价值紧密结合在一起，把个人命运与国家命运紧密联系在一起，使每一位学生都能够成为对国家、对社会、

对人民有用的人才。要构建大德育工作格局，把辅导员、班主任和专任教师结合起来，把思想政治理论课和专业课结合起来，努力形成全员育人、全过程育人、全方位育人的良好局面。

二、突出教师建设

大学不仅要有高楼大厦，更重要的是要有大家名家、大师名师。当年，西南联合大学在环境极其艰苦、物资极为匮乏的条件下，培育出了一大批在科技、教育和文化等领域发挥了重要影响的优秀人才，成为中国高等教育史上的一座丰碑，主要原因是大师云集、人才济济。近年来，江西省教师队伍的整体素质得到了很大提升，但也存在不少突出问题：在全国有较高知名度的学术大师和青年领军人才紧缺；引育高层次人才的机制不活；少数教师师德不高，缺乏教书育人的荣誉感和责任感等。解决这些问题，必须把青年领军人才作为重点，全面提升教师队伍整体素质和水平，从而实现"大楼、大师、大爱"三者同步提升。

（一）加强教师队伍建设，关键在高校的书记、校长要有强烈的人才意识

高校领导尤其是高校的书记、校长要懂得爱才、惜才，真正做到求贤若渴。要善于培养人才，不断提升教师队伍的综合素质和业务水平，努力造就人人成才、人才辈出的良好局面；要善于充当伯乐，积极发现并任用校内的优秀人才，并且做到不拘一格降人才；要善于招贤纳士，特别是要有三顾茅庐的精神，从校外适当引进一批学校亟需的高层次人才；要善于留住人才，着力改善教师的工作、学习、生活环境，为广大教师干事创业创造良好的物质条件、制度条件和精神条件。另外，需要强调的是各高校在面对人才培养和引进工作中的困难时，要勇于改革创新。

（二）加强教师队伍建设，核心在着力培养和引进高层次人才

当前摆在江西省高等教育面前的一个突出问题就是缺少大师和领军人物，因而江西省高校都要加大高层次人才培养和引进的力度。学校一方面要注重人才引进，另一方面也要注重内部培养，要尽快制定学校中长期高层次人才培养计划，明确培养目标和实施步骤；要推进人事制度改革，改革教师考核评价体系，突出教学科研业绩和实际贡献，建立合理的竞争激励机制，充分调动广大教师的积极性、主动性、创造性；要着力培养年轻骨干教师，有关学者分析了 16 世纪以来 1200 多位世界杰出自然科学家以及 1900 多项重大科技成果后发现，自然科学发明的最佳年龄段是 25 岁至 45 岁，峰值是 37 岁。这表明，谁拥有充满创新创造活力的青年英才，谁就能占领未来发展的制高点。因此，高校一定要坚持"引育并举"原则，重点培养造就青年领军人才。我们既要放开胸襟积极"引"，也要放开视野主动"育"，还要放开手脚大胆"用"。要破除对青年骨干教师论资排辈、求全责备的思想，对他们多一份理解、多一份支持、多一份关爱。各高校要加大扶持力度，着力培养年轻骨干教师和学科带头人，多给他们学习和培训机会，多让他们参与项目决策管理、承担重大课题和重大工程，多让他们在教学科研中挑大梁。相关领导和老教师要做好"传帮带"年轻教师的工作，在业务上多指导，在生活上多关心，帮助年轻教师早成才、成大才。

（三）加强教师队伍建设，还须抓住师德和创新实践两个重要环节

高校在抓好青年领军人才队伍建设的同时，还要遵循教育规律和教师成长发展规律，牢牢抓住师德和创新实践这两个重要环节，把整个教师队伍的素质和水平搞上去。怎么看教师的师德？师德是社会道德的重要标杆。教育大计，教师为本；教师大计，师德为本。大学之所以受人尊重，原因之一是大学之中有大德、有大道、有大爱、有大师、

有大精神。教师教育学生，一是知识，二是方法，三是品格，其中品格是最高层次。高校要建立健全师德考评和奖惩制度，把师德表现作为教师绩效聘用、考核和奖惩的首要标准。怎么加强创新实践？要建立中青年教师社会实践制度，促进与中青年教师专业特长、职业发展、服务社会等相结合，积极搭建平台，组织他们开展调查研究、学习考察、志愿服务，进一步了解国情省情、社情民情，正确认识国家前途命运，正确认识自身社会责任。要建立中青年教师校外兼职或挂职制度，有重点分层次多渠道地选派中青年骨干教师到有关部门、科研院所、行业企业兼职或挂职，参与产学研结合项目，全面推进教学与实践的结合。要建立健全中青年教师访学制度，选派他们到国内外高水平大学、科研院所访学以及在职研修等，促进他们在教学科研的实践中锻炼成长。

三、突出办学特色

江西高等教育要想在短期内全面赶上和超过清华、北大等国内著名高校是不现实的，但在某个领域、某个学科打造全国一流是有可能的。为此，我们提出的发展目标是"建设有特色高水平的大学"，特别强调的是"有特色"。高校发展要坚持科学定位、特色立校，按照"学校有特色，专业有特点，教师有特技，学生有特长"的办学思路，着力强化学校办学特色。

（一）坚持特色发展，就要勇于放弃

过去，我们一些高校为迅速扩张规模，办学面面俱到，专业数量多，追求大而全，希望迅速整体推进，实现全面赶超。结果专业设置雷同、教学内容重复、研究课题广泛，同质化办学现象严重，缺乏特色和优势。下一步，我们的高校要进一步更新观念，必须学会"舍得"、勇于"放弃"，工作思路和工作重心要从注重均衡推进、整体发展向注重特色发

展、重点突破转变。高等教育办得好不好，不完全在于学校的历史长短、规模大小、层次高低，关键看是否在合理定位的基础上办出自己的特色、形成自己的优势，这也是增强江西省高校竞争力的唯一出路，我们要按照"唯一性"和"独特性"的原则，找准特色领域、特色学科和特色专业，变特色为优势，进而提升学校的核心竞争力和整体实力。

（二）坚持特色发展，就要找准特色学科

既然特色发展已经成为江西省高校的战略选择，现在关键是要着力找准特色发展的突破口。要不断强化自身特色，结合学校实际，围绕学科特色寻找突破口。比如说江西理工大学，学校最大的特色是有色冶金，尤其在钨、稀土、铜、锂、钢铁等5个学科领域实力雄厚、特色明显，具有一定的地位和影响，具备进位赶超、争创一流的良好基础。学校要向有色冶金的"老大哥"中南大学看齐，重点培育一批江西一流、国内先进的学科，这些学科要能在全国排前几名甚至第一名；条件成熟时，还要走出国门，着力打造几个在全世界都比较有影响的学科。比如说赣南医学院，办学70多年来，凝练了天然药物开发与研究的主攻方向，形成了心脑血管药理、针刺镇痛、人芽囊原虫基因组、心脏医学、尿路结石治疗、白内障复明治疗等方面的显著特色与优势，取得了一批标志性新技术新成果，并在赣南、闽西、粤北等地医院得到广泛推广应用，产生了良好的社会效益和经济效益。学校要在这方面找准发展重点，明晰发展方向，打造优势特色学科。最近，江西省教育厅正在推高校本科专业的综合评价，主要目的是想评出江西省高校自身的特色学科。今后，江西不搞高校排名，而是突出学科排名，看究竟哪些高校的哪些学科排第一，希望江西理工大学、赣南医学院能经常榜上有名。同时，对那些办得不好的学科要淘汰。

（三）坚持特色发展，就要实行分类指导

分类管理是克服高校办学同质化现象的有效途径。江西省高等教育在规模迅速扩张的过程中，办学定位和培养目标的同质化现象十分严重，比如旅游专业，我了解到很多学校都有设置。另外，几乎所有的学校都把提升学校办学层次作为自己的工作目标，专科学校要升格为本科，本科学校要申报博士、硕士授予权。规模和层次倍受重视、质量和效益在无形中被忽略所导致的千校一面现象，与我们缺乏明确的高等学校分类管理体系相关。政府的管理职能应主要体现在对高校的宏观指导，方向、规划的把握和质量、标准检查方面。今后，江西省要按照不同高校的培养目标，引导高校合理定位、各展所长，支持和鼓励各高校在不同层次、不同领域创特色，树品牌，努力克服同质化倾向。研究生教育要努力培养一批拔尖创新人才，鼓励教师和研究生把科研做进企业、将论文写在矿山上，倡导创新型、应用型研究，避免"上不着天，下不着地"的现象；本科教育要加快推进两个转型，即向培养高素质应用型、复合型人才转型，向服务地方经济社会发展转型；职业教育特别是高职高专教育要大力培养高技能应用人才，真正构建起层次分明、类型多样、特色鲜明、充满活力的高等教育体系。

四、突出创新能力

高等学校是人才的摇篮、知识的殿堂、创新的基地，是国家创新体系的重要组成部分，是基础研究和高技术领域创新成果的重要源泉，是经济社会发展的"发动机"和"助推器"，江西省各高校要切实承担起创新发展和服务江西省经济社会的责任和使命。

（一）要大力推进协同创新

2012 年，江西省率先在全国启动了"2011 协同创新计划"，江西省

财政给予每个评选上的省级协同创新中心 2000 万元的扶持资金，到现在已经评选了三批共计 38 个省级协同创新中心，这在江西省高校乃至全国高校引起了强烈反响，为提高江西省高校协同创新能力搭建了一个很好的平台。在前三批省级协同创新中心项目中，江西理工大学早早就占据了两个，数量是较多的。这些协同创新中心代表了江西省高等教育的较高水平，经过几年的建设，将成为江西省具有重大影响的学术高地、行业产业共性技术的研发基地、区域创新发展的引领阵地和文化传承创新的主力阵营。江西理工大学要整合校内优质资源，努力把这些省级协同创新中心建设好，争取成为江西省协同创新中心建设的排头兵。怎样才能建设好？采取有效的形式和途径很重要。要通过政策和项目的引导，集中精力、人力、物力、财力，加强校内各学科之间、学校与学校之间、学校与科研院所之间、学校与企业（行业）之间、学校与区域之间的协同以及学校与国际合作的协同，在政府、科技服务中介机构、金融机构等相关主体的支持下，齐心协力，合作攻关，从而在学科建设、科学研究、技术开发等方面取得重大进展和突破。

（二）要积极服务区域经济社会发展

大学发展必须主动融入经济社会发展，那样才有价值和意义。服务经济社会发展的能力也越来越成为衡量一所大学办学水平的重要标志。现在，我们一提及高水平大学为经济社会发展做出重大贡献的典范，就会想到美国依托斯坦福大学的人才和科技成果优势，逐渐发展兴起的硅谷。江西省高校如何才能成为经济社会发展的动力引擎呢？重点是要瞄准经济社会发展重大理论和现实问题，加强与相关部门、地方政府和企业的合作，建设一批高水平的咨询研究机构，积极为各级党委、政府的决策提供咨询服务；要主动融入鄱阳湖生态经济区建设、"昌九一体化"建设和赣南等原中央苏区振兴发展，大力推动产学研相结合，以服务和贡献开辟自身发展的新空间。

五、突出打造品牌

品牌是企业竞争优势的主要源泉和富有价值的战略财富，美国迪士尼公司的发展之所以能够经久不衰，就是依靠公司独特而成功的品牌价值链运作模式，浙江县域经济的高速发展，也是依靠各县自身特色产业的品牌运作。同时，品牌也是高校发展的灵魂。当今世界知名大学无不拥有自己的著名品牌，并借助品牌的影响力，牢固确立自己在高等教育领域中的地位，从而有效推进现代大学的可持续发展。高校的品牌是什么，高校品牌体现着高校的办学质量，昭示着学校的办学历史，代表着某种成功的文化气质，预示着学生的未来发展。各高校一定要把自己的品牌打造出来，要打造江西高校的学校品牌、学科品牌、专业品牌，提高知名度与美誉度，形成经久不衰的影响力。

（一）要着力打造学校品牌

说起大学，人们第一时间想到的是一些名牌大学，比如国外的哈佛大学、牛津大学，国内的清华大学、北京大学，这其实是一种品牌效应。江西省高校也要争创品牌，充分利用品牌效应提升学校形象。面对现在高校之间生源、师资、科研等方面愈演愈烈的竞争态势，塑造高校品牌将成为必然之举。各高校要充分利用自身人才、学科、专业等资源优势，科学规划，着力打造特色高等教育品牌，提高自身的核心竞争力，培育自己的品牌资产。要通过挖掘学校自身的传统优势和比较优势，坚守学术文化积淀，培养和引进人才，培育学科专业优势，树立学术权威等，用心打造名校品牌。在打造品牌过程中，要注意个性形象。比如"江西风景独好"品牌，就具有独一性和唯一性，只有江西才能用。打造高校品牌既要注重知名度，还要有美誉度。比如"一座叫春的城市"，有了知名度，失去了美誉度。

（二）要着力打造学科品牌

学科是高校核心竞争力的关键，也是高校树立品牌的核心。目前江西省有 27 个一级学科博士点、200 个一级学科硕士点、30 个高水平学科和 70 个重点一级学科，还有 91 个硕士专业学位点，这些共同构成了江西省高等教育的学科品牌高地。学科建设情况直接影响学校在领域内的地位，因而创建学科品牌是学校品牌建设的重中之重，也是学校的优势和特色所在。要继续强化特色学科，稳定和做强现有的优势学科，努力打造国内一流甚至具有国际领先水平的强势学科，使相对优势变为绝对优势，树立具有广泛影响的学科品牌；要根据国家和江西省经济社会发展需要，积极谋划发展前沿新型学科和交叉学科，从而迅速抢占学科发展的制高点。

（三）要着力打造开放品牌

随着经济全球化、文化多元化、技术革命的深入发展以及我国改革开放的持续推进，开放办学已经成为教育特别是高等教育发展的必然趋势。各高校在前期工作的基础上，进一步提升对外开放水平，让开放办学成为学校一张靓丽的名片：一要推动国际合作办学在数量和质量上取得更大进展；二要着手引进和开发"慕课"，实现优质资源的共建共享；三要积极沟通协调，力争成功申办孔子学院；四要请国内外著名学者来校讲学，开拓师生视野。职业教育要大力推进"产教融合"、"校企合作"，主动针对社会需求推进教育教学改革，实现学校培养培训与区域经济发展及企业需求对接，专业与产业对接，教学过程与生产过程对接，课程内容与职业标准对接，努力提高人才培养质量和办学水平，打造学校的品牌。

六、突出内部管理

从世界和国内知名大学的发展来看，没有一流的教育管理，就没有一流的教育环境，也就谈不上一流的学校。因此，我们要继续在提升管理水平上下功夫。

（一）高校领导要成为社会主义政治家、教育家

解决高校改革发展稳定中的重大问题，关键是要建设一支政治上坚强，具有较高马克思主义理论水平，坚定地贯彻执行党的教育路线、方针、政策，善于做思想政治工作，熟悉学校工作规律，联系群众的领导班子。高校领导班子要改进领导方式，善于抓主要矛盾，抓重点；要落实精细化管理，把中层干部的初始提名权交给教授，对教职工的考核评价不仅要尊重科学研究的成果，也要充分尊重教学的成果、管理的成果，让擅长科研的教师专心科研，擅长教学的教师一心教学，擅长管理的职工精心服务。

（二）要稳步推进现代大学制度建设

大学的治理，首先要有一个好的治理结构。高校要加强学术委员会建设。学术委员会是高校的最高学术机构，对学术事务享有决策、审议、评定和咨询等职权。要坚持"学术立校、教授治学"的办学理念，认真落实《高等学校学术委员会规程》，切实加强学校学术委员会建设并充分发挥其应有作用。按照《规程》要求，在学术委员会的人员组成上，担任学校及职能部门的党政领导不能超过总人数的四分之一，不担任党政领导职务及院系主要负责人的专任教授不少于总人数的二分之一，促进学术权力与行政权力相对分离。要加快制定大学章程。大学章程是高校的"宪法"，是"依法治校"的重要基础，是现代大学制度建设的重要内容。江西省正在大力推进高校"一校一章程"建设，现在已

经有一批高校的章程经核准公布。

（三）要抓好抓实党风廉政建设和安全稳定两项重要工作

长期以来，在江西省委、省政府的高度重视和正确领导下，江西省高校坚持一手抓教育改革发展、一手抓党风廉政建设和安全稳定，取得了显著成绩。但也要正视当前党风廉政建设和安全稳定方面存在的突出问题，把做好反腐倡廉和安全稳定工作作为高校党政的第一责任，一刻也不能放松，必须坚持两手抓，两手都要硬。要维护高校廉洁圣地，完善领导班子议事规则和决策程序，大力推进校务公开，尤其"三重一大"事项一定要集体研究，不得独断专行；要维护高校政治稳定，充分认识高校工作的复杂性，有针对性地开展反渗透破坏斗争；要维护高校育人环境，高度关注学校及周边治安隐患问题；要维护学生切身利益，大力促进高校毕业生充分就业。

（2015 年 6 月 26 日）

把软件和内涵建设作为主要任务

——继续推进江西高等教育事业跨越式发展

2012 年以来，江西省高等教育改革发展取得了不小的成绩。然而，与发达省份相比，江西高等教育还需再接再厉，攻坚克难，争取实现跨越发展。

一、江西高等教育发展取得历史性突破

自 2012 年 5 月江西省高等教育工作会议召开以来，全省高校坚定不移实施"一个目标、两大转变、五个一流"的发展战略，众志成城谋"转变"，一心一意抓内涵，一种"竞相发展创一流、团结奋进提质量"的良好态势已经形成，江西省高等教育步入了加快内涵式发展的新阶段。南昌大学、江西师范大学、江西农业大学和江西财经大学 4 所高校入选全国"中西部高校基础能力建设工程"，南昌大学还入选全国"中西部高校综合实力提升工程"，仅这两项工程，建设经费就达到了 15.36 亿元，其中，中央财政投入超过 10 个亿，率先在全国启动"2011 计划"。近 4 年，全省高校将建设 40 个省级"2011 协同创新中心"，每年建设 10 个中心，省财政每年安排两个亿的专项经费给予重点支持。2012 年

9月份江西省在全国率先认定了"猪牛羊良种培育及高效扩繁协同创新中心"等首批10个省级"协同创新中心"，这项工作江西省走在了全国前列，受到教育部的高度肯定。2013年江西省还启动实施了"'十二五'江西省高校哲学社会科学繁荣计划"，首次评选确定了省级重点研究基地12个。除了上述成绩，尤为可喜的是，江西省高等教育在一些重要指标和关键环节上实现了重大跨越，取得了历史性突破。

一是学位和研究生教育实现历史性突破。在博士学位授权培养这一重要指标上，景德镇陶瓷学院、江西中医药大学和华东交通大学3所高校新增为博士学位授予单位，江西理工大学和东华理工大学两所高校成为授予博士学位服务国家特殊需求人才培养项目单位。这一突破，使全省博士培养单位总数由原来的4所猛增到9所，成为全国新增数量最多的省份之一，在全国的排位也由第26位升至第12位。景德镇陶瓷学院是中国唯一的一所陶瓷高等院校，其陶瓷艺术设计、材料科学与工程在全国乃至世界陶瓷行业享有较高的声誉，全国没有哪个能比；江西中医药大学的中医学、中药学两个学科是江西省中医药领域最具特色和优势的学科，在全国同行业也很有地位，这两个学科分别以高票和全票通过了国家博士学位的专家评审；华东交通大学的交通特色比较明显，学校的交通控制科学与工程、交通运输工程两个学科在行业中竞争优势明显，处于全国领先地位；江西理工大学和东华理工大学之所以能成为博士研究生培养单位，也是因为江西理工大学离子型稀土资源开发利用和东华理工大学铀资源勘查开发与核废物地质处置这两个学科优势突出、特色鲜明、独一无二。在硕士学位授权培养这一重要指标上，这两年，赣南医学院新增为硕士学位授予单位，井冈山大学、宜春学院和南昌工程学院获批为硕士学位服务国家特殊需求人才培养项目单位，全省硕士培养单位也由12所增加到16所，成为硕士培养项目单位获批数量最多的省份。

二是高校设置取得了历史性突破。2013 年，萍乡高专、景德镇高专成功升本，江西教育学院成功改制为南昌师范学院，江西中医学院成功更名为江西中医药大学，江西高校设置通过数量居全国第一，实现"满堂红"，成为 2013 年全国新增本科高校数最多的省份。同时，一次有 3 所学校升格为普通本科高校，也创造了江西省增设本科高校数的新纪录。全省普通本科院校由原来的 24 所增加至 27 所，优化了全省高校的结构布局，提升了江西省高等教育的整体实力。萍乡高专、景德镇高专、江西教育学院、江西中医学院 4 所高校之所以能够成功升本、改制和更名，是江西省各级政府和各有关部门高度重视、大力支持的结果，也是高校本身狠抓内涵建设的成果。萍乡高专经过 35 年的建设和积淀，这次升本成功，圆了萍乡几代人"有一所正规本科高校"的大学梦。2001 年以来，萍乡市就成立了以历任市长任组长的升本工作领导小组，时任萍乡市委市政府主要领导都表示，"要举全市之力支持萍乡高专升本，要政策给政策，要钱给钱，要人给人。"景德镇高专尽管 2009 年升本未果，但学校上下坚定升本信心，咬定青山不放松，努力做精做优五大核心办学指标，大力实施"四三二一工程"，全面推动学科内涵建设，最终如愿以偿。江西教育学院 2009 年以一票之差与改制失之交臂，但学校思想上没有松懈，工作上没有停步，决心上更没有改变，认真总结经验，努力创造条件办学，不断加强软硬件建设，深化教育教学改革，最终实现了改制夙愿。从这 3 所学校的成功升本，我们能感受到全省高校发展的一股精气神，这就是一种奋勇直追的勇气和后来居上的豪气。

三是哲学社会科学建设取得历史性突破。在教育部第六届高校人文社会科学奖评选中，华东交通大学欧阳志刚教授获经济学著作奖一等奖，另有 7 项成果（江西师范大学 1 项、江西财经大学 5 项和景德镇陶瓷学院 1 项）获得三等奖，这也是江西省高校在人文社会科学领域获奖规格最高、获奖数量最多的一次，尤其首次获得一等奖，这也改写了江西省无教育部人文社科奖一等奖的历史，实现了"零"的突破。另外，井冈山大学和赣南师范学院获批教育部人文社科重点研究基地，江西省人文社科重点研究基地数由原来的 1 个增加到 3 个，在全国的排位也由第 14 位上升为第 10 位。

在看到成绩的同时，我们也应该清醒地看到，江西省高等教育由于历史欠账较多、起步迟、基础弱、底子薄，在全国的地位相对偏低的状况还没有得到根本改变，力促"两大转变"、实现"五个一流"的任务长期而又艰巨。目前，我们几乎没有在全国著名的高水平大学，博士培养单位、国家级重点学科、国家级科研平台、全国知名的学者和科研领军人才、国家级科研奖励等代表高校核心竞争力的重要指标数量明显偏少。全省高校要进一步增强使命感、紧迫感和责任感。

二、继续推动江西高等教育实现跨越发展

那什么叫跨越发展？应该说前些年，我们抓高等学校的规模取得了比较大的成就，为高等教育创造了较好的硬件基础。清华大学梅贻琦校长说，大学不在大楼，在大师。但没大楼也不行。应该说，通过扩规模、搞建设，江西省高等教育硬件实现了跨越式的发展。现在，我们实现跨越，主要是软件、内涵建设等方面，这是我们下一步跨越式发展的主要任务。这个跨越发展，实事求是地说，比上一个跨越发展任务艰巨得多。各有关部门和高校要在以下六个方面下功夫、求实效。

一是抓质量。质量是高等教育的生命线。以前我们在一定历史阶段抓规模是符合实际情况的，但是现在要是不转变过来，不重视抓质量，就会犯历史性错误，相对规模来说，质量建设更具有决定性意义。当年英国把"德国造"当作劣质产品的代名词，德国人知耻后勇，潜心抓产品质量，经过努力，现在"德国造"成了优质产品的代名词。要实现江西省高等教育跨越式发展，也必须坚定不移抓质量，这是国内外

高等教育发展的成功经验，也是我们今后发展的主要目标。首先，把人才培养作为提高质量的首要任务。人才培养质量是高等教育质量的第一体现，要牢固树立以人才培养为中心的理念，自觉将学生健康成长作为教育工作的首要追求，扎实做好教学内容、教学方法、教学模式改革等人才培养基础性工作。要积极创新人才培养模式，探索科学基础、实践能力和人文素养融合发展的新模式。其次，把内涵发展作为提高质量的核心要求。提高质量，必须坚持走以质量提升为核心的内涵式发展道路。要进一步调整专业布局结构，主动适应国家战略需求和地方经济社会发展需要；要以修订实施新的学科专业目录及设置管理办法为重点，科学调整人才培养层次和类型结构，使各层次、各类型人才更好地满足社会多样化需求。第三，把体制改革作为提高质量的根本出路。推进高等教育体制机制改革，是破解高等教育发展深层次矛盾、提高质量的关键。要真正解放思想，大胆尝试，积极探索，以完善现代大学制度为着力点，以教改项目为有力抓手，以质量监测评估为必要手段，深化教育教学改革，充分激发高等教育的生机与活力。同时，要把对外开放作为提高质量的重要途径，积极引进优质资源，大力实施走出去战略，提高对外交流合作的层次和水平。

二是抓特色。高等教育办得好不好，不完全在于学校的历史长短、规模大小、层次高低，关键看是否在合理定位的基础上办出自己的特色、形成自己的优势，这也是增强江西省高校竞争力的唯一出路，是新增本科高校和博士、硕士培养单位在日趋激烈的高等教育竞争中占有一席之地的根本出路，是江西省高校哲学社会科学研究取得成果的根本出路。首先，要明确办学定位。科学定位是办出特色的基础。各高校不要盲目攀高，要结合经济社会发展需求、科技学科前沿和自身优势，立足自身层次、类型、小学历史、地域优势、学科专业优势、办学传统、生源特点，找准服务对象，明确办学定位，科学制定发展目标，在不同层次、不同领域办出特色，争创一流。比如刚改制的南昌师范学院，江西培养师资的高校现在已经有 10 多所，学校作为一所刚改制的本科层次师范类高校，如果改制后的办学特色与其他师范院校雷同，就失去了改制的意义，一定要错位发展。南昌师范学院将办学定位放在"学前教育"上非常好，一定要在这方面重点研究。其次，要选准突破口。坚持有所为有所不为，不要搞四面出击，什么专业都办，每个专业都撒胡椒面，要按照"唯一性"和"独一性"的要求，重点扶持有希望办出特色的学科专业，形成优势，特别是对于那些具有行业背景的高校，一定要立足行业，凸显特色，形成高地。江西省 3 所新增的博士单位、2 所服务国家特殊需求博士人才培养项目单位和 1 所新增的硕士单位，学校的博士学科点和硕士学科点正是学校的特色，也是学校做优做强的突破口，要高起点地制订人才培养方案，抓好过程管理，提高培养质量，认真应对国家三年后对新增单位的评估和五年后对服务国家特殊需求博士人才培养项目的评估。第三，要实行分类指导。分类管理是克服高校办学同质化现象的有效途径。江西省教育厅等政府有关部门要加强对高校的宏观管理，全面统筹全省高等教育发展的速度、规模、质量、结构等，全面统筹研究生教育、本科教育和高职教育，真正构建起层次分明、类型多样、特色鲜明、充满活力的高等教育体系。新增的博士培养高校，要深化教育改革，强化协同创新，朝着建设国内外有影响的高水平大学奋进；新升本的高校既要看到广阔的发展前景，更要看到以后的路子更长、责任更大、任务更艰巨，要对照本科办学标准和要求，从强化办学特色入手，努力提高质量，把学校办成受学生欢迎的本科院校；新批的教育部人文社科重点研究基地，要加大人才引进力度，挖掘人文社科内涵，扩大研究成果应用，发挥研究基地的作用。

三是抓创新。高等学校是人才的摇篮、知识的殿堂、创新的基地，是国家创新体系的重要组成部分，是基础研究和高技术领域创新成果的重要源泉，是经济社会发展的"发动机"和"助推器"，全省各高校要切实承担起创新发展和服务全省经济社会的责任和使命。首先，要大力推进协同创新。2012年，江西省率先在全国启动了"2011协同创新计划"，在全省高校乃至全国高校引起了强烈反响，为提高江西省高校协同创新能力搭建了一个很好的平台。各高校要紧紧围绕国家和江西省经济社会发展需求，以优势特色学科为依托，踊跃开展协同创新，探索建立校校、校所、校企、校地以及学校与国际之间的协同创新模式。我们正在评选第二批10个省级"协同创新中心"，评审部门一定要严格标准，坚持"高起点、高水准、有特色"，重点支持那些符合"江西急需，全国一流"条件，具有解决重大问题的协同创新能力，具备重大机制体制改革基础，前期培育成效明显的协同创新中心。江西省财政在有限的财力中花这么多钱来搞协同创新中心建设，很不容易，充分体现了江西省委、省政府的决心和气魄。各高校一定要抢抓机遇，以人才、学科、科研三位一体的创新能力提升为核心，充分整合资源，凝炼学科方向，广泛联合各个创新主体，构建适应协同创新的机制和环境；积极推进科教结合，促进科研与教学互动，坚持在科学研究实践中培养、锻炼人才，以高水平的科研支撑高质量的高等教育。其次，要积极服务区域经济社会发展。各高校要紧紧围绕科学发展这个主题，不断增强主动服务地方经济发展方式转变和产业转型升级的意识和能力，促进产、学、研、用紧密融合，加快高校科技成果转化和产业化。要瞄准经济社会发展重大理论和现实问题，加强与相关部门和地方政府合作，建设一批高水平咨询研究机构，积极为各级党委、政府的决策提供咨询服务。要主动融入鄱阳湖生态经济区建设、"昌九一体化"建设和赣南等原中央苏区振兴发展，以服务和贡献开辟自身发展的新空间。第三，要切实推进文化传承创新。高校是思想文化创新的重要阵地，要发挥高校文化大繁荣大发展的生力军作用，为建设文化强省作出更大贡献。江西文化底蕴十分丰厚，是我国儒释道开宗立派之地、华夏名贤荟萃之地、民族艺术扛鼎之地、工农业生产滥觞之地、中国红色革命发源之地。一方面，全省高校要在传承地方特色文化和红色文化方面下功夫，加强对优秀传统文化的挖掘、保护、传承和运用现代科技手段的开发；另一方面，要充分发挥文化育人的作用，把社会主义核心价值体系融入教育全过程，建设体现社会主义特点、时代特征和学校特色的大学文化，形成正确的价值认同和良好的校风、教风、学风，促进高校和社会的和谐稳定。

四是抓重点。抓重点，就是抓主要矛盾，这是一个方法论的问题。一个学校的时间、精力、人力、物力都是有限的，不可能面面俱到，要学会弹钢琴，做到主次有序，重点突出。曾任加州大学伯克利分校校长的田长霖院士在关于如何办好大学的问题时强调："办大学一定要有重点，哪几个学科要重点发展，不行的要淘汰掉。""要把主要的精力、资金集中在几个最重点。"各高校要继续力促"两大转变"，把工作重心转到全面提高办学质量上来，使江西省高等教育尽快由以规模扩张为特征的外延式发展，向以质量提升为核心的内涵式发展转变；从均衡推进、整体发展向重点突破、特色发展转变。要进一步更新观念，学会"舍得"，勇于"放弃"。对于那些办学条件差、专业面过窄、培养方向不明确、社会需求量少的专业，要学会放弃；对那些学术水平高、有影响、有地位的优势特色学科，集中力量重点建设，努力做出在全国有影响的成绩。每个高校如能建成一到两个在全面排名前列的学科，江西省高等教育就会有一批特色学科崛起，这将极大改变江西高等教育在全国的排位。

五是抓品牌。品牌是企业竞争优势的主要源泉和富有价值的战略财富，美国迪士尼公司的发展之所以能够经久不衰，就是依靠公司独特而成功的品牌价值链运作模式，浙江县域经济的高速发展，也是依靠各县自身特色产业的品牌运作。同时，品牌也是高校发展的核心和灵魂。当今世界知名大学无不拥有自己的著名品牌，并借助品牌的影响力，牢固确立自己在高等教育领域中的地位，从而有效推进现代大学的可持续发展。那么高校的品牌是什么，高校品牌体现着高校良好的办学质量，昭示着学校的办学历史，代表着某种成功的文化气质，预示着学生的未来发展。我们高校现在最重要的是把品牌打造出来，要打造江西高校的学校品牌、学科品牌、专业品牌，提高知名度与美誉度，形成经久不衰的影响力。首先，要着力打造学校品牌。面对现在高校之间生源、师资、科研等方面的竞争愈演愈烈态势，塑造高校品牌将成为必然之举。各高校要充分利用自身人才、学科、专业等资源优势，科学规划，着力打造特色高等教育品牌，提高自身的核心竞争力，培育自己的品牌资产。要通过挖掘学校自身的传统优势和比较优势，坚守学术文化积淀，培养和引进人才，培育学科专业优势，树立学术权威等，用心打造名校品牌。其次，要着力打造学科品牌。学科是高校核心竞争力的关键，也是高校树立品牌的核心。目前全省有 27 个一级学科博士点、202 个一级学科硕士点、30 个高水平学科和 70 个重点一级学科，这些共同构成了江西省高等教育的学科品牌高地。要稳定和做强现有的优势学科，努力打造国内一流甚至具有国际领先水平的强势学科，使相对优势变为绝对优势，树立具有广泛影响的学科和专业品牌；要根据国家和江西省经济社会发展需要，积极谋划发展前沿新型学科和交叉学科，从而迅速抢占学科发展的制高点。第三，要着力打造专业品牌。专业是学校人才培养的基本单位，关系到人才培养的目标与规格，关系到教育质量和效益。要通过加强"特色专业"、"专业综合改革试点"等项目建设，在江西省高校培育一批有特色，发展后劲强，适应地方经济发展需求，学生就业情况良好，彰显学校办学特色的品牌专业。要以品牌专业为抓手，充分发挥品牌专业的示范带动作用，加强专业内涵建设，实现以品牌专业提升学校的整体形象。

六是抓师资。立德树人的关键在教师。大学不仅要有高楼大厦，更重要的是要有大家名家、大师名师。当年，西南联合大学在环境极其艰苦、物资极为匮乏的条件下，培育出了一大批在科技、教育和文化等领域发挥了重要影响的优秀人才，成为中国高等教育史上的一座丰碑，主要的原因是大师云集、人才济济。江西省高等教育在全国相对落后，不是硬件不如人，江西一些高校校园建得都很漂亮，有的校园完全称得上全国乃至世界一流水平。北大的党委书记对江西高校的硬件建设也是赞叹不已。但江西高校的内涵建设还有差距，尤其是高校拥有的高精尖人才偏少，缺乏在全国有影响力的学科带头人和学术大师。各高校一定要树立"人才资源是第一资源"的观念，认真实施"人才强校"战略。首先，要牢固树立人才意识。人才问题，应当成为书记、校长的第一个要考虑的问题；人才意识，应当成为领导干部的"第一意识"。如果说前一阶段我们花更多的精力在买地、盖房、搞设施上，现在就应该把更多的精力用到培养和引进人才上来。从江西省高校来看，特别是这些新升本、新增博士学位单位当前最大的矛盾就是人才缺乏。抓好人才工作，有了更多的名家大师，没有项目会有项目，没有经费会有经费，没有知名学科会有知名学科。江西高校的领导要有思贤若渴的爱才之心，伯乐相马的识才之智，海纳百川的容才之量，知人善任的用才之艺，以远大的眼光和开阔的胸襟，热心发现人才，诚心使用人才，精心爱惜人才，用心留住人才，真正把高校建设成人才汇聚的战略高地。其次，要大力提高教师队伍的整体水平。要凝炼学科、专业方向，汇聚学科、专业队伍，组建一批创新团队和创新群体，通过加强学科、专业和团队建设，带动整个教师队伍建设。同时，积极推进人事制度改革，强化激励机制，引导广大教师致力于提高教学与科研水平，在公平竞争中施展才华、脱颖而出，形成一批结构合理、水平较高的优秀教师团队。要进一步完善引进、聘用和稳定拔尖创新人才的优惠政策，加大拔尖创新人才培养力度，培养和引进一批具有影响力的学术领军人物和学科带头人。第三，要大力加强青年教师培养。中青年教师是高校骨干力量，是教学科研的生力军，他们的素质水平高低决定着学校的未来，关系着高等教育的质量。有研究表明，科学发明的最佳年龄区为 25 岁至 45 岁之间。诺贝尔奖获得者作出获奖成就的平均年龄物理奖为 35 至 36 岁，化学奖为 39 岁，生理或医学奖为 41 岁；著名哲学家完成重要著作的平均年龄是 35 岁，诗人为 28 岁，散文家为 42 岁；作曲家多产年龄为 35 至 39 岁。各高校尤其是我们这些新增的博士、硕士培养单位，新升本的高校，要关注中青年教师队伍建设，努力为青年教师创造良好的工作生活条件，多给任务，多压担子，让他们的创造创新能力充分迸发，尽早多出好的科研和教学成果，在建功立业中多出快出学术大师。

（2013 年 9 月 17 日）

加强高校内涵建设

党的十八届三中全会明确提出,"深化教育领域综合改革,创新高校人才培养机制,促进高校办出特色争创一流。"这为高校今后发展明确了具体要求和发展方向。可以说,走内涵式发展道路是我国高等教育发展的必由之路。

一、内涵式发展的意蕴

什么叫内涵式发展?内涵式发展是相对外延式发展而言的。它是指把立德树人作为根本任务和首要职责,把人才队伍作为持续发展的第一资源,把质量特色作为竞争取胜的发展主线,把国家战略需求和地方经济社会发展需要作为创新发展的动力源泉,把打造优势特色学科作为品质提升的战略选择,把产学研结合作为服务社会的必然要求。从当前来看,加强高校内涵建设的重点是推动高校两个转型,即向为地方经济社会发展服务转型,向培养高素质应用型人才转型。

二、推动高校内涵式发展的原因

一方面，这是缩小江西省高校发展差距的迫切需要。改革开放30多年来，中国高等教育经历了世界高等教育史上绝无先例的跨越式、超常规的规模扩张，取得了举世瞩目的成就。目前高等教育毛入学率达到30%，高等教育大众化水平显著提高，3000多万人的在校学生总规模稳居世界第一，我国已经成为名副其实的高等教育大国，但还不是高等教育强国，我国高校的很多质量指标与世界发达国家还有差距。从江西省的高等教育发展来看，前些年，江西省高等教育也确实抓住了机遇，在规模扩张上取得了非常大的成就，我们一些高校进行了大规模的新校区建设，招生规模明显扩大，在校大学生也由1998年的几万人发展到现在的80多万人，许多硬件规模指标列全国高校前列。比如南昌大学的校园面积达8000多亩，在校学生达83000多人，而北大校园面积才3000多亩，在校学生也才38000多人。高校硬件建设快速发展和规模快速扩张的同时，高校办学质量和效益受到严峻挑战，质量问题、效益问题引起了高度关注，作为高等教育欠发达地区，我们更是深深地感到软件方面和内涵式发展与高等教育发达地区间的巨大差距。第一，江西省高校招生虽然以江西本地生源为主，但吸引本地优质生源就读的比例不高。学校培养出的很多优秀中学生，升大学的目标是北大、清华、复旦等名牌大学，而不愿意选择江西本省的大学。原因就是江西高校没有办好，内涵不够。在中国高校排名中，我们最好的南昌大学仅排在全国高校的61位左右，其他前4位的江西师范大学、江西农业大学、江西财经大学也仅排在全国高校的130~200位。第二，江西省高校毕业生就业虽然留在江西工作为主，但优秀高校毕业生到发达地区就业谋求发展的比例很高。再加上本地优质生源到外地读书、毕业后绝大部分学生在外工作，导致的结果就是穷地方帮助富地方培养人才,"人才流血"现象比较突出。第三,江西省高校虽然是江西科技创新的主力军,但在创新能力和核心竞争力方面还存在较大差距,目前,还没有以主持单位身份获得过国家"四大奖"的一等奖;在国家重大创新项目、攻关项目方面尚无首席科学家,高校科研成果转化率不高;在国家级重大项目和重大课题的决策中也还缺少"话语权"。第四,学科建设也相对落后,仅有 2 个国家二级重点学科,无国家一级重点学科。没有一个自主建设的国家重点实验室。第五,育人能力上也有差距。江西省的在校研究生仅有 2.5 万人,尤其是博士研究生教育更加薄弱,不如一所名牌大学的二级学院多,目前只有江西农业大学、南昌大学先后于 2011 年和 2012 年分别获得一个"百篇优秀博士学位论文提名奖"和"百篇优秀博士学位论文奖"。因此,推动高等教育内涵式发展,有效缩小这些差距和不足,既是江西省高校下一步发展的新目标,也是江西省委、省政府和江西省人民对高等教育发展寄予的新期待。

另一方面,这是江西省高校服务地方经济社会发展的需要。进入新阶段,站在新起点,江西省高校要充分发挥人才智力密集、学术交流广泛的优势,主动融入经济社会发展大局,以高水平的科学研究支撑高质量的高等教育,成为支撑江西省"发展升级、小康提速、绿色崛起、实干兴赣"的智囊团、思想库和创新区。第一,从发展升级来看。未来一段时期内,产业升级是核心内涵,开放升级是关键抉择,创新升级是不竭动力,区域升级是战略举措。发展升级的实质,是发展方式由主要依靠增加物质资源消耗向主要依靠科技进步、劳动者素质提高、管理创新转变。要求高等教育在人才培养层次、人才培养模式、学科专业结构、科研项目遴选上进行优化调整,进一步满足产业升级对创新型人才和科技成果的需要。第二,从小康提速来看。目前,全国发展已经进入到中速"换挡期",由改革开放 35 年来的 9.8%、近 10 年 10.3% 的平均增速,降到了 2013 年的 7.5% 左右。在全国增速放缓情况下，江西面临"共振"效应，2013 年也降到了 10.1%。江西经济总量目前在全国排名第 19 位左右，人均 GDP 在全国排名第 26 位左右，全面小康的总体进度比全国低 3.9 个百分点，面临着与全国同步实现小康的发展压力。这也给我们高校提出了非常明确的要求，需要高校通过创新人才培养机制，促进内涵式发展，为江西省小康提速增添一臂之力。第三，从江西省绿色崛起来看，生态是江西最大的优势和最亮的品牌。如何做到在保护中发展，在发展中保护，如何在产业发展升级中最大限度地巩固好、发挥好江西的生态优势，是每一个江西高等教育人应当思考的问题。需要高校加快与江西省绿色产业体系相支撑的科技创新，针对公共卫生、生态环境、循环经济等热点问题，加强关键技术应用研究，为建设全国生态文明示范省提供支撑。

三、推动高校内涵式发展的路径

（一）坚持立德树人是根本

当前我国高等教育所要解决的根本性问题是什么？并不是硬件建设的问题，也不是投入不足的问题。党的十八大明确提出，"要把立德树人作为教育的根本任务。"党的十八届三中全会再次提出："全面贯彻党的教育方针，坚持立德树人。"这些重要论述，体现了中央对教育改革发展阶段性特征和现实需要的准确把握，为进一步推动高等教育科学发展、全面提高高等教育质量提供了根本遵循，指明了前进方向。

第一，坚持"立德树人"，就是要坚持以德为先。"立德树人"最基本的含义可以理解为：教育以树人为本，树人以立德为先。然而，一段时间以来，育人观念从学校到社会都出现了较大偏差：专业技能的训练得到重视，而德行的培养却被边缘了，甚至被忽略了，这显然违背教育传统和育人本质。中华民族历来就是十分重视德育的民族，对德育在人的全面发展方面的首位作用很早就有深刻的认识。《左传》说："太上有立德，其次有立功，其次有立言，虽久不废，此谓之不朽。""立德"、"立功"、"立言"成为中国人追求的"三不朽"，其中"立德"是第一位的。古人认为，无德则无以立功、立言；德劣则无以建善功、立善言，自然也无以"不朽"。"立德"是"树人"的前提。新中国成立以来，党和国家一直强调"德、智、体、美"的全面发展教育，德育也是放在首位。可以说，强调坚持"立德树人"，既是对我国德育为先优良教育传统的坚守和继承，也是对新中国成立以来我国教育方针的贯彻和强化，还是对当下育人过程中德育淡化的一种纠正。

第二，坚持"立德树人"，就是要坚守育人之道。我们通常都认为大学的基本功能是人才培养、科学研究、社会服务、文明传承。"人才培养"是大学的首要任务，这是毋庸置疑的。但是，很多人甚至一些高校管理者认为这四者的关系是并列关系，这样的排列只是先后之别。科学理解大学这四项功能，应该是，人才培养这一项是核心，后面三项都是由第一项派生的，并且它们首先是为第一项服务的。大学作为"学堂"，一开始就以培养人为初始目标，也以培养人为存在的终极旨归，离开了初始目标和终极旨归，大学就不成其为大学。若以科学研究为根本目标，那就是研究院。因此，大学的科学研究、社会服务总体上要围绕和服从于教学与人才培养，教学过程和人才培养也是大学传承文明的主渠道。所以说，育人在四项功能中不仅是首位的，而且居于核心地位。现在不少高校把科研排在育人的前面，在评价教师时完全以科研成果论英雄。当然，不是说科研不重要，科学研究固然是高校职责之一，学术研究的提高也会促进教师的素质与能力的提高，从而促进人才培养。

第三，坚持"立德树人"，就是要加强学生的思想政治教育。"立德"的"德"内容十分丰富，既包括道德操守、独立人格和健全心理等传统内容，更为重要的是共产党人的精神信念和政治品格，是对马克思主义的忠诚信仰，对社会主义和共产主义的坚定信念，对中国特色社会主义理论体系的真心领会，对中国特色社会主义道路的坚持；"树人"的"人"，也不仅仅是通常意义上所说的人才，更应该是具备社会主义核心价值品德与思想的人，是中国特色社会主义的建设者和接班人。高校一定要加强大学生思想政治教育，用中国特色社会主义理论体系武装学生，把社会主义核心价值体系融入人才培养全过程，促进学生把个人梦想和中国梦紧密融合在一起，把个人价值与社会价值紧密结合在一起，把个人命运与国家命运紧密联系在一起，使每一位学生都能够成为对国家、对社会、对人民有用的人才。

第四，坚持"立德树人"，就是要深化教育教学改革。教学方法是点燃学生创新才智的火种，要把教学内容、教学方法、教学模式改革作为高等教育教学和人才培养的最基础性工作，大力推进启发式、探究式、讨论式、参与式教学，加强师生互动，探索科学基础、实践能力和人文素养融合发展的新模式，在教学全过程中激发和鼓励学生的创造性思维。高校要认真总结，不断探索多种人才培养模式，创造各类人才辈出、拔尖创新人才不断涌现的局面。要推进信息技术在教学中的应用，增强学生运用网络资源学习的能力。要突出本科教学基础地位。把本科教学作为高校最基础、最根本的工作，领导精力、师资力量、资源配置、经费安排和工作评价都要体现以教学为中心。要把教授给本科生上课作为一项基本制度，将承担本科教学任务作为教授聘任的一项基本条件，让最优秀的教师为本科生上课。高校要以分类改革的思路推进研究生教育综合改革，大力推动专业学位与职业资格的有机衔接，培养更多拔尖创新型高层次人才和高层次技术技能人才。

（二）提升教师素质是核心

大学不仅要有高楼大厦，更重要的是要有大家名家、大师名师。当年，西南联合大学在环境极其艰苦、物资极为匮乏的条件下，培育出了一大批在科技、教育和文化等领域发挥了重要影响的优秀人才，成为中国高等教育史上的一座丰碑，主要原因是大师云集、人才济济。近年来，江西省教师队伍的整体素质得到了很大提升，但也存在不少突出问题：学术大师和青年领军人才紧缺；引育高层次人才的机制不活；个别教师师德不高，缺乏教书育人的荣誉感和责任感等。解决这些问题，必须把青年领军人才作为重点，坚持师德为先、教学为要、科研为基，提升教师队伍整体素质和水平，实现"大楼、大师、大爱"三者同步提升。

首先，要牢固树立人才意识。人才问题，应当成为高校书记、校长的第一个要考虑的问题；人才意识，应当成为领导干部的"第一意识"。如果说前一阶段我们高校花更多的精力在买地、盖房、搞基础设施上，现在就应该把更多的精力用到培养和引进人才上来。江西农业大学年前专门召开人才引进工作会议，提出特殊高层次人才实行"一人一议"、"一事一议"，在"筑巢引凤"上下功夫，用真诚沟通来打动人，用细致服务来感动人。这说明学校领导具有强烈的人才意识。各高校的首要任务一定要狠抓高端人才特别是学术大师级人才的培养和引进，着力建设人才的高地。

其次，要加强青年领军人才队伍建设。江西省高校高层次领军人才特别是青年领军人才是一个短板。高校一定要坚持"引育并举"原则，重点培养造就青年领军人才。既要放开胸襟积极"引"，也要放开视野主动"育"，还要放开手脚大胆"用"。要破除对青年骨干教师论资排辈、求全责备等思想，对他们多一份理解、多一份支持、多一份关爱。要搭建青年骨干教师成长平台，让他们更多地参与项目决策管理，承担重大课题和重大工程，在教学科研中挑大梁。要进一步完善青年教师考核评价机制，创新薪酬激励机制，建立流转退出机制，鼓励青年教师成长成才，激发青年教师队伍的生机和活力。与全国有特色高水平大学发展相比，江西高校还有差距，无论从总量与层次看，都需要有较大的提升，要特别注重学科带头人的引进与培养，一个好的学科带头人可以引领一个学科，一个好的学科可以促进一个产业。

第三，要抓住师德和创新实践两个关键环节。在重点抓好青年领军人才队伍建设的同时，还要遵循教育规律和教师成长发展规律，牢牢抓住师德和创新实践这两个关键环节，把整个教师队伍的素质和水平搞上去。怎么看教师的师德？师德是社会道德的重要标杆。百年大计，教育为本；教育大计，教师为本；教师大计，师德为本。大学之所以受人尊重，原因之一是大学之中有大德、有大道、有大爱、有大师、有大精神。教师教育学生，一是知识、二是方法、三是品格，其中品格是最高层次。高校要建立健全师德考评和奖惩制度，把师德表现作为教师绩效考核、聘用和奖惩的首要标准。要建立中青年教师社会实践制度，促进与中青年教师专业特长、职业发展、服务社会等相结合，积极搭建平台，组织他们开展调查研究、学习考察、志愿服务，进一步了解国情省情、社情民情，正确认识国家前途命运，正确认识自身社会责任。要建立中青年教师校外兼职或挂职制度，有重点分层次多渠道地选派中青年骨干教师到有关部门、科研院所、行业企业兼职或挂职，参与产学研结合项目，全面推进教学与实践的结合。要完善中青年教师访学制度，选派他们到国内外高水平大学、科研院所访学以及在职研修等，促进他们在教学科研的实践中锻炼成长。

（三）强化特色办学是关键

高等教育办得好不好，不完全在于学校的历史长短、规模大小、层次高低，关键看是否在合理定位的基础上办出自己的特色、形成自己的优势，这也是增强江西省高校竞争力的唯一出路。有人形象地将我国的高等院校比作是一张城市道路交通图，985高校在一环，211高校在二环，普通本科院校在三环，高职专科院校在四环，独立学院与民办高校在五环，大家都想往一环上挤。实事求是地说，江西高等教育虽然这些年有了长足的发展，但江西省高校的整体实力与国内名牌大学相比，还有很大的差距，要想在短时期内实现进位赶超，这不太现实。江西省提出要建设有特色高水平大学，也是希望江西省高校要克服同质化倾向，形成自己独特的办学理念和风格，在不同层次、不同领域办出特色，争创一流。

首先，要明确办学定位。科学定位是办出特色的基础。各高校不要盲目攀高，要结合经济社会发展需求、科技学科前沿和自身优势，立足自身层次、类型、办学历史、地域优势、学科专业优势、办学传统、生源特点，找准服务对象，明确办学定位，科学制定发展目标。

其次，要选准突破口。从世界著名大学的发展历程看，这些学校并不是所有学科都很强，而是在某个或几个特色学科上实现重点突破，从而带动学校整个学科体系乃至全校整体办学水平的提高。江西省高校要坚持有所为有所不为，不要搞四面出击，看到什么专业热门就办什么专业，每个专业都撒胡椒面，要按照"唯一性"和"独一性"的要求，选准主攻方向，重点扶持有希望办出特色的学科专业，形成优势，特别是对于那些具有行业背景的高校，一定要立足行业特点，通过政策和项目的引导，集中精力、人力、物力、财力，协同创新，重点建设几个有望取得突破，达到全国领先或世界领先水平的学科专业，凸显特色，形成高地。只要我们持之以恒地抓特色，学校的综合实力可能还不在"一环"，但我们的优势特色学科一样可以像鸟巢、水立方等标志性建筑一样，被人津津乐道。

第三，要实行分类管理。分类管理是克服高校办学同质化现象的有效途径。江西省高等教育在规模迅速扩张的过程中，办学定位和培养目标的同质化现象比较严重，比如旅游专业，目前，很多学校都有设置，但真正有特色的不多。另外，几乎所有的学校都把提升学校办学层次作为自己的工作目标，专科学校要升格为本科，本科学院要更名为大学，等等，规模和层次倍受重视，质量和效益在无形中被忽略，导致了千校一面。十八届三中全会对"全面深化教育领域综合改革"进行了部署，国家教育改革的一个重要内容就是实行高校分类管理、分类指导，按照服务地方经济、培养应用型技术人才的思路，引导地方本科高校向应用技术类型高校转型发展，推动高等教育结构调整，这也是江西省高校改革发展的重要突破口。今后，要按照不同高校的培养目标，引导高校合理定位，各展所长，在不同层次、不同领域创特色。高校要加快结构调整，调整教学结构，增加实践教学比重，建设一批省级实验教学示范中心、大学生校外实践教育基地，加强高层次应用型人才培养；调整学生结构，逐步取消专科和高职人才培养，压缩本科生培养规模，扩大硕士研究生、博士研究生招生规模。调整教师结构，担任教学的教师一般要有博士学位，担任学校行政工作的一般也要有硕士研究生以上学历。

（四）增强创新能力是基础

党的十八大提出："科技创新是提高社会生产力和综合国力的战略支撑，必须摆在国家发展全局的核心位置。"江西省委也明确提出，"要加快推进创新升级，增强经济发展的动力；要坚持不移地走创新驱动发展的道路，下力气推进科技协同创新取得重大突破。"高校是人才的摇篮、知识的殿堂、创新的基地，是国家创新体系的重要组成部分，是基础研究和高技术领域创新成果的重要源泉，是经济社会发展的"发动机"和"助推器"。2013年度国家科技奖励三大奖中高校获奖超过三分之二，尤其是2项国家技术发明奖一等奖均为高校获得，充分说明高校是我国科技创新的重要力量，在我国科技创新体系中占有举足轻重的位置。江西省各高校要切实承担起创新发展和服务江西省经济社会的责任和使命。

首先，要大力推进协同创新。前年，江西省率先在全国启动了"2011协同创新计划"，省财政给予每个省级协同创新中心2000万元的扶持资金，到现在我们已经评选了两批共计20个省级协同创新中心，这在江西省高校乃至全国高校引起了强烈反响，为提高江西省高校协同创新能力搭建了一个很好的平台。这些协同创新中心代表了江西省高等教育的较高水平，经过几年的建设，将成为江西省具有重大影响的学术高地、行业产业共性技术的研发基地、区域创新发展的引领阵地和文化传承创新的主力阵营。高校一定要转变思路，在协同中心的建设中不要等评定，而是要自己打好基础，先动起来。江西省将大力支持取得一定成效的协同创新中心建设，尤其对已认定的"具有解决重大问题能力、运行良好、培育成效明显、高水平、有特色"省级协同创新中心将给予重点支持、重点建设、重点培育，力争实现在国家层面的突破。

其次，要积极服务区域经济社会发展。大学发展必须主动融入经济社会发展，才有价值和意义。服务经济社会发展的能力也越来越成为衡量一所大学办学水平的重要标志。当年美国依托斯坦福大学的人才和科技成果优势，逐渐发展兴起的硅谷，为美国经济社会发展作出了重要贡献。江西省高校要成为服务区域经济社会发展的动力引擎，在人才培养上为社会输送大批的"优质钢"，在科学研究上为社会输送大批的"发动机"，在社会服务上为社会输送大批的"助推器"；要不断增强主动服务地方经济发展方式转变和产业转型升级的意识和能力，

促进产、学、研、用紧密融合，加快高校科技成果转化和产业化；要
瞄准经济社会发展重大理论和现实问题，加强与相关部门和地方政府
合作，建设一批高水平咨询研究机构，积极为各级党委、政府的决策
提供咨询服务；要主动融入鄱阳湖生态经济区建设、"昌九一体化"建
设和赣南等原中央苏区振兴发展等发展战略，以服务和贡献开拓自身
发展的新空间。

（2014 年 4 月 23 日）

改进高校宣传思想工作

2014 年，中共中央办公厅、国务院办公厅下发了《关于进一步加强和改进新形势下高校宣传思想工作的意见》（中办发〔2014〕59 号），这份文件对高校宣传工作具有高屋建瓴的指导性。对此，就江西高校如何贯彻落实高校宣传思想工作谈四点认识。

一、坚持理论认同

按照马克思主义的理论，在每一个社会形态中，都有一种占主导地位的意识形态。"统治阶级的思想每一个时代都是占主导地位的思想。这就是说，一个阶级是社会上占统治地位的精神力量。……占统治地位的思想不过是占统治地位的物质关系在观念上的表现。"（《马克思恩格斯全集》第 3 卷第 52 页）马克思在这里揭示的道理其实很简单，在社会结构中居于主导地位的阶级，必须要建立其保护统治基础的意识形态。一个国家中占统治地位的意识形态不过是这个国家中占统治地位的经济基础、掌握国家政权的统治阶级的统治地位在思想领域的反映和延伸。正像法国著名意识形态研究专家阿尔都塞评价资本主义意识形态时所说的那样："这是一个不时被（前统治阶级的、无产者及其组织）反对声波干扰的音乐会，这个音乐会只有一种乐谱，当权统治阶级的乐谱。"既然我国社会主义社会建立在公有制为主体、多种经济成分并存的经济基础之上，是工人阶级领导的、以工农联盟为基础的劳动人民当家做主的国家政权，实行中国共产党领导的多党合作制度，整个社会的统治思想是以马克思主义为核心的意识形态，在高校宣传主流意识形态又有什么奇怪呢？放眼世界，任何国家的意识形态都弥漫着占主导地位的"国家精神"。在美国的宣传和文艺作品中，我们处处都能感受到美国的生活方式、价值观念和行为准则，只不过有时表现得特别明显，有时表现得较为隐晦罢了。如美国电影《拯救大兵瑞恩》，该部电影以二战中诺曼底登陆战为背景，讲述一个发生在战争中抢救一个士兵的故事，电影影片独辟蹊径从战争视角来观察人与人之间的关系，影片深度折射了美国的文化价值观，如个人英雄主义精神、对生命与自由的追崇、对战争的恐惧与厌恶等，影片开头美国国旗就飘扬了1分钟。最近辽宁日报推出大型策划《大学课堂上的中国》第一期《老师，请不要这样讲中国——致高校哲学社会科学老师的一封公开信》，媒体和网民关注度很高。网民反映，现在一些高校的老师在课堂上说中国坏话、骂这个社会成了时尚。讲到好的都是国外的，不好的都是中国的，中国成了负面典型的案例库。还有的老师，把个人生活的不如意和牢骚也带到了课堂上，这些都让同学们感觉到心情灰暗。因此，高校老师，尤其是社科领域的老师如何增强对中国特色社会主义的理论认同、制度认同、精神认同和情感认同，是必须认真研究解决的一个重大问题。

二、提高思想认识

高校是高知识群体和高水平知识创新活动密集的战略高地，是宣传党的理论创新成果和积极推动理论创新的重要基地，也是有效抵御西方敌对势力西化、分化图谋的前沿阵地。做好高校宣传思想工作，加强高校意识形态阵地建设，是一项战略工程、固本工程、铸魂工程，事关党对高校的领导、事关全面贯彻党的教育方针，事关中国特色社会主义事业后续有人。党中央、国务院历来高度重视高校宣传思想工作，最近，中共中央办公厅、国务院办公厅印发的《关于进一步加强和改进高校宣传思想工作的意见》，深刻论述了当前加强和改进高校宣传思想工作的重要性和紧迫性，明确提出了加强和改进高校宣传思想工作的指导思想、基本原则和主要任务，系统阐述了加强和改进高校宣传工作的方法和途径，是新时期新阶段指导高校宣传思想工作的纲领性文件。江西省委领导就抓好 59 号文件的贯彻落实专门作了重要批示。各有关部门和高校一定要从战略和全局高度，充分认识加强和改进高校宣传思想工作的重要意义，把思想统一到党中央、国务院的决策部署上来，统一到 59 号文件的精神上来，统一到江西省委、省政府的工作要求上来，真正把江西省高校宣传思想工作落到实处。

三、树立问题导向

从总体情况来看，当前江西省高校宣传思想工作成效显著，师生的思想政治状况主流积极、健康、向上，不少高校也创造了很多好做法、好经验。但在实际工作中，我们也注意到，有些学校党委在抓学校改革发展和抓思想政治工作上，还存在一手硬一手软的问题；在抓宣传思想工作上，还存在工作方式方法和师生思想实际"两张皮"的问题，高校思想政治工作仍不容忽视，还须牢固树立危机意识。如个别大学生帮助传播"法轮功"等非法组织的理念；少数大学生沉溺于网络游戏不能自拔，还有少数学生理想信念模糊，奋斗精神不足、心理素质脆弱，社会责任感缺失，甚至缺乏对生命、对法律的敬畏，尤其是由于就业、学习、经济压力及感情方面的诸多问题，使部分大学生心理健康问题增多，导致学生自杀事件的频发，在社会上产生了较大影响，严重影响了高校正常秩序。面对这些新情况新问题，加强和改进高校宣传思想工作显得尤为必要。各地各高校要准确把握新世纪新阶段高校宣传思想工作的新任务、新要求，更好地承担历史使命，要推动中国特色社会主义理论体系进教材进课堂进头脑，引导大学生牢固树立正确的世界观、人生观和价值观；要不断壮大高校主流思想舆论，弘扬主旋律，传播正能量；要深入探索网络思想政治教育新途径，主动占领网络思想政治教育新阵地；要进一步加强大学生心理健康教育，加强心理疏导，提高大学生心理健康素质；要加强队伍建设，构建长效机制，为大学生思想政治教育工作提供坚实保障，营造良好氛围。

四、加强统筹协调

高校宣传思想工作是一项系统工程，牵涉面广，各有关部门要明确职责分工，加强统筹协调，完善工作机制，形成加强高校宣传思想工作的强大合力。各高校党委要强化政治责任和领导责任，真正把宣传思想工作摆在党的工作的重要位置，明确思路，部署工作，落实任务，切实做到守土有责、守土尽责、守土负责；要建立健全高校党委统一领导、党政工团齐抓共管、党委宣传部门牵头协调、有关部门和院系共同参与的工作机制。要坚持改革创新，创新工作理念，改进教育教学方法，努力做到体现时代性、把握规律性、富于创造性，不断增强高校宣传思想工作的吸引力和感染力。

（2014 年 11 月 19 日）

以"2011 计划"助推江西高校进位赶超

从 2012 年全省高校工作座谈会提出"2011 计划"以来，已经过去了半年多时间。半年多来，各有关部门和高校认真贯彻落实中央和江西省委、省政府关于高校创新能力提升计划的决策部署，认识深、行动快、思路清、措施实、力度大、效果好。按照国家的统一部署，江西省率先在全国启动了"2011 计划"，并于 2012 年 9 月份在全国率先认定了"猪牛羊良种培育及高效扩繁协同创新中心"等首批 10 个省级"协同创新中心"，走在了全国前列，得到了教育部和江西省委、省政府的充分肯定。二是形成了广泛共识。全省各高校积极抢占发展先机，先行先试，结合自身优势和特色，目前已经培育组建了 100 多个校级"协同创新中心"。各有关部门给予了大力支持，发展、财政部门加大了经费投入，组织、人保部门保障了人才建设，宣传部门进行了连续报道，在高校引起了强烈反响。三是提升了核心竞争力。各高校以优势特色学科学为依托，积极培育组建协同创新中心，探索跨学科融合协同创新的新模式，促进了高校核心竞争力的提升。如南昌航空大学的"江西省航空制造业"、江西理工大学的"离子型稀土资源高效开发及应用"、华东交通大学的

"铁路环境振动与噪声"等高校的特色优势学科，通过协同创新，影响力越来越大。四是集聚了高水平人才。江西农业大学"猪牛羊良种培育及高效扩繁协同创新中心"招聘了包括 4 名院士、2 名国家杰出青年基金获得者在内的 10 名高水平科学家。江西中医学院"创新药物与高效节能制药设备协同创新中心"汇聚高级专业技术人才 78 人，其中博士 55 人。五是创新了运行管理机制。江西财经大学的"协同创新中心"成立了理事会、专家委员会。江西中医学院的"协同创新中心"建立了项目管理制度、人事聘用管理制度、人才培养制度等。东华理工大学的"协同创新中心"成立了领导小组，建立了以任务为牵引的人员聘用机制和政产学研用融合发展的协同创新模式。另外，由于前期培育工作扎实，江西省按期申报了 2 个首批国家级协同创新中心，且顺利通过了第一轮初审，这很不容易。

在看到成绩的同时，我们还应清醒地看到，江西省在实施"2011 计划"过程中还存在一些问题，如各"协同创新中心"高水平人才难引进、不同参与单位利益难协调、协同改革措施难推动。等等，这些问题，各有关部门和高校要高度重视，认真研究解决。

一、实施"2011 计划"的重大意义

在当前高等教育发展新的阶段，实施"2011 计划"是推进江西省高校科学发展、进位赶超的迫切需要。

首先，实施"2011 计划"，是学习贯彻党的十八大精神和江西省委、省政府重大决策部署的需要。十八大明确指出："要提高原始创新、集成创新和引进消化吸收再创新能力，更加注重协同创新。"2012 年召开的全省科技创新大会上，江西省委、省政府对江西省深入实施创新驱动发展战略，大力推进科技协同创新，加快建设创新型省份进行了动员和部署。高等教育作为科技第一生产力和人才第一资源的重要结合

点，一定要以十八大和全省科技创新大会精神为指导，结合学校实际，推进内涵建设，努力提高创新能力。

其次，实施"2011 计划"，是全面提高江西省高等教育质量的需要。经过近十年的快速扩张，江西省高等教育已进入了新的发展阶段，必须牢牢把握阶段性特征，花大力气迅速从规模扩张向质量提升转变，从整体推进向重点突破转变，努力在特色、质量和效益上下功夫。"2011 计划"的实施，紧紧抓住创新能力这个根本，抓住出创新成果出创新人才这个关键，必将有力推动高校把更多的心思、更多的精力、更多的资源用于提高质量上，坚定不移地走以质量提升为核心的内涵式发展道路。

再次，实施"2011 计划"，是高校顺应现代科技发展潮流的需要。在全球化的今天，知识创造呈现爆发性增长，新技术群和新产业群蓬勃发展，科学研究的手段从微观和宏观两个方向上不断拓展了人类认知的领域，全球科技发展进入到异常活跃的创新时代。传统体制下，高校科技创新重复、分散、封闭、低效的问题日益突出，其方式日益表现为以组织或机构的协同合作、多方共同参与为特征。高校如果关起门来进行人才培养、学科建设和科学研究，已经难以适应多学科的融合和科技发展的要求。仅在实验室、在教室里难以培养拔尖创新人才，也难真正了解国家急需、省内急需，更难创造国家一流和世界一流的科研技术。

各有关部门、各高校一定要充分认识实施"2011 计划"的重要意义，切实把思想统一到国家和江西省委、省政府的决策部署上来，认真贯彻好、实施好"2011 计划"。

二、实施"2011 计划"的主要特征

实施"2011 计划"，是"211 工程"、"985 工程"的发展和延续，

具有与以往战略计划不同的明显特征和体制优势。

首先，"2011 计划"是一个开放计划。与"985 工程"、"211 工程"不同，虽然都是党中央、国务院在不同历史时期作出的战略决策，但各有侧重，"985 工程"、"211 工程"是以学校为评审单位的，重在高校整体建设。江西省就一所"211 工程"高校，还没有"985 工程"高校。而"2011 计划"是一个全面开放的战略计划，面向各类高校开放，没有身份等级限制，没有论资排辈限制，没有固化单位限制，坚持鼓励和支持高校和地方政府先行先试，分层次实施，先培育后申报；坚持客观公正的评审机制，委托第三方评审，减少行政干预；坚持多元化的支持方式，充分利用现有资源和条件，财政支持和政策支持并重。所以，这个计划与我们所有的高校都有关，只要我们具备协同创新基础、具有强烈的改革意愿，能够发挥自身学科的优势，能够解决国家和区域经济社会发展需求，并联合国内外创新力量，积极吸纳高校、科研院所、行业企业、地方政府以及国际创新力量参与，就可以申报协同创新中心项目建设，就有机会获得各方面的支持。

其次，"2011 计划"是一个改革计划。"2011 计划"是一个新事物，不是单纯的科研项目，也不是单纯的"基地"建设。核心是通过体制机制改革，构建更加有利于承担和完成国家和地方重大任务的协同创新模式与平台，实现创新方式的根本转变。教育部、财政部提出了八个方面的改革，即组织管理体系、人事管理制度、人才培养模式、科研组织模式、评价机制、资源配置方式、国际交流与合作模式、文化环境的改革，鼓励高校要大胆尝试，敢于突破高校内部的机制障碍和外部的体制壁垒，有效释放人才、资源等创新要素的活力，形成有利于协同创新的可持续发展能力。因此，我们要有足够的勇气，突破惯性思维，进行大胆的改革，各有关部门对这项改革要给予配合和支持。

再次，"2011 计划"是一个协同计划。协同创新是"2011 计划"的主要特征，"2011计划"也叫协同创新计划，载体是建立协同创新中心。一是要求高校之间以及学科之间要协同。各高校之间、各学科之间、自然科学与人文科学之间，应构建多学科交叉研究平台，并通过国内外高水平大学开展实质性合作，逐步培育出引领和主导国际国内科学研究与合作的学术中心。二是要求高校与经济社会发展要协同。重点是紧密围绕国家和江西省经济社会发展急需的战略性问题、前瞻性问题、公益性问题、关键性问题，加快高校与企业、科研院所甚至政府有关部门联合建立多学科融合、多团队协同、多技术集成的重大研发与应用平台，形成产学研用融合发展的技术转移模式，为产业结构调整、行业技术进步、区域经济建设和社会发展，提供持续的支撑和引领。三是要求高校科研与人才培养要协同。高等教育的根本出发点和落脚点是人才培养，而培养应用型人才、复合型人才和拔尖创新人才离不开科研的支撑。高校应推进教育和科技的结合，提高学生的动手能力和创新本领，形成教学与科研互动的稳定机制，鼓励学生在学习中参与科研，在科研中深化学习。四是要求高校体制机制改革要协同。通过高校体制机制改革的创新，尽力打破高校科研封闭、分散、低效的格局，消除壁垒、理顺关系，推动资源共享，构建创新平台，促进创新要素的有机融合和全面共享。

总之，"2011计划"的核心目标是促进人才、学科、科研三位一体的高校创新能力提升，进而带动江西省高等教育质量全面提高，加快创新型国家和创新型江西建设进程。

三、实施"2011计划"的主要任务

江西省已提出高等教育实施两个转变的战略方针："在发展方式上实现规模扩张向质量提升转变，在发展路径上实现整体推进向重点突破转变。"为此，当务之急是要根据教育部和江西省委、省政府的部署，

增强大家的紧迫性，激发活力，全力以赴实施好"2011 计划"。

（一）全力抓好开局

万事开头难，抓好开局事半功倍。江西省首批 10 个省级"2011 协同创新中心"已于 2012 年 9 月 21 日正式授牌启动建设，目前启动经费也已落实到位。从遴选结果和进展情况看，江西省"2011 计划"的开局非常好，遴选的这 10 个"协同创新中心"前期培育基础较好，进展非常顺利，代表了江西省高等教育的较高水平，社会影响力也很大。各有关部门和高校一定要按照 2012 年高校座谈会提出的"集中精力、集中人力、集中财力、集中物力"的要求，全力抓好开局，打响头炮，为首批协同创新中心的建设提供必要的支撑条件，要在政策和资源配置等方面给予必要的倾斜，保障"中心"有效运行，使之成为江西省高校改革优先发展的实验区；要在人员聘用与评价制度、人才培养机制、招生模式以及国际合作与交流等方面，赋予"中心"相对的自主权；要在研究生招生、优秀人才计划、公派出国学习和交流等相关资源配置方面，给予"中心"重点的倾斜支持；要在组织申报国家和江西省相关科技、文化、人才以及行业重点任务时，给予"中心"优先倾斜。江西省教育厅要牵头组织有关部门加强检查和指导，落实政策措施，扎实推进江西省首批协同创新中心建设，将首批协同创新中心做实、做好、做成标杆，为今后江西省培育组建更多的省级协同创新中心起到示范引领作用。

（二）努力寻求突破

这个突破是指在国家层面的突破。"211 工程"、"985 工程"江西省高校没有争得什么大的支持。"2011 计划"已经走在全国的前列，得到了国家的高度认可，一定要继续发挥好自己的优势，珍惜已经取得的成绩，争取能够申报成功首批国家级"2011 协同创新中心"。目前全国共申报了 167 个中心，江西省有 2 个中心入围，而教育部表态最多只立项建设 35 个，这样平均起来每个 985 高校（全国共 39 个 985 高校）还不到 1 个。所以，这次申报工作要求极严、指标极少。江西省争取首批国家级协同创新中心的形势非常严峻，但是不能失去信心，首先是练好内功，然后要密切跟踪国家级"2011 协同创新中心"的评审情况，加强与教育部、财政部的沟通协调，积极寻求国家的支持，力争首批国家级"2011 协同创新中心"江西省有项目入围。

（三）着力统筹规划

按照江西省"2011 计划"方案和"440 工程"部署，近四年，我们要建设 40 个省级"2011 协同创新中心"，每年建设 10 个，省财政每年将安排专项经费给予重点支持。各高校都有机会，每年都会有机会。为此，各高校要认真研究制定好参与"2011 计划"的规划，做好顶层设计。一方面，要按照 2012 年高校座谈会上提出的"坚持'唯一性'和'独特性'"的原则，结合区域经济社会发展的重大需求、结合区域人文和自然的独特资源、结合高校自身发展的既有优势、结合学科发展的前沿趋势，整合各类优质资源，找准各高校自身的优势特色学科，进行重点突破。另一方面，我们也要充分考虑多种参与方式，注重改革创新和能力提升的实质，不必强求牵头，既鼓励强强联合，也鼓励优势互补，不能搞成没有实质性建设内容的大拼盘。对于 2013 年第二批省级"协同创新中心"的遴选评审工作，要抓紧启动，同样要围绕国家重大需求，围绕江西省鄱阳湖生态经济区建设、科技创新"六个一"工程及江西省十大战略性新兴产业发展需求进行深入推进，对于相近方向的协同创新中心不再重复建设，对于选题好、体制优、水平高、潜力大的，江西省教育厅要指导高校抓好培育组建工作，评审工作要做到公正、公平、公开。要积极吸纳地方、企业以及国内外社会各界的支持与投入，通过汇集不同领域的创新要素与资源，在不同学科领域形成一个个制高点，努力形成全省高校创新要素聚集的战略高地和协同创新的新优势。另外，要正确处理好高校"2011计划"和江西省委、省政府《大力推进科技协同创新的决定》中省协同创新计划的关系。以高校为牵头单位建设的"2011协同创新中心"自成体系，但同时也是公共协同创新平台的重要组成部分。高校要按照江西省委、省政府统一部署，积极参与生态环保技术、现代农业技术等协同创新平台，打造协同创新团队，积极申报全省的协同创新重大项目，全方位切入江西经济建设和社会发展。

四、实施"2011计划"的组织领导

实施好"2011计划"，是江西省高等教育加快发展的一次十分难得的机遇，江西省委、省政府高度重视，希望各有关部门和高校加强领导、认真部署，抢占先机。

（一）加强组织领导

为保障"2011计划"的顺利有效实施，省政府层面已经成立了高等学校创新能力提升计划工作领导小组，负责政策研究、统筹协调、资源保障等重大事项决策。领导小组要及时研究解决计划实施过程中遇到的困难和问题。领导小组办公室设在江西省教育厅，负责江西省"2011计划"的规划设计、组织实施、日常管理等工作。各高校也可以根据需要成立由高校主要负责人和分管负责人、各合作单位负责人等组成的协同创新领导小组，明确工作责任，制订实施方案，在政策研究、统筹规划和资源配置上予以有力保障。"2011计划"的科学实施，离不开财政、科技、人事等部门的大力支持，也离不开行业、企业、部门和地方政府的密切配合，江西省教育行政部门和各高校要以高水平的

谋划、高标准的设计，争取多方支持，集成有效资源，形成推进合力，努力为"2011 计划"的实施创造良好的条件。

（二）建立规章制度

要抓紧研究制定江西省"2011 协同创新中心"经费管理办法、岗位设置和人员聘任管理办法、绩效评价办法等配套文件。这是确保"2011 计划"科学顺利实施的重要保证。在经费管理方面，以前我们科研项目大部分经费主要用于增添仪器设备，达到经费开支的 70%~80% 以上。应该说，经过近十多年的快速发展，目前江西省高校在硬件及仪器设备建设方面与发达国家和国内高校相比，基本上没有太大差距，在部分学科领域甚至还领先。所以现在的经费投入不应过于重视硬件的投入，而是更加重视人才队伍的培养和学科建设方面。在队伍建设和学科方面的突破,对"2011 计划"的实施有着十分重要的意义。这方面的工作，请江西省教育厅负责，江西省财政厅、人力资源和社会保障厅等单位密切配合，要严格把关，确保经费投入发挥最大效益。关于经费的管理，牵头和参与单位须严格按照国家的有关规定，加强对专项资金的监督和管理，专款专用，不得挤占、截留和挪用。专项资金使用管理情况将作为"2011 协同创新中心"年度检查和阶段评估的重要依据。一旦发生违规违纪现象，将从严从重处罚。

（三）营造良好氛围

要开展多种形式的宣传，指导高校准确理解和把握"2011 计划"的主要内容和精神实质，增强实施计划的意识和能力，调动高校师生参与实施计划的主动性、积极性，并以此推动高校形成新的创新热潮。要认真总结首批"2011 协同创新中心"建设的成功经验和好的做法，加强高校和科研院所、行业企业相互间的交流学习，更好地体现优势和特色，积极探索协同创新的新模式、新机制。要加强新闻宣传，大力宣传各高校在实施"2011 计划"中涌现的先进典型和先进成果，动员全社会进一步关心支持高等教育改革发展，推动形成全社会主动创新、支持创新、协同创新的良好氛围。

"2011 计划"的顺利实施，秉承科学发展理念，顺应改革发展要求，符合江西省高校实际，事关江西省高等教育改革发展，事关江西省高等教育质量的提升，是江西省高等教育当前的头等大事，箭在弦上，只能成功，不能后退。希望大家认真学习，紧紧抓住这一重大发展契机，进一步转变观念，真抓实干，抢抓机遇，开拓进取，大力推进协同创新，不断提高办学质量，推动江西省高等教育再上新台阶。

（2013 年 1 月 18 日）

大学教育要 "以本科为本"

我国高等教育已步入大众化阶段，大学生数量居世界前列，这是一个了不起的成就。但同时，相对于我国社会经济发展而言，相对于人民群众的期待而言，人才培养质量还有待提高，人才培养模式还有待创新，人才培养规律还有待探索，这些都需要进一步推进本科教育教学改革。

一、江西省高等教育教学改革的形势

如何正确看待当前江西省高等教育特别是本科教学改革发展形势？可以从三个方面来分析，一是有成绩；二是有差距；三是有必要。

（一）有成绩

自 2012 年 5 月江西省高等教育座谈会以来，江西省高校实施"一个目标、两大转变、五个一流"的发展战略，步入了加快内涵式发展的新阶段，一些重要领域和关键环节的改革实现了重大突破，取得了阶段性重要成果，为进一步加强和改进本科教育教学工作奠定了更加扎实的基础，开辟了更加广阔的发展空间。一是高校设置取得新成果。2013 年，一次性有 3 所学校升格为普通本科高校，一所学院更名为大学，

2014年，又有2所民办高职学校成功升本，江西省普通本科院校也由原来的24所增加至29所，高校结构布局得到了优化，江西省本科高等教育的整体实力得到了增强。二是学科建设取得新进展。江西省率先在全国实施"2011计划"，已评审认定38个省级"2011协同创新中心"，高校人才、学科、科研三位一体的创新能力得到有效提升。近两年，新增6个一级学科博士点；新增29个专业硕士学位授权点，专业学位点由61个增加到90个；教育部人文社科基地由1个增加到3个；国务院学位委员会学科评议组成员由2人增加至5人；本土长江学者、百篇博士论文、全国社科成果奖等多方面实现突破。三是教学成果取得新突破。江西中医药大学刘红宁教授问鼎2014年第七届国家教学成果奖一等奖，实现了"零"的突破。另外，还有6所高校的7项成果获得二等奖，这是江西省高校在国家教学成果奖获奖规格最高、获奖数量最多的一次，超过了前三届获奖项数的总和。四是教育改革迈出新步伐。理顺了教育经费拨付体制；江西省与教育部、财政部、工信部等部委开展省部共建高校，与清华大学、北京大学等高校开展省校合作取得新进展；宜春学院、上饶师范学院、新余学院等一批新建本科高校积极开展转型试点；江西师范大学、江西科技师范大学开设的"金牌讲解班"开创了江西省高端应用型人才培养新模式；江西师范大学开展免费师范生教育走在全国前列；等等。

（二）有差距

在充分肯定成绩的同时，我们也要清醒地认识到，江西省高等教育尤其是本科教育教学还不能完全适应经济社会发展和人才培养的要求，制约着本科高等教育的全面、协调、可持续发展。从江西省层面来说，一是支撑教学的高精尖平台偏少。目前，我们几乎没有在全国著名的高水平大学，国家级重点学科、国家级教学科研奖项、国家级科研平台等代表高等教育核心竞争力的重要指标数量明显偏少。二是优秀教学成果不多。到目前为止，还没有获得国家教学成果特等奖。在近四届评出的2833项国家教学成果奖中，江西省高校总共获得30项，占总数的1.06%；国家教学质量工程已立项5990项，江西省总共获批115项，占总数的1.2%。江西省获得的国家教学成果奖数和获批质量工程项目数均处于全国下游水平，所占比例与江西省高校规模所占比例严重不相称。三是教学名师缺乏。没有在全国有影响的教学名家大师。在已评出的600名国家级教学名师中，江西省也只有8名。从学校层面来说，一是本科教育教学中心地位亟需进一步巩固。部分高校重科研轻教学、本科教学不受重视、本科教学经费投入不足等现象仍然存在，本科教育教学的中心地位没有真正落到实处。二是教学改革亟需进一步深化。突出表现在专业建设方面，一些高校不是把着力点放在专业内涵建设和教学方法手段的创新上，而是贪多求全、重复建设、盲目争上所谓的热门专业；人才培养模式还较为单一。三是师资队伍建设亟需进一步加强。一些高校专业课教师数量不足，对青年教师的培养重视不够。部分教师没有把主要精力集中于教学；一些教师缺乏教学研究与教学改革意识；教授不愿给本科生上课，热衷于搞课题、搞项目、出论文。四是教学管理亟需进一步规范。一些高校的教学管理规章制度不够健全完善，部分教学管理人员责任意识、法规意识不够强，管理制度化规范化难以落实。上述这些问题，我们要高度重视，认真研究解决。

（三）有必要

大学的本义是培养人才，其中大学本科生的培养，又是整个大学教育的基础。首先，从人才培养的角度来看，在各个阶段教育中，本科教育无疑是最重要的。一个学生能否形成健全的人格心理，能否养成良好的学习习惯和不断完善自我的行为模式，能否具备日后事业发展或者进入科学研究所需要的基本知识和能力，很大程度上取决于本科阶段的学习。目前，江西省普通高校在校本科生 49.76 万人，占在校大学生总数的 54.30%，成为高校人才培养的主体。因此，本科教育的改革发展方向决定着江西省高等教育内涵建设的发展方向。其次，从世界各地高校的办学经验来看，无论是世界一流大学，还是国内重点大学，都把本科教育作为本校的荣耀。本科生在一流大学里永远都是"天之骄子"，公众也是通过本科教育直接认识大学的。如牛津大学、剑桥大学在成立之初形成的导师制，哈佛大学的选课制和学分制，芝加哥大学的"百科全书式教学计划"等，都直接指向了本科教育，并促使这些大学成为世界一流大学。当前，随着世界经济、社会、科技、文化等各方面的变革，也在深度改变着现有的教育教学方式、人类思维模式和学术组织形式，国内外许多大学包括一些知名大学正在掀起一股本科教育的改革热潮，小到一门课怎么上，大到整个本科教育的课程体系、师资配置、课外实践要求，甚至学生宿舍体系的设计，都在探索改革的新模式，有的几乎被"推倒重建"。再次，从解决当前本科高校同质化办学的问题来看，我们也一定要进一步解放思想，找准定位，抓好本科教学，尽快完成办学层次的转型升级。有人曾作过这样的比喻，如果所有高校都挤在同一个轮盘上，按照同一速度和方向旋转，那么最先被甩出的一定是地方薄弱高校，最先得不到社会认可的也一定是办学水平低、没有特色的地方高校。这个比喻值得我们警醒。江西省本科高校几乎都是教学型或以教学型为主的地方高校，不把教学工作抓好，办学水平上不去，将直接影响学校的生存。我们一定要毫不动摇地坚持以教学为中心，加强教学基础设施，保障教学一线，提高教学质量，努力创出品牌特色，使自己在"生源萎缩"大势下立于不败之地，实现持续健康发展。

二、把握本科教育教学改革的总体要求

加强本科教育教学工作，必须深入研究本科教育教学的新规律，研究人才培养过程中的新问题，进一步解放思想，创新理念，做到五个牢固树立。

（一）牢固树立人才培养在高校的中心地位

高校有四大功能，即人才培养、科学研究、社会服务、文化传承创新。这四大功能是一个有机整体，相互影响、相互促进，任何一个功能发挥不好都可能成为影响其他功能发挥或者高校整体功能发挥的短板。必须看到，这四大功能不是并举并重的，其中，人才培养是核心，科学研究是基础，社会服务是方向，文化传承创新是引领。衡量一所高校办得好不好，主要是看它所培养的学生质量。各本科高校一定要夯实办学的核心理念，牢固树立人才培养在学校工作中的中心地位，清醒认识高校的根本任务是立德树人、培养德智体美全面发展的社会主义建设者和接班人，坚持把促进大学生健康成长作为学校一切工作的出发点和落脚点，坚持把提高人才培养质量作为学校内涵式发展的聚焦点、着力点。

（二）牢固树立教学工作在高校的基础地位

抓好教学工作是提高整个高等教育质量的重点和关键。学校领导的精力、师资力量、资源配置、经费安排和工作评价都要体现以教学为中心，高校的书记、校长要亲自抓教学工作，深入教学一线，亲自讲课听课，定期研究教学状况，解决实际困难，不断推进高校的观念创新、制度创新和工作创新，将江西省本科教育质量提高到一个新水平；要结合各自实际，建立和完善教学工作会议协商制度，定期研究教学工作；要把教授给本科生上课作为一项制度，将承担本科教学任务作为教授

聘任的一项基本条件，让最优秀的教师为本科生上课；要确立以教学质量为核心的教师业绩考核体系，突出人才培养工作的质和量在教师业绩评估中的核心地位，努力形成领导重视教学、教师热爱教学、科研促进教学、经费确保教学、管理服务教学的有效机制和良好氛围。

（三）牢固树立立德树人是高校的根本任务

立德树人是我们党的教育方针的最新概括，是高校的根本任务，它揭示了什么是教育、怎样发展教育的科学本质，回答了培养什么样的人，怎样培养人的根本问题。高校落实立德树人，最根本的还是坚持一切从培养创新型人才和高素质应用型人才出发，加强大学生成长成才规律研究，努力探索教学的新内容、新途径、新方法和新机制，创新教育教学管理，使高校教学不断体现时代性、把握规律性、富于创造性。要把科学精神、思想品德、实践能力和人文素养的培养贯穿于高校人才培养全过程，教育学生既学会做事，又学会做人；既打开视野、丰富知识，又增长创新精神和实践能力；既发展记忆力、观察力、思维力等智力因素，又发展兴趣、情感、意志等人格因素；既增添学识才干，又增进身心健康。

（四）牢固树立质量是高校的生命线

质量是一所高校生存之基，立校之本。本科高校要办出特色、争创一流，必须牢固树立以质量求发展、以质量求卓越的指导思想，切实树立科学的教育教学质量观。要把搞好本科教育教学、提高人才培养质量作为学校的核心工作，作为衡量高等教育质量的第一标准。一所大学办得好不好，主要看这个学校培养的学生优秀不优秀，而不是看它的规模、学生数量有多大，特别是杰出的本科毕业生已成为大学品牌和办学实力的名片。为什么都说哈佛、耶鲁、麻省理工、剑桥、牛津是世界最顶尖的大学？说北大、清华是国内最好的大学？那是因为这些大学培养出了一大批对国家民族和对人类文明进步产生过重大影响的杰出人才。所以，从根本上来说，看一所高校办得怎么样、教学水平怎么样，不是看一时的规模，而是要以长远的眼光、历史的视野看它培养出什么样的人才，看它对国家民族和人类文明进步作出了什么重要贡献。

（五）牢固树立改革创新是高校发展的动力源

这几年，江西省高等教育能在一些重要领域进位赶超，在一些关键环节实现重大突破，很重要的一个原因是坚定不移地推进教育领域综合改革。2014 年，我们在 7 所高职院校和 6 所本科高校实施联合培养应用技术型本科人才的改革试点，充分发挥本科高校和高职院校各自培养人才的独特优势，搭建人才培养的"直通路和立交桥"。这项改革一启动就受到社会和广大家长、学生的欢迎，有的试点班招生名额只有 90 名，报考填报志愿的上线学生多达 800 多名。当前，在全面深化教育领域综合改革攻坚时期，各本科高校一定要牢牢抓住机遇，以大力推进教育教学改革创新来不断增添动力、释放活力。要坚持问题导向，一仗一仗地打，一关一关地闯。2014 年，我们在南昌大学开展了综合改革试点，改革的核心就是坚持问题导向，着力解决制约学校发展的薄弱环节和突出瓶颈问题，目标是缩规模、调结构、转机制、提质量。要坚持底线思维，有序推进改革创新，该尽早推进的不要拖延，该试点的不要仓促推开，该深入研究后再推进的不要急于求成，尤其该得到法律授权的不要超前推进，更不能为了眼前利益去碰"红线"。2014 年，江西工程学院乱借高职单招试点的政策，违规招收了 4000 多名学生，在社会造成了极坏的影响。我们一定要引以为戒，杜绝再次发生这类踩"红线"碰"高压线"的事件。

三、全面深化本科教育教学改革的主要举措

全面深化本科教育教学改革，必须着力在解决影响和制约本科教学质量的关键领域和薄弱环节取得新突破，当前尤其要抓好"五项重点工作"。

（一）重点抓好专业综合评价

专业是高校人才培养的基本载体，是反映高校办学水平和办学竞争力的重要因素。很多国家对大学并不搞学校排名，只公布大学的专业排名。教育部也公布了我国高校的一些专业排名，江西省只有南昌大学的食品科学与工程专业有一定的竞争力，排全国高校第 4 名，而其他的专业都没有明显的优势。因此，我们必须把加强专业建设摆到本科教学工作重中之重的位置来抓，作为高校推进本科教学改革、提高教学质量的着力点。江西省教育厅研究制订了《江西省普通高校本科专业综合评价实施方案》，目的就是想通过专业综合评价，让大家知道江西省各高校专业到底办得怎么样。比如，旅游专业，现在很多高校都在办，到底哪所大学办得好，孰优孰劣，一看就明白。江西省教育厅的改革方案，2015 年上半年已经在南昌大学、江西师范大学、江西农业大学和江西财经大学启动了试点，下半年将在江西省本科高校推行，以后每年都安排一批专业进行综合评价，评价结果将向社会发布，并作为政府支持、专业调整和学生高考填报志愿的重要参考依据。辽宁省通过开展高校本科专业综合评价，目前已有 25 所高校正式向江西省教育厅提出 74 个专业停止招生的报告，其中 18 个专业已正式向教育部申请撤销。各高校要以此为动力，根据自身专业建设的实际情况，进一步调整优化专业结构，该增的增，该并的并，该停的停，该撤的撤；要坚持走差异化、特色化发展道路，主动瞄准江西省高新技术产业、支柱产业、优势产业以及社会文化发展对人才的需要，坚持有所为、

有所不为，集中精力建设好自己的优势专业，打造出品牌专业，努力实现"学校有特色、专业有特点、教师有特技、学生有特长"的办学目标。

（二）重点抓好人才培养模式的创新

要积极推进协同育人，探索建立高校与科研院所、行业企业联合培养人才的有效机制，与行业、企业、用人单位共同参与人才培养，共同制定人才培养目标、课程体系、教学内容，使学生在科学精神、知识结构、创新意识、实践能力、职业素养等方面更加适应社会需求。要创新教育教学方法，大力推进启发式、探究式、讨论式和参与式教学，通过引入"翻转课堂"、提高小班授课率，加强师生互动，推动本科教育的主体从"以教为主"向"以学为主"转变。要深化课程体系和教学内容改革，精简必修课程门数，多开一些高质量、大学分的课程，增加学习挑战度；利用现代信息技术，建设一批精品视频公开课程和资源共享课，促进优质教育资源共享。要加强创新创业教育，激发和培育学生的企业家精神、首创精神、团队精神。在我们当今这样一个创新制胜的时代，创业家将成为真正的社会骨干。要通过第一、第二课堂等各种途径大力推进创新创业教育，并将其贯穿人才培养全过程，支持学生开展创新创业训练。

（三）重点抓好本科通识教育与专业教育的融合发展

要不要通识教育、要多少通识教育、如何实现通识教育与专业教育的有效结合，一直是高校本科教育的争论焦点。在工业革命之前，中西方教育都非常重视人文素质为主的通识教育。工业革命之后，古典人文素质教育不再适应经济发展的需要，多数大学开始实行较为完全的专业教育或职业教育，淡化通识教育。这种理念对近代工业发展起到了极大的促进作用。随着专业人才供给的增多，人才短缺问题得到缓解，人们又开始认识到，较高的人文素养是专业创新能力的不竭源泉。在这种背景下，美国的大学经历几十年的探索，最终形成以通识教育为核心的本科教育教学理念，学生在大二前都可以不确定专业，选修各类课程。目前他们的通识教育这张王牌还在革新与推进，比较典型的有"杜克沉浸学习"、"Bass 计划"，主张设置跨专业的课程、跨专业的教学团队、跨专业的课堂。我国许多大学也在开始通识教育的探索，清华大学提出要探索建立以通识教育为基础、通专融合的本科教育体系，通过加强通识教育的顶层设计，扭转那种把通识课当成概论课的错误认识，把通识课程与课程之外的其他培养环节结合起来，切实提高通识课程的挑战度，使通识课也能达到专业课的水准。前两年，清华大学还开始试点书院制博雅教育，探索在部分院系推广较为完整的两年期通识教育体系，实行不同院系、学科的学生混合住宿，为差异更大的学生创造直接的思想交流和碰撞的条件。我们的高校也可以在这方面做一些试点。

（四）重点抓好实践互动教学

实践互动教学是培养学生实际动手能力和创造素质的重要环节和手段，对于培养学生的创新能力具有十分重要的意义。但由于受传统教育观念的影响和现实条件的限制，江西省大多数高校的实践教学仍比较薄弱。我们必须把强化实践教学作为提高本科教育教学质量的突破口，不断完善和创新实践育人体系，加快实践教学的改革步伐。要结合本科专业特点和人才培养要求，分类制定实践教学标准，落实实验实训教学环节，增加实践教学比重，不断优化实验实训教学、科研社会实践、见习实习相结合的理论教学、实践教学、实践应用互动、校内校外互通共融的实践教学体系。要把加强实践教学方法改革作为高校专业建设的重要内容，大力推行基于问题、基于项目、基于案例的教学方法和学习方法，加强综合性实践科目设计和应用。要打破"学科壁垒"，各类实验室、图书馆要全面对本科生开放，实现资源共享，提高使用效率。要加快建设能充分满足学生实践教学要求的实习实训基地，支持行业企业与高校在对方建立实验室和技术转移中心，为学生深入了解和参与研究企业实际问题拓展渠道、创造条件。要加强实践教学环节的考试考核和监督检查，把学生完成毕业论文、毕业设计与实践教学紧密地结合起来，引导学生紧紧联系教学实验和实习遇到的实际问题，深入钻研，大胆尝试原创性的理论研究和创新性的实践探索，锻炼和提高学生的创新能力。要保证高水平教师从事实践教学，有计划引进技能型人才进入实践教学队伍，定期选送理论课教师到科研和生产一线培养培训，不断提高实践教学水平。

（五）重点抓好本科教学的基础建设

深化本科教育教学改革，必须把本科教育教学工作的基础工程抓好。要切实保证教学工作的经费投入。经费投入是衡量各级领导重视教学工作的"试金石"，看各级教育行政部门、各高等学校的领导是否重视教学工作，就要看教学经费投入落实得怎么样？各高校要舍得在教学上投入，把经费多花在本科生的教与学上。要加快教学基础设施的建设。加强实验室建设，及时补充和更新教学仪器设备，尤其新建本科院校要使生均仪器设备值尽快达到教育部规定5000元的要求；加强信息化建设，利用信息化技术推动优质教学资源共建共享。要建立健全教学管理规章制度。把教师的管理、学生的管理以及教学过程各个环节的管理纳入制度化的轨道上来，确保教学工作的每一个环节都有规可依、有章可循，真正实现教学管理的规范化、制度化、科学化。要规范办学行为。加强民办本科教育、成人函授教育、现代远程教育和自考助学的管理，坚决杜绝任何违规办学行为的发生，统筹协调各类教育的健康发展。

要建立健全本科教学评估体系。江西省已经开始启动本科教学审核评估工作，2015 年已经开展试点，江西省教育厅要进一步完善好实施方案，扎实稳妥推进，确保做到"以评促建、以评促管"。

四、加快推动新建本科院校转型发展

如前所述，我国高等教育毛入学率等指标已经进入大众化阶段，有的地方甚至开始进入普及化阶段。在这种背景下，地方高校向为地方经济社会发展服务转型，向培养应用型人才转型，是高等教育发展的必然趋势。

（一）切实汲取国外经验

有学者在研究欧盟各国竞争力与高等教育关联性时发现，与经济结构和产业结构相匹配的高等教育结构，是提升国家竞争力的重要因素。瑞士、德国和丹麦一直位于国际竞争力排行榜的前列，他们的研究型大学、应用技术型大学和培养高级技术人才院校的结构与其国家的经济产业结构匹配程度相当高。而意大利、西班牙和希腊三个国家竞争力排位落后，与其脱离经济产业结构，不切实际地搞研究型大学而忽视高等职业教育发展有很大关联，结果不但培养学术大师和思想家等精英人才的成绩不理想，还导致大量的大学生一毕业就失业。西班牙看到问题后，现在提出了要向德国学习。目前美国有 3600 多所高校，但其中学术水平高、注重精英教育的研究型大学只有 130 余所，绝大部分都注重应用技术型人才的培养。这些发达国家高等教育的经验教训告诉我们，脱离经济社会发展状况，盲目攀比办研究型大学，既不利于经济发展也不利于高等教育健康发展。将一批本科高校向应用技术型高校转型，即能充分发挥本科传统理论知识教育优势，又能克服新建地方本科院校办学定位过于趋同化、人才培养同质化、与地方产业结构脱节、服务地方经济发展能力弱、学生就业竞争力不强等问题。

（二）切实抓好转型试点

目前，全国已经有 22 个省（市、区）启动了本科高校转型发展工作。江西省很多高校已经认识到转型发展的重要性，纷纷提出转型试点的请求，江西省教育厅结合江西省实际，2015 年已经从中遴选出 10 所普通本科高校开展转型试点。江西省教育厅要加强顶层设计和整体谋划，结合应用技术型高等教育的发展要求，在认真总结经验的基础上，形成促进地方本科高校转型发展的政策体系和体制机制并逐步扩大试点范围，推动本科高校办出特色，全面提升地方本科高校服务现代化建设和人的全面发展的能力；要加大对试点高校的支持和指导力度，加快制定促进高校分类发展的政策措施，形成区别于普通高校的应用技术类型高等教育评估体系、评价方法；要扩大试点高校办学自主权，加大对试点高校经费倾斜，激励江西省本科高校加快转型发展。各试点高校要以服务地方经济社会发展作为转型发展的重要突破口，大力推进战略协作机制、人才培养机制、管理运行机制、教师培训机制、工作协调机制的创新，加快形成产教融合、校企合作办学新模式。

（三）切实明确办学定位

地方高校本来就是区域经济社会发展催生的产物，为地方服务不仅是地方经济和社会发展的要求与呼唤，更是地方高校神圣的使命和义不容辞的责任。各地方高校特别是正在转型的试点高校，要认真全面分析自己的优势、劣势，机遇、挑战，面向地方、面向行业、面向企业，围绕地方经济社会发展大局，把握产业升级对人才培养的新要求，结合自己的办学历史、办学基础，从中找准自己的位置，致力于办出特色，办出水平，培养出本校独特的具备新知识、应用新技术、掌握新装备的高素质应用型人才，努力成为支撑产业升级和技术积累的重要战略平台。只有突出特色，准确定位，各安其位，才能避免卷入同质化竞争的怪圈，避免盲目攀比、盲目跟风、盲目照搬他人的办学模式和发展模式，才能确保在激烈竞争的高等教育领域开辟出一片属于自己的发展空间。

（四）切实深化产教融合

推进产教融合、校企合作是本科高校转型的核心。各本科高校，特别是各转型试点高校要抓住高校和行业企业共同构建课程体系这一关键环节，遵循"需求导向、能力本位"的原则，以人才的综合素质、创新创业精神和专业技能为要素，建立学校独到的课程体系和教学内容，为地方、行业企业培养适销对路的人才，彻底改变一方面人才供给过剩、大学生就业难、结构性失业，另一方面社会对人才的大量需求又得不到较好地满足，特别是众多企业难以找到所需的大量应用技术型人才的局面。要加强"双师型"教师队伍建设，一方面，通过组织教师到企业生产第一线去进行科技开发、参与组织管理等方式，加强企业锻炼经历，着重培养和提升教师学术经历与企业经历双重素养;另一方面，积极从企业行业、科研院所聘用专业素质高、实践经验丰富、教学能力强的高级工程技术人员和管理人员作为兼职教师，构建灵活多样的弹性用人机制,努力打造一支专兼结合的双师型教学团队。要面向地方、面向行业与产业开展应用研究和开发研究，以产学研结合为纽带，将基础科学研究的重大成果，通过方法创新，应用到实际的生产生活领域，解决社会生产实际问题，不断发明新技术、新工艺，创造新方法，推动经济、社会、文化向前发展。

总之，做好高校本科教育教学改革工作，任务艰巨，责任重大。我们要锐意进取，攻坚克难，奋力谱写江西高等教育改革发展新的篇章。

（2015 年 2 月 26 日）

加强高校创新创业教育改革

在"大众创业、万众创新"的时代强音的召唤下,进一步推进高校创新创业教育改革势在必行。

一、提高认识,切实增强高校创新创业教育改革的责任感和使命感

党中央、国务院高度重视高校创新创业教育改革工作。习近平总书记多次作出重要指示,强调要加快教育体制改革,注重培养学生创新精神,造就规模宏大、富有创新精神、敢于承担风险的创新创业人才队伍。大众创业、万众创新,核心在于激发人的创造力,尤其在于激发青年的创造力。特别是最近一段时期,国务院密集出台了一系列支持高校创新创业教育改革的政策文件,召开了全国就业创业工作电视电话会议等系列重要会议,对如何做好高校创新创业教育改革,作了全面部署。高校创新创业教育被提升到前所未有的高度,受到前所未有的重视,全面深化高校创新创业教育改革意义重大。

（一）深化高校创新创业教育改革，是加快实施创新驱动发展战略的迫切需要

进入 21 世纪，世界各国尤其是发达国家纷纷把科教兴国和人才强国作为国家战略，大力推动科技创新，实施创新驱动发展战略。面对我国经济发展进入新常态特别是调整经济增速、转变发展方式、重构增长动力的新形势新要求，面对国际竞争日趋激烈特别是全球新一轮科技革命与产业变革的重大机遇和挑战，党中央、国务院作出了加快实施创新驱动发展战略的重大决策。可以说，创新驱动是国家发展所需、世界大势所趋。人才是创新的核心要素，创新驱动实质上是人才驱动，培养创新创业人才是时代赋予高校的重要使命。特别在实施"一带一路"国家战略和推进"大众创业、万众创新"的历史进程中，打通政府与市场、国有与民营、国际与国内人员流动的通道，是中国社会进一步开放的标志，是社会进步的表现，中国迫切需要更多的人投身到社会中去，投身到市场中去。

（二）深化高校创新创业教育改革，是提高人才培养质量的迫切需要

人才培养是大学所有功能中最核心的功能。把大学生培养成有用之才，是千千万万家庭的企盼，也是党和国家赋予高等教育工作的一项神圣使命。大学生最富朝气、最富梦想，最具活力、最具创造性，大力推进创新创业教育改革，将其贯穿人才培养全过程各环节，有利于培养一大批具有社会责任感、创新能力和创业精神，善于将创新成果转化为现实生产力的高素质人才；有利于促进培养与需求、教学与科研、理论与实践、校内资源与社会资源紧密对接；有利于促进以创新引领创业、以创业带动就业，充分发挥创新创业对就业的倍增效应和带动作用，让大学生在创新创业中展示才华、服务社会。将广大学生培养为

有理想、有责任、有才干、能做事、做成事的人，成长为对国家有贡献、对人民有感情、对家庭有担当的人，迫切需要把全面深化创新创业教育改革作为高等教育综合改革的突破口，提高人才培养的水平和质量。

（三）深化高校创新创业教育改革，是江西省五年决战同步小康的迫切需要

江西省委第十三届十次全会提出了江西省"五年决战同步小康"的新征程，即到2020年与全国同步实现小康。对江西省来说，要实现这一目标，时间紧、任务重、压力大。有研究表明，江西省要实现与全国同步全面建成小康社会的目标，GDP总量到2020年需突破2万亿元，必须每年保持经济总量10%、城乡居民收入10%以上的增长速度。高等教育作为科技第一生产力和人力第一资源的重要结合点，是经济社会发展的"发动机"和"助推器"。地方高校能否培养出一大批创新创业人才，很大程度上决定着一个地区的经济社会发展速度。如，加利福尼亚州赶超美国其他州就与斯坦福大学培养了一大批创新创业人才息息相关。正是大批创新创业人才成就了以斯坦福大学为核心的硅谷，并使之成为美国两个著名的创新轴心之一（另一个则是以麻省理工学院和哈佛大学为核心的波士顿地区高科技产业集聚区），成为加州发展的引擎。正是基于此，江西省委主要领导在高等教育改革发展座谈会上明确提出"高校要在提高创新能力上下功夫"。江西省要在未来加快经济社会发展进程，与全国同步实现小康，高校肩负着重要的历史使命，不仅需要推出足够数量的尖端科技创新成果，更需要培养一批批高水平的创新创业人才，为实现与全国同步建成小康宏伟目标提供人才保证和智力支撑。

总之，深化高校创新创业教育改革，是一项事关科教兴赣的"基础工程"，是一项事关千家万户切身利益的"民心工程"，是一项事关江西省五年决战同步小康的"战略工程"，我们要切实增强做好工作的责任感和使命感，加快创新创业教育改革步伐，促进高校毕业生更高质量创业就业，为打造江西经济发展新引擎贡献教育力量。

二、突出重点，全面推进高校创新创业教育改革

近年来，江西省高校创新创业教育不断加强，取得积极进展，对提高高等教育质量、促进学生全面发展、推动毕业生创业就业、服务江西省经济社会发展发挥了重要作用。但同时也存在一些不容忽视的问题，如：一些高校对创新创业教育重视不够，创新创业教育理念相对滞后；创新创业课程比较单一，教学方式比较陈旧，针对性、实效性不强；教师开展创新创业教育意识和能力欠缺，专职师资紧缺；实践平台短缺，创新创业教育体系亟待健全等，这些都制约了高校创新创业教育工作的开展。我们要认清形势，正视差距，以"学生的创新精神、创业意识、创新创业能力明显增强、投身创业实践的学生显著增加"为目标，坚持问题导向，补短板，抓重点，提质量。

（一）以转变理念为先导，使创新创业教育改革成为一种行动自觉

促进创新创业人才培养，必须转变教育理念，把创新创业教育体系的建立、创新创业意识的培育、创新创业精神的树立、创新创业思维的启迪、创新创业能力的提高，以及创新创业品质的锤炼渗透到高校人才培养全过程各环节。一要更新教育思想观念。各高校要紧紧围绕"培养什么样的创新创业人才"、"如何培养创新创业人才"开展大讨论，引导广大师生树立先进的教育思想，使创新创业成为管理者办学、教师教学和学生求学的理性认知与行动自觉，实现创新创业教育与专业教育由"两张皮"向有机融合的转变，由注重知识传授向注重创新精神、创业意识和创新创业能力培养的转变，由单纯面向有创新创业意愿的

学生向全体学生的转变。二要坚持立德树人基本导向。立德树人是高等教育的根本任务，是深化创新创业教育改革之魂。深化创新创业教育改革，必须全面贯彻党的教育方针，坚持育人为本、德育为先、能力为重、全面发展，为创新创业人才成长提供良好环境和机制，着力增强学生社会责任感、创新精神、实践能力。三要明确创新创业教育目标要求。各高校的办学定位、服务面向和优势特色各不相同，但都要将创新创业教育贯穿于人才培养全过程各环节，明确创新创业教育的目标要求，将创新精神、创业意识和创新创业能力作为人才培养的重要指标。

（二）以改革创新为动力，不断拓展深化创新创业教育工作

在新的形势下，深化创新创业教育改革，既要坚持过去行之有效的好传统、好办法，更要适应新形势新要求，在继承中创新，在创新中加强，努力探索创新创业教育的新内容、新途径、新方法和新机制，使创新创业教育工作不断体现时代性、把握规律性、富于创造性。一要深化人才培养机制改革。各高校要全面修订和完善各专业人才培养方案，构建"体系开放、机制灵活、渠道互通、选择多样"的多样化人才培养体系。通过开展专业综合评价，完善学科专业设置，探索建立需求导向的学科专业结构和创业就业导向的人才培养类型结构调整新机制。要大力推进校政企所协同育人，促进高等教育与科技、经济、社会紧密结合，把校内的、校外的各类资源特别是优质资源集聚整合起来，投入到创新创业人才培养上，建立结构调整、多样合作、交叉培养新机制。二要深化课程体系改革。这是深化创新创业教育改革的着力点，各高校要促进专业教育与创新创业教育有机融合，调整专业课程设置，挖掘和充实各类专业课程的创新创业教育资源，在传授专业知识过程中加强创新创业教育。要面向全体学生开发开设研究方法、学科前沿、

创业基础、就业创业指导等必修课和选修课，并纳入学分管理。江西省将进一步加强创新创业课程体系建设，规范课程开设，启动省高校创新创业教育教材编写工作，集中江西省创新创业教育专家的智慧，编写出适合江西省高校创新创业教育、具有江西特色的高质量创新创业教材。三要深化教学内容和教学方式方法改革。这是深化创新创业教育改革的关键，从教学内容上讲，要推动教师把国际前沿学术发展、最新研究成果和实践经验融入课堂教学内容，注重培养学生的批判性和创造性思维，突破束缚创新创业灵感的桎梏；从方式方法上讲，要大力推进启发式、讨论式和参与式教学，强化课堂互动，推动本科教育的主体从"以教为主"向"以学为主"转变。要加强现代信息技术的应用，加快推进在线开放课程的建设，打造满足教学需要的"慕课"平台。四要深化教学管理制度改革。要建立有利于支持学生创新创业、能够把其创新创业的激情充分激发出来的更加科学合理的教学管理制度。要建立个性化培养教学管理制度，优先支持那些参与创新创业的学生转入相关专业学习；要探索推行休学创新创业，允许学生休学创新创业，放宽修业年限，简化审批程序，全力支持大学生创新创业选择；要改革学生学业考核评价办法，改革考试考核内容和方式，破除"高分低能"积弊。

（三）以实践平台为基础，大力提升学生创新创业实践能力

加强大学生创新创业教育，实践能力的培养是十分重要的一个环节。邓小平同志曾说过："听过枪响和没听过枪响的部队大不一样。没有打过仗的经过训练可以打仗，打过仗的经过训练更能打仗。"我们的大学生现在最缺的就是"走上战场"、"听听枪响"。高校只有打造更多的有效实践平台，创造更加有利的实践条件，才能有效提升学生创新创业能力。一要加强实践教学资源建设和共享。重点是要加强专业实验室、

虚拟仿真实验室、创业实验室和训练中心建设。同时，要创造条件鼓励大学生参与教师科研活动，各级各类研究基地、重点实验室、工程中心、科技园等科技创新资源原则上都要向全体在校学生开放，开放情况要纳入相应的评估标准。二要加强创新创业实习实训平台建设。在加强大学科技园、大学生创业园、创业孵化基地等学校实习实训平台建设的同时，要积极向校外拓展，以市场机制为准则，以提高创新创业实战能力为前提，依托各类企事业单位和机关院所建立校外创新创业见习基地，为在校大学生提供岗位见习的机会，不断积累创新创业经验。三要加快培育创新创业学生社团。学生社团对推动创新创业教育深入开展、培育高素质创新创业人才发挥着重要作用。各高校要重视创新创业社团建设，将其纳入创新创业教育工作的重要内容，加强规划指导，要鼓励支持不同专业背景、不同年级的学生，围绕共同感兴趣的创新创业课题，跨院系、跨学科组织团队，共同开展探索研究乃至创办企业。四要加强大学生创新创业实践活动。江西省教育厅等有关部门和各地要积极组织高校参加好首届中国"互联网+"大学生创新创业大赛、全国大学生创新创业大赛、全国职业院校技能大赛。要积极支持各高校举办各类科技创新、创意设计、创业计划等专题竞赛，努力把赛事打造成为有效整合创新创业要素、营造创新创业氛围的重要载体，展示创新创业教育改革成果的重要平台。要为大学生搭建一个集政策扶持、创业指导、创业培训和综合服务为一体的省级大学生创业孵化服务平台。同时，要组织开展省级示范大学创新创业园（众创空间）评选活动，打造一批国家和省级示范创新创业基地。

（四）以师资建设为关键，大力提升创新创业教育水平

深化高校创新创业教育改革，教师是关键。要把加强教师队伍建设特别是提升教师创新创业教育的意识和能力作为最重要的基础性工作来抓。高校所有教师都承担着创新创业教育责任，要进一步完善专业技术职务评聘和绩效考核标准，加强创新创业教育的考核评价，使所有教师全员参与。一要按照业务精湛、师德高尚的要求，建设一支高素质创新创业专职教师队伍。目前江西省只有709名专职教师，教师数量明显不足。必须在科学测算的基础上，确定合理的师生比，从数量上配齐配足专职教师队伍。要创造条件组织专职教师到创新创业一线学习考察，进一步增强对创新创业政策、实际操作流程的了解，开阔眼界，增长见识，丰富教学素材，使理论和实践更好地结合起来。二要按照要精、要管用的要求，加快创新创业兼职教师队伍建设。特别是聘请知名科学家、成功创业者、企业家、风险投资人等各行各业优秀人才，担任创新创业课授课或指导教师，让亲身参与过创新创业的人进到校园里、站到讲台上，使之成为创新创业师资的重要组成部分。江西省教育厅要尽快组建江西省高校创新创业咨询导师和指导教师专家库，研究建立表彰激励机制，让更多的创新创业人才涌现。各高校要加快建立一批"技术大师工作室"，为高技能人才开展技术研修、技术攻关、技术创新和培养人才、传授技艺创造条件。三要建立完善创新创业教师培训体系，加强教师岗前培训、课程轮训、骨干研修，建立相关专业教师、创新创业教育专职教师到行业企业挂职锻炼制度，提高教师创新创业教育的意识和能力。要鼓励高校科研人员以知识产权、管理和技术等要素入股创办企业或离岗创业，成功创业的同时，兼职讲授创新创业课程。

三、加强领导，努力开创创新创业教育改革工作新局面

（一）建立工作机制

要把建立完善高校创新创业教育体制机制作为深化高校创新创业

教育改革的支撑点，集聚创新创业教育要素与资源，形成合力，形成产学研战略联盟，让大学生创新创业有入口，有孵化，有出路。江西省教育厅和各高校要加强与党政有关部门和包括企业在内的社会各界的沟通合作，共同推动大学生创新创业教育，成立由高校专家、企业行业领头人等组成的创新创业教育专家指导委员会，开展高校创新创业教育的研究、咨询、指导和服务。要强化高校创新创业教育的主体责任，各高校要把创新创业教育改革工作作为学校的"一把手工程"，成立由书记或校长牵头的领导小组，建立由教务部门牵头，学工、招生就业、财务、团委、相关学院、创新创业园和大学科技园等部门齐抓共管的创新创业教育工作机制，健全完善校、院两级创新创业教育、就业创业工作体制，明确任务分工，做到上下联动，一级抓一级，层层抓落实。

（二）健全保障机制

要进一步完善创新创业教育经费保障机制，各地、各有关部门要加大对高校创新创业教育改革的支持力度，整合有关资金，支持高校学生创新创业活动；各高校也要加大对创新创业教育的投入，设立专项经费，支持创新创业教育教学改革，资助学生创新创业项目。要进一步完善创新创业课程建设保障机制，建立适合创新创业教育特点的激励措施和评价体系，确保教材、课程、课时和教学管理到位。要进一步完善专兼教师队伍建设保障机制，各高校要关心支持创新创业教师队伍建设，在涉及创新创业教师选聘、管理、培养、发展等方面，研究制定相关政策，善于从创新创业教师最关心、利益最密切的问题入手，多办实事好事，努力创造良好的政策环境、工作环境和生活环境，使创新创业教师队伍工作有条件、干事有平台、发展有空间。为扎实推动高校创新创业教育工作，今后江西省要把创新创业教育质量作为衡量办学水平、考核领导班子的重要指标，纳入高校教育教学评估指标体系和学科评估指标体系。

（三）加强宣传引导

　　创新创业精神包括创新、冒险、进取、宽容等内涵。鼓励创新创业，首先必须宽容失败。宽容对待创新创业中的失败，是对创新创业精神的最大支持。形成宽松容错的创新创业文化氛围，鼓励敢于"异想天开"，往往可以激发创新创业的火花。一要把创新创业文化作为大学文化建设的重要内容，打造开放、交互和多元功能的公共空间，促进学生平等随意的交流与切磋，激发学生的想象和创意，引导学生将奇思妙想、创新创意转化为实实在在的创业活动。二要加大创新创业价值宣传，发掘树立创新创业先进典型，弘扬创新创业正能量，以榜样力量激发学生创新创业热情，助推更多学生投身创新创业实践。三要加强对创新创业的服务指导，将创新创业教育与创业实训、创业孵化、创业指导相结合，细化、规范服务流程，建立针对大学生创业不同阶段的全方位、阶梯型的创新创业服务体系。特别要加强创新创业信息服务，重点解决大学生在创新创业支持政策措施、创新创业项目信息、市场需求等方面"信息不对称"的问题。江西省教育厅要启动实施江西省大学生创新创业网建设，实现创新创业教育信息化，更好地服务创新创业教育工作者和大学生创新创业，提高创新创业教育工作效率，营造高校创新创业教育良好氛围。

（2015 年 6 月 29 日）

深化校企合作与人才培养模式创新

校企合作与人才培养模式息息相关，我们要从制度层面明确了校企合作中政府、行业、学校和企业等各方主体责任，深入推进校企合作。

一、校企合作工作取得的成绩

近年来，江西省教育系统以改革为动力，扎实推进创新驱动发展战略，对接产业升级，大力推进校企合作，开展协同创新，培养了一大批高素质应用型和技术技能型人才，转化了一批重大科技创新成果，为江西经济社会发展作出了重要贡献。呈现出四个特点：

一是人才培养模式新。江西科技师范大学、江西师范大学、赣南师范学院等高校积极推进人才培养模式改革创新，开设的"金牌讲解班"开创了政府、学校、行业、企业协同培养旅游人才的新模式，毕业生深受景区欢迎，供不应求。以应用型人才培养为导向，启动了本科学校转型发展试点，开展了高职院校和本科院校联合培养应用技术型本科人才试点，构建了高技能人才培养的"立交桥"。

二是科技创新突破多。南昌大学和晶能光电（江西）有限公司联合完成的"硅衬底高光效 GaN 基蓝色发光二极管"科技成果将有可能获 2015 年度国家技术发明一等奖,这将实现江西国家技术发明一等奖零的突破,江西省委、省政府正研究制订实施方案,打造南昌光谷江西基地,将 LED 产业培育成千亿产业。2014 年的江西省科学技术奖励中,江西省高校共获奖 39 项,其中有 28 项是产学研合作成果,占所获奖项的 71.8%。据统计,2011—2014 年,江西省高校从企业获得的横向科研经费达到 15.56 亿元,占高校获得科技经费总额的 40%。

三是平台建设发展快。以江西高校为牵头单位,联合企业、科研院所等,组建了 56 个省级"2011 协同创新中心",建立了 49 个江西省行业企业与高校研究生联合培养基地。南昌大学、江西农业大学、南昌航空大学等高校牵头与行业骨干企业、科研院所组建了绿色食品、水稻种业、无人机等 9 个江西省产业技术创新战略联盟,占江西省"联盟"总数的 25%。江西理工大学联合江西铜业集团公司、赣州稀土集团有限公司共建了国家铜冶炼及加工工程技术研究中心和国家离子型稀土资源高效开发利用工程技术研究中心。江西中医药大学和江中集团联合申报的创新药物与高效节能降耗制药设备国家重点实验室又被批准为企业国家重点实验室。

四是服务社会贡献大。2001—2014 年,江西省高校共签订技术转让合同 1523 项,合同金额 5.8 亿元。江西师范大学"汽油抗爆剂"和"聚酰亚胺(PI)纳米纤维电池隔膜"、江西理工大学"白钨矿铵盐不变体系闭路循环冶炼工艺"、景德镇陶瓷学院"超低温(≤1100℃)烧结玻化砖产业化技术"等一批重大科技成果成功产业化,产出了巨大的经济效益。井冈山大学以优势学科精准服务"百县百园"工程,江西省委主要领导对此作出重要批示:"井冈山大学科技服务地方发展,摸索出学校—科技园—企业的好模式,值得总结推广。"江西省高校积极为政府和企业决策提供智力支持,如江西财经大学牵头的"江西省战略性新兴产业发展监测、预警与决策支持协同创新中心"撰写的江西省战略性新兴产业系列研究成果获省领导批示20多次，多项建议和决策被政府和企业采纳。

江西省教育系统虽然在推进校企合作方面做了大量工作，也取得了较好的成效，但和江西经济社会发展对高技能人才和技术支持的需求相比，仍然存在差距，如人才培养质量还有待提高，"互联网+"的时代，创新型人才最为抢手，我们现在培养的学生创新能力还不能完全满足企业、行业和社会需求；科技成果与企业需求对接还不足，江西省高校科研成果转化率较低，尤其是被大规模应用并产生较好经济效益的成果比较少；学校服务企业的主动性还不够，受现有体制机制和科技评价体制的制约，学校和广大教师主动服务企业的积极性还没有充分调动起来。这些问题我们要高度重视。

二、校企合作的重要性与紧迫性

习近平总书记指出：人才是创新的根基，创新驱动实质上是人才驱动。人才驱动靠教育，作为科技第一生产力与人才第一资源的结合点，高等教育责无旁贷。"十三五"期间，是江西实施创新驱动发展战略，与全国同步全面建成小康社会的关键时期。推动跨越发展、实现绿色崛起，需要发挥科技、人才对产业和经济发展的巨大驱动作用，需要进一步深化校企合作，实现学校和企业的双赢。

（一）深化校企合作是实施创新驱动发展战略、加快江西省经济转型升级的迫切需要

创新驱动是新时期江西省经济社会发展的核心战略，是转变发展方式、提升综合竞争力的关键所在。实施创新驱动战略、推动经济和产业转型升级，不仅需要大批科学家、工程师和经营管理人才，而且需

要大量高技能人才和高素质劳动者。我们必须通过深化校企合作，造就一支规模宏大、结构合理、素质较高的技能型人才队伍，加强产学研用结合，获得一批重大科技创新成果，为加快转变发展方式、推动经济转型升级打下坚实基础，为提升产业竞争力和可持续发展能力提供有力支撑。

（二）深化校企合作是深化教育领域综合改革、提高高等教育质量和职业教育质量的必由之路

从教育内部看，职业教育在完善终身教育体系、推进教育现代化建设中发挥着不可替代的重要作用。提高教育现代化水平，增强自主创新能力，壮大创新人才队伍，推动发展向主要依靠科技进步、劳动者素质提高、管理创新转变，必须从源头抓起，大力推进高等教育和职业教育创新发展，加快构建现代职业教育体系，不断提升教育质量。当前，深化教育领域综合改革的一项重要内容就是优化高等教育结构，引导一批普通本科高校向应用技术型高校转型，这就要求我们必须坚持产教融合，走校企合作之路。

（三）深化校企合作是实施民生幸福工程、促进毕业生就业创业的有效途径

教育是最大的民生工程。就业是民生之本，江西省每年有 20 多万大学生毕业，就业压力非常大。通过深化校企合作，创新人才培养模式，把培养学生职业素质、提升学生就业竞争力作为人才培养的核心指标，从而实现学生就业和企业需求的无缝对接。坚持以就业为导向，加强就业创业教育，推进大众创业、万众创新，提升毕业生的职业能力和综合素质，促进毕业生高质量就业和创业。

三、提升教育服务经济社会发展的能力和水平

（一）要在人才培养上取得新突破

江西省教育系统要以市场需求为导向，主动针对企业和社会需求推进教育教学改革，提高人才培养质量和办学水平。一是要进一步优化学科专业设置。要根据人才市场需求、企业用人需要，建立动态的专业设置机制，提高专业结构与产业结构的匹配度。特别是要引导学校重点建设面向战略性新兴产业、先进制造业、现代服务业的品牌专业，进一步加强贴近江西产业发展的特色专业建设。二是要积极创新人才培养模式。在过去已有的校企合作基础上，全面提升合作层次和合作内涵。努力探索包括专业教学目标与岗位技能要求有效对接、专业课程内容与职业标准有效对接、教学过程与生产过程有效对接、共同修订人才培养方案、共同开发专业课程教材、共同建设实训实习基地、共同评价人才培养质量等内容的校企合作协同育人机制。三是要推进职业教育与本科教育的衔接。采取试点推动、示范引领等方式，支持一批本科高校向应用技术类高等学校转型，重点培养适应区域经济社会发展需要的应用型技能人才。继续推进高职院校和本科院校联合培养应用技术型本科人才试点工作。四是要大力推进创新创业教育改革。把创新创业教育融入人才培养全过程，加快培养规模宏大、富有创新精神、勇于投身实践的创新创业人才队伍，培养创新创业生力军，为促进产业升级提供人才保障。

（二）要在科技创新上创造新成果

高等学校是国家创新体系的重要组成部分，江西省委、省政府对高等学校寄予厚望。要充分发挥科技对创新驱动的引领和支撑作用，面向国家、江西经济社会发展重大需求，与企业对接，开展产学研用合

作，大力推进协同创新，促进产教协同发展。一是要加强重点产业主攻方向研发攻关。瞄准新一代信息技术、生物和新医药、先进装备制造、节能环保、新能源、新材料等重点领域，强化与产业集聚区的合作，完善协同创新战略联盟，建立健全联合研究院、研发中心等创新机构，促进资源共享，共同开展重大科研项目攻关，协同攻克关键、核心和共性技术，力争在关键环节和重点领域取得实质性成果。二是与企业共建研发平台。充分发挥高校学科和人才优势，与企业共建重点实验室、工程（技术）研究中心等研发机构，积极参与江西省科技协同创新体的建设，强化高校对企业技术创新的源头支持，提高企业创新能力和科技成果转化应用能力，加快构建以企业为主体、市场为导向、产学研相结合的技术创新体系。三是要加快科技成果转化和产业化。江西省教育厅要建立江西省高校科技成果库，搭建技术成果供需平台，加强与江西省工信委、省国资委、省促进非公有制经济发展工作领导小组办公室的沟通协调，定期组织高校与省内企业对接。有条件的高校要建立大学科技园和技术成果转移示范机构，鼓励科技人员转化科技成果，以科研成果加快转化助推产业升级。

（三）要在社会服务上作出新贡献

服务社会是高校的一个重要职能。江西省教育系统要树立全局意识，增强教育服务社会的自觉性和主动性，不断创新社会服务模式，实现学校与政府、行业、企业、园区等积极互动，促进学校、企业、行业及园区同步发展。一是要牢固树立主动为地方发展服务的意识。把学校拥有的人才优势、创新优势和智力优势不断转化为地方发展优势，以服务求支持、以贡献求发展，通过强化服务意识激发企业合作的积极性，在服务社会中实现学校的科学发展。二是要扩大资源开放共享。学校的重点实验室、大型仪器设备、分析测试中心、图书情报资料等除涉密的外，都应向企业和社会开放，为企业提供相关服务，实现资源共享。三是改革科技评价制度。要加大体制机制创新，建立分类评价制度，对从事技术支撑和服务的科技活动人员实行以服务质量与实际效果为重点的评价，充分调动学校科技人员为企业提供技术支撑和服务工作的积极性。四是要加强江西特色新型智库建设。充分发挥高校独特优势，积极打造江西教育发展智库，广泛吸纳省内外政府官员、专家学者、企业家等优秀人才参与智库建设，主动开展服务江西省发展的战略研究和对策研究，多出具有前瞻性战略性和针对性可操作性的研究成果，为党和政府决策提供强有力的智力支持。

（四）要在"双师型"教师队伍建设上取得新进展

通过建立企业经营管理、技术人员与学校领导、骨干教师相互兼职、双向互聘、岗位互换等制度，加快建设一支规模适度、结构合理、专兼结合、素质优良，既具有扎实的专业基础理论知识、能够胜任专业理论课教学任务，又有丰富的实践经验及精湛的职业技能、能够胜任实习指导和传技带徒任务的"双师型"教师队伍。一是学校要聘请企业工程技术人员、高技能人才担任专兼职教师。二是要落实教师到企业实践制度，强化职业院校专业教师技能培训。三是要大力推进校企共建"双师型"教师培训基地建设，新建一批教师培养培训基地和教师企业实践单位。

总之，深化校企合作是一项系统工程，需要着力构建政府主导、行业指导、企业参与的工作机制。既需要教育系统解放思想、改革创新，积极主动，真抓实干，更需要地方政府、企业、行业和各有关方面的重视和支持。面对新形势、新任务，我们要主动适应经济发展新常态，改革创新，开拓进取，不断开创校企合作工作新局面。

（2015 年 11 月 9 日）

繁荣高校哲学社会科学五个"要到位"

高校哲学社会科学工作是一面旗帜，引领社会舆论前进方向，其重要性不言而喻。针对江西省高校实际，要做好哲学社会科学教学科研工作，需要做到五个"要到位"。

一、认识现实要到位

长期以来，在江西省委、省政府的高度重视下，在江西省教育厅的直接领导下，江西省高校哲学社会科学工作始终坚持正确方向，紧跟时代步伐，顺应实践要求，取得了重要成就，呈现出繁荣活跃的生动局面。一是科研水平不断提高。近几年来江西省高校获国家社科基金项目和教育部社科项目年年有重大突破，目前全省24所本科高校基本都实现了国家社科基金"零"的突破。2012年，江西省高校获国家社科基金项目111项，占全省的97%，获教育部人文社会科学研究项目立项98项。南昌大学、江西财经大学、江西师范大学获得的社科基金项目数，进入全国高校前20强。二是平台建设不断推进。江西省在全国率先建设了一批人文社科重点研究基地，目前江西省高校人文社会科学重点研究基地已发展到 39 个，逐步形成了以重点研究基地为辐射的人文社会科学研究创新平台群。2012 年，江西省教育厅评出了一类基地 5 个、二类基地 6 个。南昌大学中国中部经济发展研究中心进入教育部人文社科重点研究基地行列，并在上一次教育部组织的评估中名列第 4 名。三是经费投入不断加大。"十一五"期间，江西省对哲学社会科学的投入经费比"十五"初期翻三番。目前江西省高校建立了哲学社会科学研究重大攻关项目、重点招标项目、重点研究基地项目、一般项目和青年项目为主的项目资助体系，其中重大课题攻关项目每项资助经费 15 万元，重点招标课题项目每项资助经费 10 万元。资助力度之大前所未有。四是队伍建设不断加强。目前全省高校有哲学社会科学研究人员 1.3 万多人，比"十一五"初增长 34%，其中具有高级职称的 4334 人，具有博士学位的 1474 人。有国家名师 16 人，省名师 149 人。在 2012 年江西省高校获国家社科基金项目立项的主持人中，具有博士学位的 81 人，占了 73.9%。五是服务能力不断增强。近几年来，高校向党政部门和企事业单位提供咨询报告 513 份，被省部级以上党政部门采纳 85 份，其中 4 项研究成果被中央领导同志批示。

总之，江西省高校哲学社会科学在繁荣发展的实践中探索出了一条欠发达地区哲学社会科学创新发展之路，积累了宝贵的经验。

但同时，也要十分清醒地看到，与哲学社会科学相对发达兄弟省份相比，与江西省委省政府提出建设文化大省和有特色高水平大学的目标要求相比，江西省高校哲学社会科学研究目前还存在许多差距和不足：一是重视程度不够。有部分高校存在重"理"轻"文"、重技术轻人文的思想，全省 20 所公办普通本科高校中，分管哲学社会科学研究工作的校领导具有文科背景的才 6 所，占 30%。有部分高校对哲学社会科学存在说起来重要、做起来次要，讨论起来重要、投入的时候次要的情况，比如在申报项目时，总是文科给理科让路，部分高校对人文社科重点研究基地建设经费没按要求到位等。二是高级人才缺乏。比如教育部社科委委员中没有江西高校的学者，中央马克思主义理论研究与建设工程委员会江西省尚无咨询委员和首席专家，全省高校没有文科类的长江学者，在国家重大创新项目、攻关项目方面江西省没有首席科学家，一些有影响力、有潜力的优秀社科人才有不少外流到沿海发达地区，哲学社会科学高学历人才比例偏低。三是优势学科不足。除江西财经大学、江西师范大学之外，全省其他高校还没有一级文科博士点和博士后科研流动站；文科类国家重点学科江西省目前还是空白；国家重点培育学科也仅在江西财经大学有 1 个，教育部人文社科重点研究基地也仅南昌大学 1 个（全国有 150 个）。教育部人文社科重大攻关项目这些年来只有井冈山大学拿了一项（而教育部每年立项 40 项）。四是优秀成果不多。到目前为止，江西省高校还没有获得具有重大学术价值和重要应用价值的高水平标志性成果；在《中国社会科学》等国内顶尖水平杂志发表的论文也是屈指可数；在教育部人文社科奖、国家教学成果奖方面，至今还没有高校获得过一等奖。另外，江西省高校社科研究成果中，实际转化为党委、政府决策的不多；用来作为职称评定，然后就变为废书废报的不少。上面这些差距，必须高度重视，努力迎头赶上。

二、明确地位要到位

哲学社会科学是时代精神和精华，是价值观的重要基石，是一个国家、一个地区文化软实力的核心内容。从当前经济社会发展对哲学社会科学的需求和全省高校的发展来看，高校哲学社会科学的发展任重而道远。

（一）党和政府对哲学社会科学工作的高度重视，为哲学社会科学繁荣发展提供了新动力。党的十七届六中全会通过了《中共中央关于深化文化体制改革推动社会主义文化大发展大繁荣若干重大问题的决定》，把繁荣发展哲学社会科学作为推动社会主义文化大发展大繁荣、建设社会主义文化强国的一项重要内容，提出了许多重要思想和论断，体现了我们党对哲学社会科学发展规律的深刻认识。尤其党的十八大在阐述推进社会主义文化强国建设时，明确提出"建设哲学社会科学创新体系"，"发展哲学社会科学、新闻出版、广播影视、文学艺术事业"。这些精辟论述，对我们是极大的鼓舞和激励，为哲学社会科学繁荣发展提出了明确要求。

（二）国家和省高校哲学社会科学"繁荣计划"，为高校哲学社会科学繁荣发展提出了新要求。2011年，中共中央办公厅、国务院办公厅转发了《教育部关于深入推进高等学校哲学社会科学繁荣发展的意见》，随后教育部、财政部下发了《高等学校哲学社会科学繁荣计划（2011-2020年）》等五个配套文件，对当前和今后一个时期高校哲学社会科学发展作出了全面规划。为贯彻落实党和国家关于深入推进高等学校哲学社会科学繁荣发展的意见精神，江西省快速行动，制定了《江西高校哲学社会科学繁荣计划》和《江西高校人文社会科学重点研究基地发展规划》等文件。这都为全省哲学社会科学繁荣发展提出了明确要求。

（三）建设富裕和谐秀美江西和特色鲜明、影响广泛的文化大省，为高校哲学社会科学繁荣发展提出了新任务。江西省委、省政府一直高度重视哲学社会科学工作。2011年，省第十三次党代会提出了"建设富裕和谐秀美江西"和建设特色鲜明、影响广泛的文化大省的战略目标，既为江西省高校哲学社会科学研究提出了新任务，更使江西省高校哲学社会科学研究进入了大有作为的黄金发展期。2012年，江西省委出台了《关于深化文化体制改革推动社会主义文化大发展大繁荣的实施意见》和《江西省2013—2015年文化改革发展规划纲要》，明确提出哲学社会科学要打造若干具有较强服务发展能力的江西"智库"。

面对新形势、新任务、新要求,是机遇,也是挑战。全省广大哲学社会科学工作者要以党的十八大精神为指导,切实增强责任感、使命感和紧迫感,增强繁荣发展哲学社会科学的自觉性和坚定性。

三、目标任务要到位

当前江西省高校哲学社会科学要牢牢把握"建设具有中国特色、中国风格、中国气派的哲学社会科学"和建设"有特色、高水平高校"的根本任务,全面提高高等教育质量,积极推进哲学社会科学创新体系建设,进一步激发高校广大哲学社会科学工作者的积极性、主动性、创造性,以繁荣发展的高校哲学社会科学来促进江西省高校综合实力与整体水平的提升。具体来说是要争创"五个一流"。

一要在基础理论研究上争创一流业绩。高校要从实现哲学社会科学可持续发展的战略高度,来认识基础理论研究的重要性,充分发挥人才集中和学科齐全的优势,挖掘赣鄱大地深厚的文化底蕴和珍贵的红色资源、生态资源,加强对江西地方文献资料的整理研究,推出一批对基础理论创新和文化传承有重大影响的标志性成果,推出一批重要的理论论著或文化典籍,为江西省哲学社会科学繁荣发展提供坚强支撑。

二要在应用对策研究上争创一流业绩。高校广大哲学社会科学工作者要深入社会、深入群众、深入生活,以江西省经济社会发展中的重大理论和现实问题为主攻方向,围绕建设富裕和谐秀美江西,围绕鄱阳湖生态经济区、原中央苏区、九江沿江开放开发、南昌核心增长极,围绕江西省新型工业化、新型城镇化、新农村建设等方面的重大问题,开展长期跟踪研究,为党政部门和企事业单位提供决策咨询服务。

三要在国家社科基金项目上争创一流业绩。承担高层次科研项目的多少是衡量一所高校哲学社会科学研究水平的重要标志之一。各高校要坚持以高层次科研项目为导向，以争取国家社科基金项目和教育部社科项目为抓手，确保"十二五"期间，江西省获得国家层面的哲学社会科学项目立项资助经费每年都在 2000 万元以上。省财政和高校对获得高层次重大项目也要进行配套资助和奖励。

四要在标志性学术成果上争创一流业绩。学术成果也是衡量高校哲学社会科学研究水平的重要标志之一。要进一步加大工作力度，努力推出一批有社会影响力和实践价值的理论精品和学术力作，力争"十二五"时期，江西省高校在《中国社会科学》等国内一流刊物上公开发表学术论文 10 篇以上；有更多的哲学社会科学研究成果获得中央及省领导的批示。力争在教育部人文社科奖、国家教学成果奖上有新的突破。

五要在学术交流与对外合作上争创一流业绩。各高校要认真贯彻落实教育部《高等学校哲学社会科学"走出去"计划》，坚持"走出去"与"请进来"相结合，进一步强化国际意识，拓展交流途径，健全合作机制，提高合作水平，推动优秀文化和哲学社会科学优秀成果走向世界。江西省教育厅要支持高等学校与国外高水平大学和科研机构建立稳定的合作关系，深化国际学术交流合作，培养国际学术人才。

四、协同创新要到位

各高校要深入实施新一轮"繁荣计划"，深化科研体制改革，推动协同创新，进一步提升人文社会科学重点研究基地的创新能力。

一是按照独特性、唯一性的要求，着力打造优势特色学科。要紧密结合江西人文独特资源、高校自身发展的既有优势、学科发展的前沿趋势，瞄准学科前沿，加强哲学社会科学优势特色学科建设。如，江西古代辉煌的教育成就，为教育学科的发展研究提供了素材；景德镇的千年陶瓷工艺为艺术学科的发展研究提供了独特资源；江西赣南是著名的苏区，为中央苏区研究创造了独特条件；上饶是朱子故里和主要活动地，可以重点开展朱子学研究；等等。要在具有地方特色和优势的学科上推出一批有影响的科研成果，实现优势特色学科的重点突破。

二是按照分类建设、整体推进的要求，着力打造重点研究基地。下一步对全省高校人文社科重点研究基地要实施"分类建设、整体推进"。第一层次是重点培育 10 个左右的高水平创新基地，经过一段时间的建设，整体水平力争在全国同类学科和研究中处于先进和领先水平，部分基地争取进入教育部人文社科重点研究基地；第二层次是建设好 20 个左右在全国有一定影响的省级高水平特色基地；第三层次是建设好 30 个左右的省高校人文社科重点研究基地。同时，力争打造好 3 个教育部人文社科重点研究基地。

三是按照培养与引进相结合的要求，着力打造一支高水平的科研人才队伍。未来 5 年，我们要重点遴选 50 个左右的高校哲学社会科学创新团队予以扶持和建设；重点培养 30 名哲学社会科学领军人才和 160 名科研学术骨干；每年在高校中遴选资助 100 名中青年教师进修、深造；争取培养一批在全国有一定知名度的哲学社会科学专家；争取培养或引进 1 至 2 名人文社会科学的"长江学者"、1 至 2 名中央马克思主义理论研究与建设工程委员会咨询委员和首席专家；争取推荐 1 至 2 名江西省高校专家进入教育部社会科学委员会。

四是按照"江西省急需，全国一流"的要求，着力打造一批协同创新中心。各高校要把全省范围的一切资源拿来为社科研究所用、为大局服务。要以更加宽广的视野，凝聚高等院校和科研机构的力量，突破阻碍研究人员有机组合和资源共享的学科壁垒、院系壁垒、学校壁垒和区域壁垒，通过校校协同、校所协同、校企协同、校地协同、国际合作协同，大力支持文科院系和科研机构建立独具特色和潜力的协同创新中心。2012 年江西省在全国率先启动了"2011 计划",评选了首批 10 个协同创新中心,哲学社会科学方面有江西财经大学的"战略性新兴产业研究中心"入选,获得省财政 2000 万元的项目资助经费。各高校要以此为契机,加大协同创新力度,打造一批在全国有影响的协同创新中心。

五、组织领导要到位

当前,繁荣发展高校哲学社会科学的任务和要求已经明确,关键是要不折不扣地抓好落实。各高校要进一步加强领导、完善制度、强化管理,把繁荣发展高校哲学社会科学的各项工作做实做好。

一是要在明确责任上抓落实。高校党政一把手是学校哲学社会科学工作的主要责任人。各高校要制订学校哲学社会科学的繁荣发展计划,把这项工作上升为学校重视加强哲学社会科学繁荣发展的顶层设计;要加强学校分管社会科学工作领导配备和社科管理部门的建设,本科高校要尽量安排有文科学科背景、熟悉文科发展规律、热爱文科事业、有一定研究水平的分管校领导;有条件的高校要设立独立的社科处,没有设立社科处的学校,要在科研处安排有文科背景的处长或副处长分管文科工作;哲学社会科学管理机构要朝着规范化、科学化、信息化的方向努力。

二是要在深入研究上抓落实。哲学社会科学研究如果离开丰富生动的发展实践,是没有意义、没有生命力的。在选题上,要准确把握时代脉搏、把握发展实践,从小角度透视新难题,用大视野诠释新理念;在破题上,要深入调查、深入剖析,提升思维层次,融入思想火花;在方法上,要查阅和学习各类资料,用数据来说话,学会数据分析方法。要做文献研究,不能没有参考文献而闭门造车。要关注了解当今学科发展最前沿、最有深度的问题,注重实证研究。比如说江西的产业如何避免低端化、同质化，走高端发展和差异竞争的路子，等等，都值得深入研究。

三是要在加大投入上抓落实。加大经费资助是哲学社会科学"繁荣计划"得以落实的基本条件。教育财政支出要加大对高校哲学社会科学的资助，保证哲学社会科学事业经费和省哲学社会科学研究基金有较大增长。各高校要加大对哲学社会科学研究的投入和配套投入。有条件的学校要建立专项经费。要广开资金筹措渠道，逐步建立和完善以政府和学校投入为主，广泛吸纳社会资金投入哲学社会科学研究的机制。要探索与政府、事业和企业等单位合作的途径，多种渠道争取研究经费，尤其要通过争取国家项目，争取更多的研究经费。

四是要在完善机制上抓落实。要形成好的人才培养激励机制，让更多的优秀教师热爱社科事业、投入社科研究。要通过课题立项、出版资助、成果评奖、人才评选等，着力加强对拔尖人才、崭露头角的学术新秀与中青年人才的重点扶持。要规范社科成果评选制度，完善社科成果评价体系，不断提高覆盖面、参与度和吸引力。要推进人事制度、分配制度、内部管理制度等各项改革，切实将质量导向、分类评价的要求和标准体现到学科评审、教学评估、人才评价、项目评审、成果评奖等各个方面。

（2013 年 1 月 5 日）

教育考试管理要"严"字当头

教育考试管理疏漏不得。要在认真汲取"6·7"高考替考事件教训的基础上，进一步加强教育考试管理，推动江西省教育考试事业持续健康发展。

一、加强考试招生管理工作的重要性和紧迫性

考试招生制度是国家基本教育制度，高考曾经改变并将继续改变无数人的命运。党和政府历来高度重视教育考试工作。近年来，特别是江西省教育考试院成立以来，江西省教育考试工作在江西省委、省政府的领导下，紧紧围绕办人民满意教育考试的工作目标，积极应对教育考试改革发展面临的新形势，积极改革、不断创新、优化服务，取得了一定成绩：一是制度不断健全。出台了报名、命题、制卷、组考、评卷、录取等各个环节的操作制度，强化了考生报名基础信息采集和管理，完善了突发事件应急预案和各项保密措施，开展了考试环境综合治理专项行动，全面使用了标准化考场，基本实现了网上阅卷，加大了对艺术类专业统考过程的全程监控。二是改革不断推进。成功组

织实施了普通高考分类考试和"高职单招"改革；率先出台了外省籍务工人员随迁子女在江西省参加高考的政策；果断取消定向招收煤炭企业优秀青年的项目；进一步规范了艺术、体育类统考和校考等特殊类考试招生工作；扎实推进了中考中招改革；成人高考"一题多卷"改革试点和自考综合改革稳步推进；当前正在抓紧完善深化考试招生制度改革实施方案。三是服务不断优化，每年深入基层开展了"高考直通车"宣讲活动，举办了高招志愿填报现场咨询会，2015年高考填报志愿全部实行了"知分、知线、知位"填报，加大了录取信息公开力度，扩大了信息公开范围和内容。这些都得到了社会各界的一致好评。总的来说，江西省委、省政府对省教育考试院的工作还是肯定的。但同时我们也要清醒地看到，江西省教育考试招生工作仍然存在一些问题和不足：在利益驱动下，助考替考机构或非法中介的不法行为依然猖獗，高科技作弊手段日益翻新，一些领导、教师和考生法制意识淡薄，少数人出现腐败问题，考试组织管理工作还存在制度不完备、执行不严格、监管不到位等问题，特别是2015年发生在南昌的"6·7"高考替考事件，在社会上产生了极坏的影响，引起了教育部和江西省委、省政府领导的高度关注，教训十分深刻。江西省委教育工委、省教育厅一定要进一步增强政治意识、责任意识，充分认识加强教育考试管理工作的重要性和紧迫性，在严肃追责之外，一定要把加强教育考试管理工作摆上重要的议事日程，站在维护社会和谐稳定和江西省教育事业发展大局的高度来谋划教育考试工作。江西省教育考试院要牢固树立"考试无小事"的意识，进一步增强做好教育考试管理工作的责任感、使命感，切实履行好省级教育考试机构的管理职责，积极查找管理漏洞，完善各种考试制度，建好内部管理机制，确保江西省各类教育考试平稳顺利进行。

二、推进教育考试招生管理工作的科学化和规范化

2015 年江西省"6·7"高考替考事件之所以发生，一个很重要的原因就是教育考试系统出现腐败分子，人员素质不高，考试管理制度不健全，一些重要规定没有落到实处，我们的管理没有落到细节，让不法分子有机可乘，钻了空子。江西省委教育工委、省教育厅和省教育考试院要认真吸取教训，举一反三，进一步加强和改进考试招生管理。一是改进管理方法。有效的管理方法是提高管理水平的重要保证，我们在实际工作中要按照考试招生工作的规律要求，努力做到"严、细、深、实"。所谓"严"，就是要严格要求，严格管理。对考试招生报名、组考、录取等各个环节都要有严格的制度、严格的检查、严格的纪律、严格的考核。随着教育考试改革的深化，招生管理工作也要适应新的要求，严格改进和创新。所谓"细"，就是要注重细节，堵塞漏洞。细节决定一切。现在工作中出现的这些问题都是忽视了细节。一定要认真梳理、排查教育考试工作各个环节的管理漏洞，拾遗补缺，完善制度，明确责任，明确任务，明确措施。所谓"深"，就是要深入实际，摸清情况。要适应考试招生工作新情况、新问题，查找工作中的不足，有针对性地提出解决问题的方案和应对措施，形成优质高效的管理体制和运行机制。所谓"实"，就是要狠抓落实，务求实效。现在看来，出现的有些问题不是没有制度，而制度的落实不能到位，江西省各级考试招生工作的负责同志要全力抓好各项规章制度的检查落实，敢于担当责任，勇于直面矛盾，善于解决问题，创造一流实绩。二是加强监督管理。有效的监管是提高管理水平的重要手段，在考试招生具体工作中，要突出"防、责、治、全"。所谓"防"，就是要找准关键，预防在先。要加强对考试招生报名、组考、录取等重点环节的安全防范，强化人防、技防手段，研究停止一年制中职招收外省籍生源，取消一年制中

职毕业生普通高考报名资格；加强对外省籍务工人员随迁子女报考资格审核，逐一复核高中阶段学籍；加大技防投入，扩大身份证识别仪使用范围，逐步提升标准化考场功能。所谓"责"，就是要责任到岗，责任到人，按照"谁主管、谁负责"的原则，一级抓一级，层层抓落实。所谓"治"，就是要依法治考、从严治考，结合江西省教育考试实际，健全保障教育考试公平的规则程序和监管机制，用规范管理维护教育考试公平，从而促进教育公平，维护社会稳定。所谓"全"，就是要全面覆盖，全面监管，要把考试招生监管的触角延伸到考试招生的各个环节，贯穿考试招生工作的全过程，横向到边，纵向到底，不留死角，不存盲区。三是严格执纪问责。加大执纪问责力度是提高管理水平的重要保障，具体工作中，重点要做到"巡、督、问、处"。所谓"巡"，就是要加大巡查力度，教育、纪检监察部门要认真履行巡查职责，对这些年来考风考纪相对薄弱的考点、考场要实行全程巡查、重点巡查，坚决杜绝大面积群体舞弊事件的发生。所谓"督"，就是要将督查贯穿考试招生工作的全过程，要加大对考生资格的审核特别是专项计划考生资格和高职单招考生资格的审核，要求县（区）招考办对各报名点考生资格的复查率要达到100%，设区市招考机构和江西省教育考试院抽查率分别不低于10%和5%。所谓"问"，就是要对违法违纪行为进行严肃问责，对在位不为、失职渎职、庸懒散拖、效率低下的必须问责，对工作中权钱交易、收受贿赂的必须问责。所谓"处"，就是要对违纪违规行为，严格依据《国家教育考试违规处理办法》（教育部第33号令）等法规进行处理，决不姑息，无论是谁，一经发现违纪违规行为，要按照相关规定追究当事人的责任和领导责任，涉及违法的，移送司法机关处理。

三、努力建设一支思想过硬业务能力强的考试工作队伍

干部队伍建设是教育考试事业发展的"基石",关系到教育考试事业的兴衰。江西省委教育工委、省教育厅和省教育考试院要主动适应教育考试招生工作的新形势、新常态的要求,不断加强干部队伍建设,增强干部队伍的生机和活力。一是江西省委教育工委、省教育厅要加强对教育考试工作的领导,高度重视和关心教育考试院的班子建设。教育考试招生工作政策性强、业务性强,我们要从事业发展的需要出发,同时按照领导干部的管理权限,尽快把考试院领导班子配齐配强,把那些思想过硬、懂业务、想干事、能干事的同志选到领导岗位上来。要加强对考试院班子的考核,改进考核评价方式,全面评价领导班子和领导干部,科学准确地评价他们的工作实绩。二是江西省教育考试院要加强自身班子建设。班子成员要加强党性修养,锤炼政治品格,注重业务学习,进一步提高管理水平。要加大对管理工作的精力投入,不断创新工作方式和管理方法。把主要心思用在干事业上,把主要精力投入到抓落实中,以"耽误不起"的危机感和"懈怠不得"的紧迫感投入到教育考试管理工作,真正带好队伍,抓好落实。三是切实加强干部队伍作风建设。江西省教育考试院要把"三严三实"专题教育抓紧,抓实,抓出成效,切实增强广大干部队伍转作风的行动自觉,始终做到心中有党不忘恩、心中有民不忘本、心中有责不懈怠、心中有戒不妄为。要在江西省教育考试系统大兴调查研究、求真务实之风,大兴敢于担当、攻坚克难之风,大兴勤政廉政、敬业守责之风,以良好的作风推动考试招生各项工作开展。要牢固树立大局意识和服务意识,畅通基层招考机构、学校、考生和家长反映问题的渠道,听取意见,密切关注、认真研究、积极回应,努力解决人民群众关心的热点难点问题,促进江西省教育考试事业和谐发展。四是加强干部教育培

训。通过这些年发现的问题,我感到江西省教育考试院的学习氛围不浓,业务水平不精。一定要进一步加强干部队伍的政治理论学习和业务学习,创新学习活动形式,丰富学习活动内容,努力提高工作人员的政治素质、业务素质和履职能力。要围绕教育领域综合改革的要求,突出加强教育招生考试制度改革的业务教育培训,加强学习型组织建设。要强化考试招生工作人员廉洁自律教育,切实筑牢抵制不正之风的思想道德防线。要开展警示教育,以教育系统违法违纪典型案例警示教育全体工作人员提高思想认识,自觉维护考试招生政策的严肃性和权威性。五是加大干部轮岗交流。要建立健全教育考试管理关键岗位工作人员实行定期轮岗交流制度,对重要岗位实行交叉监督和上级监督的管理机制。

总之,教育考试工作涉及面广、政策性强,事关广大考生的切身利益,事关社会和谐稳定,事关教育公平公正。我们务必高度重视,认真对待,以高度的责任心、使命感,扎扎实实做好本职工作,确保考试招生工作严谨规范,平稳有序。当前,要认真吸取教训,全力做好2015 年的高招集中录取工作,要抓细抓实抓小,不能再出任何纰漏。

(2015 年 7 月 16 日)

开创高校党建工作新局面

高校党建工作是全面推进党的建设新的伟大工程的重要组成部分，其好坏直接影响到高校社会主义办学方向能否保证，直接影响到高校培养人才目标能否实现。近年来，江西省高校党建工作在江西省委、省政府的正确领导下，在江西省委教育工委和全省各高校的共同努力下，取得了显著成绩，为高校改革发展提供了坚强的政治、思想、组织和作风保证。深化江西省高校党建工作，需要加大改革力度，开创党建工作新局面。

一、关于加强领导班子建设

高校领导班子是高校改革发展的领导者、组织者、推动者，大学的水平在很大程度上取决于领导班子的能力和水平。目前，江西省高校领导班子建设总体是好的，但也存在一些问题，我们要认真对待。一是要提高治校能力。高校领导应当成为社会主义政治家、教育家，既要在政治上、思想上、行动上与党中央保持一致，又要有思路，善谋划，会管理，能够准确把握高等教育发展新趋势和办学规律，具有先进的教学理念和驾驭全局、解决复杂问题、推动学校建设、改革创新的能力。二是要加强班子团结。高校领导班子要完善结构，提高素质，加强交流，当前要特别强调团结。凡是班子团结的高校就会发展得好，凡是班子不团结的高校就会出问题。领导干部特别是书记、校长要带头讲团结。要严格执行民主集中制的各项规定，尤其"三重一大"事项要集体决策，坚决杜绝无视组织原则和程序，个人说了算，独断专行现象。党委书记和校长之间以及班子成员之间要加强沟通、相互尊重、相互补台。三是要调动中层干部的积极性。一方面，要规范高校处级干部的职数管理，不得随意超编、违规和擅自设置处级岗位；另一方面，要关心中层干部的成长进步，畅通干部出口，打通高校与地方、高校与部门的干部交叉选拔任用渠道，切实提高干部的积极性和创造性。

二、关于加强党风廉政建设

党风廉政建设关系到党的生死存亡，必须常抓不懈。近年来，随着高校改革发展的深入推进，特别是高校经费激增、基础设施的大规模建设、招生规模的迅速扩张、大宗物资采购的急剧增加以及学校参与经济活动的日益频繁，高校腐败案件逐年增多，这不仅严重影响了高校声誉，还直接影响到高校的招生就业。高校必须深入推进党风廉政建设。一是从思想上筑牢防线。从王国炎、刘志和等人的案件中可以发现，党员干部腐化堕落往往都是先在党性观念、道德意识方面被突破防线，属于典型的"既想当官又想发财"。高校党员领导干部一定要引以为戒，自觉加强党性修养，每日三省吾身，牢牢构筑拒腐防变和抵御风险的思想防线。二是从制度上筑牢防线。习近平总书记强调，"要把权力关进制度的笼子里。"高校要切实推进党务公开，校务公开，尤其要着力加强对高校基建、采购、招生等重点岗位和关键环节的监管力度，从源头上铲除高校腐败的土壤。前些年，江西省部分高校建设了新校区和独立学院，为高校快速发展赢得了主动，但也成为个别高校领导腐败的滋生地。新形势下江西省高校应重点抓好质量和内涵建设，不再搞大规模基础设施和独立学院建设。与其扬汤止沸，不如釜底抽薪。三是从监督上筑牢防线。高校党员干部特别是党政一把手要带头执行中央和江西省委关于改进工作作风的"八项规定"，做明白人，自觉接受组织监督和群众监督，接受网络、电视和报刊等舆论媒体的监督。各级纪检监察机关要敢于碰硬，敢于查处，始终保持高校反腐倡廉的高压态势，切实为高校营造风清气正的良好环境。

三、关于加强基层党组织建设

高校基层党组织担负着直接联系、引导、组织、团结师生的重要职责，加强基层党组织建设是高校党的建设的重要内容。一是要增强基层党组织活力。一方面，要探索创新基层组织设置方式，如积极探索以实验室、课题和项目组、科研平台等新兴学术组织设置党组织；另一方面，要创新活动方式，如创建服务型基层党组织，为教师教学科研服务、为学生学习生活服务、为学校改革发展服务，通过服务，拓展发挥作用的空间，增强对师生员工的吸引力和感召力，切实改变一些高校基层党组织软弱涣散的状况。二是要提高发展党员质量。大学生入党积极性很高，但思想素质参差不齐，要严格按标准和程序发展党员，不能降低标准，更不能突击发展。要特别重视在具有高学历、高职称的中青年教师中发展党员，不断把教学科研骨干、学科带头人和优秀归国留学人员等高层次人才吸引到党组织中来。三是要加强党员教育管理。利用各级党校、党员教育基地、党员教育远程课程等教育资源，定期开展党员教育培训，强化党员党性锻炼。要严格执行党内生活各项制度，加强党员日常管理和考核，定期分析和民主评议党员党性，及时处置不合格党员，保持高校党员队伍的先进性和纯洁性。

四、关于加强师德师风建设

高校教师的职业操守和道德修养不仅体现教师的自身素质，更是决定学生道德水平高低的重要因素。当前，江西省高校教师队伍整体是好的，特别是涌现出了不少像"博导妈妈"石秋杰这样的优秀教师典型。但同时也要看到，当前有的教师理想信念缺失，有的教师搞学术造假，有的教师在招生考试中营私舞弊，等等。育人先正己，从师先立德。一是要加强教育引导。要加强对教师的政治理论、职业道德、职业理想、学术规范、法制观念等方面的教育培训，始终强调"课堂讲授有纪律"，确保教师在思想上行动上始终与党中央保持一致；要开展形式多样的主题教育实践活动，培育和宣传师德师风典型，使广大教师能够静心教书、潜心育人。二是要加强关怀激励。要改善教师的工作、学习和生活条件，解决教师医疗、住房、子女入学等实际困难，落实教师的福利待遇；要尊重教师的利益和权利诉求，鼓励教师多参与学校的管理和重大问题的咨询与决策，激发教师的主人翁精神，不断提高教师的自我认同感和对学校的归属感。三是要加强考核监督。把师德师风作为教师绩效考核、聘任聘用和评优奖励的首要标准，严格落实师德一票否决制，对学术不诚信行为要重拳出击，大力改善高校的学术风气；要借助网络媒体、师德意见箱、校领导接待日等途径，广泛听取师生对师德师风工作的意见，自觉接受各方的监督和评议。

五、关于加强大学生思想政治教育

加强和改进大学生思想政治教育，培养社会主义事业的合格建设者和可靠接班人，是高校的根本任务。当前，大学生思想主流积极健康向上，但是，由于受思想多元化的冲击和现代信息技术迅猛发展等因素的影响，大学生中也出现了一些新情况，如江西省个别大学生在网上盲目跟帖，反映了其在大是大非面前认识模糊。因此，采取有效措施，进一步做好大学生思想政治教育，刻不容缓。一是要开展主题教育活动。当前，尤其要在大学生中深入开展中国特色社会主义和中国梦的宣传教育，组织大学生深入学习十八大报告，向大学生讲清、讲深、讲透中国特色社会主义道路、理论和制度，让大学生了解世情国情党情，理性看待改革发展过程中的矛盾困难，引导大学生把实现伟大中国梦的满腔热情转化为刻苦学习、报效祖国的实际行动，把个人成长成才梦与民族伟大复兴梦紧密结合起来。二是要推进全员全过程全方位育人。要把思想政治教育贯穿到学校工作的各个方面，要突出发挥课堂教学主渠道作用、校园文化的熏陶作用、社会实践的砥砺作用、辅导员和班主任的指导作用、网络思想政治教育的便捷作用，实现教学育人、管理育人、服务育人，促进大学生学业有成、思想进步。三是要阻断错误思想在校园传播。加强课堂教学、论坛讲座、报告会议、校园媒体、群团组织的管理，防止宗教势力大规模在高校传播、渗透。当前，宗教对高校渗透有越来越加剧之势，我们必须保持高度警惕，对校园及周边的非法宗教聚会点要及时进行清理整治，对学生要宣讲马克思主义的宗教观、党的宗教政策，教育引导学生自觉抵制各类非法宗教组织和违法宗教活动。

六、关于加强人才队伍建设

党管人才是党的建设的一项重要内容，高校是人才培养的主阵地和人才聚集高地。各地各部门各高校要始终坚持党管人才原则，创新机制，抓住人才培养、引进和使用三个环节，努力提高人才队伍的整体水平。一是创新人才培养机制。要继续做好"井冈学者"和高校卓越人才培养计划等工作，加强对拔尖创新人才的培养。要实施好年度高校中青年教师发展计划，大规模培训中青年骨干教师，选派高校优秀青年教师到国内外知名大学学习深造，参与前沿项目研究；要加快培育高水平创新团队，围绕"2011计划"，积极汇集不同领域的创新要素与资源，形成一批多学科交叉集成的创新团队。二是要加大人才引进力度。这些年江西省高校人才引进力度很大，引进了一批长江学者，在国内外公开选聘了一批高学历高水平的副校长，我们还要以更大的气魄，加大高层次创新人才公开招聘力度，引进一批海归博士和具有国际影响的学科领军人才。三是要形成良好的科研氛围。要深化高校人事制度改革，充分调动和发挥高校各类人才的积极性和创造性；要大力支持首席教授、博导、学科带头人等高层次人才的工作，充分发挥他们的学术才能，出一批高水平的学术成果，提升在国际国内的学术影响力，培养一批全国名师、学科顶尖级人才，特别是要着重培养大师级人物，使学校师资成为强有力的竞争元素。

七、关于加强和谐校园建设

高校的和谐稳定，是高校改革发展的前提和保障。近年来，江西省高校教学生活秩序正常，总体上保持了和谐稳定。2013年中央综治委发布的1号简报充分肯定了江西抓这项工作的成绩。但同时也要看到，影响校园及周边环境的因素仍然存在：一些针对师生的违法犯罪活动时有发生；一些非法违规经营行为扰乱了学校及周边治安秩序；一些突发性公共卫生事件对师生健康产生威胁（如最近发生的H7N9禽流感病毒应该引起我们的高度警惕）；自杀、溺水等学生非正常死亡事件也偶有发生；等等。对这些安全隐患，必须高度重视，严加防范。一是要明确任务。要以确保师生生命财产安全和校园和谐稳定为目标，认真做好安全法制教育、平安校园创建、治安防控体系建设、严厉打击违法犯罪四项工作任务。二是要落实责任。安全无小事。各级综治部门、公安部门要把维护高校的和谐稳定作为社会治安综合治理的重要内容；各级教育部门要加强对学校稳定工作的指导、督促和检查；各高校要切实加强对学生的安全教育和管理；各相关单位要各司其职、各负其责，形成合力。三是要细化措施。各地各部门各高校要切实加强隐患排查与防范，加大人防、物防、技防力度，完善学校安全隐患台账管理平台、校内上网场所监控平台和信访工作平台等"三个平台"功能。四是要建立长效机制。各地要进一步贯彻落实高校及周边地区治安综合治理工作规程，实现学校及周边综治工作常态化；要将各成员单位纳入高校安全隐患台账管理平台用户，实现高校及周边综治工作信息化；要完善会议制度、会商制度，充分发挥江西省高校师生人身损害事故纠纷调处中心的作用，实现学校及周边综治工作规范化。

八、关于加强大学文化建设

文化之于大学，如精神、品格之于人类。作为社会主义先进文化重要组成部分的高校文化，不仅是江西省先进文化的重要源头、创新基地，也是全省文化建设的示范区和辐射源。现在有的高校文化建设相对薄弱，例如有的学校甚至没有校训，或者校训雷同没有特色，或者校训太长让人无法记住。毛泽东亲自拟定的抗大校训"团结紧张，严肃活泼"指导我们多年，今天继续发挥着作用。韩国梨花女子大学的校训是"用温柔改变世界"，大家一听就知道这个学校的特色和精神。目前有的高校缺乏好的教风，教师教学手段单一，课程设计粗糙，更严重的是对学生基本上采取放任态度，这也导致学风的低下，一些学生没有自我努力学习的习惯，偌大的大学图书馆里没有几个学生在读书，等等。因此，大力加强校园文化建设，是高校党建工作的重要内容和载体，对于全面贯彻落实党的教育方针、营造良好人文学术环境、提高广大师生员工思想道德水平和科学文化素质、增强核心竞争力具有重大意义。高校要结合各自历史文化传统和办学特色，明确校园文化建设目标，着力建设能够体现正确办学方向、体现学校鲜明特色、体现时代特征的校园文化，例如，我们可以通过校训、校旗、校歌、校园宣传等多种方式，努力培育良好的教风，以教风促学风，进而形成良好的校风，营造教书育人、管理育人、环境育人的良好氛围，真正让教师乐教，学生乐学。还比如，我们很多高校都建有新校区，学校可以搞好校园的环境建设，通过优美的环境、良好的生态来提升学校的文化品位。

九、关于如何服务中心工作

围绕中心抓党建，抓好党建促发展，是高校党的建设总的要求。高校一定要处理好党建工作与中心工作的关系，防止"两张皮"，切实将党建工作融入学校发展大局中。党的十八大强调"推动高等教育内涵式发展"，这为高等教育走以提高质量为核心的内涵式发展道路明确了方向。经江西省委、省政府主要领导批准，全省高校工作座谈会提出了"明确一个目标，力促两大转变，实现五个一流"的发展战略。高校要以党的十八大精神为指导，按照江西省委、省政府的决策部署，进一步明确党建工作在高等教育质量提升、内涵发展中应设定什么样的目标，扮演什么样的角色，做出什么样的贡献。从江西省高校来看，一是要为人才培养作贡献。把学校教育资源配置和学校工作重点集中到强化教学环节、提高教学质量上来，建立以提高教学质量为导向的管理制度和工作机制，为江西经济社会发展培养更多高素质人才。二是要为打造高校优势学科、实施"2011 计划"作贡献。要在促进学校认真做好首批 10 个省级"协同创新中心"建设的同时，按照"高水平、有特色"的要求，积极开展第二批省级"协同创新中心"的遴选建设，促使高校创新要素的有效聚集。三是要为学校特色发展作贡献。促使学校按照"唯一性"和"独特性"的要求，找准自己的位置，实现差异化发展，不贪多，不求全，办出特色，办出水平，走特色兴校之路。四是要为提升学校服务经济社会能力作贡献。充分发挥高校学科门类齐全，人才众多和产学研紧密结合的优势，鼓励专家教授承担更多科研项目，创造高水平的研究成果，主动服务江西省经济社会发展。

十、关于党建工作的组织领导

各地各部门各高校要加强组织领导，保障高校党的建设各项工作任务落到实处。一是加强投入保障。高校要严格按标准落实每名党员100元的基层组织工作专项经费，列入学校年度预算并实现逐年增长。高校党委留存的党费应主要用于党员教育并向基层组织尤其是基层支部倾斜，保证基层组织开展活动。江西省教育厅要研究拿出一定的专项经费，用于高校党建课题研究、党员教育培训，以及推进党校、党员活动室、党建主题网站和教育实践平台建设。二是提升队伍素质。要提高党建工作队伍的专业化水平，专业化不只是对专职人员的要求，所有从事高校党建工作的同志都要具备专业的态度精神和专业的素质能力。要注重队伍选配，把政治上靠得住，工作上有本事、肯干事、能干事，群众威信高的同志选配到党建工作岗位上。要建立培训制度，促使党建工作者培训经常化、定期化、长效化。三是注重规律研究。要加强对高校党建工作的理论研究，创造条件、加强引导，组织联合攻关团队，努力研究高校党建理论的范畴、要素、目标、规律和方法，全方位、多角度地整体提升党建工作理论水平。江西省教育厅可考虑成立高校党建研究会。四是创新工作方式。随着新形势和新任务的不断变化，高校党建工作的方式方法也必须不断地改进和创新。比如，高校要积极抢占网上制高点，努力建设一批融思想性、知识性、趣味性、服务性于一体，受青年大学生欢迎的主流网站，引导网上舆论，创新党员教育管理，使互联网成为党建工作新的重要载体。

（2013 年 4 月 9 日）

狠抓高校反腐倡廉和安全稳定工作

　　加强高校反腐倡廉和安全稳定工作，对于江西省高校统一思想、明确方向、坚定信心、凝聚力量、真抓实干，推进有特色高水平大学建设具有十分重大的现实意义，要狠抓落实。

一、认清形势，坚定信心

　　当前，江西省高校反腐倡廉出现一些新的情况，安全稳定工作存在一些新的隐患，给江西省高校反腐倡廉和安全稳定工作带来新的挑战，不仅影响了高校正常教学和生活秩序，也引起了全社会的广泛关注。

　　一是最近高校腐败案件集中多发。前些年江西省高校新校区的大规模建设、高校独立学院的大量设置、招生规模的迅速扩张、大宗物资采购的急剧增加以及学校参与经济活动的日益频繁，这既为江西省高校快速发展做出了贡献，也使得高校党风廉政建设面临的形势越来越复杂。尤其最近高校中王国炎、周文斌、刘志和等腐败案件连续发生，在社会上造成极坏影响，严重损害了江西省高校的形象。为此，2012年底省纪委召开的全省高校反腐倡廉警示教育会、2013年4月江西省委召开的全省高校党建工作会，多次对高校廉政建设进行部署，希望有问题的同志能够开展自查自纠，主动交代问题，争取宽大处理。

二是敌对势力对高校意识形态领域的渗透破坏活动不断出现。如，2013 年 3 月香港码头工人讨薪罢工发生后，香港大学一教授在网上发帖，呼吁全国高校师生签名声援，引起全国一些高校师生关注，江西省部分高校也有师生签名或跟帖。近期还发现，有高校教师在高校及周边组织非法传教活动，有个别学生在家庭影响下参加"全能神"和"法轮功"邪教组织，并在同学中发展会员等情况。

三是群体性事件、安全事故、治安案件时有发生。2013 年以来，群体性事件如：南昌大学下属的萍乡铁路医院的 74 名职工因改制等问题多次赴省进京集体上访；南昌航空大学与江西科技职业技术学院因联合办学合同纠纷，到省政府上访。安全事故如：井冈山大学教育学院 2012 级一学生在校内球场打篮球时，被意外倒塌的篮球架砸中身亡；南昌航空大学前湖校区一研究生玩窒息游戏致死；南昌大学前湖校区商业街路口发生一起车祸，3 名女大学生被撞死撞伤。高校及周边环境的治安隐患如：学校周边"黑车"揽客、流动摊点非法经营、娱乐场所违规经营、出租屋及旅馆管理不到位以及食品安全等问题。这些涉校群体性事件、安全事故和治安案件都不同程度地干扰了学校的正常教学和生活秩序，特别在可能出事的敏感节点上，极易引发高校安全稳定问题。

当然，面对目前高校反腐倡廉和安全稳定工作存在的问题、风险和挑战，我们也要看到，长期以来，在江西省委、省政府的高度重视和正确领导下，江西省高校坚持一手抓教育改革发展、一手抓党风廉政建设和安全稳定工作，加快推进体现教育特点的惩治和预防腐败体系建设，着力解决安全稳定工作中存在的突出问题，党风廉政建设和安全稳定工作也取得了显著成绩。总体上看，高校贪腐现象只是少数个别人，高校党员领导干部的主流和绝大多数同志是清正廉洁的；存在的安全稳定问题也只是个别现象,学校的总体情况是比较平稳的。因此,各高校既要充分认识做好学校反腐倡廉和安全稳定工作的重大责任和重要意义,不断增强工作的紧迫感和责任感,也要正视成绩,肯定主流,集中精力谋发展,坚定办好江西高等教育的信心。

二、守住底线,突出重点

反腐倡廉关系党和国家的生死存亡,安全稳定是改革发展的前提和保证。做好反腐倡廉和安全稳定工作是各级党委、政府的第一责任,也是各高校党政的第一责任,一刻不能放松,必须坚持两手抓、两手都要硬。

(一)注重党风廉政建设,维护高校廉洁圣地

高校反腐要在四个方面下功夫,一是着力加强反腐教育,经常用王国炎、周文斌、刘志和等人的案件警示党员领导干部,把培育清正廉洁的价值理念贯穿于高校党员领导干部培养、选拔、管理和使用的全过程,牢牢构筑领导干部的思想道德防线。二是着力抓好制度建设,完善领导班子议事规则和决策程序,大力推进党务公开,校务公开,尤其“三重一大”事项一定要集体研究,不得独断专行。三是着力提升管理水平,要让高校领导干部特别是主要领导同志的主要精力从抓规模扩张转到抓质量提升上来。这里再次强调,今后高校原则上不再搞大规模的校园基建项目,坚决与独立学院切割。与其扬汤止沸,不如釜底抽薪。四是着力建设廉洁文化,要发挥高校人文社科研究的学科优势、人才优势,加强反腐倡廉理论研究,为高校反腐倡廉建设提供服务和支持。天下没有免费的午餐,天下没有无缘无故的爱,天下没有不透风的墙,天下没有后悔药可卖。大家工作生活中一定要讲规矩,谨慎交友,克服侥幸心理,犯了法谁也救不了你。

（二）注重防范渗透破坏，维护高校政治稳定

高校一直都是敌对势力进行意识形态渗透破坏的重点目标，我们一定要充分认识对敌斗争的长期性、艰巨性和复杂性，有针对性地开展反渗透破坏斗争。一是要把社会主义核心价值体系教育和中国梦教育活动融入高校教育全过程，贯穿于高校工作各方面，把中国梦与每个学生的成才梦、职业梦联系起来，树立正确的理想信念，把自身的发展与祖国的发展有机结合起来，筑牢维护高校稳定的思想政治基础。二是要严格校内哲学社会科学学术性活动和社会公益性活动的审批，严格学生社团活动和境外资金资助管理，严格做好来华教师、外国留学生的教育管理，做好重点人员的管控。三是要严禁在高校设立宗教活动场所、举行宗教活动，严禁在高校建立宗教团体和组织，阻止形形色色的宗教势力在高校传播、渗透。四是要培养挑选一批让党和政府放心、让家长满意、深受学生欢迎的辅导员和班主任，强化大学生思想政治教育工作队伍建设。另外，要创新大学生思政工作方式方法，积极开拓占领手机网络阵地，营造良好的文化育人氛围。

（三）注重校园综合治理，维护高校育人环境

当前我国社会转型正处于人民内部矛盾凸显期与群体性事件、治安案件多发期，校园及周边环境与社会环境的内外关联度越来越高，校园的安全稳定形势更加复杂。各地各有关部门各高校要高度关注学校及周边治安隐患问题，增强责任感和紧迫感。一是抓联动。学校及周边治安综治工作涉及方方面面和校内校外，要健全"党政抓总，综治牵头，部门联动，内外结合，齐抓共管"的工作格局。当地党委政府及各级综治部门、教育行政部门、高校要相互配合，各司其职。二是抓平台。要切实加强校园及周边的治安隐患排查与防范，完善学校安全隐患台账管理平台、校内上网场所监控平台、信访工作平台等"三

个平台"。三是抓重点，各地各部门和各高校要深入排查学校及周边存在的影响师生安全和校园稳定的各类问题和隐患，以"除恶"、"清障"、"治乱"、"严管"、"建章"为重点内容，对各类隐患和问题加大整治力度。四是抓机制。要落实高校及周边地区治安综合治理工作规程，完善相关会商制度，充分发挥江西省高校师生人身损害事故纠纷调处中心的作用，实现学校及周边综治工作规范化、常态化。

（四）注重招生就业工作，维护学生切身利益

高校招生就业工作关系到广大考生和千万家庭的切身利益，关系到社会的和谐稳定，对践行以人为本、执政为民及维护社会公平公正具有重大而深远的意义。从目前招生形势看，过去江西省高校招生工作总体上是稳定有序的，但也存在一些不良现象，部分高校特别是高职学校盲目追求办学规模，采用"有偿招生"、"有偿委托招生"、"有奖招生"等非正常手段争生源、抢市场，干扰了招生工作的正常秩序。2013年高招工作马上开始，各高校要把做好招生工作提高到树立形象、服务于民、取信于民的高度来认识。从目前就业形势看，江西省2013届普通高校毕业生总人数为249643人，较2012年增加5.1个百分点。截至2013年5月20日，全省高校毕业生总体签约率较2012年同期下降3.4个百分点，就业形势依然十分严峻。各高校一定要从维护高校稳定的高度出发，将这项工作摆上重要议事议程，采取有力措施，促进高校毕业生充分就业。

（五）注重学校内涵建设，维护高校发展局面

发展是解决高校一切问题的关键。高校要紧紧围绕建设有特色、高水平大学的目标，进一步深化改革，推动江西省高等教育的整体实力和水平的排位前移。一是强化教学工作中心地位，要正确处理教学与科研的关系，将承担本科教学任务作为教授、副教授职称聘用、业绩

考评的基本条件。二是全力打造具有自身特色的优势特色学科，重点建设与江西省战略性新兴产业相关的专业，整体提升高校专业发展水平。三是强化实践教学环节，重点建设100个高职专业技能实训中心和100个省级本科实验教学示范中心。四是加强教师队伍建设，将师德列为教师考核、聘任和评价的首要内容，加大青年教师的培养交流力度。五是着力推进"2011计划"实施，大力提升江西高校的创新能力，引领和支撑创新型江西的建设与发展。六是促进高校科技成果转化和产业化，充分发挥大学科技园、高校学生科技创业实习基地的作用，引导高校科研人员转化科技成果，创办企业。

三、创新观念，狠抓落实

当前，加强高校反腐倡廉、维护高校安全稳定的任务依然十分繁重，各项工作要求更加具体。要确保各项工作任务的顺利完成，必须进一步振奋精神，统一思想，创新观念，改进作风，狠抓落实。

（一）树立全局观念，加强组织领导

做好高校学校反腐倡廉和安全稳定工作不仅是一项业务工作，更是一项严肃的政治任务。高校各级党政领导班子和领导干部要有全局观念，强化政治责任感，在思想上、组织上、行动上自觉与党中央保持高度一致，认真贯彻落实党中央和江西省委、省政府的方针政策，保证政令畅通、令行禁止。要认真落实党风廉政建设和安全稳定责任制，将其纳入学校工作整体规划，与教学科研工作一起部署、一起检查、一起考核、一起奖惩。高校党政"一把手"对党风廉政建设和安全稳定工作负总责，领导班子其他成员要按照"一岗双责"要求，积极主动地抓好分管范围内的党风廉政建设和安全稳定工作，各司其职、各负其责。

（二）树立投入观念，保障必要条件

安全稳定工作出效益，安全稳定也要投入。要着力解决好高校安全稳定工作的投入问题，建立健全学校安全稳定工作经费保障渠道与机制，确保有钱解决安全稳定隐患，有钱开展日常工作，有钱规划建设。要切实解决安保人员工资、防范器具配备以及消防设备设施、视频监控设施、报警设施安装与维护等必要的人防、物防、技防设施建设经费。

（三）树立人才观念，加强队伍建设

建设一支忠诚可靠、纪律严明、作风过硬、训练有素、业务精通的安全稳定工作队伍，是做好学校安全稳定工作的根本保证。既要善于发现规律、总结规律、运用规律，更要善于发现人才、培养人才和使用人才。要把加强队伍建设作为一件大事来抓，把最放心的干部放在最不放心的岗位，不能因工作难做就"后继无人"。要加强岗位工作培训，创造学习机会，拓宽工作视野，提高干部队伍政治素质和业务水平。对从事学校安全稳定一线工作人员，要做到政治上更加关心、工作上更加关注、生活上更加关爱，努力解决他们的后顾之忧。

（四）树立务实观念，加强督促检查

为了确保廉政建设和安全稳定各项规定和各项工作落到实处，各地各有关部门要进一步建立健全督促检查工作机制，开展经常性的督导检查。要通过明察暗访、重点督查、联合检查等方式，认真检查所属单位、部门廉政建设和安全稳定的工作责任是否明确，工作任务是否落实，工作制度是否健全，安全设备设施是否完善，安全防范措施是否到位。对督查出的问题和隐患要逐一跟踪督办，限期整改到位。对工作条件薄弱、安全隐患多、治安状况差、师生反映强烈的学校，各地各有关部门领导要挂牌督办，挂账整治，限期解决，切实改变面貌。

（2013 年 5 月 29 日）

创新高校思想政治理论课程

思想政治理论课教师是高校教师队伍的一支重要力量，是党的理论、路线、方针、政策的宣讲者，是大学生健康成长的指导者和引路人。加强思想政治理论课教师的培训和研讨，特别是首先用党的十八大精神和十八届三中全会精神统一和提升全省思想政治理论课教师的思想认识和政治热情，对于提高全省思想政治理论课教师的政治自觉、理论自觉和实践自觉，提高全省思想政治理论课教师的政治理论水平、备课能力和教书育人艺术，非常及时，非常有意义。

针对高校思想政治理论课改革与建设面临的新形势新任务，结合学习贯彻党的十八大和十八届三中全会精神的新要求新成果，迫切需要深化改革高校思想政治理论课程。

一、切实增强高校思想政治理论课的责任意识

党和国家对高校思想政治理论课历来高度重视。1981 年颁布的《中华人民共和国学位条例暂行实施办法》中，就将马克思主义理论课列入高校学生教育的必修课。2004 年，中共中央、国务院就出台了《关于进一步加强和改进大学生思想政治教育的意见》，即"16 号文件"，

明确要求充分发挥高校思想政治理论课在大学生思想政治教育中的主渠道、主阵地作用，帮助大学生树立正确的世界观、人生观、价值观。为贯彻落实中共中央 16 号文件精神，全国高校从 2006 年起开始在本科生中实施思想政治理论课"2005 方案"，2010 年起又在研究生中开始实施"2010 方案"，重点进行中国特色社会主义理论与实践教育，帮助学生树立正确的世界观、人生观、价值观，坚定中国特色社会主义的理想信念。

长期以来，特别是 2004 年中央 16 号文件颁布实施以来，在江西省委、省政府的领导下，全省各地、各高校以中央 16 号文件精神为依据，结合本地、本校实际，采取多种措施，加强思想政治理论课教师队伍建设，取得了明显的成效。目前，江西省已初步建立起一支比较稳定、爱岗敬业、乐于奉献的教师队伍，中青年教师已成为这支队伍的主体，具有马克思主义理论和思想政治教育专业学科背景的教师人数不断增加，教师的知识结构、年龄结构明显改善，学历、学位层次也有所提高，教师从事思想政治理论课教育教学的能力，有了较大程度的增强。但从总体上看，江西省高校思想政治理论课教师队伍状况，还不能很好地适应新形势新任务的要求，特别是有些地方和高校还不同程度地存在着对思想政治理论课认识不足、重视不够；思想政治理论课有被弱化的现象；教学组织机构不健全，未能有效地组织思想政治理论课教学和科研工作；学科建设对思想政治理论课的支撑薄弱；教师队伍数量不足，素质有待提高，特别是既有渊博学识、人格魅力又有教学热情的优秀中青年学术带头人和教学科研骨干比较缺乏；教学方法单一，教学针对性、实效性不够强，教育教学吸引力和感染力有待进一步提高。在新形势下，全面深化思想政治理论课的改革显得尤为迫切。

教育是上层建筑的一个领域，属于意识形态范畴。中国是社会主义国家，在教育上无疑要坚持社会主义方向。本科生和研究生教育既是中国社会主义教育体系的一个重要组成部分，又是高层次人才教育，必须坚持中国社会主义办学特色的要求。体现在高校思想政治教育中，就是要坚持马克思主义的指导地位，确保用马克思主义的世界观、方法论武装青年学生。只有这样，才能保证高校培养出来的人才是适用于社会主义建设需要的人才，是社会主义事业的可靠接班人；也只有这样，才能保证中国特色社会主义发展的根本方向，才能推进中国特色社会主义不断向前发展。

江西省各高校一定要增强责任意识，按照党中央和江西省委、省政府的部署，心无旁骛开设好思想政治理论课程，以理想信念教育为核心，深入进行树立正确的世界观、人生观和价值观教育；以爱国主义教育为重点，深入进行弘扬和培育民族精神教育；以基本道德规范为基础，深入进行社会主义公民道德教育。全面推进中国特色社会主义理论进教材、进课堂、进大学生头脑，确保高校学生成为中国特色社会主义事业的合格建设者和可靠接班人。

二、把立德树人作为高校人才培养的根本任务

清华大学原校长陈吉宁认为，大学该培养什么样的人才？清华大学的三个江西籍学生树立了三个典型：一个是陈寅恪，江西修水人，他是清华大学学术大师的典范；一个是吴官正，江西余干人，他是清华大学培养的政届翘楚的典范；一个是黄代放，江西南昌人，他是清华大学培养的企业精英的典范。

那么大学该培养什么样的人？党的十七大报告明确提出"坚持育人为本，德育为先"。党的十八大报告又进一步提出，"把立德树人作为教育的根本任务"。党的十八届三中全会再次明确提出："坚持立德树人，加强社会主义核心价值体系教育。"这些为我国高校教育改革发展指明了方向。

（一）坚持"立德树人"，就是坚持以德为先

立德树人最基本的含义可以理解为：教育以树人为本，树人以立德为先。然而，一段时间以来，育人观念从学校到社会都出现了较大偏差：专业技能的训练得到重视，而德行的培养却被边缘了，甚至被忽略了，这显然违背教育传统和育人本质。

中华民族历来就是重视德育的民族，我国古代教育极其重视德育，对德育在人的发展方面的首位作用很早就有很深刻的认识。新中国建立以来，党和国家一直强调"德、智、体、美"的全面发展教育，德育是首位的。党的十八大报告第一次把"立德树人"作为教育的根本任务，十八届三中全会上再次提出"坚持立德树人，加强社会主义核心价值体系教育"。这实际上是把立德树人作为教育领域综合改革的总目标。可以说，强调坚持"立德树人"，既是对我国德育为先优良教育传统的坚守和继承，也是对新中国成立以来我国教育方针的贯彻和强化，也是对当下育人过程中德育淡化的一种批评与纠正。

（二）坚持"立德树人"，就是坚守育人之道

大学的基本功能是人才培养、科学研究、社会服务、文明传承。"人才培养"是大学的首要任务，这是毋庸置疑的。但是，很多人甚至一些高校管理者认为这四者的关系是并列关系，这样的排列只是先后之别。科学地理解大学这四项功能，人才培养这一项是核心，后面三项都是由第一项派生出来的，并且它们首先是为第一项服务的。

大学作为"学堂"，一开始就以培养人为初始目标，也以培养人为自身存在的终极旨归，离开了初始目标和终极旨归，大学就不称其为大学。若以科学研究为根本目标，那就是研究院。因此，大学的科学研究、社会服务总体上要围绕和服从于教学与人才培养，教学过程和人才培养也是大学传承文明的主渠道。所以说，育人在四项功能中不

仅是首位的，而且居于核心地位，是"根本任务"。

党的十八大报告明确提出立德树人是教育的根本任务，这有助于把高校教育回归于育人之本位，有助于高校教育坚守育人之道。现在不少高校把科研排在育人的前面，在评价教师时完全以科研成果论英雄。当然，不是说科研不重要，只是说这种观念是片面的。科学研究固然是高校职责之一，学术研究的提高也会促进教师的素质与能力的提高，从而促进人才培养。但是一定要牢记高校教育的根本是育人、是培养人才，要把育人作为根本任务，放在核心地位。哈佛大学前校长劳伦斯·H·萨默尔说："对一所大学来说，再没有比培养人才更重要的使命。假如大学都不能承载这一使命，我看不出社会上还有哪家机构能堪当此任。"

（三）充分发挥高校思想政治理论课在"立德树人"中的基础作用

高校人才培养的根本任务是"立德树人"，这就意味着高校的每一门课程都必须围绕这一根本任务进行教育教学。高校思想政治理论要在"立德树人"这一根本任务中起到其他学科、课程不能起到的基础作用。党的十八大报告指出："把立德树人作为教育根本任务，培养德智体美全面发展的社会主义建设者和接班人"，基于此，以宣传教育马克思主义理论和中国特色社会主义理论体系为内容的高校思想政治理论就责无旁贷地在"立德树人"根本任务中担当起中流砥柱的基础作用。

发挥高校思想政治理论课在"立德树人"中的基础作用，既是思想政治理论课的责任，也是思想政治理论课的光荣和动力。刚刚公布的十八届三中全会决定对于中国教育再次提出："坚持立德树人，加强社会主义核心价值体系教育。"高校思想政治理论课要认真贯彻落实三中全会这一精神，加强和改进大学生思想政治教育，把社会主义核心价值体系完全融入思想政治教育全过程，努力使社会主义核心价值体系转化为大学生、研究生的思想道德素质的灵魂，努力培养青年学生为社会主义建设和中华民族伟大复兴建功立业的责任心和使命感。

三、进一步加强高校马克思主义理论学科建设

学科建设是加强和改进思想政治理论课的基础。马克思主义深刻揭示了人类社会发展规律，是工人阶级的意识形态，是我们立党立国的根本指导思想，是全国各族人民团结奋斗的共同思想理论基础。我们党历来十分注重主流意识形态的建设，注重坚持马克思主义在意识形态中的指导地位。各高校和思政课老师一定要着眼时代特征，立足不断发展的实践，加强马克思主义理论学科建设，准确把握马克思主义理论学科内涵和特点，抓住学科发展中带有基础性、导向性和战略性的重要问题，着力进行马克思主义的整体性研究，深入研究马克思主义在当代发展中的重大问题，深入研究中国特色社会主义理论与实践中的重大问题，深入研究思想政治理论课教育教学中的重点难点问题。

（一）加强马克思主义理论学科建设，有助于坚持马克思主义的科学性

把马克思主义理论同其他学科一样作为大学学科来建设，有助于增强马克思主义理论的科学性、理论性和学术性，从而提高马克思主义理论研究的水平，提高马克思主义理论教育和思想政治教育的质量，使马克思主义理论和思想政治教育不断获得新的发展。一种理论是否具有说服力，不能靠自我标榜，而是既要看理论自身是否具有这种质的规定性，又要看这种理论在实践中的作用，影响群众的深刻程度。正如马克思所说的，"理论只要说服人，就能掌握群众；而理论只要彻底，就能说服人。所谓理论彻底，就是要真正抓住事物的根本"。马克思主义通过揭示客观世界、特别是人类社会现象的本质，以及社会历

史发展过程和规律，创立了唯物主义历史观；通过揭示资本主义剥削的秘密和实质，以及资本主义运动的特殊规律，创立了剩余价值学说。并以此为理论依据，科学地阐明了社会的基本特征和发展趋势，使社会主义真正变成科学。马克思主义的科学性和真理性，提升了马克思主义在思想政治教育中的说服力。正如一些西方媒体所指出的，"尽管二十世纪出现的一个又一个专制政权歪曲了马克思的本来思想，马克思作为一个哲学家、社会科学家、历史学家和革命者所取得的成果，在今天仍然得到学术界的尊重。"

（二）加强马克思主义理论学科建设，有助于将马克思主义理论的研究成果转化为大学生思想政治教育的丰厚资源

加强大学生的思想政治教育，以马克思主义特别马克思主义中国化的最新理论成果武装大学生，需要有丰富的教育资源，为大学生思想政治教育提供强大的理论支撑。为此，要加强马克思主义理论学科建设，必须注重从整体上把握马克思主义的科学体系。整体性是马克思主义理论一级学科的重要特征和学科规律。过去我们主要从三个组成部分对马克思主义进行分门别类的研究，这是必要的，但是，注重分门别类的研究而忽视对它的整体性研究容易形成只见树木、不见森林的地步。要坚持和发展马克思主义，把握马克思主义的立场、观点和方法，就必须从整体上去研究它，学习它。只有这样，才能更好地对大学生进行马克思主义基本理论教育，才能更好地用马克思主义立场、观点和方法去认识和解释错综复杂的实际问题，培养学生的世界观、人生观和价值观。

（三）加强马克思主义理论学科建设，有助于造就、稳定和巩固一支高校马克思主义理论研究和教学队伍

长期以来，江西省高校马克思主义理论研究和教学队伍，为高校马克思主义理论研究与思想政治教育作出了巨大贡献。但面对新的形势，高校马克思主义理论研究和教学队伍出现了不稳定和流失的现象，这将极大地影响高校马克思主义理论教学与大学生思想政治教育。通过进一步加强马克思主义理论学科建设，特别是通过马克思主义理论一级学科博士点、硕士点的建设，为马克思主义理论研究与教学补充新生力量，使马克思主义理论研究和教学队伍常新常青，不断发展壮大。同时，通过马克思主义理论学科建设，培养和造就一大批学贯中西、享誉中外的马克思主义理论大家，一批政治方向正确、理论功底扎实、勇于开拓创新、善于联系实际的马克思主义学科带头人，一批中青年马克思主义理论研究和教学骨干，为高校马克思主义理论研究和大学生思想政治教育提供强大的人才与师资队伍支持。中共中央宣传部、教育部高度重视马克思主义理论研究和教学队伍建设，先后于 2008 年和 2013 年发布了《关于进一步加强高等学校思想政治理论课教师队伍建设的意见》和《普通高等学校思想政治理论课教师队伍培养规划（2013—2017 年）》。全省高校必须按照中央的文件要求，认真加以落实。

四、全面推动思想政治理论课程的改革创新

贯彻落实党的十八届三中全会精神，就必须以改革创新的精神推动高校思想政治理论课程的教学改革与建设。这是一项复杂的系统工程，牵涉面很广，困难不少。对于教师而言，应该围绕以下几个方面，以改革创新的精神坚持不懈的探索。

（一）构建教学结构体系

思想政治理论课的特殊性决定了教师不能随意改变教学的内容，但绝不是说教师就无所作为，相反给教师提出了更高的要求，要求教师必须解决好两大矛盾。一是解决高校思想政治理论课程的结构性矛盾。高校思想政治理论课程的设置中，从专科学生、本科生、硕士研究生到博士研究生都要重点突出中国特色社会主义理论与实践的内容，在四个层次都开设以"中国特色社会主义理论与实践"为主题的相应课程，因此，不可避免地出现这四个层次在教学内容上的交叉重复。因此，教师在不同层次学生的教学中，必须坚持层次性原则，处理好这一教学内容结构性矛盾，形成更加合理、梯次结构明晰的高校思想政治理论课教学内容体系结构。二是解决思想政治理论课教材体系与教学体系的矛盾。按照教育部要求，高校思想政治理论课必须使用全国统编教材，但是不同高校教育对象具有多样性的特点。如何针对学校的地域性和学生的差异性，因地制宜地实施因材施教，提高教学的针对性和实效性，是亟待解决的重要问题。要坚持以教材为依据，结合学校、教师和学生的实际，有效整合、设计教学内容，将教材体系转化为教学体系，有效解决教材统一性与对象多样性的矛盾，有效提高教学内容的针对性和实效性。

（二）推动教学模式的创新

高校思想政治理论课传统的教学模式是由教师采取"包班制"的方式，由一位主讲教师在课堂上从头至尾讲到底。这种模式不适合中国特色社会主义理论与实践的要求。中国特色社会主义是一个宏大主题，涉及方方面面，一个教师很难对中国特色社会主义所涉及的各个方面都熟悉。因此，这种由教师从头至尾讲到底"一言堂"必须改变，积极探索由若干教师共同讲授并调动学生积极参与课堂的"多言堂"教学新模式。江西师范大学对此进行了有益的探索。他们在研究生的"中国特色社会主义理论与实践研究"课程教学中，组建了一个由 12 位教授构成的高职称、高学历、高水平、阵容强大的教学团队，以专题教学的方式，由 12 位教授共同讲授一门课程，取得了很好的效果。这是一个很好的探索，希望各高校要结合自己的实际，积极探索符合自己的教学模式。

（三）推动教学方法创新

近年来，高校教师对思想政治理论课教学方法进行了积极探索，取得了一些成效，如理论讲授法、课堂讨论法、专题教学法等。在这里，有必要就专题教学法的探索谈点看法。专题教学是按照课程内容的内在思想和逻辑关系，对教学内容进行整合、提炼、充实，形成既相互联系又相对独立的专题实施教学的一种方法。专题教学更具针对性和现实性。专题教学的关键在于专题的确立，首先要坚持从教学对象的理论需求出发，以增强针对性。教师应根据学生的学习、思想、生活、专业实际确立选题，深刻把握好"时、度、效"，增强中国特色社会主义理论和实践问题教学的吸引力和感染力。其次要密切结合当前经济社会发展的需要。专题确立要充分体现习近平总书记在党的十八届中央政治局第一次集体学习讲话中强调的"我们一定要以我国改革开放和现代化建设的实际问题、以我们正在做的事情为中心，着眼于马克思主义理论的运用，着眼于对实际问题的理论思考，着眼于新的实践和新的发现"，切实提高专题教学的针对性和有效性。三是要根据教师自身的教学科研水平与特长来选择教学专题，从而发挥每位教师的优长。

（四）进一步深化实践教学

高校思想政治理论课肩负着对大学生进行系统的马克思主义理论

教育的任务,是大学生思想政治教育的主渠道和主阵地。因此,要坚持理论联系实际,深化高校思想政治理论课的实践教学。长期以来实践教学由于涉及面广,并受到经费、场地、时间等诸多条件限制,因而往往难以全面落实。要全面创新实践教学体系,探索建立"三位一体"实践教学模式,在实践教学的内容上做到"三个突出",即突出学生对江西红色资源和革命传统教育实践体验、突出学生对我国改革开放的实践体验、突出学生对思想政治理论课程的实训。要积极探索"点面结合、以点带面"的实践教学新路径,把实践教学纳入考核评价的范围,全面探索实践育人的长效机制,为破解实践教学的现实难题做出贡献。

(五)推动管理模式创新

思想政治理论课程改革与建设既涉及教师和学生,又涉及教学和管理。为此,推动该课程的改革与建设必须在管理模式上有所突破和创新。学校、各学院以及实施该课程教学与建设的学院之间必须创建一种新的管理模式,做到相互间的有效联动与合作,既要保障课程改革与建设获得有力支持,又能对课程改革与建设做到实效监控。

五、建设高素质的思想政治理论课师资队伍

高校思想政治理论课老师必须高度重视和帮助学生打牢共同思想基础、端正政治立场和前进方向、砥砺品德陶冶情操、激发历史责任感、树立正确的世界观、人生观、价值观,将个人成长成才与投身实现中华民族伟大复兴中国梦的实践紧密相连。要实现这一目标,就需要我们的思想政治理论课教师自身具有高尚道德情操、坚定政治信仰、过人业务素质,就需要老师坚持以师德师风建设为核心,加强师德修养、坚定政治信念、提升业务水平,建设一支高素质的师资队伍。

（一）加强师德修养，提高教师的道德境界与水平

师德是教师素质的核心内容，也是教师职业的基本要求。思想政治理论课教师更是需要有高尚的道德情操。

第一，思想政治理论课教师要自觉提高修养，提高自己的道德认识水平。教师工作的本质就是通过教育手段对学生的身心产生积极影响，使其获得全面发展。这就需要教师本身具有高尚道德情操，以自身德性塑造学生的人格特质与精神品质。所谓的"为人师表"、"身正为范"，说的就是这个意思。因此，一个伟大的教师，乃至一名普通的教师，都必须从这个高度，来反省自身的德性，锤炼与锻造自身的德性，思想政治理论课教师更不例外。

第二，思想政治理论课教师要以社会主义核心价值体系为引领提高自身道德素养。教师自古以来就被视为是道德的楷模、德行的标兵，但在社会不良风气的影响下，我们的师德师风建设方面也存在着不少问题，以致产生了较为严重的不良社会影响。因此，在当前社会价值观多元、道德失范严重、物质主义甚嚣尘上的社会环境下，我们广大的思想政治理论课教师一定要以社会主义核心价值体系为引领加强自我道德修养，教书育人，为努力实现"中国梦"而奋斗不懈。

第三，思想政治理论课教师要在日常的、平凡的、具体的教学过程和工作中锻炼、锤炼自身品德修养。高尚德性的养成和品质德性的提高不是一蹴而就的，是要通过日积月累的功夫才能成就的。荀子说："不积跬步，无以至千里；不积小流，无以成江海。"因此，广大思想政治理论课教师不能仅仅把"教学"看作是"任务"，把"教育"看作是"职业"，而要用心、用整个身心投入到教育工作之中，把"教学"当作"生活"，把"教育"看作"事业"，从小事做起、从细微处入手，努力不懈地提高自我修养，提高自我德性品质。

（二）加强党性修养，提升教师的思想政治素质

加强对高校学生的思想政治教育，重要的是用马克思主义中国化最新理论成果武装时代青年，使广大同学自觉接受马克思主义理论。要使学生受教育，教师自己要先接受教育；要使学生被感动，教师自己要先被感动；要使学生有感悟，教师自己要先有所感悟。高校思想政治理论课改革与建设要取得成效，就需要打造一支具有较高政治理论素质的教师队伍。

第一，思想政治理论课专任教师要提高认识，从思想深处认识到政治理论课程的重要性；端正态度，以更加严谨负责的教学风貌展开工作。"知是行之始"，只有广大教师充分认识到思想政治理论课作为高校思想政治教育工作主阵地的作用，对教书育人使命与任务的责任感有自觉意识，才能切实推动思想政治理论课程改革与建设。

第二，加强思想政治理论课专任教师的政治理论学习，提高教师自身的理论素养与水平。理论要能说服人，不仅理论本身要正确，而且掌握理论的教育者对于理论要有坚定的信仰和较高理论水平。要使马克思主义中国化的最新成果进教材、进课堂、进头脑，首先就要我们的专任教师能把马克思主义中国化的最新成果进头脑、进思想、进内心，要做到真讲、真信、真做。

第三，思想政治理论课专任教师要走出课堂、走出校门，走进社会、走进生活，要把抽象、深奥的马克思主义理论与具体、活泼的生活现实有机结合。中国特色社会主义理论体系不是象牙塔里的抽象理论，而是与当代中国社会主义建设事业紧密结合的具体理论成果。广大专任教师一定不能囿于书本、固守书斋，而是要以生动的事实、具体的数据、可信的实例让同学们接受最现实、最深刻的思想教育。

（三）加强理论研究，提升教师的职业业务素质

理论之树常新才能常青，从选择马克思主义这条道路起，党的理论创新就在摸索中开始了。时至今日，我们党理论创新的脚步也永未停歇。高校思想政治理论课是用当代马克思主义中国化的最新成果对广大高校学生进行政治理论教育，对该课程的专任教师队伍提出了更高的业务要求。

第一，加强马克思主义的基本理论研究，提高教师的基础理论素养。由马克思、恩格斯等创立的马克思主义随时代发展而不断发展，但马克思主义基本理论仍然是思想之基、理论之源。思想政治理论课专任教师只有深入掌握、全面吃透马克思主义基本理论，才能真正把马克思主义中国化的最新成果讲好、讲透，为此，就必须对马克思主义基本理论进行长期、深入、细致的研究。

第二，加强马克思主义学科的理论研究，提高教师的马克思主义理论水平。思想政治理论课的依托学科主要是马克思主义理论，因此，作为思想政治理论课的专任教师，要把课程讲好、讲透，就需要具备较高的马克思主义理论水平，能全面把握当前马克思主义学科理论发展的新观点、新思想和新论断。

第三，加强马克思主义中国化的理论研究，把最新的马克思主义中国化的理论成果进教材、进课堂、进头脑。高校思想政治理论课程内容多、范围广；理论创新成果多、时效性强，要让该课程真正被广大学生喜闻乐见和真心接受，需要广大教师直接从事马克思主义中国化的理论研究，把自己的最新研究成果和研究心得转化为教学内容。

六、加强思想政治理论课改革与建设的组织保障

全面推进高校思想政治理论课的深化改革，要求各高校党委行政一定要在思想上高度重视，抓住历史性机遇，坚定不移地全面深化高校

思想政治理论课的改革与建设，提供卓有成效的保障措施与手段。

（一）把握正确方向

各高校要在深入贯彻党的十八大、党的十八届三中全会精神，继续落实国家中长期教育规划纲要的基础上，认真研究、吃透精神、深入实际，做好顶层设计、总体部署和高位推进，及时处理教学改革与建设中遇到的各种问题，才能使高校思想政治理论课程改革与建设工作全面推进。

（二）提供经费支持

古语云"兵马未动，粮草先行"，说的就是物资保障的重要性。思想政治理论课程改革与建设，就是要将马克思主义中国化最新理论成果、中国特色社会主义实践最新成果、各高校马克思主义理论学科建设和科学研究的最新成果"进教材、进课堂、进头脑"。要将抽象的理论生动化、深奥的道理通俗化、理论的问题生活化，这就必须让师生走出课堂、走出校门，走进生活、走进社会。因此，思想政治理论课程改革与建设必须得到学校经费的大力支持才能真正有所进展，取得实效。其实，与理工科相比，思想政治理论课程的投入并不大，但是作用很大，具有四两拨千斤的意义，各高校一定要舍得在这方面的投入。

（三）健全教研机构

各高校要建立独立的、直属学校领导的思想政治理论课教学科研机构。该机构既是思想政治理论课的教学和研究机构，又是马克思主义理论学科点的依托单位，在经费、人员、硬件配备等各方面享有与学校其他教学科研二级机构同等的地位和待遇。要将思想政治理论课教学科研组织负责人遴选配备和培养培训工作，纳入学校干部队伍建设总体规划。要根据思想政治理论课教学科研的性质、特点和工作需要，真正选拔政治强、业务精、作风正、懂管理并具备马克思主义理论专业背景的学术带头人和骨干教师，作为思想政治理论课教学科研组织负责人。

（四）解决教师待遇

各高校要进一步把思想政治理论课教师的岗位津贴、课时补贴等纳入学校内部分配体系统筹考虑。要采取切实有效措施，确保思想政治理论课教师的平均收入不低于学校相关专业院系教师的平均水平。

加强高校思想政治理论课程改革和建设，加强对高校思想政治理论课的支持力度，集中到一点，就是要促进思政课质量提升、效果提升，使同学们进一步坚定中国特色社会主义的信念，为实现伟大中国梦立志成才、建功立业！

（2013 年 11 月 27 日）

大力提升研究生培养质量

研究生教育是培养高层次人才，它对经济社会发展具有不可估量的作用。尽管江西省学位及研究生教育取得了突破，但与发达省份相比，还存在较大差距，据此，江西省要总结近年来全省学位和研究生教育工作，研究分析当前江西省研究生教育改革发展面临的新形势，争取开创江西省研究生教育新局面。

一、正视发展现状

在江西省委、省政府的领导下，江西高校认真贯彻执行国家关于研究生教育的方针、政策，学位与研究生教育事业经历了不平凡的发展历程，取得了显著的成绩。自 1978 年国家恢复研究生招生 30 多年来，共计培养各学科研究生 40466 人，其中，博士生 952 人。截至目前，江西省拥有一级学科博士点 27 个，一级学科硕士点 202 个，专业学位种类 30 个（包括专业博士学位 1 种），专业学位点 62 个，工程硕士授权领域 90 个。导师队伍发展到 5780 人。尤其近两年来，江西省学位及研究生教育取得了历史性的重大突破，博士培养单位由 4 所猛增加到 9

所，在全国的排名由第 26 位猛升至第 12 位；硕士培养单位由 12 所增加到了 16 所。初步建立了江西省研究生教育体系。从纵向来说，我们与自己相比进步显著，从横向来比，我们也是全国发展最快的省份之一。但同时，我们也要十分清醒地看到，与发达省份相比，我们的研究生教育还有明显的差距。首先，培养规模总量很小。目前，在校研究生仅有 2.5 万，加上各种类型的研究生也才 3.4 万余人，仅相当于一所名牌大学的数量，博士研究生教育更加薄弱，2013 年才招 211 人，不如人家一所名牌大学的二级学院多。在校本专科生与研究生之比为 33.73 ：1，大大落后于国家的 13.9 ：1，我们的硕士生与博士生比为 30.16 ：1，大大滞后于国家的 5.1 ：1。其次，学位类型结构比例失调。目前，江西省 27 个一级学科博士点、202 个一级学科硕士点均为学术型学位点；专业学位仅有 1 个博士学位授权点，61 个硕士学位授权点，且空白点太多。在目前国家设置的 5 种博士专业学位中，江西省只有 1 种临床医学；39 种硕士专业学位（其中一种军事硕士）中，江西省还有 9 个种类空缺。再次，培养质量有待提高。高水平大学不多，到目前为止，只有南昌大学、江西农业大学分别于 2012 年和 2011 年各获得 1 个"百篇优秀博士学位论文奖"和"百篇优秀博士学位论文提名奖"。全省各有关部门和研究生培养单位一定要正视差距，挖掘潜力，加快发展，迎头赶上。

二、提高思想认识

作为国民教育最高层次的研究生教育，是培养高层次人才的主要途径，是科技第一生产力和人才第一资源重要结合点的集中体现，是国家和区域创新体系的重要组成部分，近年来越来越引起了各国各区域的广泛关注和高度重视。从国际研究生教育发展趋势来看。伴随着经济全球化，当今世界竞争日趋激烈，而这种竞争归根到底是高水平人才的竞争。美国科学、工程与公共政策委员会曾在研究报告中指出，"研究生教育不仅是未来科学与工程领袖的源泉，而且是国家强盛和繁荣的不可缺少的基石"，在研究生教育阶段加强对关键领域的支持对于维持竞争优势和保证所有美国居民的安全至关重要。欧盟自 20 世纪 90 年代末期启动了"博洛尼亚进程"，规划建设欧洲的高等教育和科学研究特区，突出强调要增进欧洲各国高等教育机构彼此间在培养博士和新一代科学家方面的合作，追求卓越。德国近年来启动了"卓越大学计划"，其目的在于占据未来人才和科技竞争的制高点。英国 2010 年发布《跨越一步：发挥研究生教育的极致》报告。日本 2011 年再次出台《研究生教育振兴施策纲要》。可以说，世界许多国家已经把发展研究生教育作为创新驱动发展和提高国际竞争力的战略选择，积极谋划、全面部署，抢占发展制高点。从国家对研究生教育部署要求来看。我国历来对研究生教育高度重视，不久前，国务院专门召开了研究生教育工作会议对研究生教育改革工作进行全面部署，提出研究生教育担负着"创新升级"、"人才升级"的双重使命，必须坚持立足国内自主培养，力争实现高端人才质优、面广、满足需求，为实现国家战略注入强大动力，提供坚强保障。教育部、发改委、财政部共同制定了《关于完善研究生教育投入机制的意见》和《关于深化研究生教育改革的意见》，江西省要把研究生教育作为高校评价的主要标准之一。从江西省经济社会发展需求来看。当前，江西省正处在科学发展、绿色崛起的关键阶段，江西省委十三届七次全会提出，要以加快转变经济发展方式为主线，推动产业升级、开放升级、创新升级、区域升级，打造江西经济升级版的发展战略。然而，实现创新驱动、发展升级，关键靠人才。目前，高端人才缺乏、创新能力不强，仍是制约江西省发展水平和质量效益提升的重要因素，迫切需要加快发展研究生教育，培养更多的拔尖创新型高层次人才，为实现更有质量、更有效益、更可持续的发展提供强有力的支撑。各有关部门和研究生培养单位一定要进一步提高思想认识，增强加强研究生教育的责任感、使命感。

三、明确目标任务

今后一个时期，江西省学位和研究生教育改革发展的总体思路是：以党的十八大和江西省委十三届七次全会精神为指导，全面贯彻执行党的教育方针，落实教育规划纲要，主动服务国家和全省经济社会发展的需求，在发展方式上，注重规模发展与质量提升并重；在培养类型结构上，注重学术学位与专业学位并重；在培养模式上，注重知识学习与创新能力并重，努力为打造江西经济升级版、实现绿色崛起提供智力支撑，为建设人才强省和人力资源强省提供坚强保证。按照这个思路，江西省学位和研究生教育近一个时期的主要目标是：力争到2020年，全省在校研究生的总量要达到 7.2 万，在校本专科生与研究生之比要达到 17.36∶1，基本接近全国的 16.5∶1，专业学位与学术学位研究生之比要达到 3.5∶1。主要任务是：做大总量，优化结构，提高质量。一是做大总量。由于历史欠账太多，目前江西省高等教育质量提升的主要结构矛盾还是研究生总量规模太小。为此，各有关部门和研究生培养单位一定要抓住机遇，集中力量，创造条件，全力打造优势特色学科，在争取博士、硕士学术学位授权点数量上有所增长的同时，力争在扩大专业学位研究生规模上有所突破，努力提升江西省高等教育在全国的地位。二是优化结构。在做大总量的同时，积极按照国家的战略部署，调整研究生教育的学科类型和结构布局，稳步发展学术学位研究生教育，大力发展专业学位研究生教育，以适应产业结构调整和经济发展方式转变的要求，适应新科技革命和发展战略性新兴产业的要求。要把那些基础理论相对薄弱、而应用性较强的学科和学术性学位点转为专业学位点，着力培养江西省经济社会发展急需的高层次实践性专门人才。三是提高质量。坚持研究生培养质量标准，完善省校院三级科学、规范的质量保障体系，推进学位和研究生教育培养模式、培养机制、管理体制的改革创新，着力构建江西省"培养模式各具特色、整体质量不断提升、拔尖创新人才不断涌现"的研究生教育体系，进而推动全省研究生教育又好又快发展。

四、突出学科建设

学科建设是高校建设和发展的核心，是研究生教育的重要基础。高水平的学科才能产出高质量的科研成果，才能出高质量的博士点、硕士点，才能培养出高质量的研究生。实现江西省高等教育由规模扩张向质量提升转变，由均衡发展向重点突破转变，必须强化学科建设。最近，有一个报道说，"根据英国 QS 世界大学学科排名，2013 年我国已有 13 所大学的 91 个学科进入世界百强。在 QS 世界大学排名的学术声誉调查指标上，北京大学位列世界第 19 名，清华大学排在第 30 名，复旦大学、上海交通大学也都排在 100 名以内。"这充分说明了抓学科建设的重要性。北京大学党委书记认为，北大要在学科建设上巩固高原，打造珠峰。珠峰是世界最高峰，作为国家一流院校的北大，是要有这样的雄心壮志。作为江西这样一个高等教育相对落后的中部省份如何来实现进位赶超？我们的目标只能是勇于攀登、跃上高原。这些年来，我们已经形成了 4 个国家重点学科（其中包括培育学科 2 个），9 个国家级研发平台，30 个省级高水平学科、70 个省级重点一级学科，这是江西省高校的学科高地，必须集中有限资源，努力做强这些优势特色学科，做强现有博士点和部分优势、特色明显的硕士点，努力凝练、集成、筛选一批学科交叉、科教结合、产学研一体的学科集群，打造学科高原。南昌大学作为江西省唯一的"211"大学，应在打造学科高原中作出表率，把主要精力放在学科内涵建设上，推动学科交叉融合，坚持文理交叉、理工渗透。其他各研究生培养单位也要全面深入地分析自己已有的学位点，放在全国同类学科的层面上，分析自己学科的优势，放在区域发展的需求上分析它的未来走向，把现有的优势特色学位点进一步巩固好、发展好，真正做强特色，形成优势，努力打造一批在全国有重要影响的研究生培养基地，培育一批国家级重点学科和高水平博士、硕士学位授权点。如江西理工大学和东华理工大学之所以能成为博士研究生培养单位，就是因为江西理工大学离子型稀土资源开发利用和东华理工大学铀资源勘查开发与核废物地质处置这两个学科优势突出、特色鲜明、独一无二。各高校一定要在学科建设上凝炼好特色。

五、主攻专业学位

发展专业学位是优化学位类型结构的重要手段。最近，国家为促进专业学位研究生教育的发展，在专业学位硕士研究生招生、培养、管理等方面出台了一系列文件，制定了相关的配套政策，充分反映了国家发展专业学位研究生教育的决心，也充分体现了对发展专业学位研究生教育的高度共识、高度重视、高度支持。这对江西省学位和研究生教育是一次难得的发展机遇。大家知道，虽然江西省高等教育总体水平不高，但是我们的民办职业教育由于抓住了机遇，目前在全国是处于领先，现在我们的学术学位研究生教育水平在全国比较落后，希望各有关部门和研究生培养单位一定要抓住这次专业学位发展的大好机遇，解放思想，转变观念，明确思路，紧密结合江西省区域发展战略和地方经济社会发展需求，结合现有学位授权点结构布局，全力主攻专业学位，把它作为江西省今后一段时期学位和研究生教育"做大总量、优化结构、提高质量"最重要的手段，力争在新增专业学位授权点方面占得先机。日前，国家已设立的39种硕士专业学位中，江西省还有9种专业学位是空缺;国家在专业博士学位上已经设立的5个种类，包括教育博士、工程博士、口腔医学博士、临床医学博士和兽医博士，江西省也只有临床医学一个专业学位博士点得到授权。将来国家还会稳步地推出一批专业博士和专业硕士学位种类。全省研究生培养单位一定要狠抓学科建设，高起点制定专业学位人才培养方案，主动适应国家专业学位的发展方向。省有关部门要密切配合，形成合力，共同推进。

六、创新培养模式

要始终把培养拔尖人才作为研究生教育的中心任务抓紧抓好，创新培养模式，全面提高学位与研究生教育质量。首先，要把立德树人作为研究生培养的根本任务。把社会主义核心价值体系融入研究生教育全过程，增强研究生服务国家、服务人民的社会责任感。要加强研究生的科学道德教育，养成遵守学术规范的行为习惯。其次，要探索建立分类培养模式，学术学位研究生要以提高创新能力为目标，支持研究生更多参与科研课题研究，使研究生在参与科研课题研究中学习，在学习中研究，努力提高分析问题、解决问题的能力，提高研究能力和创新能力；专业学位研究生要以提升职业能力为导向，强化实践能力和创业能力培养。第三，要探索建立跨学科培养模式，通过跨学科课题组、实验室、研究中心等平台和跨学科导师组联合指导等途径，培养研究生养成跨学科视野与开放性思维品质，能够综合运用多学科的理论成果，创造性地解决理论与实践中的重大问题。第四，要探索校所、校企联合培养研究生模式，围绕"2011 计划"，深入推进校所、校企合作，构筑研究生培养大平台，通过校企联合设立研究生工作站、以重大合作项目为依托联合培养人才、接受企业委托定向培养研究生等途径，引导和鼓励行业企业全方位参与到人才培养中，充分发挥行业和专业组织在培养标准制定、教学改革等方面的指导作用，建立培养单位与行业企业相结合的导师团队。第五，要推进研究生教育创新计划的实施。不断加强研究生创新平台建设，优化培养环境，形成多方位、立体式培养研究生的开放局面，切实为研究生课程实验教学、科研实践和创新创业创造条件，强化研究生创新意识和创新能力的培养，形成有利于高层次、高质量、创造性人才培养的研究生培养体系。

七、优化导师队伍

导师是研究生培养的关键。全省各有关部门和研究生培养单位一定要加强领军人才队伍建设，努力建设一支结构合理、业务精湛、品德高尚的高水平导师队伍。首先，要改革评定制度。完善研究生与导师互选机制，尊重导师和学生选择权。改变单独评定研究生导师资格的做法，强化与招生培养紧密衔接的岗位意识，防止形成导师终身制。根据年度招生需要，综合考虑学科特点、师德表现、学术水平、科研任务和培养质量，确定招生导师及其指导研究生的限额。其次，要强化导师责任，导师是研究生培养的第一责任人，负有对研究生进行学科前沿引导、科研方法指导和学术规范教导的责任，导师自己要有优良的学风，恪守学术操守，抵制学术腐败，以身示范，培养研究生的优良学风。2012 年，教育部出台了《学位论文作假行为处理办法》，被称为"史上最严的处罚"办法，江西省就有一位博导被查处了，9 年前，江西省一知名高校的博导招了广东某高校一名校领导为学生，该学生为使自己的博士论文顺利过关，组织十余名新进校的硕士博士讨论他的博士学位论文提纲，并进行分工，每人各写一章，以请他人代写论文的方式获取了博士学位，2013 年此事东窗事发，这位作假者被撤销了学位，江西省这名导师也因把关不严，受到了处分。因此，我们的导师要有这种责任意识，不要稀里糊涂，任由学生走捷径，搞抄袭，不仅学生没带好，到时还要牵累自己。第三，要提升指导能力。导师首先要做到自己有创新研究能力，同时要具有指导能力。江西省教育厅要将高校青年导师研修作为高校中青年教师发展计划的重要组成部分，将他们送往国内外知名高校学习进修。在派出教师到知名大学和一流学科进行学术访问或深造的同时，积极引进一批具有国外留学经验的高层次人才，吸引更多的世界一流专家学者来赣从事教学、科研，打造一支具有国际化的高水平导师队伍。要支持导师学术交流、访学和参与行业企业实践，加强高校、科研院所和企业间的人才交流与共享，切实完善校所、校企双导师制度，重视发挥导师团队作用。

八、强化投入保障

各有关部门和研究生单位要紧紧围绕加快建设高水平大学和一流学科目标，继续加大对研究生教育的投入力度。首先，要完善投入机制。健全以政府投入为主、受教育者合理分担培养成本、培养单位多渠道筹集经费的研究生教育投入机制。政府有关部门要按要求逐步提高研究生生均培养经费标准，为江西省学位与研究生教育提供更有力的经费支持。研究生培养单位要按国家有关规定加大纵向科研经费和基本科研业务费对研究生培养的支持力度。最近，国家自然科学基金委加大了对研究生工作支持力度，将科研经费中用于研究生助研开支的比例由15%提高到30%。这是一个非常好的政策，各高校要把它落实好，同时要统筹好财政投入、科研经费、学费收入、社会捐助等各种资源，确保对研究生教学、科研和资助的投入。其次，要建立长效、多元的研究生奖助政策体系。尽快出台江西省贯彻落实研究生学业奖学金和国家助学金的管理办法，强化国家奖学金、学业奖学金和国家助学金等对研究生的激励作用，参照研究生国家奖学金制度研究建立省政府研究生奖学金制度，鼓励研究生刻苦学习，勇于创新，奖励面可按照国家奖学金的规定，即博士生奖励3.8%，硕士生2.5%。健全研究生助教、助研和助管制度，改善研究生学习、科研和生活条件，提高研究生待遇。提高研究生国家助学贷款年度最高限额，确保符合条件的研究生应贷尽贷。加大对基础学科、国家和江西省急需学科研究生的奖励和资助力度。第三，加强培养条件和能力建设。在国家和江西省高等教育重点建设项目中，突出对研究生教育改革和发展的支持。建立优质资源共享机制，国家和江西省各类重大项目投资的仪器设备与平台，应向研究生开放。培养单位要改善培养条件，支持研究生教育教学改革。对生均资源过低的培养单位，要减少其招生规模。对参与研究生培养和建设实践基地的企业，要按规定落实税收优惠等政策。

（2013 年 9 月 4 日）

加强独立学院改革　助推共青城发展

高校之于一座城市无疑有重要意义。良师、骄子云集在城市，可以涵养浓厚的人文氛围，积聚巨大的创新潜能。共青城要崛起，教育要先行。因此，必须规范独立学院的办学行为，大胆引进社会资本，为独立学院到共青城发展创造条件，为共青城先导区建设提供强有力的科技和人才支撑。

一、独立学院改革势在必行

加快独立学院改革，既是独立学院自身发展的需要，也是助推共青城发展的需要。

自 2001 年起，为适应国家加快高等教育发展的新形势新要求，江西省公办本科高校开始利用富余教育资源举办独立学院。到目前为止，江西省共有独立学院 13 所，在校生约 10 万人，占全省普通本科高校在校生总数的 25%。应该说独立学院的发展，为提高江西省高等教育毛入学率、加快高等教育大众化进程和满足人民群众对教育多样化的需求作出了积极贡献，扩大了教育资源，激发了办学活力。

当然，江西省独立学院也存在一些体制上的问题，从目前来看，江西省高校有些腐败案件牵涉到了独立学院。2008 年，教育部颁布了《独立学院设置与管理办法》（教育部令第 26 号），规定独立学院用五年时间实现过渡，到 2013 年脱离母体学校达到独立举办的规范要求，即具备独立的校园、独立的办学设施、独立的教学组织和独立的法人资格，并实现独立招生、独立颁发学历证书、独立进行财务核算和独立承担民事责任。

2013 年是独立学院验收年。2013 年上半年，教育部印发了《关于做好独立学院规范验收工作的通知》，明确了独立学院规范验收的政策要点。通知要求省级教育行政部门组织专家，以"26 号令"为指导，对照《独立学院验收工作手册》，对本地区现有独立学院过渡期情况逐校检查，并根据不同情况提出了三类处理意见：一是对基本符合要求的，报请教育部验收。二是对拟停办的，认真安排好善后处理事宜。三是对不符合要求的，暂缓给予验收，根据办学条件，按照《普通高等学校基本办学条件指标（试行）》（教发〔2004〕2 号）限制招生的基本办学条件指标要求核定办学规模，自 2014 年开始，逐年核减 20% 以上的年度招生计划，2016 年仍未通过验收的，原则上自 2017 年起停止招生。

2013 年 11 月，江西省教育厅组织专家组对全省 13 家独立学院进行实地考察验收。从其情况来看，江西省独立学院主要存在以下问题。

一是部分学校的土地和校舍达不到验收规范要求。有三所独立学院无土地证，有九所独立学院无房产证。

二是部分学校举办者资质不具备，很多学校的合作办学协议不符合法律要求。有些独立学院中途变更投资方，并没有报审核机关批准。有些独立学院的投资方是校办企业，存在只挂名、不投资的现象。

三是投资方投入不足，普通高校方回报较多，大多数独立学院仅靠学费收入办学。目前，投资方平均每年投入在一亿元以上的独立学院只有五所，剩下的独立学院的投资方几乎没有投入。普通高校取得的回报太高，严重影响了独立学院的可持续发展。

四是部分独立学院法人治理结构不健全，内部管理也不规范。很多参与举办独立学院的普通高校过多干预独立学院的工作，甚至是直接指挥独立学院。独立学院的董事会形同虚设，且缺乏职工代表。部分独立学院未建立工会、教职工代表大会和学术委员会等群众组织。另外，独立学院的财务管理问题突出。不仅财务机构不健全，而且对于举办者回报比例等重大问题没有严格按照有关法律法规办事，未经董事会决策，随意性很大。

为确保江西省独立学院健康、有序发展，江西省教育厅要创新思路，紧跟教育改革发展的步伐，科学制定江西省独立学院发展规划。根据独立学院实际情况提出处理意见，决定通过验收、暂缓验收、拟停办或转设、并入名单，作出年度安排。同时，针对江西省独立学院存在的其他问题制定整改方案。进一步明确学校的办学定位，要大胆引进社会资本合作，进一步完善法人治理结构，落实法人财产权，强化学校内部管理，特别是财务管理。对土地无法过户的独立学院，一定要转变观念，积极寻求有效解决办法，现在来看，任何办法都应该要整体搬迁和引进社会资本，这是两个大的背景和前提。

二、社会资本介入独立学院办学的原则

总的原则，社会资本参与独立学院改革必须要实现三赢的目标，要符合母体高校的利益，也要符合共青城市的整体发展利益，还要满足企业的利益。三者要有机结合。

根据教育部第 26 号令规定：参与举办独立学院的社会组织，应当具有法人资格。注册资金不低于 5000 万元，总资产不少于 3 亿元，净资产不少于 1.2 亿元，资产负债率低于 60%。同时，根据教育部相关规

定，参与举办独立学院的社会组织或个人必须符合如下条件：

（一）若是企业出资，则出资企业必须是具有独立法人资格的股份制公司或有限责任公司（外资除外）。如果出资企业是国有企业，那么企业用于办学的投入必须是非财政性经费，并且要经过上级主管部门批准。

（二）若是个人出资，则出资人必须具有完全民事行为能力，是投入资产的物权人。

（三）若是社会团体出资，则出资社会团体必须经过省级以上民政部门登记，并经过其理事会同意。

以后对社会资本参与独立学院的改革要进行调研，普通高等学校主要利用学校名称、知识产权、管理资源、教育教学资源等参与办学。社会组织或者个人主要利用资金、实物、土地使用权等参与办学。

独立学院举办者的出资须经依法验资，于筹设期内过户到独立学院名下。国家的资助、向学生收取的学费和独立学院的借款、接受的捐赠财产，不属于独立学院举办者的出资。独立学院举办者应当依法按时、足额履行出资义务。独立学院存续期间，举办者不得抽逃办学资金，不得挪用办学经费。

参与举办独立学院的普通高等学校与社会组织或者个人应当签订合作办学协议。合作办学协议应当包括办学宗旨、培养目标、出资数额和方式、各方权利义务、合作期限、要不要回报、争议解决办法等内容。

三、政府、高校双管齐下扶持先导区建设

推进共青城教育发展，要靠改革创新的精神和政府、高校形成的合力。从高校方面来说，南昌大学科技学院、江西财经大学现代经济管理学院、江西师范大学科技学院、江西农业大学商学院、南昌航空大

学科技学院等独立学院正因土地无法过户而面临无法达标验收的困境，而共青城市委、市政府正在规划建设大学城，因此，可以考虑将上述几所独立学院整体搬迁到共青城，这样既支持了共青城先导区发展，又解决了独立学院没有土地证无法规范验收的燃眉之急。

从政府方面来说，江西省政府将全力支持共青城大学城项目立项，将在扩大招生计划、提高收费标准等方面，给予政策支持。同时，江西省政府会出台政策，鼓励南昌大学尽快整合南昌和共青城两处独立学院的办学资源，率先入驻大学城，办出品牌，形成示范；支持江西财经大学现代经济管理学院尽快与中航国际签订合作办学协议，入驻大学城；希望南昌地区的江西师范大学、江西农业大学、南昌航空大学等高校的独立学院也要创新思路，研究与社会资本合作办学的最佳模式，尽快进驻大学城办学，形成抱团效应，支持共青城的发展。

从共青城自身发展看，建设大学城有明显优势：一是办学优势，目前有南昌大学共青学院、共青科技职业学院、江西航天技师学院、江西信息应用职业技术学院落户共青城，在校生达到了两万多人；二是交通优势，共青城地处昌九中段，从南昌和九江到共青城都只要40多分钟的车程，以后建昌九城际快速通道后，只要半小时的车程；三是生态优势，共青城是四分之一的水面湿地，四分之一的山体森林，四分之一的农田耕地，四分之一的城镇建筑，城市绿树成荫、临湖亲水，非常宜居宜学。四是政策优势，团中央和江西省委、省政府将举全力支持共青城的发展。五是活力优势。共青城是青年人心中的圣地，充满青春气息。

（2013 年 12 月 3 日）

"论文写在大地上　成果留在百姓家"

——江西农业大学要为地方经济发展服务

江西农业大学是江西省一所办学历史悠久、办学特色鲜明、办学成就明显、社会贡献突出的大学。同时，面临着新形势，迫切需要提升办学能力和水平。

一、江西农业大学取得的成就

近年来，江西农业大学抢抓机遇，深化教育改革，创新办学模式，强化办学特色，提升办学水平，无论是人才培养、科学研究还是服务江西经济社会发展都取得了丰硕成果。主要体现在三个方面：

一是整体水平不断提升。学校主动适应高等教育发展形势，牢牢把握"发展是第一要务"，妥善处理发展与稳定的关系、规模与质量的关系、做大与做强的关系。努力探索适应农大实际的发展路子，实现了稳定、较快、可持续发展。目前，学校本部在校生规模 1.9 万人，独立学院7000 人。初步形成了以农为优势、以生物技术为特色，多学科协调发展的格局。形成了包含本专科生、硕士、博士、博士后、继续教育在内的完整的教育体系。学校人才队伍不断壮大，校园环境与基本条件不断改善。办学能力和水平不断提高，学校的社会影响力也不断增强。

二是科研实力取得突破。江西农业大学坚持把强化办学特色作为发展战略和生存战略，坚持"以农为优势，以生物技术为特色"，在江西高等教育领域取得了一系列突破性的成就。先后建立了全省第一个重点实验室，获得了全省第一个国家科技进步奖，培育了全省第一个超级稻新品种，产生了全省第一篇优秀博士论文提名论文。2011年学校又获得了全省第一个国家技术发明奖，特别是黄路生教授当选中国科学院院士，实现了江西半个多世纪以来本土培养科学院院士的突破；实现了江西高校两院院士的突破；实现了江西50岁以下院士的突破。

三是服务社会成效显著。学校借助人才优势、技术优势，主动对接国家重大技术产业需求和地方经济社会发展需求，在科技推广与成果转化、服务"三农"中做了大量工作。与地方政府签订了合作协议，实施了重大产业化项目7项，先后推广了30多个优良品种以及一大批现代农业技术，直接创经济效益70多亿元，取得了重要的社会效益和经济效益。江西农业大学培养的毕业生，有担任共和国部长的，有两院院士，更有扎根江西本土，服务基层，服务"三农"的广大农业科技和管理工作者。这些工作彰显了学校科教工作者服务社会的自觉性，体现了学校以贡献谋发展的办学理念。为江西"三农"问题和经济社会发展提供了有力的科技和人才支撑。

二、深刻认识江西高等教育面临的形势任务

从20世纪末以来，我国高等教育以规模扩张为显著特征，用了近10年的时间，经历了我国高等教育史上具有深刻意义的跨越式发展阶段。随着高等教育大众化、经济社会的持续较快发展、国家发展战略的进一步实施，高等教育面临着新形势和新任务。国家和江西省都已经制订并在实施《中长期教育改革发展规划纲要》。2011年党的十七届

六中全会通过了《关于深化文化体制改革　推动社会主义文化大发展大繁荣若干重大问题的决定》，继科教兴国、人才强国之后提出了文化强国新战略，高校在责任担当上又被赋予了新的使命。2011年全省第十三次党代会提出建设"富裕和谐秀美"江西，其中对高等教育提出了新要求，寄予了新期待。根据《教育规划纲要》精神，2012年我国将启动实施中西部高等教育振兴计划。2012年全省"两会"提出，要在全省建设2~3所高水平大学或特色大学；基本化解公办高校债务；进一步强化教育投入保障，确保财政教育支出占当年财政支出比重达到16%。所有旨在推动高等教育内涵发展的思路和举措，所有有利于高校发挥更大作用的社会需求，对我们来说，都是前所未有的机遇。

同时，我们也要清醒地看到，虽然近年来江西省教育事业取得长足发展，高等教育随之不断进步。但与发达省市相比、与"富裕和谐秀美"江西的发展要求相比，江西高等教育存在一定差距。我们高等教育的整体办学水平有待提高，高等教育的办学质量与社会贡献率有待于提高，高水平大学和有特色大学的数量与质量有待于提高。2012年是贯彻落实教育规划纲要的重要一年，推动高等教育改革发展的任务十分繁重。各高校要把人才培养作为根本任务和首要职责；把高端人才作为可持续发展的第一资源，把质量特色作为学校竞争形成的主线，把国家和地方战略需求作为学校创新发展的动力源泉，把学科交叉融合作为大学品质提升的战略选择，把产学研相合作作为大学服务社会的必然要求，更好地承担起人才培养、科学研究、社会服务、文化传承创新的历史使命。

三、努力提升江西农业大学的办学能力和水平

江西农业大学是江西省具有一定优势和特色的高校，也是江西省唯一的综合性农业大学。面临新形势，迫切需要提升江西农业大学的办

学水平。

一是进一步强化优势创特色，建设高水平大学。特色是一所大学赖以生存与发展的生命力，是一所大学的优势所在。江西省提出要建设2~3所高水平大学或特色大学。所谓高水平特色大学，是指合理定位，克服同质化倾向，形成自己独特的办学理念和风格，在不同层次、不同领域办出特色，争创一流。江西农业大学在长期的办学过程中，已经形成了鲜明的办学特色，目前在省内有优势、在国内有影响。在江西建设高水平大学和有特色大学的进程中，江西农业大学要依托已经形成的农业特色，通过努力，在传统优势学科中打造出精品，使之在全国范围内更有地位、更有影响、更有话语权，以此为龙头，带动办学水平的整体提升。要在学校的优势领域，加大投入、加强建设，进一步以人才为根本，以基础条件为保障，提升学术水平，争取高水平成果，培养高素质的人才，为江西高等教育开创更多的亮点。

二是进一步突出育人为本理念，培养高素质人才。教育的根本任务在于培养人才，我们要深入研究、不断提高对教育发展规律的认识，按照办人民满意高等教育和建设人力资源强省的要求，继续深入学习实践科学发展观，更加注重内涵发展，着力提高教育质量，适应形势、深化改革，培养适应经济社会发展的高素质人才。要针对当前教育教学中存在的普遍问题，从战略高度思考人才培养模式的改革，不断探索以素质教育为根本的教育教学体系。提高教育质量最重要的是建设一支德才兼备、学术一流的高水平师资队伍。要切实把加强师资队伍建设作为内涵发展的关键，壮大队伍，优化结构，促进教师思想观念的更新、知识结构的优化和职业道德的养成。发扬江西农业大学"厚德博学、抱朴守真"的传统精神，履行文化传承创新的职能，为江西"三农"培养更多管理人才和科技人才，为"富裕和谐秀美"江西建设提供更大的人才支撑。

三是进一步发挥传统优势，提升服务社会能力。农业是国民经济的基础，"三农"问题是全面建设小康社会的重中之重。江西是农业大省，江西省委、省政府历来对"三农"高度重视并不断加强。农业稳定发展、农民持续增收，根本出路在创新农业科技。2012年中央农村工作会对推进农业现代化提出了要求和措施，新世纪以来连续第9个关注"三农"的中央一号文件，把发展农业科技问题摆在了更加突出的位置，进一步强调了科教兴农战略。农业科技创新与农业人才培养是江西农业大学的传统优势和特色，学校在服务"三农"、服务江西经济社会建设中要有所作为，也应该有所作为，要牢牢把握"农"字这个特色和优势，以服务求支持、以贡献求发展。要推动产学研、农科教紧密结合，以学科建设为龙头，以人才为根本，提高科技创新能力和科技服务水平。要真正把"论文写在大地上，成果留在百姓家"。要围绕经济社会发展需要，全面构建服务"三农"的智力支撑体系，不断提高学校对江西经济社会发展和鄱阳湖生态经济区建设的贡献度。据了解，江西农业大学对鄱阳湖领域的研究，起始于20世纪80年代初期，具有近30年的积累，已经形成老中青相结合的研究团队，搭建了具有较高研究水平的科研平台，在鄱阳湖地区农业资源可持续利用及农业生产等方面，具有专长和特色。希望江西农业大学在今后的办学过程中，能够进一步发挥优势，履行科技服务职能，以更大的贡献谋求更大的发展。

（2012年3月16日）

紧盯国际国内一流　围绕"财经"做文章

——江西财经大学要提升六种竞争力

　　江西财经大学作为一所江西省有优势、全国有名气的财经类大学，特色鲜明，水平高。

一、江西财经大学特色

　　一是办学历史长。学校办学历史追溯到了1923年，明年将迎来90周年校庆，说明学校薪火久传，底蕴深厚，是一所有历史积淀的大学，而且办学成就令人鼓舞，是江西省高校中一颗璀璨的明珠。

　　二是办学思路好。学校从原来"三个立足、二次创业"到由"做大"向"做强"转变，从原"三有一流"到新"三有一流"（"人才培育有鲜明特色，专业学科有竞争优势，科研成果有重要影响"的全国一流多科性大学）目标，学校顶层设计坚持了社会主义办学方向，遵循了高等教育发展规律，指引着学校在省内人文社科领域保持了领先优势。

　　三是办学水平高。目前学校拥有4个博士后科研流动站，5个一级学科博士学位授权点，16个一级学科硕士学位授权点；师资中博士比例高；国家社科基金项目立项数多年名列江西省第一；两次本科教学水平评估均获得优秀；招生分数与就业率连续多年名列全省高校前茅。

这些都说明学校有着扎实的办学实力。

四是办学特色明。学校以培育"信敏廉毅"的创业型人才为校训，不断完善"以学分制为基础，三个课堂联动，三类实践互促，培养创业型人才"的办学机制，成效突出，为国家和社会培养了一大批政界精英、商界巨子和学界鸿儒。

五是办学前景亮。一方面，学校具有显著的学科优势、行业优势和文化软实力优势，在科教兴赣、人才强省、建设富裕和谐秀美江西的征程中可以提供人才和智力支撑，正大有可为；另一方面，学校即恢复省部共建模式，为今后发展挂快挡、增后劲创造了有利条件。

二、提升六种竞争力

2012 年是实施"十二五"规划和教育规划纲要承上启下的关键一年，是全面贯彻省十三次党代会精神的重要一年。进入新阶段，站在新起点，江西省高等教育系统要以提高教育质量为中心，进一步提高服务经济社会发展的能力和水平，为实现江西高等教育的新跨越，建设富裕和谐秀美江西作出新的更大贡献。江西财经大学作为江西省重点建设的大学，要起到示范带动作用，努力建成一所全国有影响、有特色的高水平大学，需要提升六种竞争力。

（一）提升办学竞争力

办学理念是一所高校的灵魂，是高校核心竞争力的根本特征和外在标志。学校办学要靠特色。所谓特色，就是办学理念要有其独特性，这种独特性既有历史沉淀又有时代特点，既有继承，又有发扬。学校的每一个单位围绕着学校总的办学特色，还要有自己的亮点。江西财经大学作为面向全国招生就业、省内有优势、国内有影响的一所高校，要想成为有特色的高水平大学，一定要做好科学定位。在办学类型上，应定位为建设高水平多科性教学研究型大学，一定要注意与综合性大学发展的区别，不搞大而全，要搞强而优，突出主打学科优势；在办学目标上，应牢固树立为全国与地方经济社会发展双重服务的意识，为国家和江西培养高素质人才；在办学层次上，要以本科教育为主体，大力发展研究生教育、留学生教育；在办学规模上，必须主动实现战略转型，从快速发展转向持续发展，从外延发展转向内涵发展，从数量发展转向质量发展；在办学特点上，要从实际需要出发，紧盯国际国内一流，围绕"财经"两字做文章，突出创业型人才培养特色，增强主打学科实力，扩大在全国的影响。总之，学校一定要以科学发展观为指导，找准学校在全国高校、在行业领域和在区域高校中所处的位置，以特色求生存，以特色求发展。

（二）提升学科竞争力

学科建设是高校核心竞争力的制高点，是大学在国内外地位的重要衡量标志。一所大学不可能把有限资源平均分配，只有按照比较优势理论采取重点突破的战略，优先发展特色优势学科，才能带动整个学校的全面发展。江西财经大学要根据自身条件和竞争环境，从有利于学科集群和专业集聚，有利于人才培养和科学研究出发，可确立"重点建设优势学科，大力扶持骨干学科，积极培育交叉边缘学科，适度发展新兴学科"的学科建设思路，形成"人无我有、人有我精"的学科特色，提升学科核心竞争力。摆在我们面前最大的任务是，必须明确哪些学科在全国是有领先地位的，然后进一步加大投入，把这些优势学科做成自己的品牌优势；必须明确哪些学科是服务江西省经济社会发展的重点学科，必须进一步提高这些学科的影响力和创新力；对于其他的学科一定要走特色发展之路，对于新兴学科一定要定好位。

（三）提升师资竞争力

"大学之大，不在大楼，而在大师"，师资在高校核心竞争力形成过程中起着关键作用。江西财经大学要把师资人才培养提高到学校战略最高的高度上去，创新机制，抓住人才的培养、引进和使用三个环节，提高师资的整体水平。首先，不断创新教师培养机制。目前我们欣喜地看到，江西农业大学已经培养出了本土院士，在人才建设方面迈出了标志性一步。希望江西财经大学在不久的将来，能够在"长江学者"等高层次人才培养上取得新突破。一方面，着力培养承担国家重大工程、研究项目的高层次人才、教学骨干、学术带头人，造就一批教学名师和学科领军人才。另一方面，江西不可能引进现成真正的学科领军人才，只有通过激励、培养引进的年轻生力军，依靠这只生力军，立足自我，精心培养，才有希望。其次，不断加大引进力度。江西财经大学在这方面力度很大，但还要以更大的气魄，大力实施高层次人才引进计划、"长江学者奖励计划"等项目，集聚具有国际影响的学科领军人才和具有明显双语背景的国际型人才担任院长或者学科带头人；要引进一批海归博士。再次，要形成良好的科研氛围。要搭建协作平台，建立跨学科、跨单位和跨区域合作机制，形成一批合力攻关、勇攀高峰的高水平创新团队。大力支持首席教授、博导、学科带头人等高层次人才的工作，充分发挥他们的学术才能，出一批高水平的学术成果，提升在国际国内的学术影响力，培养一批全国名师、学科顶尖级人才，特别是要着重培养大师级人物，使学校师资成为强有力的竞争元素。

（四）提升文化竞争力

校园文化是高校核心竞争力的软实力。一流大学之所以被人们赞誉，不仅仅在于学校规模、资金投入及校舍建筑等硬实力上，也表现在悠久的历史、先进的理念、严谨的校风和文明的行为等软实力上。

通过参观，可以看出江西财经大学的文化建设取得明显成效，校训严谨，校风良好，校貌雅致，校友杰出。下一步，还要把文化作为未来宣传的重点。首先，要坚持文化育人。一流大学应该培养出具有正确的世界观、人生观、价值观的优秀人才。所谓教书育人、管理育人、服务育人，说到底都是文化育人。在一定意义上可以说，文化是"化人"，教化人、熏陶人。大学"化人"主要是促进受教育者的社会化、个性化、文明化，从而塑造健全的人、完善的人。所以大学应成为文化传承创新的重要场所和鲜明旗帜，在当前复杂国际国内形势下，要坚定地发挥社会主义核心价值体系的引领作用，加强对师生的宣传教育，形成正确的思想认识和价值认同，促进高校和社会的和谐稳定。其次，要构建创新文化。大学文化建设要"引领"社会及行业的思想创新和制度创新，这是大学文化的根本自觉。大学要成为新知识、新思想、新理论的重要摇篮，努力创造和传播新知识、新理论、新思想。要通过促进学科交叉融合和培养创新团队提高大学创新能力，通过推动管理制度创新营造自由、民主的创新氛围，努力构建创新文化。再次，要加强队伍建设。特别是领导班子建设，各级领导干部要用领导干部的人格力量凝聚人心，用日新月异的事业发展激励人心，用团结和谐的人际关系稳定人心，用多做实事的真情实意温暖人心，带好全校教学、科研、管理三支队伍，形成强大的战斗力、凝聚力、向心力。

（五）提升服务竞争力

为区域经济社会发展服务，是高校的重要职能之一，也是中西部地区高校的出路所在。未来五年，江西省经济总量将向两万亿元迈进。全省高校要充分发挥人才智力密集、学术交流广泛优势，主动融入经济社会发展大局，以高水平的科学研究支撑高质量的高等教育，成为支撑江西省区域发展的智囊团、思想库和助推器。江西财经大学在学科、师资、科研成果等方面有着明显的优势，有50多个科研机构，600多个博士，600多名教授、副教授，可以说拥有一支很强的科研力量，大有可为。多年来，江西财经大学为江西经济社会发展做出了积极贡献。要继续下功夫提升服务社会的能力。当前，要着重围绕鄱阳湖生态经济区建设和十大战略新兴产业，要进一步加强产学研结合，推进与政府、企业的合作平台建设，共同进行科研攻关、共同转化科研成果、共同培养创新人才、共同建设实践基地，不断提高科技、人才和智力服务地方贡献率。科研人才不仅要"顶天"，还要"立地"，要深入江西省基层开展调查调研，做出有思想、有举措、可操作的研究报告，特别是加强对江西经济形势分析和比较，苏区如何振兴，产业如何发展，增长方式如何改变等方面的研究，真正为地方经济社会发展献良策、出高招。另外，江西财经大学校友遍布海内外，特别是有一批企业界的精英，要充分发挥他们的桥梁纽带作用，鼓励他们多角度支持江西发展，回赣创业兴业，为母校所在的红土地贡献一份力量。

（六）提升国际竞争力

有效的国际交流与合作可以使不同高校实现资源共享，优势互补，声誉互促，为高校的核心竞争力注入新的血液。因此，江西财经大学要在国际化办学上大做文章。目前，虽然江西财经大学在国际化办学方面在全省起步时间相对较晚，但是发展速度快，而且在省内外已经初具特色，产生了良好的办学声誉。学校要继续扩大国际化办学影响，加强双语教学、外语教学和网络教学，大力引进和培养国际化教学师资，使国际化教学成为学校收入和声誉新增长点。要有一批高水平的国外合作院校；要鼓励教师特别是青年教师到海外留学和进修；要扩大招收留学生特别是港澳台学生的规模，在条件成熟时可以考虑建立留学生学院。鼓励学院开展国际化办学，力争每个学院至少有一个国外合作项目，开创国际化办学新局面。

（2012年3月20日）

以"二次创业"开启新跨越

——江西科技师范大学要做好职业教育文章

江西科技师范大学是专门培养职教师资的高校，这个定位很好。虽然江西高等教育比较靠后，但是江西的职业教育尤其是民办职业教育在全国是领先的，民办职业教育总体水平在全国排名第三，如江西科技学院，在全国民办高校竞争力排行榜中连续五年排在第一位。新余是一座仅有一百多万人的城市，但是职业教育学生有十万，教育部称之为"新余现象"，把全国职教会安排在新余召开。由此可见，江西职业教育的发展是不错的。它既是职业教育发源地，又是目前全国职业教育发展较好的一个省份。这种背景为学校培养职教师资，也为职教理论研究提供了良好的环境。所以，职业师范教育在江西大有可为，大有作为。

一、江西科技师范大学的特色

江西科技师范大学的工作很有特色，也很有潜力，近年来，学校在人才培养、科学研究、社会服务等方面都取得了比较突出的成绩，给人印象比较深的有以下几方面：一是办学方向特色鲜明。初步形成了独具职教特色的竞争优势，与服务江西乃至国家经济社会发展结合得更加紧密，学校的核心竞争力、文化软实力全面提升，为学校未来发展奠定了坚实基础。二是人才建设富有成效。学校教师队伍的博士团队建设在全国同类院校中独一无二，组建了清华、北大、天大、复旦、中科院、海归六大博士团队，这是江西省人才高地建设的一大亮点。目前，具有双师素质教师的比例已达 52.56%。三是学科建设快速发展。学校有 7 个一级学科硕士学位授权点和 30 多个二级学科硕士学位授权点，此外，还建有省级重点一级学科 3 个，省级重点二级学科 7 个；SCI、EI、ISTP 检索论文总量位居全省高校三甲，很不简单。四是对外交流明显加强。学校近年来加大对外交流，知名度和社会影响度逐步提升，揭牌仪式是一次很好的宣传，对进一步提高学校的美誉度很有好处。五是学校管理不断创新。学校建立了以事业凝人心，以团结促发展，以党内和谐促学校发展和谐的组织保障机制，校风、学风建设和精神文明建设成效也十分显著。

二、发展江西科技师范大学的几点思考

江西科技师范大学的更名，标志着江西科技师范大学进入了新的历史发展时期，对进一步扩展学校办学空间、提升办学特色和优势，更好地适应国家现代职业教育体系建设和职教快速发展需要具有重大意义。站在新的历史起点上，学校如何抢抓机遇，提升核心竞争力，是摆在我们面前的重任和课题。

一是推进二次创业。江西经济在全国排第 19 位，而江西省高等教育在全国排第 26 位。高等教育落后经济发展，高等教育的落后也导致了江西人才的失缺。总结江西的特点是两句话：一是生态环境好，二是经济欠发达。经济欠发达怎么赶上？要靠人才。但是，现在人才培养是穷地方帮富地方。我们的中学、小学在全国排序是第 12 位，中等偏上，培养出很多优秀的学生，而这些学生升大学的目标是读北大、

清华、复旦等名牌大学，不愿意读江西本省的大学，大学毕业后也不回江西工作，我们的人才在流血。什么原因呢？我们的高校没有办好。因此，提高江西省高等教育的教育质量和办学水平，从根本上改变江西高等教育的落后现状，是江西高校面临的重要任务。我们一定要充分认识这个严峻形势，增强责任感、使命感、危机感、紧迫感。否则，江西的人才将继续流失。

江西科技师范大学虽然这些年取得了显著成绩，但和国内一流高校，甚至省内重点高校相比，还有差距。只有解放思想，正视这些差距，才能进一步找准发展中存在的瓶颈和难题，才能进一步推动学校实现各项事业又好又快发展。目前学校正在开展"新起点、新机遇、新跨越"解放思想大讨论活动，把如何推动学校发展比作二次创业，形式非常好。希望通过解放思想活动，不断克服制约发展的思想观念和体制机制障碍，积极探索加快发展的新思路、新途径和新方法，进一步推动学校的向前发展。

二是实现两大转变。江西高等教育的发展目标是"建设有特色、高水平的大学"，为了实现这个目标，必须实施江西高校新的发展战略，力促两大转变。一是发展方式上，实现从规模扩张向质量提升转变。经过近几年的快速发展，江西省高校已经完成了规模化发展，校园面积扩大，学生人数攀升。应该说，在一定时期内，数量扩张、规模扩大是十分必要的。实践证明，当年江西省高校包括江西科技师范大学大力推进新校园建设的决策是非常正确的，敏锐地抓住了历史机遇，江西科技师范大学也抓住了这次机遇。然而，校园扩充后，一些中专想升格为大专，大专想升格为本科，本科想升格为大学，有学士学位授予权的想获得硕士学位授予权，有硕士学位授予权的想获得博士学位授予权，还要建博士后流动站，天天在运筹这些做大规模的事，外国人评价我们为"多动症"，对于内涵建设则重视不够。下一步高校的工作思路和工作重心要从注重外延扩张、规模发展向注重内涵建设、质量提升转变，花更多工夫来提高教育质量和科研创新能力。二是发展路径上，实现从均衡推进向重点突破转变。一些高校在迅速扩张的同时，办学讲求面面俱到，追求大而全，希望迅速整体推进，实现全面赶超。结果专业设置雷同、教学内容重复、研究课题单一，同质化办学现象严重，缺乏特色和优势。下一步高校的工作思路和工作重心要从注重均衡推进、整体发展向注重重点突破、特色发展转变。要更新观念、学会"舍得"、勇于"放弃"，切实按照"唯一性"和"独一性"的原则，抓好优势特色学科建设。最近教育部和财政部搞了一个"2011计划"。该计划重在实现创新要素和资源的有效整合。和以往"985工程"和"211工程"的扶持方式不同，"985工程"是搞世界一流大学，全国搞了39所，江西省一所也没有；"211工程"是搞国内一流，全国搞了112所，江西省只有南昌大学一所。这次"2011计划"和以往不同，是搞协同创新、重点学科建设，不限定学校，不限定单位，只要具有自身优势和特色的高水平学科项目均可申报。实事求是地说，江西高校的整体实力与国内名牌大学相比，还有很大差距，要想赶超不太现实，但我们完全有可能通过政策和项目的引导，集中精力、人力、物力、财力，加强高校各学科之间、高校与高校之间、高校与科研院所之间、高校与企业（行业）之间、高校与区域之间的协同，高校与国际合作的协同，在政府、科技服务中介机构、金融机构等相关主体的协同支持下，合作攻关，在某个优势特色学科建设上取得突破，排名全国第一，是完全有可能的。如江西理工大学的稀土研究在全国排名靠前，东华理工大学的铀研究在全国独一无二，景德镇陶瓷学院的陶瓷学科是最好的，江西中医学院在某些学科有自己的优势和特色，井冈山大学的红色资源和井冈山精神研究可作为重点，上饶师范学院可以在朱子学研究上做到全国第一。江西科技师范大学也有自己的优势和特色，职业理论教育，职教师资培养，是最大的亮点。还有一个是旅游，特别是国际旅游方面，很有特色。今后江西省政府将切实加大对高校协同创新项目和优势特色学科建设的投入，比如，2012年将拿出600万元，成立江西教育社科基金，第一年将招标100项，第一类叫重大项目，每个项目资助15万元，第二类叫重点项目，每个项目资助10万元，第三类叫一般项目，每个项目资助8万元，第四类叫青年项目，每个项目资助3万元，在此基础上，学校按1：1配套资金投入。投完钱以后，资助他们做的研究课题如果能进入国家的重点学科和科研项目，还可以拿回更多的钱，这对江西高校的科研工作是一个撬动。

因此，上述两大转变是江西高校迅速发展的一个重要突破口。我们提出要建设有特色、高水平的大学，路径是什么？就是要力促两大转变，要抓好优势特色学科建设。今后，江西不搞高校排名，要研究学科排名，科学制定学科建设的评估指标，评完了公布，究竟哪些高校的学科排第一。江西一批优势特色学科群的崛起，将成为我国高等教育领域的一道亮丽的风景线，极大地改变江西高等教育在全国的位置。

三是服务经济社会。服务经济社会是高校一项重要职能，江西科技师范大学作为江西省职业教育的龙头，在坚持自身特色的同时，要为江西的经济社会发展作贡献，而不是躲在小楼里搞研究。江西是一个经济欠发达地区，但是发展后劲很足。怎么才能发挥好后发优势？比如旅游。学校在这方面有优势。这两个题目值得发展：一个是旅游扶贫。江西省的贫困地方比较多，怎么才能把贫困县的问题解决好，有多种途径和方法。全省所有17个贫困县都是旅游最好的县，什么原因呢？穷山恶水恰恰就是丰富的旅游资源。那么如何把旅游做好？比如鄱阳县，江西省搞鄱阳湖生态经济区建设，鄱阳湖旅游是最好的一个点，这里湖水碧波万顷，湿地公园也很漂亮，四季有候鸟栖息。那么扶贫怎么做呢？举一个例子，学校可以组织高校大学生到那个地方去旅游，搞个口号，叫"遨游鄱阳湖，扶贫献爱心"。培养一批精品导游员。江西好多知名的旅游景点，没有看到特别好的导游，这与我们的旅游发展极不相称。我们现在确实需要一大批精品导游员，比如庐山、三清山、井冈山，重要人物来了，国际友人来了，要介绍。现在我们英语解说是弱点，龙虎山第一次评5A级景点没有通过，据说有7条原因，其中有一条是说英语导游的发音不准，外国人没听懂。可以通过省有关部门协调让这些人直接到旅游景点就业，做个精品讲解。到旅游学院、音乐学院、外语学院三年级学生当中招生，学生自己报名后考核，考核合格的学一年后直接上岗。还可以研究什么方法能够培养出优秀人才。除了旅游，还可以找到一些重大的科研攻关项目，寻找新的科技创新突破点。

四是提高管理水平。没有一流的管理，就没有一流的环境，也谈不上一流的学校。一是要加强高校领导班子建设。要正确协调和处理好党委领导和校长负责的关系，实践证明："一所高校，书记、校长团结共事，学校的发展就欣欣向荣，否则，学校的发展就停滞不前。"书记和校长要把握好各自的角色定位，既要有战略眼光，又要保证全身心投入办学和管理，还要善于调动中层干部的积极性，凝心聚力推动学校发展。现在有的学校中层干部反映高校领导位置一空缺，都从外面调领导来，自己的干部提拔不起来，积极性调动不了。如果不调动中层干部的积极性，班子提的思路，就贯彻不下去。二是要建设优良学风教风校风。高校要制定符合自身发展方向的校训，努力培植良好的学风教风校风，让学生乐学，教师乐教，增强高校自身的"软实力"。三是要加强校园及周边治安综合治理和后勤管理，为广大师生营造安全、有序、乐学、舒适的校园环境和学习生活条件。四是要坚持廉洁办校。江西省政府全力支持学校把新校区建设下去，但是，一定要注意节俭，注意廉政。

现在很多高校或多或少在建新校区时都出了一些腐败问题，工程建设第一要保证楼不倒，第二要保证人不倒。楼不倒是质量问题，人不倒是廉政问题。

（2012 年 4 月 27 日）

江西警察学院要围绕社会稳定培养人才

近年来，江西警察学院抓住机遇、奋发图强、开拓创新、务实办学，办学规模不断扩大，教育教学水平不断提升，综合办学实力显著提高，实现了校园新建、学院升本、"省部共建"等一系列重大突破，成绩斐然，令人满意。一是办学历史长。江西警察学院是全国最早成立的公安专科学校之一，创建于1951年，是一所具有鲜明特色和优良传统的公安院校，在长期的办学实践中，学院积累了丰富的办学经验，办学成就令人鼓舞，是全国首所省部共建的地方公安本科院校。二是办学思路清。学院始终秉承"忠诚奉献、知行合一"的校训，坚持"政治建院、依法治院、人才强院、质量立院、特色兴院"的办学理念，遵循"学历教育与在职民警培训，公安专业教育与普通专业并重发展"的办学思路，抓住了公安学院办学的方向，体现了公安教育训练的内在要求。三是办学特色明。学院以公安学科建设为龙头，凝练办学特色，形成了以法学为基础，侦查学、治安学等公安类专业为主体，社会公共安全和信息安全专业为两翼的发展布局，探索建立了"通识教育、专业教育、多元化教育"的三段制人才培养模式，凝练了"院局互动，教学、科研、办案三结合"的办学模式特色，办出了亮点，办出了水平，学院在人才培养、理论和科研创新等方面结出了丰硕成果。四是办学声誉好。学院先后为省内外公安政法部门培养了7万多名优秀专业人才，学院桃李芬芳、英才辈出，毕业生中一级英模、一等功臣等功模人数超过千人，被誉为江西警官的摇篮，公安人才的基地，为江西省经济社会建设和安全稳定作出了积极贡献！

高等教育是科技第一生产力和人才第一资源的重要结合点，是人才培养的阵地，更是人才集聚的高地。"区域强，大学必须强，江西兴，大学必先兴。"为加快江西省高等教育改革发展，江西警察学院要抓住机遇，顺势而为，以培养高素质的公安专门人才为己任，以提高教育质量为核心，以服务公安工作和经济社会建设为宗旨，创特色，树品牌，育人才，努力把江西警察学院建设成为在全国公安院校中有优势，国内社会公共安全与信息安全领域有影响的高水平地方公安高校，为社会和谐稳定作出新的更大贡献，为建设富裕和谐秀美江西再立新功。

一、坚持政治建校

政治建校是公安院校的立校之本，也是公安院校的优势所在。要以培养党和人民的忠诚卫士为首要任务，把社会主义核心价值体系融入学生思想教育全过程，深入开展理想信念教育、革命传统教育、爱国主义教育、警察职业道德教育、忠诚教育，引导学生树立正确的世界观、人生观、价值观，打牢学生"立警为公，执法为民"的思想根基，确保公安队伍永葆忠于党、忠于祖国、忠于人民、忠于法律的政治本色，锻造公安事业的优秀建设者和接班人。要牢固树立文化育人、文化育警的理念，坚持把新时期人民警察精神和大学文化有机结合起来，积极构建"个性鲜明,体现时代特征和公安院校本质"要求的独特校园文化，争创优秀校园文化成果，为学院的发展建设铸魂塑型。要加强警务化管理，找准警务化管理和学生全面发展的结合点、着力点，坚持统一培养与自主学习、纪律约束与个性成长相统一，使管理既有利于良好的纪律养成，又能促进学生学员创新精神和创新能力培养。要坚持政治建警、从严治警、从严治教，按照人民警察和教师的政治素质要求，增强教师干部队伍的政治意识、责任意识和荣誉意识，增强学院凝聚力、向心力，营造积极向上、和谐共进、共谋发展的良好氛围。

二、坚持质量立校

质量是高校赖以生存与发展的生命线，一流的大学始终都是把教育质量放在重要的位置。当前，江西省高等教育发展最核心、最紧迫的任务，就是提高质量。江西警察学院作为一所新建的本科院校，更应把提高质量放在更加突出的位置，着力打造江西公安教育的品牌。要积极开展教育改革实践，深入推进学科布局的调整和优化，通过调整资源配置促进学科的协调发展和可持续发展；要认真研究推进公安民警招录培养体制改革的新举措，紧紧围绕招录、培养、入警三个关键环节，推动招录培养体制改革向纵深发展；要毫不动摇地坚持以教学为中心，进一步加强教学基本建设，服务教学一线，保障教学一线；要按照"厚基础、宽口径、重实用、强能力、求创新"的要求，以知识传授、学生发展为价值取向，更新教育理念，丰富教学内涵，完善教育训练内容，改进教育训练方法和手段，创新学习方式，不断提高教学质量和水平。努力把学院建设成为全省公安政法高级专门人才和高素质应用型人才的培养高地，在职公安民警的培训中心和公安理论、公安科技的研究基地。

三、坚持人才强校

教师队伍是教育的第一资源，是决定教育质量的关键环节。教育家梅贻琦先生也曾经说过，"大学者，非大楼之谓也，乃大师之谓也。"当前摆在江西省高等教育面前的一个首要问题就是缺少大师和领军人物。因此，必须把教师队伍建设作为学院最重要的基础工程来抓。要大力优化人才环境，构筑人才高地，做到"从优待教"，为广大教师的教学和研究创造良好、宽松的环境，让教师们安心警院，放心教学，潜心科研；要坚持培育和引进并举，努力培养了一支结构合理、素质优良、满足人才培养和学科专业发展需要的集"教学、科研、办案"能力于一身的"双师"型师资队伍；要大力倡导"爱岗敬教"精神和奉献意识，以"捧着一颗心来，不带半根草去"的陶行知精神为榜样，在教师队伍中深入开展师德、师风、师能教育，增强教师教书育人的责任感和使命感，肩负起立德树人、教书育人的光荣职责；要坚持教授治教，教书育人是教师的天职，教学是教师的首要任务，要把为本科生授课作为教授、副教授的基本要求，充分发挥教授、副教授在教学改革中的主力军作用。

四、坚持特色兴校

江西警察学院要在全国公安院校乃至全国高校占有一席之地，就必须走出自己的特色，以特色学科建设求生存，以特色优势学科建设求发展。要按照"唯一性"和"独一性"的原则，找准自己在全国公安院校发展格局和全省高等教育体系中所处的位置，找准自己在公安学科领域、公安专业建设和人才培养规格上所处的位置，找准学校的优势特色学科，根据江西公安工作和经济社会发展需要，调整专业设置、课程体系、教学内容，寻求特色，凝练特色，培育特色，要在特色上打造"卓越点"，在特色上创建"高水平"。学院在多年的办学实践中初步形成了自身的办学模式特色和学科特色，在全国公安院校中有一定的影响，在江西省有一定的知名度，现在就是要进一步培育特色。要坚持"有所为，有所不为"和"人无我有，人有我强，人强我特"

的原则，着力强化公安专业特点，凝练学科方向，做大做强优势学科，在自己的优势领域、优势专业形成品牌，争创一流水平；要充分用好省部共建这个平台，在教学科研、学科建设、人才培养等方面加强与公安部的深度合作，建立协同创新的战略联盟，力争在关键领域取得重大突破，不断增强学院的核心竞争力;要始终体现学院"警"字特色，在管理体制、运行机制、教育内涵、队伍建设、文化建设等各个方面紧紧围绕"警"字下功夫，构建独具特色的警务化管理育人机制，让优势更优，特色更强。要按照做精公安专业学历教育，做强民警培训教育，做大非公安专业学历教育的思路，构建适应现代警务机制需要的大教育、大培训的新格局，走出一条加强新形势下公安教育训练工作的新路子，全面提升江西警察学院的办学水平，办出成效，办出亮点。

（2012 年 5 月 18 日）

打造"独具核特色的一流大学"

——东华理工大学要建设优势特色学科

一、东华理工大学发展势头好

东华理工大学是江西省一所优势明显、特色鲜明的大学。近年来，学校在江西省委、省政府的正确领导下，在抚州市委市政府的大力支持下，秉承"敦本务实、崇义奉公"的校训，求实创新，深化改革，开拓进取，各项工作开展平稳有序，改革与发展势头良好，有着良好的社会声誉和较大的发展潜力。

一是人才培养质量高。获批教育部第二批"卓越工程师教育培养计划"高校。"'三核一体'国防生培养模式创新实验区"获批江西省人才培养模式创新实验区项目。积极推进高校教育与海军人才建设融合发展，受到多方好评。学校82届校友龚健雅2011年光荣当选中国科学院院士。另有数位校友成为中国科学院院士候选人，充分显示了学校较高的人才培养质量和水平。

二是学科建设特色明。申报服务国家特殊需求的"铀矿资源勘查开发与核废物处置"博士人才培养项目即将通过评审。学校现有14个省部级重点学科：放射性地质与勘探、放射性水文地质与工程地质、分析化学（放射化学分析）、核技术及应用、地质工程、矿产普查与勘探、地球探测与信息技术、大地测量学、应用化学、企业管理、计算数学、核技术及应用、材料学、计算机应用技术。

三是科学研究实力强。有核资源与环境国家重点实验室培育基地等8个省部级重点实验室，有江西戏剧资源研究中心等2个省级人文社科重点研究基地。近几年，学校获各级各类科研项目796项，其中国际原子能机构资助项目6项、国家"863项目"等国家级项目46项、省部级项目244项。获得国家和省部级奖励54项，发表学术论文6000余篇，其中被SCI、EI、ISTP收录500余篇。

四是对内合作平台好。学校与国防科技工业局、中国核工业集团公司、中国核工业建设集团公司、中国广东核电集团有限公司、中国建设银行江西省分行，以及海军机关、南海舰队等单位加强了交流与合作，并与上述部分单位签署了人才培养和科技合作协议，学校成为中国核工业建设集团公司人才培养基地。

五是对外交流水平高。东华理工大学是国际原子能机构的亚太地区培训基地；是国际原子能机构亚太地区同位素水文学技术合作项目的协调单位；多次参加国际原子能机构全球铀矿床分布和铀矿录的编制；与美国、俄罗斯等国家有科技合作关系；组织召开了第十届中国国际地球电磁学术讨论会。另外，学校软件工程本科和应用电子技术专科中外合作办学项目分别获得教育部和江西省教育厅审批。

六是服务社会贡献大。如服务资源勘查与开发，为能源结构调整提供重要人才与技术保障，加强遥感、地理信息系统、全球定位系统研究，分析测试新技术开发，电子仪器产业化推广，鄱阳湖生态经济区建设新领域研究，等等。

二、贯彻落实好全省高校工作座谈会精神

全省高校工作座谈会明确了下一步江西省高等教育的发展战略，即正确认识现状，围绕"一个目标"，力促"两大转变"，实现"五个一流"。我们既要看到这些年江西省高校取得的巨大发展成就和进步，同时也要看到，与江西省辉煌的教育历史和外省高等教育的发展成就相比，江西省高校在一些方面还存在较大差距，要增强责任感、使命感、危机感、紧迫感。会议要求，各高校要围绕"一个目标"，即"建设有特色、高水平的大学"的目标，力促"两个转变"，即在发展方式上，实现从规模扩张向质量提升转变，在发展路径上，实现从均衡推进向重点突破转变。会议还强调，要以人才培养为根本任务，努力实现"五个一流"，即打造一流的师资、培养一流的学生、铸就一流的质量、建设一流的设施、创新一流的管理。

现在江西省高等教育的发展战略已经明确，下一步关键是要抓好贯彻落实，重点要做好四件事：

一是抓好学习传达。各高校要将会议精神迅速传达到全省高教系统的教研机构和全体干部职工，结合各高校实际，制定质量建设和学科建设的具体贯彻措施。

二是抓好督促落实。各高校于6月底之前，要将贯彻会议的具体措施和一些好的经验做法，以书面形式报江西省教育厅，再由江西省教育厅汇总专题报江西省政府。

三是抓好宣传推广。江西省教育厅要加大对各高校贯彻落实情况的宣传，加大对各高校教学科研和学科建设成功经验的宣传和推广，营造良好的舆论氛围。

四是抓好总结评比。江西省年底将对各高校贯彻落实情况进行年度总结评比，对改革有成效、质量抓得好、学科建得好的单位和个人要

进行奖励表彰。

总之，要通过学习贯彻，在全省各高校掀起一个提升教育质量的新高潮，一个协同创新打造优势特色学科的新高潮。

三、发展东华理工大学的几点思考

东华理工大学要按照全省高校座谈会的要求，进一步解放思想、更新观念，重点抓好以下几个方面的工作。

一是明确发展目标。学校提出要建设"省内一流、国内知名、特色鲜明、部分优势学科进入国际先进行列"的教学研究型大学。这个定位很好，希望学校扎实工作，有序推进，争取建设"独具核特色的全国乃至世界一流大学"。

二是提升教学质量。人才培养是高校的根本任务，教学工作是高校的中心工作。希望学校把提升教学质量放在重要位置：加强教学管理；加强教学研究；完善评价机制；推进质量工程建设；强化本科生的教育。为区域内的经济社会发展和我国国防军工事业的发展培养高水平的专门人才。

三是打造特色学科。江西省矿产资源十分丰富，是核资源大省，同时，未来发展核电事业或许将成为能源战略的必然选择。东华理工大学作为具有鲜明核科学特色的高等学府，要建设高水平的优势特色学科：找准优势特色学科，一个是铀和核，一个是戏剧资源研究；集中学科优秀人才；三是提升科研工作水平；加强学科建设的组织领导。

四是抓好协同创新。东华理工大学作为行业特色型高校，要善于利用自身独特优势和现有合作平台，通过整合产、学、研资源，充分发挥多元创新力量，真正建立一批协同创新平台，形成"多元、融合、动态、持续"的协同创新模式与机制，围绕行业和产业发展的核心共性问题开展协同创新，在江西省在解决行业和产业发展的核心共性问题方面发挥关键作用。这既是学校的使命和责任，也是面向未来建设高水平大学的必然选择。

五是提升管理水平。希望学校加强领导班子建设；加强干部教育与管理；加强党风廉政建设；加强校风学风建设；加强大学生思想政治教育和管理；加强校园文化建设；加强后勤服务与保障；加强安全稳定和综合治理工作。

（2012 年 5 月 28 日）

努力建设全国知名的一流中医药高校

——江西中医学院要在六个方面发力

一、江西中医药发展具有辉煌的历史

江西中医药发展历史源远流长。自东汉张道陵、葛玄等人开创先河至今已有 1800 多年历史。传统的中药加工炮制技术闻名遐迩，驰誉中外。药都樟树镇作为重要的中药材集散地已有 1800 多年的历史，始于汉晋，成于唐宋，盛于明清，为全国中药材种植基地，道地药材以"三子一壳"（吴茱子、黄栀子、车前子和枳壳）为主。全盛时期店铺达千百家，鄂、蜀、湘、粤、闽等省及华北、西北、东北生产的中药材，半数以上都要到樟树镇集中，然后外运各地，故有"药不到樟树不齐，药不过樟树不灵"之誉。作为江西两大中药炮制帮派的"樟帮"和"建昌帮"，其在中药饮片加工和炮制方面以独到的工艺和精湛技术形成了鲜明的地方特色，独具一格，自成体系，加工过的饮片不仅精细美观，而且易于煎熬，溶解度大，疗效明显，享有盛名，在我国传统中医药的发展中发挥了巨大作用，取得了辉煌成就。

江西中医药历史上名医荟萃。比如民国时期善用经方的江心镜、赣

东名医李元馨、蒲园里的经方医赖良蒲、经方时方冶为一炉的敖保世、中医多面手沈敬涵、江西伤寒界的"扫地僧"谢双湖、著名骨伤科专家李如里等。又比如妇科专家沈波涵、被病人誉为"请了姚国美，死了也不悔"的姚国美、誉满杏林的许寿仁等。再比如有着"见了江公铁，死了都抵得"之称的江公铁、当代江西中医泰斗姚荷生、著名的中医内科专家张海峰、精研江西地方医学史的杨卓寅、善治萎缩性胃炎的姚奇蔚、江西中医界的"活字典"傅再希、寒温统一专家万友生、"读伤寒、写伤寒、用伤寒"的陈瑞春等。还有仍然坚守在岗位的创立两门新学科的针灸学家魏稼、善用当归芍药散的伍炳彩、擅治内科疑难杂症的姚文豹等，他们不仅都是江西当地的名医，在全国也很有影响。姚国美、许寿仁、沈波涵等与江西中医学院有着密切的关系，姚荷生、张海峰、杨卓寅、姚奇蔚、傅再希、万友生、陈瑞春、伍炳彩、姚文豹等名老中医，是江西中医学院培养的学生或当过学校的教授。

江西历史上中医药名著影响深远。从东汉到清末有医药学家500多人，其中有中医药著作传世者120余人，有中医药著作700余种，对中医药学的形成和发展作出过重要贡献。如崔嘉彦的《崔氏脉诀》、陈自明的《妇人大全良方》、严用和的《济生方》、危亦林的《世医得效方》、龚廷贤的《万病回春》、李梴的《医学入门》、龚居中的《红炉点雪》、喻嘉言的《喻氏三书》、黄宫绣的《脉理求真》、谢星焕的《得心集医案》等医学名家医著，在医林中享有盛誉，对后学影响极为深远。还有千古流芳的董奉治病不受酬的杏林佳话，亦出自江西省庐山南麓星子县城西二十五里处的醉石东，杏林一词已成为中医药的美好象征。

二、江西中医学院办学成效显著

江西中医学院在50多年的发展历史进程中，尤其是近年来，江西中医学院秉承"惟学、惟人、求强、求精"的校训，以为中医药事业发展服务、为地方经济社会发展服务为己任，产学研结合特色鲜明，人才培养成效明显，办学规模不断扩大，办学特色日益凸显，科研实力明显增强，师资结构持续优化，办学影响力显著提高，各项事业蓬勃发展，主要体现在以下几方面。

一是办学理念好。近年来，江西中医学院探索创办的"双惟"实践班和中药科研实践班，不仅是教育教学的改革，更是人才培养模式的改革。特别是"教无类、学为先、重激励、育特长、促实践、有思想"的"双惟"育人理念，有效地培养了学生的心理素质和思想素质，提高了学生的动手能力和学习能力。这种"双惟"育人理念得到了各级领导、社会各界、用人单位和兄弟院校，尤其是广大学子和家长的肯定与欢迎，表明江西中医学院在人才培养上思路清晰、理念先进。

二是办学特色好。在长期的办学实践中，江西中医学院形成产学研结合三位一体的特色，不仅助推了企业的发展，也形成了有特色的创新人才培养体系，培养和强化了师生的创新精神和创业能力，改善了学校的教学、科研条件，增强了师生的创新意识和市场意识，促进了教学科研水平的提高，促进了学校的科学和谐发展。

三、科研创新好。学校拥有国家工程研究中心、教育部重点实验室等国家级和省部级科研平台15个，省部级重点学科16个，中药固体制剂制造技术国家工程研究中心成为江西省首个国家工程研究中心。近五年来，学校承担"973"计划、"863"计划、国家自然科学基金等国家级项目98项，获省部级以上奖励17项，获国家发明专利授权29项，特别是学校研制的"新型抗肿瘤药槐定碱注射液"是全国中医药院校仅有的一类化学药品，填补了江西省空白，学校发明的"腧穴热敏化艾灸疗法"，赢得了"北看天津针，南看江西灸"的美誉，打造了江西省高校科研创新的亮丽风景。

四是社会贡献好。在53年的办学历程中，江西中医学院为国家特别是江西培养了一大批出类拔萃的中医药类人才，为保障江西人民的健康、维护生命，促进江西中医药的事业发展作出了重要贡献。尤其是江西中医学院还有一个贡献，就是创办了江中集团。江中集团从一个 20 世纪 80 年代账面上只有 800 元的校办企业，发展到目前拥有两家上市公司，每年向国家缴纳利税 2 亿多元的现代化企业，为江西的财政收入作出了重要贡献。

五是发展潜力好。当前，国家高度重视对中医药事业和中医药教育的扶持，这为江西中医学院的发展提供巨大的机遇和潜力。国家中医药管理局 2011 年 9 月公布的最近一次中医现状调查显示：中国每万人中医执业医师数量仅有约 3 人，中医医疗机构在所有被调查的医疗机构中占比仅为 8 %。而另一份资料显示，从新中国成立之初到 20 世纪末，中国人口从 4 亿多增加到 13 亿，但中医却从 50 万人锐减至不足 30 万人。"老年中医在消亡，中年中医在彷徨，青年中医要转行。"这些对于我们中医药教育来说，既是挑战，更是机遇。尤其是医药卫生体制改革，高等教育发展的形势，对于提升江西中医学院的整体实力、竞争力和在全国的影响力，具有至关重要的作用。

总之，江西中医学院，正在成为一所有实力、有活力、有特色的中医药高校。

三、努力建设全国知名的一流中医药高校

一是努力打造一流师资队伍。江西中医院在全国中医药院校里校园面积排在第一。面积大、楼房新固然重要，但关键要有一支有特色的高水平教师队伍。目前江西中医学院在全国中医药领域中具有较高影响力的高层次人才还不多。我们要把优秀的中医药师资队伍建设作为最重要的基础工程来抓，要坚持内部培养和外部引进相结合，进一步加强中青年教师培养，延揽高层次领军人才，为中医药高地建设奠定

坚实基础。

二是努力找准优势特色学科。国外一流大学发展经验证明，正是某些方面的特色，成就了其某些方面的卓越，而在其某些卓越的基础上，进一步强化特色，打造了大学的品牌与实力。纵观高水平大学建设，其中的共性很多，但较突出的一点就是所有高水平大学都有自己的特色。因此，我始终强调，找准优势特色学科是当前高校实现进位赶超的突破口。优势特色学科一定要有创新性，要有唯一性，要有独特性。学院的中医学、中药学、药学等都有基础和积累，尤其是针灸推拿学和中药药剂学在全国同行业很有地位。我们要建设有特色、高水平的学科，不是对所有学科均衡发展，而是对于这些学科要坚持保持自己的优势，做到强中更强，争取在全国争得领先地位。

三是努力建设一流附属医院。医学生近一半的修业年限在附属医院，附属医院是医学教育不可或缺的重要组成部分，是开展实践教学的主阵地。要加强临床教学基地的规范化建设，进一步整合资源，加大对各类临床教学基地的投入。高水平的医学院校，依赖于名院、名科、名医建设。做好"三名工程"，可以大大促进医药卫生的学术水平的提高，更为高质量人才培养提供临床支撑。学校要高度重视附属医院的改革发展，把附属医院教学、科研建设纳入学校发展整体规划，加强指导和支持，切实加大对附属医院临床教学基地建设的经费投入和政策支持。

四是努力培养一流中医药人才。高等中医药教育的根本任务是培养优秀的中医药人才。卫生事业与人民群众生命安全、卫生健康息息相关，医药卫生人才是卫生事业的第一资源，医学教育为卫生人才队伍建设提供了重要保障。中医药疗效确切、治疗方式灵活、费用比较低廉，尤其是"治未病"有其独特的优势，深受老百姓欢迎，在医疗卫生服务体系中有着不可替代的作用。实践表明，中医名医名师产生于临床经验的不断积累。要遵循中医药学科自身规律和中医药人才成长规律，"重经典、通人文、早实践、多临床"，进一步加强中医药人才培养模式、教育管理模式改革，整合资源，把江西中医学院建设成为培养名中医的摇篮。

五是努力搭建协同创新平台。协同创新是高校培养创新型人才、提升科研创新能力的必然要求。要以"协同"的理念推动科研改革，打破封闭分散格局，促进创新要素有机融合和全面共享。江西中医学院在协同创新方面开展了很多非常有成效的工作，特别是在产学研方面形成了自己的特色。今后，要进一步在中医药防治重大、疑难、传染性疾病等方面加强联合攻关，在推动江西生物医药发展方面上形成合力，有效保护、创新特色诊疗技术、方法，助推医药产业发展，形成医药产业发展集群，为促进江西经济建设服务。

六是努力传承中医药文化。中医药是祖国传统文化的瑰宝，在防病治病、保健养生方面具有独特的、不可替代的作用，要以中医药文化的独特优势，进一步提升人文素养和精神品格，加强中医药文化传承，把学校的教育资源向社会开放，为进一步提升优秀中医药文化普及和共享作出新贡献。在刚刚结束的太湖文化论坛中医药文化发展（南昌）高级别会议上，江西中医学院作为主要承办单位做了大量工作，有效地扩大了江西中医药文化在国际国内的影响。江西中医学院要继续探索和深化各种有效形式的文化交流活动。

（2012 年 6 月 12 日）

萍乡高等专科学校要用好红色资源优势

一、萍乡文化底蕴深厚

一是重教兴学，人文蔚起。萍乡自古享有"读书之乡，教育之邦"的美誉。据了解，历史上萍乡这方水土养育了 100 多名进士，特别是新中国成立后，萍乡在自然科学和社会科学等领域英才辈出，仅萍乡籍两院院士就有 8 名。二是历史悠久，文化璀璨。萍乡迄今已有 1700 多年的建城史。萍乡是中国傩文化之乡，"傩舞、傩面、傩庙"三宝俱全。萍乡杨岐山是佛教禅宗五家七宗之一杨岐宗的发祥地，宗教文化源远流长，影响远播海内外。三是工业文明，源远流长。萍乡制售烟花爆竹有着 1300 多年的历史。萍乡是中国近代工业的发祥地，有着上百年近代工业文明历史。洋务运动的代表人物盛宣怀在安源创办的萍乡煤矿，是近代工业史上的十大厂矿之一。

二、学校办学成效喜人

萍乡高专是江西省小学历史较长的一所综合性地方专科学校，小学 30 多年来，学校秉承"厚德至善、励学笃行"校训，坚持"立德树人、追求卓越、求实创新、科学发展"办学思路，求实创新，开拓进取，在人才培养、科学研究、社会服务等方面取得了较好的成绩，主要体现在以下方面。

一是硬件设施好。近年来，在萍乡市委、市政府的大力支持下，学校先后投入3.5亿元，加大基础设施建设，改善办学条件。目前，学校占地面积1008亩，校园依山就势，环境优美，为广大师生提供了一个良好的学习生活环境。二是办学水平好。学校坚持以教学为中心，以质量为生命线，扎实推进内涵建设。不断调整优化专业结构，构建了适应萍乡经济社会转型需要，以工学为主、文理等多学科协调发展的专业体系。近年来，学校在省级特色专业、省级示范专业、省级教学团队、省级人才培养模式创新试验区、省级精品课程评选等方面取得了较好的成绩。三是社会贡献大。在30多年办学历程中，萍乡高等专科学院为江西省特别是萍乡市培养了5万余名优秀人才，其中萍乡市初中、高中教师80%以上毕业于萍乡高等专科学校，为萍乡市经济社会发展和基础教育提供了强有力的智力支持和人才支撑。学校与萍乡新安工业有限公司合作的"钢化瓷托辊系列产品的研制与应用"为企业带来了良好的经济效益。四是办学方向明。学校专升本是萍乡市委、市政府作出的重大决策。多年来，为筹建萍乡学院，萍乡市委、市政府做了大量卓有成效的工作。近年来，萍乡充分发挥政府主导作用，加快推进升本工作。在可用财力不大的情况下，每年能拿出这么多钱搞建院升本，不容易。目前，全校上下在江西省委教育工委、省教育厅和萍乡市委、市政府的领导下，确立了"以内涵建设为核心，全面提升办学质量，以传承安源文化为重点，加快建设无机非金属材料工程、机械设计制造及其自动化、电子信息工程、汉语言文学、英语、艺术设计等六个首批申报本科专业，以一工一文为主干学科，着力突出办学特色"的发展战略，为建院升本工作打下了坚实的基础。

三、几点思考

江西省高等教育的发展要围绕"一个目标"，力促"两大转变"，实现"五个一流"。各高校制订贯彻落实具体措施行动快、力度大、效果好，正在掀起一个提升教育质量、加强协同创新、打造优势特色学科、服务地方经济的新高潮。当前，萍乡高等专科学院要以贯彻落实全省高校工作座谈会为契机，以专升本为动力，紧紧围绕建设有特色、高水平地方高校的目标，重点抓好以下几项重点工作。

一是要坚持科学定位，努力找准自身优势和特点，做大做强优势特色学科，推动整体办学水平的进位赶超。学校的机械制造与自动化是省级特色专业，材料工程技术专业是江西省首批省级示范专业，这是学校的优势专业，要集中精力、人力、财力、物力把优势学科做大做强。二是要牢固确立人才培养在高校工作中的中心地位，切实把提高人才培养质量作为高校生存发展的基础，改善办学条件，加强师资队伍建设，创新人才培养模式，为地方建设培养高素质的应用型和复合型人才。三是要努力搭建协同创新平台，围绕区域产业发展需求，大力推进产、学、研深度融合，为地方经济社会发展服务。萍乡是中国工业陶瓷之都、中国电瓷主要产业基地；萍乡有机械制造企业100多家，机械产品门类齐全，如井巷采掘机械在全国的市场占有率为30%，在该行业内属于国家第一品牌。学校要瞄准萍乡产业布局、企业需求，不断凝练办学特色，调整优化学科结构，服务地方经济社会发展。四是要充分发挥高校在文化大发展大繁荣中的生力军作用，加强文化传承创新，为加快江西省建设特色鲜明、影响广泛的文化大省作出积极贡献。萍乡高等专科学校要自觉担当起传承安源精神的历史使命，积极开发和运用本土的红色资源优势，努力打造红色安源文化教育的特色品牌，为服务萍乡经济社会的发展，促进赣西老区文化大发展、大繁荣，提升文化软实力，作出应有的贡献。

（2012 年 7 月 1 日）

交通特色是学校持续发展的宝

——华东交通大学要建设全国知名的交通大学

华东交通大学依山傍水、临江怀湖，树木葱茏、鸟语花香，集江河湖山于一体，汇幽雅青翠于一身，是一座名副其实的山水生态校园，是一个钟灵毓秀的好地方，是一个潜心问学的好处所，是一个砥砺品格的好家园。

近年来，学校在江西省委、省政府的正确领导下，秉承"日新其德，止于至善"的校训，坚持励精图治，坚持激情奋斗，坚持矢志创新，办学规模不断扩大，办学特色日益凸显，办学影响力显著提高，实现了"三个转变"：从工科性大学向以工科为主、多学科协调发展的教学研究型大学转变；从以培养本科生为主，向研究生、本科生、专科生齐备的多层次人才培养体系转变；从单一人才培养基地向人才培养、科学研究、社会服务相结合的综合性科技创新基地转变，综合实力位居全省高校前列，优势特色学科在全国形成影响，为我国铁路事业的腾飞和江西经济社会的发展做出了重要贡献，赢得了良好的社会声誉。总之，华东交通大学是江西省一所有特色、有实力、有潜力的大学。

一、明确发展目标

办学定位和办学目标是一个大学的办学之纲，是一所学校长期稳定与发展的灵魂，对高校的发展起着至关重要的作用。学校提出要"建设综合办学实力省内一流、优势特色学科全国先进、有竞争力的教学研究型大学"的目标，这个定位很好，希望学校扎实工作，有序推进。建设"优势突出、特色鲜明的全国知名交通大学"，并坚定不移地朝着这个目标迈进。

二、做好三个努力

（一）努力抓好人才培养

人才培养是高等教育的本质要求和根本使命，是高校生存和发展的基础。要牢固确立人才培养在高校工作中的中心地位，一切工作都要服从和服务于学生的成长成才，坚决扭转重科研轻教学、重学科轻育人的现象，着力提高学生服务国家人民的社会责任感、勇于探索的创新精神、善于解决问题的实践能力，真正培养出德智体美全面发展的社会主义合格建设者和接班人。要深化教育教学改革。教学方法是点燃学生创新才智的火种，要把教学内容、教学方法、教学模式改革作为高等教育教学和人才培养的最基础性工作，大力推进启发式、探究式、讨论式、参与式教学，加强师生互动。要创新人才培养模式。培养创新人才，关键是因校制宜，探索科学基础、实践能力和人文素养融合发展的新模式。华东交通大学在江西省率先推进了人才培养模式改革，取得了显著成效，学校要认真总结，不断探索多种培养模式，创造各类人才辈出、拔尖创新人才不断涌现的局面。要突出本科教学基础地位。把本科教学作为高校最基础、最根本的工作，领导精力、师资力量、资源配置、经费安排和工作评价都要体现以教学为中心。要结合各自实际，建立和完善教学工作会议制度，定期研究教学工作。要把教授给本科生上课作为一项基本制度，将承担本科教学任务作为教授聘任的基本条件，让最优秀的教师为本科生上课。

（二）努力打造特色学科

学科建设是高校核心竞争力的制高点，是高校办出特色的关键。牛津、剑桥、哈佛等世界一流大学也并不是所有学科都是世界一流的，它们的成功源于在某些学科领域形成了鲜明特色，达到了世界顶尖水平，从而确立了自己世界名校的地位。可以说，学科特色是一所高校办学特色最鲜明、最主要的标志，而其人才培养、科学研究和社会服务等方面都取决于学科特色的发展水平。因此，高校一定要紧紧围绕强化学科专业特色做文章。华东交通大学 2011 届毕业生一次性就业率达 90.13%，位居全省第一，连续十多年稳定在前二名，被教育部授予"全国普通高校毕业生就业工作先进集体"，取得这样的成绩，就是因为学校具有鲜明的交通行业特色。学校走"有特色、高水平"之路，最根本的，就是坚持交通行业特色不动摇，这个就是学校持续发展的宝，丢不得。要始终突出"交通特色"、打造"交通品牌"、做好"交通文章"，要坚持集思广益，按照"唯一性"和"独特性"的原则，找准优势特色学科，整合优质资源，关键是做到"四个结合"：一是结合区域经济社会发展的科研需求。主要围绕具有地域特殊性的科研需求，凝练学科的发展方向。二是结合区域人文和自然的独特资源。要从高校所处区域的人文、自然等方面的独特资源中汲取养分，选择学科突破的方向。三是结合高校自身发展的既有优势。比如学校的"车辆轮轨诱发的环境振动与噪声控制关键技术及产业化"项目、"牵引供电与电力远动（SCADA）系统研究"项目，具有独特的优势，产生了显著的社会效益和经济效益，这个要重点突破。四是结合学科发展的前沿趋势。要从学科与学科、科学与技术、自然科学与人文社会科学之间的交叉、渗透、融合中寻找到优势特色学科发展的方向、重点、途径与举措。练内功、增内涵、强底气，有特色地促进转变，有选择地追求卓越，坚定不移地走以优势和特色取胜的发展道路。

（三）努力推进协同创新

协同创新是提高高等教育质量的根本要求，是提升高等学校创新能力的根本途径，也是建设创新型国家的必由之路。为提升高校的办学水平和创新能力，江西省率先在全国实施了高等学校创新能力提升计划，俗称"江西 2011 计划"。2012 年已经遴选并挂牌成立了"猪牛羊良种培育及高效扩繁"等首批 10 个省级协同创新中心项目，其中就包括了华东交通大学的交通基础设施环境与安全协同创新中心。这些协同创新中心代表了江西省高等教育的较高水平，经过几年的建设，将成为江西省具有重大影响的学术高地、行业产业共性技术的研发基地、区域创新发展的引领阵地和文化传承创新的主力阵营。华东交通大学作为江西省唯一一所以工为主、以交通为特色的大学，在这方面应有所作为，也大有可为。学校一定要充分地整合学校的学科优势、人才优势和平台优势，更加主动地面向行业发展的核心技术问题，更加主动地面向江西省战略性新兴产业发展的关键技术，加大与省内外高校、科研院所、政府部门和行业、企业单位的协同，开展联合攻关，建设一批重大科技创新平台，形成一批重大创新成果，集聚和培养一批高素质的创新人才和团队，要做到四个集中：一是集中精力。学校领导班子的精力主要应当放在特色优势学科的建设和发展上。二是集中人力。要多管齐下、多措并举，将本校甚至外校的科研领军人才延揽和集聚到优势特色学科建设上来，形成优秀的团队。三是集中财力。高校资金要优先安排优势特色学科项目建设。要吸引行业、企业等社会各方对高校重点学科建设给予支持。四是集中物力。在全省高校建立若干个优质科研和教育资源共建共享平台，包括实验室及试验设备、图书资料、学科团队及科研成果共建共享平台，形成优质教育资源共建共享机制。

（2012 年 11 月 9 日）

江西教育学院要转型升级

　　江西教育学院以 90 票的高票顺利通过了改制为普通本科院校的评审，改制工作取得了实质性的胜利，待教育部公示和下文后，学校将正式更名为南昌师范学院，这是学校发展史上的一个重要里程碑，也是江西省高等教育发展中的一件大事、喜事。在几十年的发展过程中，学校有四个方面的深刻印象：一是独具特色。学校在教师教育方面有独特的优势，集师资培养、培训于一体，形成了教师教育职前、职后相贯通的特色，这是其他师范院校所不具备的。二是历经坎坷。办学61 年来，学校的发展道路特别艰辛，曾三次更名（曾用名为江西省中等师资进修学校、南昌师专、江西教育学院），六次迁移校址，十年停办，办学性质几度在成人高校和普通高校之间更替。进入新世纪后，学校因成人高校办学体制的限制，面临成人生源严重萎缩、普高招生政策受限、优质教育资源不断流失、办学空间逐渐缩小的生存发展困境。目前，学校终于"柳暗花明又一村"，可以说，是顽强地"挺"过来了，特别不容易。三是勇于开拓。面对种种困境，学校党委一班人不等、不靠、不要，主动顺应形势，努力创造条件办学。特别是 2008

年提出"购地建设新校区、改制为普通本科高校"的目标后，全校上下团结一致，艰苦奋斗，攻坚克难，不断加强软硬件建设，利用五年左右的时间，建设了一个新校区，迎接了两次国评，并最终实现了改制夙愿，这种精神难能可贵。四是富有作为。学校始终坚持"研究基础教育、服务基础教育"的办学方向，坚持"学得好、下得去、用得上"的人才培养目标，累计培养本专科生9万余人，培训教育局长等教育行政干部和中小学校长、骨干教师17万余人次，远程培训中小学教师160余万人次，为全省基础教育和经济社会发展做出了应有贡献。特别是在办学过程中，学院形成了许多在国内乃至国际都非常有影响的研究成果，比如，在逻辑史研究、书院史研究、训诂学研究、谱牒研究、文艺理论研究、鸡的基因研究等方面都取得了重要成就，有的成果还填补了国内相关领域研究的空白。

这次改制成功，标志着学校进入了新的历史发展时期，对进一步拓宽学校的办学空间、凝练办学特色、提升办学水平，更好地顺应高等教育发展形势、满足经济社会发展需要具有十分重要的意义。站在新的历史起点上，有许多重要的问题还亟待学校去思考。比如，学校办学定位是什么，发展方向在哪里，路要怎么走？在高等教育大众化的阶段，学校如何抢抓机遇，在激烈的竞争中提升学校的办学实力和核心竞争力？这是必须认真思考和回答的重要课题。要回答好这些问题，需要学校继续发扬特别能吃苦、特别能战斗的工作作风，需要学校同心同德、群策群力、艰苦奋斗、再创辉煌。借此机会，对学校的发展提几点思考，总的要求是，深化改革、科学定位、加快转型。

一、关于定位问题

站在新的起点上，学校该往哪里走，科学定位很重要。如果方向都不清楚，做其他任何事情都可能是徒劳。

首先，对自身实力差距要认识好。教育学院是一所具有 61 年历史积淀的高校了，站在新的历史起点上，很有必要对 61 年来的办学历史进行一个总结回顾，有关办学经验教训、办学成果、办学特色等等，这都是学校迈向新征程上非常宝贵的财富，要总结好。这次改制成功，为学校的发展提供了一个很好的平台和机遇。但还必须清醒地认识到，改制成功并不意味着大功告成，就万事大吉了。虽然这些年来学校取得了很不错的成绩，但学校的自身条件与国内一流高校，甚至与省内重点高校相比，还有一定的差距。只有正视这些差距和不足，从自身的实际出发，摸清发展中存在的瓶颈和难题，深化改革，把学校的发展放在全省经济社会发展的大局来思考、来行动，紧紧围绕中央和江西省重大决策部署来谋划、来推进，严格按照中央和江西省对高等教育的新要求来部署、来落实，学校的发展才能立于潮头，谋求更好的发展。

其次，对人才培养目标要定位好。江西培养师资的高校现在已经有十多所，各学校招生、就业、人才培养的侧重点不一样，既相互补充，又存在竞争。学校作为一所刚改制的本科层次师范类高校，如果改制后的办学特色与其他师范院校雷同，就失去了改制的意义。要走错位发展，内涵发展之路。学校改制后，其办学方向将重点定为学前教育和农村义务教育培养优质师资，这个定位很好，它不仅有助于提高江西省本科层次的师范生培养能力，缓解江西省学前教育和义务教育师资不足的局面，也有利于推动城乡义务教育均衡发展，使不同层次和类型的教师教育既发挥各自优势，错位发展又整体配合。同时，要统筹协调好师范类专业与非师范类专业的办学，努力提升学校的社会服务能力。

再次，对学校发展目标要规划好。教育部给学校改制的批文还有一个过程，但学校的谋篇布局和顶层设计要提前进行，不能等、不能拖。要紧紧围绕"办一所什么样的高校，怎么办好这所高校？培养什么样的人，怎么培养人？"这两个问题，认真做好顶层设计，进一步明确办学理念、办学思路，理清下一步的发展定位、发展路径、发展特色、本专科招生比例、师范与非师范的比例、传统专业与新增专业、新校区与老校区的办学资源配置等重大问题，认真研究制定学院长远发展规划，既要有中短期的目标任务，又有长期的战略目标。总的发展定位是，建设特色鲜明、省内有影响的地方师范类本科院校。

二、关于特色问题

特色就是竞争力，是一所大学的生存之本。"有特色、高水平"，是江西省高校建设的总目标，是每所大学提高质量的共同追求，是所有大学克服同一区域的同构性、同一类型的同质性的理智抉择。

学校要如何走"有特色、高水平"之路，首先要找准自己的优势和特色学科。如何找？关键是要始终坚持师范性和教师教育特色不动摇，做到"三个结合"：一是结合自身发展既有的优势和特色。学校在长期的办学过程中，已经形成了一些固有的优势和特色，比如说书院史研究、逻辑史研究、谱牒研究等，在这些研究领域已经取得了成就，形成了特色。再如，学校教师教育职前、职后相贯通的优势和特色是几十年办学过程长期积淀下来的，要继续发挥好这个优势，把相对优势变成绝对优势，打造有影响的学科品牌。二是要结合服务江西教育发展的新要求。如学校的学前教育专业，就抓住了近年来国家大力发展学前教育的有利契机，办出了特色。党的十八大提出要办好学前教育，"办好"，意味着学前教育既要积极发展，提高普及程度，又要科学保教，办出水平，促进儿童"快乐生活、健康成长"。江西省中长期教育改革和发展规划也指出，到2020年普及学前一年教育，基本普及学前两年教育，有条件的市、县（市、区）普及学前三年教育。学前教育的快速发展，需要补充大量的优质的师资。学校改制后，将主要面向学前教育和义务教育培养优秀师资，而且学前教育排在了义务教育之前，说明学校还是有远见的，既找准了办学方向，又突出了自身的优势特色，学校还正式成立了学前教育学院，这在全省应该是领先的。三是结合服务江西经济社会发展的需要。近年来，随着建设鄱阳湖生态经济区、赣南等原中央苏区振兴发展上升为国家战略，加上江西省优秀灿烂的传统文化和丰富的红色旅游、生态旅游资源，这些都为学院相关学科专业的发展提供了有利条件，为学院在服务建设富裕和谐秀美江西提供了舞台。比如鸡的基因研究、旅游专业人才培养、书院文化研究等在这方面可以去深入挖掘。其他的学科、专业，也可以按照这"三个结合"去挖掘，如果学校能找准几个优势和特色学科，在全省甚至全国处于领先地位，那就不愁在高等教育领域没有立足之地，就不愁没有发展前途。对这些优势和特色学科，要整合资源，采取灵活的方式，将更多的精力、人力、财力、物力向优势和特色学科倾斜，实现重点突破，不断提高学校的核心竞争力。

三、关于学校建设

一是班子建设。大学的水平在很大程度上取决于领导班子的能力和水平。作为学院领导，不仅要有学问，更要懂经营、会管理，要成为真正的教育家。应该说，学校现在的班子还是很强的，是特别能战斗的。学校改制成功后，一定要把主要精力放在推进学校转型上，努力营造环境，搭建平台。这样才能多出人才、多出成果，学校才会有竞争力，才会更快发展。一是要善于学习。要以学习贯彻党的十八大精神和中国社会主义理论体系为重点，不断提高领导班子思想理论水平，始终把思想政治建设放在首位，坚持社会主义办学方向。其次要提高能力。领导班子要主动加强对新情况、新问题的研究，准确把握高等教育发展的新趋势，不断探索学校办学规律，切实提高驾驭全局的能力，解决复杂问题的能力，推动学校内涵建设的能力和改革创新的能力。最后是要加强团结。领导班子要始终坚持民主集中制，学校重大事项的决策要按照"集体领导、民主集中、个别酝酿、会议决定"的原则进行。要正确处理党委与行政、个人与组织、民主与集中以及领导班子成员之间的关系，努力推进"党委领导、校长负责、教授治学、民主管理"。二是教师队伍建设。高水平师资是学校的核心要素，必须把加强教师队伍建设作为重要的基础工程来抓。要坚持"育"和"引"并举，"育"的重点是加强中青年教师培养，积极支持中青年教师在教学实践中挑大梁，创造条件让有潜力的骨干教师沉下心来搞教学、搞研究。"引"的关键是延揽高层次领军人才；要加强对外宣传，增强校外和海外人才对学校的认知度、认可度；要以重大科研项目、重点学科、科研基地和国际学术交流合作项目等平台为依托，努力打造在本省乃至全国有影响的高水平优秀教学科研团队。要坚持把师德师风建设摆在教师队伍建设的首位，加强教师职业理想和职业道德教育，增强广大教师的责任感和使命感，引导教师把教书育人作为毕生的事业追求，自觉担负起教书育人的神圣职责。要通过努力，造就一支师德高尚、业务精湛、结构合理、充满活力的高素质专业化教师队伍。三是校园文化建设。校园文化是学校在长期办学过程中形成的一种内在文化氛围，是一所高校办学理念和大学精神以及管理水平的集中展示，它凝聚着学校的校风、教风、学风、作风的整体素质，在人才培养的系统工程中极其重要。学校 61 年来形成的校园文化已经深入人心，但必须清醒地认识到，成人教育有其相对特殊性。与普通高校相比，成人高校的办学方式相对灵活、生源年龄和素质参差不齐、教学组织相对松散，这无形中造成成人高校的校风、教风、学风、作风与普通高校相比存在一定的差别。改制成功后，下一步，学校要将校园文化建设纳入重要的议事日程，通过校训、校旗、校歌、校园宣传等多种方式，努力培育良好的校园文化，营造一种教书育人、管理育人、环境育人的良好氛围，让学生乐学，教师乐教，增强学校的"软实力"。四是廉政建设。江西省将一如既往支持学校的改制和新校区建设工作，但是，一定要注意节俭，注意廉政。工程建设第一要保证楼不倒，第二要保证人不倒。楼不倒是质量问题，人不倒是廉政问题。学校一定要高度重视，千万不要出问题。

"空谈误校，实干兴校"，希望学校能够以成功改制为契机，在江西教育学院发展的新征程上凝心聚力，务实进取，乘势而上，努力把学院建设成"有特色、高水平"的地方普通本科师范高校，为推动江西教育事业的发展，建设富裕和谐秀美江西做出新的更大的贡献。

（2013 年 3 月 5 日）

南昌工程学院要以"水"立校

一、办学有特色

近年来，南昌工程学院在江西省委、省政府的正确领导下，深化改革，加快发展，办学特色日益凸显，办学影响力显著提高，取得了良好的办学成果。

一是有历史。南昌工程学院创办于1958年，前身是江西水利电力学院，1978年恢复专科层次办学，在专科办学时期，就是全国示范性专科学校，2004年升格为本科院校，2008年，江西省人民政府与国家水利部签署共建南昌工程学院的协议，学校进入了一个事业发展的快车道。

二是有思路。近年来，学院转变发展方式，紧紧抓住内涵建设这个主题，每年都有一个明确的思路和扎实的抓手，有力地推进了学校事业发展，使学校在短期内快速适应了本科办学，2011年顺利通过了教育部本科教育工作评估，并且在一些办学指标上走在全省新建本科高校的前列。如，学校抓住国务院开展"服务国家特殊需求人才硕士专业学位研究生培养项目"这个机遇，获得了水利工程领域和动力工程领域两个硕士专业学位研究生授予权，同时还成功申报了教育部"卓越工程师培养计划"，成为江西省新建本科院校的首所获批培养单位的高校。

三是有特色。学校形成了以水利和生态环境为特色的学科发展方向，有水利工程、水文与水资源工程、农业水利工程、热能动力工程、水土保持与荒漠化防治等一批国家级特色专业和省级特色专业；拥有水利工程、测绘工程、水电动力工程、水土保持等10个中央与地方共建的实验室和实训中心，水利水电专业成为学校核心专业，学科优势和特色不断彰显。

四是有贡献。江西省水利一线的不少工程技术人员都是南昌工程学院培养的，可以说是江西省水利人才培养基地，也是全国水利人才培养基地之一，当年与河海大学、华北水利水电水院并称为国家水利行业培养人才的高校。近年来，学校积极为地方经济和水利行业服务，主动融入江西省鄱阳湖生态经济区建设和赣南原中央苏区振兴发展，在保护修复湖泊生态系统、合理开发和利用鄱阳湖水资源等方面开展科学研究，进行"产学研"合作，赢得了良好社会声誉。

总之，南昌工程学院是一所水利特色鲜明，在行业和国内有一定影响和知名度的应用型工程本科院校，为地方经济建设和水利行业培养了大批优秀人才，为促进江西经济社会发展和水利事业做出了重要贡献。

二、围绕"水"字做文章

一是定目标。人才培养是高校的根本任务，培养什么样的人才、怎样培养人才，是每所高校所要面对、思索的。那么，学校的人才培养目标是什么？江西省是水利大省、农业大省，建设秀美江西、美丽中国，实现农业现代化，需要一大批高素质的水利人才。从学校的办学实际情况看，虽然学校是一所新成立的本科院校，但是是以工科教育为主，培养的是生产、建设、管理和服务第一线的应用型人才，这是学校的优势所在。因此，学校不能像南昌大学、江西财经大学等那样，办成一所研究型综合大学。江西水资源丰沛，水利建设任务繁重，学校的定位应该是坚持以服务水利发展、促进秀美江西建设为己任，把培养具有创业和创新精神的高素质应用型人才作为根本任务。只有明确这个办学目标，才能实现错位发展。

为此，学校要紧紧围绕"打造现代工程师摇篮，服务地方与行业"的人才培养定位，科学制定专业培养目标和培养方案，积极创新人才培养模式。同时也要着力抓好"硕士专业学位研究生培养"和"卓越工程师培养计划"建设，努力培养造就更多具有强烈创新意识、能够担当水利改革发展重任的高层次水利人才队伍；要加强高校、科研院所、行业企业联合育人，探索产学研合作、工学交替的培养模式，通过技术开发、科技攻关、合作申报创新项目和应用项目，开展横向课题研究，促进高水平科学研究和高质量人才培养紧密结合，实现人才培养和科研水平双提升。

二是定特色。大学不在规模大小、历史长短，关键是要有特色。特色鲜明的学科专业是一所高校赖以生存和发展的重要基础。牛津、剑桥、哈佛、斯坦福、加州理工等世界一流大学也并不是所有学科都是世界一流的，它们的成功源于在某些学科领域形成了鲜明特色，达到了世界顶尖水平，从而确立了自己世界名校的地位。可以说，学科特色是一所打造核心竞争力的最主要的标志，其人才培养、科学研究和社会服务等方面的特色都取决于学科特色的发展水平。那么，如何打造学科特色？至少应该具备三个主要特性：一是独特性。打造特色要有唯一性和独特性，就是要人无我有，人有我优，人优我特。二是稳定性。能成为办学特色的,应是能经得起时间和历史的考验,并被社会所广泛认可的。三是发展性。随着时代的发展变化和办学环境的改变,办学特色也会随之延展,与时俱进。

南昌工程学院是省内一所特色鲜明的高校,学校有发展的基础,也有发展的前景,更有发展的思路。从学校的办学实际情况来看,学校坚持围绕"水"字做文章,在应用型上下功夫,"努力建设成为水利特色鲜明、省内有优势、国内有影响的高水平应用型工程院校"这个思路,定位很好,突出了水利特色,学校要继续坚持这个发展思路,进一步凝练优势和特色,做优做强水利专业,努力打造国内一流甚至具有国际领先水平的强势学科,使相对优势变为绝对优势,树立具有广泛影响的水利学科品牌;要紧紧依托水利,形成大水利的发展格局(如江西服装学院的大服装概念,实现了服装从头到脚、从内到外、从穿到用的全覆盖,贯穿设计、工艺、管理、营销、表演等全方面,成为全国服装类专业体系最全、在校人数最多、特色最鲜明的高等服装专业教育院校)。学校要充分发挥水利学科对其他学科的辐射和带动作用,促进其他学科的均衡发展。要依托学校的特色,主动融入经济社会发展中,增强服务社会的能力,尤其要紧密结合当前现代水利发展的需求,拓宽发展的思路,要在鄱阳湖生态经济区建设中有作为、有声音。

三是抓内涵。加强内涵建设,全面提高教育教学质量,是党的十八大对高等教育发展提出的要求,也是江西省高等教育"力促两个转变,实现五个一流"的关键所在。为此,要牢固树立以提高质量为核心的教育发展观。始终坚持育人为本、德育为先、能力为重、全面发展的方针,不断更新教育教学理念,创新教学方法和手段;要把学校教育资源配置和学校工作重点集中到强化教学环节、提高教学质量上来,建立以提高教学质量为导向的管理制度和工作机制,为江西经济社会发展和水利行业培养更多高素质人才。

要加强教师队伍建设。大学不是大楼，是大师。教师队伍是办学的第一资源，是决定教育质量的关键，要把教师队伍建设作为高校最重要的基础工程来抓，进一步加强学科带头人、学术骨干和创新团队建设，加快构建有利于高水平教师脱颖而出的体制机制，努力培养造就一支师德高尚、业务精深、结构合理、充满活力的师资队伍。

要大力推进协同创新。学校要瞄准关系水利长远发展的基础性、战略性、全局性、前瞻性问题和水利水电工程关键技术，坚持需求导向、全面开放、深度融合、创新引领的原则，依托重大科技攻关项目，加强与地方政府、水利科研院所、企事业单位的产学研合作，实现资源共享与优势互补，积极构建多学科融合、多团队协同、多技术集成的重大研发与应用平台，大力提升原始创新、自主创新能力，努力取得一批重大创新成果。这几年，南昌工程学院的科研水平得到了快速发展，学校领导班子在科研发展上思路很清晰，在注重基础研究的同时，更加注重应用型研究，尤其是对水利行业的应用型研究，要继续保持这个势头，按照"高起点、高水平、有特色"的要求，凝练特色方向，找准切入点，整合资源，积极组建培育一批校级"协同创新中心"，力争取得突破，进入江西省第二批"协同创新中心"名单，进一步提高学校科研能力和水平。要完善科技成果转化和技术转移机制，着力推进科技成果产业化，将更多科研成果转化为现实生产力，为经济社会发展和水利现代化建设提供有力的科技支撑。

四是抓管理。没有一流的管理，就谈不上一流的学校。一流的管理，首先要抓好领导班子建设，尤其是书记、校长，要有战略眼光，应该成为教育管理方面的专家，既要有先进的教育理念和管理驾驭能力，也要保证全身心投入办学和管理。要加强学习，搞好团结，要充分调动中层干部的积极性和创造性，凝心聚力推动学校发展。

其次，要加强大学文化建设。大学文化是大学实力的重要组成，是大学实力的重要组成。学校的文化建设有特色、有内涵，尤其是在"水文化"研究上有思路、有平台、有成果，已经成为学校的一张鲜活名片。要继续坚持以"水文化"为引领，凝炼富有特色的校训、严谨的校风、教风，营建境界高尚、底蕴深厚、崇尚科学、追求真理的校园文化氛围，提升学校的软实力和核心竞争力。

第三，要积极开展对外交流，使学校成为传播水利科技和水文化的窗口，充分展示南昌工程学院的风采，树立南昌工程学院的良好形象，增强学校的知名度和影响力。

第四，要抓好和谐校园建设。把安全稳定放在重要位置，进一步健全机制，巩固基础，强化措施，落实责任，为广大学生创造一个安全和谐文明的校园环境。要加强思想政治工作，坚持不懈用中国特色社会主义理论体系武装师生头脑，把广大师生团结凝聚在中国特色社会主义伟大旗帜之下，坚定广大师生走中国特色社会主义道路的信心和决心。要进一步加强网络管理，正确引导网络舆情，及时发现、封堵各种有害信息，净化校园环境。

（2013 年 3 月 7 日）

昌航要在自己的优势领域做到最好

——建设航空特色鲜明的高水平研究型大学

南昌航空大学自 1952 年办学以来，始终与党和国家的国防工业、航空航天事业同呼吸、共命运，形成了独具特色的优良传统，积淀了弥足珍贵的精神财富。学校发展坎坷，两次搬迁、三易校址，由小变大、由弱变强，目前已发展成为一所办学定位准确、学科专业较全、师资力量较强、科研能力较为突出、航空国防特色鲜明的省重点建设高校。近年来，学校积极开展"第三次创业"，顺利完成本科教学水平评估，不断深化"五项改革"，努力加强航空特色建设和重点学科建设，办学特色日益凸显，办学影响力显著提高，办学成果显著。

一、取得的成绩

一是人才培养质量高。国防生培养的"昌航模式"在全国推广，国防生培养模式实验区被教育部确立为"国家级国防生培养模式创新实验区"；国防生当代革命军人核心价值观培育"四个结合"的经验做法受到中央领导和军队首长的高度评价。学校实行的"2+2"、"本科毕业证书＋专业岗位资格证书"等分层次分类型人才培养模式，培养了一大批具有创新精神的高级应用型专门人才，学校毕业生就业率连续位居全省高校前列。

二是学科建设特色明。学校坚持航空特色为引领，不断加强高水平特色学科建设，打造了航空材料与制造、测试与控制和环境工程等一批优势特色学科，学科核心竞争力不断提高。学校目前有国家特色专业 5 个，江西省特色专业 4 个，国防重点建设专业 3 个，国家"卓越工程师教育培养计划"项目的专业 2 个；拥有航空宇航制造工程一个省级重点学科；机械工程和航空宇航科学技术两大学科群；航空宇航制造实验中心、机械设计实验中心、机械制造实验室、机械电子实验室、航空技术综合实验中心、航空陈列馆六大实验实践教学基地。

三是科学研究成果丰。学校主动跟踪前沿、适应需求，瞄准国家和区域经济社会发展特别是航空航天和国防科技工业领域中的热点和难点，国家自然科学基金项目逐年翻番，2012 年突破 60 项。副校长罗胜联教授荣获了 2012 年何梁何利基金"科学与技术创新奖"，实现了江西省在该奖项零的突破，自主研制的"都市精灵"无人直升机以及合作研制的国内首架碳纤维轻型运动飞机"红嘴鸥"成功亮相珠海国际航展。

四是师资队伍实力强。学校把培养、使用、引进和凝聚高层次人才作为推进学校科学发展的战略任务，大力实施人才强校战略和"111360工程"。现有副高职称以上的专任教师 500 多人，具有硕博学位教师近千人，引进和培养的博士达到 377 人，专任教师硕博比达到 80% 以上，列江西高校之首；国家杰出青年基金获得者、教育部新世纪优秀人才实现了零的突破，这些都为学校快速发展奠定了坚实的基础。

五是服务社会贡献大。学校以振兴我国航空航天事业为己任，培养造就了 10 余万名各类优秀人才，为航空工业的发展和江西省经济社会发展做出了积极的贡献；学校积极发挥自身人才优势和学科优势，先后承担了多项航空国防纵横向研究项目，取得了一批创新性科研成果，有些已成功应用于航空等工业生产领域，产生了显著的经济效益。

总之，南昌航空大学是一所有特色、有实力、有影响的大学，为我国航空航天、国防军工事业以及江西省经济社会发展、科技进步和教育振兴作出了重要贡献，不愧为江西省高等教育事业改革发展的生力军！

二、改革举措

当前，江西省正处于科学发展、进位赶超、绿色崛起的关键时期，经济社会发展对科技、教育、人才的需求达到了空前的高度。转变经济发展方式，迫切需要强有力的人才、智力和科技支撑；国防现代化进程的加快，航空航天事业的蓬勃发展，国家对高精尖科技创新成果和国防航空优秀人才的需求也迅速增加；建设鄱阳湖生态经济区和发展江西省十大战略性新兴产业，建设富裕和谐秀美江西，更加需要依靠科技创新的引领和高素质人才的支持。全面建设小康社会的快速发展，人民群众对接受优质高等教育的需求更加强烈。在这种形势下，高等教育的责任更加重大，任务更加艰巨。站在新的历史起点上，一定要认真学习贯彻党的十八大精神，牢固树立科学发展观，努力办好人民满意教育，力争在新一轮教育改革与发展中取得更好的成绩。

一是明确发展目标。办学目标和办学定位是一个大学之纲，办学定位对学校的发展起到至关重要的作用，高校只有明确目标、准确定位，并在自己擅长的优势领域做到最好，就能够在不同层次、不同方面、不同空间上创造一流。南昌航空大学是新中国六所航空院校之一，也是江西唯一一所本科航空院校，学校提出坚持"育人为本，质量立校，人才强校，特色发展，开放办学"的办学理念，坚持"立足江西，面向全国，服务地方，服务国防"的服务面向，建设"航空特色鲜明、国内一流的高水平研究型大学"的办学目标，理念清晰，目标明确，希望南昌航空大学坚定不移地朝着这个目标迈进。

二是抓好人才培养。人才培养是高等教育的本质要求和根本使命，是高校生存和发展的基础。要牢固确立人才培养在高校工作中的中心地位，把主要力量、资源配置、师资力量投入到教学中去。要坚持将知识传授、能力培养和素质提升贯穿到人才培养的全过程，着力提高大学生的学习、实践和创新能力。要进一步创新人才培养模式。培养创新人才，关键是因校制宜，探索科学基础、实践能力和人文素养融合发展的新模式。南昌航空大学实行的"2+2"、"本科毕业证书＋专业岗位资格证书"等分层次分类型人才培养模式，取得了显著成效，学校要认真总结，要进一步抓好"拔尖人才培养计划"、"卓越工程师培养计划"、"申请工程教育专业认证"、"举办双学位和双专业"等人才培养方式创新，不断探索多元化的人才培养模式，创造各类人才辈出、拔尖创新人才不断涌现的局面。要把本科教学作为高校最基础、最根本的工作，校领导要亲自到课堂去上课，去给本科生上课。

三是打造特色学科。学科建设是高校核心竞争力的制高点，是高校办出特色的关键。牛津、剑桥、哈佛等世界一流大学也并不是所有学科都是世界一流的，它们的成功源于在某些学科领域形成了鲜明特色，达到了世界顶尖水平，从而确立了自己世界名校的地位。可以说，学科特色是一所高校办学特色最鲜明、最主要的标志，而其人才培养、科学研究和社会服务等方面都取决于学科特色的发展水平。

南昌航空大学走"有特色、高水平"之路，最根本的，就是始终坚持高举航空大旗，继续弘扬学校办学的航空特色，努力打造国内一流甚至具有国际领先水平的优势学科，树立具有广泛影响的航空学科品牌；要围绕行业和江西省十大战略性新兴产业发展需求，在航空制造、新材料、新能源重点方向上抢先布点新学科或学科方向，提高现有学科与相关行业的结合度。要依托学校航空优势学科，发展有较强学科支撑、有特色专业方向、可资源共享、就业前景好的航空制造、航空电子信息、航空服务、新材料、新能源等专业，形成大航空的发展格局。要进一步推进学科交叉渗透，重点开展与博士授权学科密切相关、起支撑作用的学科基础研究和新技术研究，使一批基础相关、联系密切、资源共享、优势突出的学科逐步形成具有鲜明特色的学科群，为博士授权学科提供科学研究和人才培养等方面的支撑。

四是推进协同创新。江西省是航空资源大省，有南昌航空大学、中国直升机设计研究所、昌河飞机工业公司、洪都航空工业公司等航空人才培养、研究、生产单位，在产业规模、产品配套、人才与技术储备等方面都有集中优势，已成为我国直升机、教练机、强击机、无人机、通用飞机等航空装备的研发和制造基地。江西省十大战略性新兴产业规划也明确将航空制造产业列入全省战略性新兴产业和科技创新"六个一"工程重点支持产业。江西省主要领导在江西省第十二届人民代表大会第一次会议上的报告中也提出"积极发展通用飞机、民用直升机及大飞机零部件，加快建设南昌航空城、景德镇直升机产业示范基地，力争国家将江西省列入低空空域开放试点省"。这些都迫切需要高水平的航空制造业协同创新中心的技术和人才支撑。

南昌航空大学是我国建立航空制造相关学科最早的院校之一，经过60多年的建设与发展，在直升机设计与制造、航空材料热加工、航空材料与构件检测评价和航空构件精密加工等领域具有鲜明的特色和很强的实力，学校的"江西省航空制造业协同创新中心"也是江西省首批10个"2011协同创新中心"之一。学校一定要充分整合学校的学科优势、人才优势、平台优势和国防特色，打破学校与其他创新主体间的体制壁垒，积极吸纳企业、科研院所的创新力量，汇聚多方资源，加快建设协同创新的战略联盟，实现创新资源和能力的有效集聚和有机融合。要紧紧瞄准江西省航空制造产业发展和国家需求，在直升机新概念旋翼／螺旋桨设计与制造技术、航空发动机热端部件精密加工、动部件抗疲劳制造、全寿命过程航空构件检测与评价等方面大力开展研究和联合攻关，力争在关键技术、核心技术上取得突破，成为国内一流的航空制造业中心和创新平台。要加快科技成果的产业化应用进程，尽早使科技成果转化为现实生产力。

五是加强党的建设。第一，要加强领导班子建设。加强领导班子建设是推动高校科学发展、健康发展的最基本、最重要的要求。高校的领导班子尤其是书记、校长，要有战略眼光，应该成为教育管理方面的专家，既要有先进的教育理念和管理驾驭能力，也要保证全身心投入办学和管理。要加强学习，搞好团结，要知人善任、知人善用，要充分调动中层干部的积极性和创造性，凝心聚力推动学校发展。第二，要正确对待困境。学校因王国炎事件，目前，发展受到影响，处在困境当中，学校领导班子要统一思想，振奋精神，鼓足干劲，以一流的工作状态和一流的工作业绩，带领学校走出困境，再创新的辉煌。第三，要加强党风廉政建设。过去几年里，学校接连发生了几起腐败案件，对学校的发展造成了严重的负面影响。新一届领导班子一定要高度重视这个问题，深刻吸取经验教训，在抓好教育教学的同时，要把党风廉政建设和反腐败工作放在更加重要的位置，常抓不懈；要始终坚持民主集中制原则、党委领导下的校长负责制，不断增强领导班子的凝聚力、向心力和战斗力；要树立正确的权力观、地位观和利益观，努力做到权为民有用、利为民所谋、情为民所系，做到干干净净做事、认认真真做人。高校作为教书育人的地方，一定要有底线，要培养健康的情绪，坚持高尚的品质，做一个光明磊落的人。要加强惩治和预防反腐败体系建设，重点是要严把四个关，第一个工程建设关，第二个是财务管理关，第三个是学风关，第四个是制度关，这四个关口把住了，就能够有效预防高校腐败问题的发生。第四，要推进校园文化建设。文化是一所大学的灵魂，也是大学彰显特色的重要标志。学校要把大学文化建设作为重要任务来抓，使学校的文化底蕴更加丰厚，精神品质更加卓越，形成良好育人氛围。学校近年来在校园文化建设上卓有成效，彰显了学校文化育人的办学品位。学校要进一步弘扬"大气包容、开明开放、勇于创新、敢为人先、敬业奉献、追求卓越"的昌航文化和昌航精神，加强文化内涵建设，营造崇尚科学、继承传统、求实创新的氛围，创建积极向上的校园文化，扩大社会影响，增强认知度，提升美誉度，提升学校的软实力和核心竞争力。第五，要确保学校的安全稳定。稳定是学校改革发展的前提，一定要下大力气抓好。要进一步健全机制，巩固基础，强化措施，落实责任，为广大学生创造一个安全和谐文明的校园环境。

（2013 年 3 月 14 日）

人文社科兴则南大兴

——南昌大学文科建设要上新台阶

如何加强南昌大学的文科建设，要清楚为什么抓、抓什么、如何抓。

一、为什么抓：认清"三个有"

科学给人力量，人文指引方向。从古至今，文科一直是大学最基础、最重要的学科领域，是传承文明、传播文化、引领思想的最重要的力量，是建设一流大学的重要基石。南昌大学要想建设成为高水平、有特色的综合性大学，离不开人文社科的有力支撑。

一是有基础。南昌大学文化底蕴深厚，人文气息浓郁。经过 90 多年的发展和建设，已经形成了优良的文科办学传统，积淀了深厚的人文底蕴。校园文化薪火传承，不断得到发扬光大，在不同的历史时期谱写了一段又一段的华彩乐章，成为学校进一步发展的宝贵精神财富。尤其近年来，前湖之风周末讲坛、前湖论道、前湖诗会、前湖大舞台等"前湖"系列文化活动已成为校园文化新的品牌。南昌大学文科的主体来源于原江西大学，文科的底子很好，当时，江西大学的有些文科在全国都小有名气，如文、史、哲、新闻传播、法学等学科，新闻学还是

1949年以后国内成立最早的三个新闻专业之一，在国内新闻实务界、新闻教育界有良好的知名度和美誉度。原江西大学还聚集一批治学严谨、学术造诣很深的名家学者，包括谷霁光、胡寄窗等，谷霁光先生创造了《府兵制度考释》等一批传世力作，胡寄窗先生是中国经济思想史学科一位重要的开拓者和首创人。同时，文科还培养了一大批优秀人才，江西很多省领导毕业于原江西大学的文科专业，还有一大批知名学者和企业家。南昌大学原来江西大学文科的底子还在，现在来抓好文科建设还是有基础的。

二是有条件。南昌大学人文社会科学学科门类齐全，有些学科特色鲜明，实力很不错，聚集了一批文科专家学者，现在学校有文科教授130余人，博士160余人，人才队伍层次高，文科老师的学术科研实力比较强，在承担国家社科基金项目方面，2011年获批22项，列全国高校第28位；2012年获批30项，列全国高校第19位；2013年获批23项，列全国高校27位，这项指标在全国同类院校应该是名列前茅的；2012年文科科研经费已突破2000万元。在承担江西省经济社会重大招标项目方面，南昌大学发挥了领头羊作用，每年获批的重大招标课题占全省总数的近40%，为鄱阳湖生态经济区建设、赣南等原中央苏区振兴等国家区域发展战略的实施提供了有力的智力支持。学校的教育部人文社科重点研究基地——中国中部经济社会发展研究中心，依托自身综合优势和地域优势，汇聚各方面优势力量，在中部经济社会发展研究、服务中部崛起战略等领域均有新的进展，学术影响力明显提升，这些成绩的取得都是来之不易的。现在的南昌大学硬件基础条件好、山水校园环境优美，应该说南昌大学是最有条件来发展文科、建设文科。

三是有必要。南昌大学作为江西省唯一一所"211工程"重点建设的综合性大学，是江西省高等教育的龙头，而不是纯理工医学类大学，它的地位与江西省其他高校不一样，江西省委、省政府把南昌大学放在江西省高等教育战略发展的重中之重的突出位置，高度重视、重点建设。但是南昌大学的文科建设却没有明显优势，如学校目前还没有马克思主义理论研究和建设工程专家、学科评议组成员、"长江学者"特聘教授、国家社科基金和教育部重大项目承担者等文科方面的领军人才，也没有纯文科的一级学科博士点，二级学科博士点也很少，精品力作较少，近年来没有获得高校人文社会科学研究优秀成果奖。与省内有的高校相比，学校在文科核心竞争力方面仍存在一定的差距和不足。如，在一级学科博士点建设方面，江西师范大学有2个一级学科博士点，16个二级学科博士点。江西财经大学有5个一级学科博士点，24个二级学科博士点。南昌大学没有一级学科博士点，二级学科博士点也只有3个；在高水平文科学科建设方面，江西财经大学有国家重点学科培育学科1个、省级高水平学科2个，江西师范大学有省级高水平学科3个，南昌大学的文科既没有国家重点学科培育学科，也没有省级高水平学科。在承担国家级重大攻关项目和优秀成果获奖方面，江西财经大学、江西师范大学、赣南师院在承担国家社科基金重大项目上都有突破，井冈山大学在承担教育部重大攻关项目上实现了突破，华东交通大学在获得高等学校科学研究优秀成果奖（人文社会科学）一等奖上实现了突破，这些都是江西省在人文社会科学研究方面的突破，令人遗憾的是，这些突破都不在南昌大学。在领军人才和重要人才方面，社科基金项目评审会议专家江西师范大学有3人，江西财经大学有3人，而南昌大学也只有1人。这些差距和不足，与南昌大学在全省的龙头地位是不相符的。与国内同类院校相比，苏州大学文科有一级学科博士点8个，文科入选"千人计划"的1人、"长江学者奖励计划"特聘教授1人、国务院学位评定委员会学科评议组成员2人。郑州大学文科有一级学科博士点6个、国家重点学科培育学科1个。云南大学文科有一级学科博士点6个、国家重点学科2个。辽宁大学文科有一级学科博士点 6 个、国家重点学科 3 个、"长江学者奖励计划"特聘教授 2 人、国务院学位评定委员会学科评议组成员 2 人。南昌大学的文科被全国同类院校甩开了较大的差距。

可以说，人文社科不兴则南大不兴，人文社科不强则南大不强。实现"南大文科振兴梦"，决定着学校未来发展的后劲和核心竞争力。南昌大学领导班子一定要认真研究，正视差距，找准目标，坚定信心，进一步加快构建文科创新体系，激发活力，强化特色，实现赶超。

二、抓什么：突出"五个方面"

南昌大学的文科建设到底要抓什么，应该突出抓好五个方面。

一是抓目标。明确目标是实现南昌大学"文科振兴梦"的前提。南昌大学要科学制定文科振兴发展规划，明确文科建设发展目标。对南昌大学文科建设的总体要求是，围绕国家提出的"建设具有中国特色、中国风格、中国气派的哲学社会科学"的根本任务，在办学思路、学科建设、人才培养模式、体制机制改革等方面深入研究并进行战略性调整，通过建设发展，使学校文科与理、工、医科协调发展，使学校文科在省内发挥引领作用，在国内具有一定的影响力，努力实现"文科振兴梦"，成为一所名副其实的全国知名综合性大学。什么是综合性大学，建议南昌大学提出的目标是三句话：一流的理工科、高水平的医科、有特色的文科。具体要求是，结合学校文科建设实际，确立文科建设达到的位置、路线图和时间表，如在国家重点学科和省级高水平学科建设方面，要确定具体的突破点和时间点；在文科学位建设方面，要确定什么时间能拿到几个一级学科博士点；在领军人才培育和引进、承担国家级重大项目、培育学术精品和高水平研究平台等方面，也都要研究制定具体的目标数据和时间表。

二是抓重点。实施重点突破是江西省高等教育实施跨越发展的战略选择，也是南昌大学实现"文科振兴梦"的战略选择。南昌大学要通过调查研究，发现文科的优势在哪里？特色有哪些？学会取舍，集中优势资源进行重点突破、重点发展，握紧拳头，集中力量办大事。要进一步梳理现有文科学科体系，重点支持江右哲学、江西区域社会经济史、江西古代文学等传统学科中具有比较优势的学科做优做强，提升影响力，力争产出一批具有原创性的精品力作，推出一批对基础理论创新和文化传承有重大影响的标志性成果。支持哲学、经济学、文学、传媒学等具有一定基础的学科做大做强，力争在2~3个领域尽快实现重点突破。同时，着力促进学科交叉融合，加强人文社会科学与理、工、医学科的结合，以社会学、管理学、伦理学为依托，重点开展社会管理、医学伦理学的研究；以经济学、管理学为基础，加强对现代物流的研究，努力培育文科领域新的增长点。江西省教育厅等相关部门要对南昌大学的文科重点学科建设给予指导和大力支持。

三是抓人才。实现南昌大学"文科振兴梦"，关键在人，关键在高水平人才。一个好的学术带头人能够带出一支队伍，带动一个学科，产出一批高水平成果。过去，南昌大学在理、工、医科的人才引进和培养方面做了大量卓有成效的工作，南昌大学各级领导也要像抓理、工、医科那样，把文科人才队伍建设放在更加突出的位置，把眼光放得更远一点，把政策做得更实一些，把环境营造得更好一些。以省高校哲学社会科学领军人才和科研学术骨干为依托，对具有较强创新能力、实践能力和发展潜力的优秀教师，要不遗余力地强化培养；对年富力强、善于研究和解决重大学术问题与实际问题的学术人才，要不拘一格使用；对学科学术带头人以及学术新秀，要重点扶持，加大宣传力度；对高层次领军人才，要采取超常措施，积极引进和培育。通过引、培并举，着力打造一批科研创新团队，培养和造就一批学贯中西、享誉国际的名家大家，一批功底扎实、勇于创新的学术带头人，一批年富力强、锐意进取的青年拔尖人才，形成合理的人才梯队。

四是抓协同。推进协同创新是南昌大学"文科振兴梦"的有效途径。推进文科的协同创新，关键是要结合全国特别是全省经济社会发展重大需求，适应社会主义先进文化建设的新要求，整合优势资源，推动高校自身社科力量与科研院所、行业企业以及政府部门的深度合作，创新成果转化模式，努力构建产学研用新平台，为推动文化传承创新，服务政府决策发挥积极作用。江西省在全国率先启动了"2011协同创新计划"，这项工作走在了全国前列，目前全省已批准两批共20个协同创新中心，文科方面有3个，江西财经大学、江西师范大学、井冈山大学各1个，南昌大学文科1个也没有。希望南昌大学进一步发挥学科综合的优势，按照协同创新模式，围绕推进赣文化传承、保护和建设，围绕研究回答国家和区域经济社会发展重大现实问题，发挥综合性大学多学科的优势，实现文科与理工医科的协同创新，与科研院所、行业企业以及政府部门的协同创新，加快组建培育步伐，提升文科人才、学科、科研三位一体的创新能力，在文化传承创新的关键领域取得实质性成果。

五是抓服务。服务地方发展是南昌大学"文科振兴梦"的出发点和落脚点。南昌大学文科建设要以服务国家战略和建设富裕和谐秀美江西为主线，以促进中部地区崛起、鄱阳湖生态经济区建设、赣南等原中央苏区振兴和"昌九一体化"发展战略为主攻方向，紧紧围绕"发展升级、小康提速、绿色崛起、实干兴赣"的重大理论与现实问题，深入进行对策性、前瞻性研究，为江西科学发展、绿色崛起提供重要的理论支撑和实践指导。当前，南昌大学现有教育部人文社科重点研究基地1个，省高校人文社科重点研究基地7个，省哲学社会科学重点基地2个。学校要加强组建和培育，争取在新一轮的基地建设规划中再获批1个教育部重点研究基地，以构建结构合理、特色鲜明、优势突出的研究平台体系。通过高水平的研究平台凝练研究方向、聚集一流人才，为政府部门决策提供政策建议，为企业生产发展提供决策咨询，打造服务经济社会发展的"高端智库"。

三、如何抓：坚持"四个要"

对抓好南昌大学文科建设的认识已经明确了，目标和措施也明确了，下一步，关键是抓好落实。要求南昌大学的领导和各文科学院的广大教师要振作起来，按照"四个要"的要求，扎实工作，努力朝着既定的目标前进。

一是力量要强。首先，组织要有力。南昌大学各级领导要切实把文科建设摆在突出的位置，放在学校改革发展大局中统筹规划，根据学校发展的总体布局做好顶层设计，并制定切实可行的措施，解决文科发展中遇到的问题。其次，要配齐配强文科建设的管理机构和队伍。要配备有文科学科背景、熟悉文科发展规律、热爱文科事业的校领导，分管文科工作。要加强人事处、学位与学科建设处、社会科学处等涉及文科建设的管理部门建设，强化职能，合理设置各部门的内设机构，各部门也要配备思考统筹和管理文科建设的干部和工作人员。要坚持管理重心下移，夯实基层，特别是要加强各文科重点研究基地的干部队伍建设，确保文科建设有人谋划、有人推动、有人落实。

二是投入要大。加大经费支持力度，把文科建设经费列入年度经费预算。2012 年南昌大学的省高校人文社科重点研究基地的配套经费时有时无，没有列入年度预算。2013 年 1 月在全省哲学社会科学研究工作座谈会上要求关于经费配套的问题，不知学校是否落实到位，这些都是长效制度，一定要执行好。现在南昌大学不是缺钱的时候，债务方面国家和省财政已经帮助还清了 34 亿债务，2012 年开始，"211 工程"、中西部高校基础能力建设工程、中西部高校综合实力提升工程等经费投入一年几个亿，还有财政生均拨款，不包括收费，一年以来，财政对南大的经费投入达到了 20 个亿，总支出已达 25 个亿，是新中国成立以来最多的时候。应该说钱不少了，学校一定要考虑怎么投、投哪些？发挥好资金投入的效益。不知道学校每年真正投入到文科建设的有多少，今后一定要加大对文科投入，有大投入才有大产出，其实文科比其他学科来说，花钱算是少的，增加投入见效是明显的。教育部制定的哲学社会科学繁荣发展计划还明确指出，各高校要根据学校发展实际制定各高校"哲学社会科学繁荣发展计划"，设立"繁荣发展"的专项经费。这些都是学校要加大文科建设投入的依据。

三是体制要活。要按照"遵循教育规律、转变发展方式、提升管理效能"原则，深化学校内部管理体制改革。对学校文科院系设置中存在的部门分割、专业过窄、规模过小，包得过多，统得过死等问题，南昌大学领导班子要认真研究，组织专家进行论证，科学设置院系、合理配置资源，形成优势特色，这是吸引人才、培养人才、留住人才，实现文科交叉融合发展的关键，也是提升文科办学水平的重要支撑点。这一方面，南昌大学要切实解放思想，只要有利于解放生产力、有利于学科建设、有利于调动人才积极性，该放权的要放权，把学院应有的学术管理权力、行政管理权力下放给学院，充分发挥学院的自主性和创造性；对那些有发展潜力的院系，可以给他们更大的平台和发展空间，进一步激发院系的办学活力，提升院系的竞争力。

四是机制要新。要创新管理机制，激发文科振兴发展的活力。要形成好的人才培养激励机制，让更多的优秀教师热爱文科事业、投入文科研究。要通过课题立项、出版资助、成果评奖、人才评选等，着力加强对拔尖人才、崭露头角的学术新秀与中青年人才的重点扶持。要规范文科成果评选制度，完善文科成果评价体系，不断提高文科的覆盖面、参与度和吸引力。要进一步推进人事制度、分配制度、内部管理制度等各项改革，切实将质量导向、分类评价的要求和标准体现到学科评审、教学评估、人才评价、项目评审、成果评奖等各个方面，真正建立起符合文科特点、有利于激励创新的多元评价体系，真正把力量扭到一起来，把干劲聚集到实现"文科振兴梦"上来。

实现"文科振兴梦"、建设高水平有特色大学，这是时代赋予南昌大学的历史重任。希望学校解放思想、凝心聚力、求真务实、开拓创新，深入推进文科振兴发展，努力把南昌大学办成一所人民满意的综合性大学。

（2013 年 10 月 16 日）

做江西教育的"母机"

——江西师范大学要办出特色

江西教育有悠久的历史,江西人历来爱读书、会读书。过去所有的大户人家,门口常有四个字叫"耕读为本",还有四个字叫"诗书持家","耕",就是要种地产粮食,把肚子搞饱,解决生存问题。"读",就是读书考功名,中状元、进士、秀才,然后就可以去做官,解决发展的问题。江西人天资很好,愿意学习,善于读书,历史上出了很多优秀人才。苏轼说"区区彼江西,其产多贤才"。中国历史上一起有过98449个进士,其中江西11105人,超过十分之一,占12.27%。在江西民间曾流传着"隔河两宰相,五里三状元"、"一门九进士"的说法。婺源一个县就出了500个进士,吉安市有着"三千进士冠华夏"的美誉。明朝建文二年一次科举考试,不仅状元、榜眼、探花都是江西吉安人,而且连二甲第一名与第三名也是江西人,前6名中江西人占了5名;4年之后的又一次科考中,状元、榜眼、探花与二甲前4名都是吉安人,囊括了前7名,真不简单。其实那时的科考是很难的,比我们现在难得多,因为四年才一次。据考证,这一科的主考、参与读卷定名次的7名内阁大学士中的解缙、胡广、杨士奇、胡俨、金幼孜都是江西人,所以有人怀疑是不是江西人作弊。其实古代科举考试作弊是不可能的，因为那个时候科举考试作弊是要杀头的，考官没那么大的胆子，确实是江西人真有这种能力和水平。明朝有一句话叫"朝士半江西"，意思是说文武官员有一半人说江西话。因为古时候，在朝廷任职的官员有把自己名字和家乡连起来称呼的习惯，比如严嵩，他在朝廷里面就被称为严分宜，王安石，他在朝廷里面就被称为王临川，大家一说到他们都知道他们是江西人。历史上，特别是宋明两代，江西是中国的人才库，中国的一流人才，甚至世界的一流人才，江西人占相当大的比例，比如中国第一部百科全书的总编纂——解缙，这个人就是江西吉水人，他是明史上著名的才子，几乎没有第二个人可以与他相提并论；比如欧阳修，江西吉安人，官至副宰相，当时被称为文宗领袖，唐宋八大家中他是宋代的六家之首；比如王安石，江西抚州人，他不仅官至宰相，而且也是著名的文学家、政治家；比如汤显祖，江西抚州人，被称为东方"莎士比亚"，他的"临川四梦"，至今看了以后仍然放射着智慧的光辉，尤其是他的《牡丹亭》，被称为中国第一戏，2008 年的北京奥运会开幕式上要出一个中国古典戏剧，就是用了这个《牡丹亭》的片段。北京现在有个叫皇家粮仓的剧场，具有 600 年历史，那里只演《牡丹亭》这部戏，平时不管票价多贵都一票难求。再比如陶渊明，江西九江人，被称为"古今隐逸诗人之宗"、"田园诗之祖"，世界各国那些离开喧嚣都市去乡村生活的隐士，都称他为自己的师者。还有千古忠臣文天祥、一代画圣八大山人、科学家宋应星、领衔设计故宫的"样式雷"等先贤，均是江西历史上的名家巨擘，贤才大德。除此之外，江西还吸引了许多外地文化名人辐辏而至，成就功业，留下千古名篇名句。比如理学先驱周敦颐、宋明心学集大成者王守仁一生的主要活动和重要思想均在江西形成；在南昌滕王阁，王勃惊叹"落霞与孤鹜齐飞，秋水共长天一色"；在赣州，辛弃疾写下"青山遮不住，毕竟东流去"；在庐山，李白吟"飞流直下三千尺,疑是银河落九天"、苏轼感"不识庐山真面目,只缘身在此山中"……我之所以讲这些,是说江西自古在教育和办学方面就在全国领先,现在有些落伍了。所以,江西师范大学要花时间来研究古代江西人究竟是怎么培养人才的、是怎么教书的,认真思考要怎么才能把江西的教育工作做好。

江西师范大学的工作确实做得很好,用九个字来概括:思路清、目标明、贡献大。

所谓思路清。近年来,江西师范大学领导班子紧紧抓住内涵建设这个主题,始终坚持师范教育的传统、优势和特色,认真遵循"质量立校、人才兴校、创新强校、文化铸校、和谐荣校"的办学理念,围绕学校所面临的新情况新问题,抓住学校事业发展中的主要矛盾和带有全局性、战略性、关键性的问题,着力推动思想解放和工作创新,在办学关键指标上取得了新突破,特别是在一级博士点、国家级科研平台等方面实现了"零的突破"。注重在人才引进、学科建设以及民生工程上用气力,在办学实力、管理水平、幸福指数等方面都有了提升,得到了江西省委、省政府的肯定,获得了全校师生的拥护,也赢得了社会的广泛赞誉。江西师范大学只要坚持这个办学思路,采取有力的措施,一定能够开拓学校一个又一个新局面。

所谓目标明。很多时候,方向比努力更重要。江西师范大学的领导对学校发展形势的研判下了很深的工夫,分析也非常精准。一所大学如果对自己面临的形势有清晰的认识,对面临的机遇有充分的准备,那么就会有合理的定位,就会有明确的目标,就能千方百计地找到实施的方法和途径。这就是江西师范大学在近几年能够快速发展的一个重要原因。学校在"十二五"规划中将目标定位为"建设一所地方一流、特色鲜明的教学研究型师范大学",并明确在人才培养、科学研究、社会服务、国际交流等方面主要指标保持省内高校第二,进入全国地方师范大学第一方阵。这个定位是准确的，是积极可行的，符合江西省委、省政府对江西师范大学发展的要求，也体现了学校自我加压、迎难而上的精神。

所谓贡献大。作为江西本科办学历史最为悠久的一所大学，学校办学 71 年来，在经济发展、社会进步等方面，特别是在高等教育和基础教育方面，为国家和江西发展作出了重要贡献。几十年来江西师范大学坚持师范教育的办学特色，为江西乃至全国的基础教育培养了大量的中学骨干教师，是实至名归的全省基础教育的母机，可谓"园丁遍全国，桃李满天下"，对江西省的基础教育起到了不可替代的示范与辐射作用。学校在坚持师范教育的同时，紧密贴近地方经济社会的发展需求，为江西省区域经济发展提供了强有力的智力和人才支持，比如学校的化学学科把学科建设融入地方经济社会发展，切实提高科研成果转化为现实生产力的能力，廖维林教授的汽油抗爆剂、单糖研究技术在全国领先，取得了很好的经济效益；侯豪情教授团队自主开发的大规模化连续生产纳米纤维非织造布的技术在世界领先，在国家发改委和省财政的大力支持下，目前已形成了生产基地。另外，在文化创意与地方特色的有机结合上，江西师范大学也做出了许多贡献。这都说明学校的科技成果产业化进展很快，服务经济社会的能力在提升。

在看到成绩的同时，也要充分认识到学校存在的一些问题，这不仅是说江西师范大学，就整个江西高等教育而言，不要说跟国家最好的北京、上海比，就是同中部省份相比，差距是很大的。有人将现在中国经济的发达城市群分为三极：第一极是珠三角，以广州为中心，包括香港澳门；第二极是长三角，以上海为中心，包括江苏和浙江；第三极是环渤海，以北京为中心，包括山东、天津、河北。目前，我国正在打造中国经济增长第四极的中三角，这个主要是指湖南长沙、湖北武汉、江西南昌。目前来看，这个极中综合实力最弱的是江西，教育最弱的也是江西，湖北有武汉大学、华中科技大学等教育部部属院校，湖南有湖南大学、中南大学等教育部部属院校，江西一所教育部的部属院校都没有。江西省一年的博士生招生总量不到200人，还没有人家一所高校多；最近高校出了一个中科院院士就很开心，武汉大学一个学院就搞了20个中科院院士；2012年最新公布的高校排序，南昌大学是61位，江西财经大学是145位，江西师范大学是154位，江西农业大学是179位，其他高校基本进不了前200位，都很靠后。虽然说江西师范大学这些年的排位每年都有一点进步，但目前自己还没有产生一个"长江学者"、"千人计划"、"国家杰青"。苏轼有一句话讲得好，"不识庐山真面目，只缘身在此山中"，古话也说"人贵有自知之明"，就是说要善于发现自己存在问题，才能够明确目标，急起直追，才有可能赶超。如果我们认为自己什么都行了，那我们还怎么进步啊。

所以，江西师范大学要树立危机意识，不能够对自己估价过高，要敢于正视我们存在的一些缺点、弱点和问题，只有这样，才能急起直追，加快发展。

一、明确目标定位

江西师范大学的综合实力目前在江西是排第二名，要巩固，甚至可以保二争一，光在江西排名保持前列还不行。现在学校的任务是要到全国去争位置，当然提出现在马上就要进入全国前多少位是不符合实际的，是不是可以考虑首先在地方师范类大学里面我们的位置能够靠前。现在全国的师范大学，教育部直接管的，所谓国家级师范大学只有六个，原来的排序，第一是北京师范大学，第二是华东师范大学，第三是东北师范大学，第四是华中师范大学，第五是西南大学，第六是陕西师范大学。这当中第三名和第四名有竞争，现在华中师大有些指标超过东北师大了。应该说我们跟这六所学校相比还是有一些距离的。

那么除了这六所学校，在一些地方性师范大学里，比如像华南师范大学、南京师范大学、首都师范大学也是很有名的，除了这些，学校在地方性的师范大学当中能不能够位置领先，居于前十位左右，这个应该说是一个重要的目标。如果学校能在地方性师范大学里面能够居于领先位置，那么在全国的位置也就靠前了，甚至能够搞到一百位左右。这应该是很难的一个目标，学校下决心来研究来做，明确目标是学校前进的一个起点。

二、坚持特色办学

目前，全国共有 1000 来所大学，办学竞争越来越激烈，而特色就是学校赖以发展的生命所系，如果没有特色就没有优势，就没有市场，就没有出路。作为师范院校，要坚守师范特色和使命。

（一）认清使命，"坚守"教师教育

自 20 世纪 90 年代以来，我国教师教育体系已从封闭走向开放化。目前，江西省有独立设置的师范大学 2 所，独立的师范学院 4 所，附设在综合院校中的教师教育机构 9 所，独立设置的师范学校 5 所，目前，江西省多元化的教师教育体系已经形成。然而，面对教师教育体系开放化和高等教育大众化的激烈竞争，不少教师教育机构出现弱化甚至放弃教师教育的现象。比如，教师教育机构或撤并转型，或热衷创办非师范专业等。在激烈的竞争面前，师范院校的出路还在教师教育，优势也在教师教育。因此，全省各级教师教育机构要进一步坚定教师教育立场，坚守培养教师的使命。

当今世界已经进入信息时代，科技革命风起云涌，社会变迁日新月异，国家和地区的竞争实质是科技的竞争、人才的竞争、教育的竞争，说到底是教师的竞争。我国教育发展到了一个新的历史时期，已进入一

个全面提高教育质量的新阶段。百年大计，教育为本；教育大计，教师为本。提高教育质量的最核心问题是教师队伍建设。建设一支更高质量的教师队伍，教师教育机构责无旁贷。多年来，江西师范大学作为江西教育的"母机"，坚守教师教育立场和使命，不断深化教师教育改革，强化教师教育特色，持之以恒，做了许多有益探索。特别是2013年成立了免费师范生院，在教师教育方面做了大量探索，取得了丰硕成果，也积累了丰富经验。我们要把教师队伍建设摆在更加突出的战略地位，把教师教育作为突破口和立足点，推动全省教育科学发展。

（二）理解教师，做"实"教师教育

基础教育到底需要什么样的教师？这是教师教育的首要问题，也是人才培养的逻辑起点。长期以来，基层学校总有一种感觉，就是师范院校培养的毕业生不接"地气"，或高分低能，或眼高手低，等等，一句话，就是所培养的人才不实用。我想，这些问题归根到底是对"教师"本质的理解偏颇造成的。各教师教育院校要深入研究"教师"，理解"教师"，科学确立教师教育人才培养目标，建立合理的教师教育人才质量评价标准，才能做到"有的放矢"，提高人才培养的质量，才能更好地服务基础教育。

近年来，江西师范大学紧扣基础教育改革需要，确立了"师德高尚、信念执着、涵养宽厚、知识渊博、专业扎实、业务精深、视野开阔的学科教学专家或教学管理专家"的人才培养目标。建立了以"善真毅美健"为核心价值，包括技术和精神两个维度、六个模块的师范生教学实践能力标准体系，努力把人才培养的重心放在培养师范生的教学实践能力上。作为教师，既要"教书"又要"育人"，既要"言传"也要"身教"，既是"经"师更是"人"师。教师教育院校应当成为"学生人生导师"、"未来教育家"的"摇篮"，要真正坚持立德树人基本导向,真正培养出有灵魂的"教育家",以务实有效的行动践行"学高为师、身正为范"的座右铭,把教师教育做实、做活、做好。

(三)深化改革,做"优"教师教育

怎样培养教师?在哪里培养教师?这是教师教育的另一个核心问题,也是教师教育人才培养模式改革的关键。近年来,我们一直在积极探索教师教育模式改革,取得了明显成效。在培养范式上,有知识本位、能力本位、人格本位、批判反思本位等范式;在培养机构内部体制上,有教育学部制、教育学院制、教师教育处制、教师教育学院制等多种新的取向;在协同培养上,有"教师专业发展学校"、"教育书院"、"教师教育创新实验区"、"协作共同体"等模式;在教育实习上,有传统集中实习、混合编队实习、支教实习、顶岗实习置换培训等多种形式。

在上述探索改革中,江西师范大学大胆尝试,也取得了初步成效。尤其是在如何有效培养师范生教学实践能力上,探索出了一条很有特色的"三层五段七化"的教学实践能力培养新路子,构建了"认知、体验、内化"三层递进的发展路径,建立了"名师师范、教育见习、模拟实训、现场实习、实践反思"五段段段相连的实践教学运行体系,形成了"组织实施协同化、实施指导团队化、团队指导项目化、实践项目情境化、项目管理工具化、实践过程反思化、过程评价多元化"七化融会贯通的教学策略体系,搭建了"校—校"、"校—政"两个协同培养平台,有效突破封闭的培养空间,破解了培养主体的单一性,形成多主体协同培养的力量,实现大学与中学平等合作、优势互补,共同培养优秀教师人才。尽管这些改革的成效有待进一步检验,有些做法还要进一步论证,但各教师教育机构要敢于直面教师教育改革发展中出现的新问题,深入研究教师成长规律与教师教育规律,进一步深化人才培养模式改革,努力建立科学合理的教师教育培养体系,形成特色化的人

才培养模式，切实把江西省的教师教育做强做"优"。

总之，师范生教学实践能力培养，是师范教育的首要任务。对这一问题的探索只有进行时，没有完成时。正如美国学者海蒂所说，良好的问题决不会有最终的答案，它不是紧锁房门的插销，而是一粒种子，通过种植可以生出更多希望的种子，最终绿化我们的家园。

三、坚持育人为本

培养高素质人才是教育的根本任务。教育的发展关键在于教师，而教师的培养在于师范。所以，师范大学办得好不好关系到民族的未来，国家的未来。江西师范大学作为"教师的摇篮"、江西教育的"母机"，肩负着"教育人、影响人"的双重任务。我们一定要始终牢记使命，把培养高素质人才作为首要责任。一是要树立德育为先的理念。要把育才和育德有机结合起来，把创新思维和社会实践紧密结合起来、把全面发展和个性发展紧密结合起来，着力增强学生服务国家服务人民的社会责任感、勇于探索的创新精神和善于解决问题的实践能力，努力培养德智体美全面发展的社会主义建设者和接班人。二是要创新人才培养方式。现在大学生就业难，很大一部分原因在于培养的人才不适应社会需要，不适合市场需要。这就要求高校培养人才的观念要更新，培养人才的体系要开放，培养人才的机制要灵活。要从教育规律、教学规律和人才成长的规律出发，进一步更新教育理念，树立多样化人才观念和人人成才观念，把促进人的全面发展和适应社会需要作为衡量人才培养水平的根本标准。三是要更加重视文化育人。高校培养人才，不仅仅在课堂，在实验室，而是时时处处都要育人。靠什么？靠文化，文化育人是"润物无声，化人也深"。大学育人的质量与学校的文化分不开，荀子说："蓬生麻中，不扶而直。"讲的就是这个道理。"人创造环境，同样环境也创造人"，校园文化是学校教育资源的重要组成部分，良好的文化氛围是一本无形无字的教科书，无时无处不在感染和熏陶着融入其中的每一位师生，是一种潜在的教育能动因素，有着较强的教育引导力和内在驱动力。江西师范大学的校史馆是一个很好的校史校情教育场所。在这方面，江西师范大学已做了不少努力，比如生态校园建设，不时有生动的人与自然和谐的生动画面，容易让学生在环境中养成热爱自然，热爱生命，尊重生命的理念。江西文化元素很多，江西是儒释道开宗立派之地、江西是华夏名贤荟萃之地、江西是民族艺术扛鼎之地、江西是工农业生产滥觞之地、江西是中国的红色革命之地。学校要在传承地方特色文化方面下功夫，让高校文化与江西地方特色文化结合得更密切些，努力把江西师范大学建成全省高校文化建设的示范区。

四、加强科研创新

大学的科研创新必须与经济社会发展相融合，才有价值。省第十三次党代会明确提出要建立富裕和谐秀美江西，任务艰巨、责任重大。要建设美好的未来江西，经济发展方式的转变是根本，这就要求我们把科技进步放到更加突出的战略地位。江西师范大学作为江西省的重点大学，应当发挥自身科技优势、人才优势，积极参与全省重大科技创新项目，瞄准江西省经济社会发展的战略需求，主动融入经济建设主战场。一是要围绕产业特色和学科特色加强科研创新。我们目前的科研实力不可能样样都能超过别人，但我们在自己的1~2个产业特色和学科特色上超过别人是有可能的。要重点围绕江西省新能源、新材料、航空制造、绿色照明、生物医药等新兴产业领域和有色、钢铁、汽车、船舶、石化等传统产业改造升级，依托学校省级以上重点实验室、工程技术研究中心等平台，遴选部分创新能力强、团队精神好，具有较强攻坚和应用开发能力的创新团队予以重点培育和建设。以科研立项的形式支持创新团队建设，聚集学校的优秀人才和优势资源，形成优秀人才团队效应，增强高校科技创新能力和竞争实力。二是要围绕培养我们优秀骨干教师加强科研创新。要有计划地加强对优秀骨干教师，特别是对优秀青年骨干教师的支持力度，遴选一批优秀骨干教师和有较大发展潜力的青年骨干教师予以重点培养，使其能够根据自己的兴趣和爱好，自主选题开展创新研究，发挥他们的潜能，让这些骨干教师尽快脱颖而出。三是要通过加强对外交流加强科研创新。要根据不同层次人才培养的需要，给科研人员提供与之相适应的访学研修机会。重点资助一批学科带头人和优秀学术带头人到海外高水平大学和研究机构参与国际科学研究，跟踪国际学术前沿，提高与国际同行交流合作的能力；资助一批学术骨干到国内重点高校、一流研究机构和大型先进企业进行合作研究和深造，提高学术水平和科技创新能力；资助一批青年骨干教师到省内重点建设高校具有明显优势的学科领域进行学习和深造，提高教学科研能力和综合素质。

五、加强自身管理

没有一流的管理，就没有一流的教育环境、一流的校风和学风，也谈不上的一流的学校。江西师范大学是一所老校，需要在管理上有所创新，在传承优良传统的基础上开拓崭新未来。江西师范大学把 2012 年定为目标管理年，说明学校的领导是有眼光的。加强高校自身管理，一是要有一流的校长。要出一流的学校，必须先有一流的校长。江西省委、省政府对江西师范大学的发展一直非常重视，2011 年年初江西省委为学校配了一个年富力强的校长，年底又为学校配了一个经验丰富的书记，领导班子也配得比较齐，新的班子要有新的作为，江西省委、省政府也对新的领导班子寄予了厚望。相信江西师范大学领导班子，一定能够带领全校师生在创一流地方师范大学的进程中取得新的更大成绩。二是要有一流的师资。惟有一流的教师，才是吸引优秀学生、培养一流人才的关键。有时候一个名师就能兴起一个学科，几个名师就能改变一所大学，如果学校每个学科有一个或者几个旗帜性人物，就不愁不强。因此，学校要发展，建设一流名校，必须抓住教师队伍建设这个根本，加大引进培养力度，努力造就一支高水平的师资队伍。三是要有一流的学风和校风。江西师范大学要在教学常规管理和学生日常行为规范管理方面狠下功夫，规范办学行为，制定好符合自身发展方向的校训，建立科学高效的管理制度。按照"严、细、深、实"的要求，不断提升学校的各项管理水平。"严"就是严格要求、严谨治学、严格管理。"细"就是要注重细节、精益求精、从细处着眼、从细微入手。"深"就是要深入实际、深入师生、深入研究、深入最前沿。"实"就是要重实干、办实事、求实效、干实事。

（2014 年 3 月 11 日）

江西广播电视大学要办成开放大学的典范

　　随着知识经济的发展和科学技术的进步，终身学习日益成为个人全面发展和社会文明进步的必然趋势，学习的方式和教育的内容正在发生着革命性的变化，远程开放教育已经成为世界性的趋势和时代的潮流。面对新形势、新目标、新任务，江西广播电视大学如何抢抓发展机遇、彰显优势特色、提升核心竞争力、促进战略转型，是摆在我们面前的重要课题，需要我们认真研究。

一、坚持协调发展

　　党的十八大报告指出："要积极发展继续教育，完善终身教育体系，建设学习型社会。"十八届三中全会明确提出，推进继续教育改革发展，拓宽终身学习通道。作为江西省唯一一所成人本科高校，江西广播电视大学应肩负起建立完善江西远程教育公共服务体系、探索构建终身教育立交桥、拓展终身学习通道的重要使命，坚持学历与非学历继续教育相互促进、协调发展，发挥继续教育的主阵地作用，推动学习型社会建设。目前，学校的学历继续教育已达到一定规模，但非学历继续教育还需进一步推进。要充分利用江西广播电视大学的系统优势、信息优势、资源优势和服务优势，搭建更加广阔的学习平台，积极主动地开展职业技能培训、就业指导和文化素质教育；要主动适应工业化、城镇化快速发展的需求，为社区、居民的学习、娱乐提供便利教育，实现与普通高校的"错位发展"；以开放灵活的心态，加强与高等院校、行业和企业的协同创新，开发各类继续教育资源，服务于江西经济社会发展，为江西构建学习型社会和终身教育体系做出积极贡献。

二、坚持内涵发展

质量是高校赖以生存与发展的生命线，提高质量是当前高等教育最核心、最紧迫的任务。学校的办学思路和工作重心要从注重外延扩张、规模发展向注重内涵建设、质量提升转变，坚持走内涵式发展道路。要结合江西经济社会发展的新要求和学校实际，下大力气加强学科、专业、资源建设，调整专业结构，找准自己的优势和特色学科，建设一批高质量的精品资源，树立江西广播电视大学的教育品牌；要加强科研能力建设，面向地方经济社会建设和远程教育一线，寻求课题项目，开展课题攻关，提升科研实力，努力成为在全国电大具有较强影响力的远程教育研究中心；要把师资队伍建设作为学校最重要的基础工程来抓，加强中青年教师培养，培养高层次领军人才，改革教师评价办法，建立合理的激励竞争机制，打造一支优秀师资，不断提高学校核心竞争力。要加大教学投入，严格教学管理，深化教学改革，改善办学条件，增强办学能力，不断提高人才培养质量，以良好的信誉度和美誉度吸引学生，维护江西广播电视大学的教育质量和社会声誉。

三、坚持转型发展

开放大学是以信息网络技术为支撑，以开放、灵活、全纳、终身为基本理念，强调教育理念的开放、办学方式的开放、学习对象的开放、教育资源的开放，是在新的历史时期最能够体现终身学习、开放、灵活、全纳、公平、国际化等先进理念的新的教育模式，也是高等教育体系中最具革新活力和拓展潜能的重要领域。开放大学最早起源于 1964 年的英国开放大学（The Open University，UK）它被认为是人类 20 世纪后期教育发展的最大创新，也被誉为世界成人教育发展史上的里程碑。建校 50 年来，英国共有 200 多万学生参加了开放大学的学习，开放大学成为英国最大的大学，据近年英国质量保证评估组的评估，开放大学在所评估的 17 至 23 个课程中，都被评为优等，该大学在英国大学排名中已经进入前 10 名。英国开放大学的办学理念、办学机制、办学成绩，得到全世界同行的赞誉和关注。建设开放大学是国际教育发展的大趋势，也是世纪性的高等教育创新成果。自英国建立开放大学以后，开放大学的建设得到了许多国家的重视和支持，不论是发达国家还是发展中国家，都将开放大学的建设作为本国高等教育发展的战略重点。到目前为止，世界上有 50 多所用开放大学命名的学校，而具有开放大学性质的学校和机构多达 1400 多个。世界范围内还成立了国际开放与远程教育学会、亚洲开放大学学会。开放大学适应了社会需求，体现了教育理念的转变，开放大学的建立对整个高等教育、继续教育、终身教育、信息化建设等方面都具有十分重要的意义，是促进教育领域改革的重要力量。当前，广播电视大学面临着向开放大学的战略转型，这是一次新的发展机遇。江西广播电视大学要以此为契机，解放思想，更新观念，适应形势，转型发展，统筹推进江西开放大学建设工作。要加强顶层设计，抓紧制定江西开放大学建设方案，科学规划江西开放大学的办学体制和运行机制，先行先试，以改革创新的精神，推进江西开放人学建设。要科学定位，坚持面向人人，突出办学特色，努力把学校建设成为非学历教育和学历继续教育并重、职业教育和普通教育相互沟通、职前教育和职后教育有效衔接的新型大学。要整合资源，以信息技术为引领，加快信息化基础设施和数字化校园建设，完善信息化网络环境，抓好教育资源库开发应用，尽快搭建起适应江西省经济社会发展需要的终身教育服务体系，形成以互联网、广播电视网、移动通信网等为主要载体，覆盖江西省城乡、面向全社会大众的终身学习网络和服务平台，满足人人皆学、时时能学、处处可学的需求，成为学习型社会的有力支撑。要加强体系建设，进一步探索研究继续教育学习成果认证、积累与转换和"学分银行"制度，促进各级各类教育沟通融合，搭建终身学习"立交桥"，这是推进开放大学建设和制度创新的重要举措，也是江西广播电视大学未来发展的最大优势和核心竞争力所在。要深化改革，创新人才培养模式，推进现代信息技术与远程开放教育深度融合，不断提高教学、管理、科研和服务的信息化水平；建立和完善以学习者为中心，基于网络自主学习远程支持服务与面授相结合的新型教学模式，为学习者提供无处不在的学习服务。要加强大学文化建设，围绕立德树人的根本目标，结合开放大学特点，积极推动优良校风、教风、学风建设，形成开放大学独有的价值体系、文化体系，增强学习者对开放大学的认同感、归属感，提升开放大学的软实力。

四、坚持科学管理

事业越是发展、改革越是深化，越是需要加强管理、改进管理。江西广播电视大学近年来改革发展取得了很大成绩，与狠抓规范管理、规范办学密不可分。当然，仅仅停留在规范管理上还远远不够，还要提高到科学管理的层面。学校领导要不断加强学习，充分认识江西广播电视大学管理工作的规律和特点，改进管理方式，提高管理水平。同时，要统筹处理好江西广播电视大学的改革、发展和稳定，维护好学校改

革发展和稳定的大局。要加强作风建设。当前，正处于党的群众路线
教育实践活动第一批总结和第二批开始阶段，江西广播电视大学作为
第一批教育实践活动单位，刚刚开完总结大会。教育实践活动有期限，
贯彻群众路线没有休止符，作风建设永远在路上。学校的各级党员干
部一定要克服松口气的想法，着力解决思想认识上存在的种种问题，继
续加强党员干部作风建设，注重防范和整治"四风"问题，认真解决
群众关心的突出问题，不断巩固、扩大和运用教育实践活动成果，做
到思想不疲、劲头不松、措施不软，努力在作风建设上不断取得新成效。
要进一步加强廉政建设，认真学习贯彻习近平总书记一系列讲话精神
和中央关于厉行节约、反对浪费的一系列文件精神，勤俭办校、廉洁
兴校。

（2014 年 3 月 13 日）

基础教育篇
JiChu JiaoYu Pian

少年强则国强，实现中华民族伟大复兴的中国梦，希望在于少年儿童。近年来，江西教育工作者立足省情和教情，在做大基础教育总量的同时，推进结构调整、转变发展方式，初步探索出了一条经济欠发达省份基础教育科学发展的新路。

　　为解决适龄少年儿童"上好学"的难题，江西省委、省政府"把属于教育最基本公共服务的义务教育特别是农村义务教育作为重中之重"提到财政教育支出原则的高度，各级党委、政府也将教育作为财政支出重点领域予以优先保障；全省实施"4个50亿以上"的集群式义务教育重大建设工程；为农村中小学班级配备多媒体教学设备；探索推行义务教育学校校长教师轮岗交流制度……"风声雨声读书声，声声入耳"，当琅琅读书声传遍赣鄱大地，这是全省教育工作者向人民群众交出的最好的答卷。

　　当前，世界各主要国家无一不将发展基础教育作为国际竞争中占据制高点的"优先战略"，基础教育更加注重质量、信息化、个性化。这也为江西基础教育发展提出新的命题，本篇章内容亦围绕基础教育的改革发展问题，提出目前需要重视的问题——安全管理、教师队伍建设、改善基础教育办学条件、特殊群体教育、整治教育乱收费等。丰富、优质的基础教育，必将为江西少年儿童未来助跑。

江西基础教育的历史、现状与发展

江西省基础教育点多面广，情况复杂。目前江西省各级各类学校25842 所，在校生 1038.37 万人，专任教师 50.61 万人，教育人口占全省人口的近四分之一，其中，基础教育人口占到教育总人口的四分之三以上。基础教育工作是一篇大文章，需要借鉴历史、把握现状、明确目标、加强领导。

一、江西具有崇文重教的优良传统

江西教育历史悠久，江西人以聪明、会读书、重教育闻名于世。江西教育早在两汉便奠定了基础，隋唐之后得到兴盛。其中既有官方的府县学、乡学，又有民间的书院、社学和私塾，各级各类教育体制极其完备，在全国独树一帜。官学一般设在县城或较大的乡镇。最有活力也最能代表江西古代基础教育兴盛的是遍布乡野的民间办学，主要包括书院、社学和私塾等。江西的书院在全国起源最早也最发达。高安的桂岩书院和德安的东佳书院等是中国最早的聚徒讲学书院之一，成为中国古代教育的标志。据统计，江西历代书院足有 1200 余所，无论数量、质量，还是规模、影响，均列全国前茅，迄今保存较完整的仍有 85 所。白鹿洞书院、鹅湖书院、白鹭洲书院、华林书院等，均在中国书院史上占有重要地位。与此同时，江西的社学在全国也具有独特的地位，江西的社学始创于元代，到明代有较大发展，其中有两个重要人物值得一提，一个是明代江西提学副使李梦阳，他首先在南昌和新建二县办起了 16 所社学，然后逐步推广到全省各地。他要求精选社学教师，免除他们的徭役。为了使人们重视社学，还规定今后不是社学出来的学生，不能进县州府学。另一个是明代的王阳明，他在安定赣南后，令各县立社学，加强道德教化。到雍正十年（即公元 1732 年），江西全省共有社学 278 所。江西古代私塾教育也很发达，与书院培养高层次人才、社学有政府法令保障不同的是，私塾是老百姓自发的基础教育形式，它立足于家族，对学童进行启蒙教育，因规模小、费用低和办学灵活，成为江西古代基础教育的主要形式。

教育的兴盛，造就了江西历史上名贤荟萃，有田园诗祖陶渊明，文坛领袖欧阳修，散文名家曾巩，革新名相、诗文圣手王安石，独创"江西诗派"的黄庭坚，理学大师朱熹、陆九渊，身居宰相的文学家晏殊、文天祥，戏剧大师汤显祖，大科学家宋应星，著名画家朱耷等。与此同时，江西的人才兴盛还存在"结聚现象"，尤以抚州、吉安为多。抚州历来被称为"才子之乡"；吉安是江西庐陵文化的人文古郡，曾经演绎了"三千进士冠华夏，一大书院扬江南"的辉煌历史。古代江西人才辈出、文化兴盛，既源于浓厚的教育氛围，又对教育发达起到了有力的促进作用。

江西古代崇文重教、兴学好师的优良传统，为我们树立了榜样，积累了丰富经验，值得我们从事教育特别是从事基础教育的人传承发扬。

二、江西省基础教育取得巨大成就

改革开放以来特别是近年来，在总结和发扬江西历史上办学经验的基础上，不断推动基础教育改革创新，使江西基础教育取得了显著成绩。

一是基础教育各项事业快速发展，普及水平大幅提升。2007 年，"两基"攻坚任务全面完成，义务教育实现全面普及。2007 年与 2011 年相比较，全省小学适龄儿童入学率稳定在 99.7% 左右的高水平，初中适龄人口入学率从 95.5% 提升到 98.33%，高中阶段教育毛入学率从 59.93%提升到 77.5%，学前三年毛入园率由 38.11% 提升到 2011 年的 62.34%，国民受教育程度大幅提升。

二是基础教育民生工程全面实施，公平步伐明显加快。近年来，江西省启动并推进了教育民生工程，让更多的人民群众享受到了教育改革发展成果。2007 年，江西省在全国率先实现义务教育免除学杂费与免费提供教科书同步实施，城市与农村、城市居民子女与进城务工农民子女、公办与民办同步享受"两免"的"四个同步"，城乡免费义务教育全面实现。基础教育济困助学体系实现全覆盖。

三是基础教育建设项目密集启动，优质资源不断扩充。着眼于教育适应新型城镇化建设，江西省启动了城镇新区教育园区建设，2010 年以来，完成投资 51.8 亿元，推进了 93 个城镇新区教育园区建设。先后投入 100 多亿元，实施了基础设施建设工程、"大班化小班项目"、中小学校舍安全工程和维修改造建设工程、农村初中工程等，江西省中小学校办学条件大大改善。在加强硬件建设的同时，近年来，江西省通过连续三年统一组织中小学教师招聘考试、连续四年实施特岗计划、连续五年实施定向培养计划等，为农村中小学补充教师 4.2 万余人。

四是基础教育改革试点有序推进，体制机制更具活力。以国家教育体制改革试点启动为重点，承担了三项国家教育体制改革试点中的基础教育项目，实施了 45 个与基础教育有关的省级改革试点项目。以强化县级政府统筹本地教育为重点，实现了"农村教育农民办"到"农村教育政府办"的历史性转变。

五是基础教育学校管理科学规范，校园环境持续稳定。在江西省教育系统开展了规范管理年、创新发展年、提升质量年活动，各地各校办学治校能力明显提升，政风校风行风明显改善。始终保持治理教育乱收费的高压态势，认真做好校园安全工作，校园环境持续稳定。积极推进师德师风建设，表彰奖励引导和日常管理考核并举，涌现了王茂华、蒋国珍、胡生贵等一批教师英模人物，展示了教育系统的良好精神风貌。

回顾这些年来江西省基础教育发展的历程，实践给予我们诸多有益的启示。第一，立足省情教情是做好工作的前提。我们始终坚持以科学发展观为统领，立足江西省情和教情，在做大基础教育总量的同时，推进结构调整、转变发展方式，初步探索出了一条经济欠发达省份基础教育科学发展的新路。第二，抢抓机遇是做好工作的关键。近年来，基础教育领域出台的政策举措之多、投入的资金支持之多、推出的工程项目之多、启动的改革项目之多，前所未有。我们始终增强工作的前瞻性、预见性，提前谋划，赢得了加快发展的主动权。第三，提高质量是基础教育发展的生命线。近年来，江西省认真分析研判影响基础教育质量的重点环节，扎实推进中小学思想道德建设、课程教学改革，广大中小学课内课外、校内校外的教育实践和师生的教与学有了可喜变化。第四，攻坚克难是推动基础教育事业进步的动力。近年来，我们始终直面当前基础教育发展中的"入园难"、"入园贵"、"择校热"、大班额、债务重等重点、热点、难点问题，积极探索，迎难而上，激发了学校办学活力，基本满足了人民群众不断增长的教育新期盼，促进了基础教育的蓬勃发展。

三、深刻认识基础教育改革发展面临的形势

基础教育是对公民实施基本的普通文化知识教育，是提高公民基本素质的教育，是为继续升学或就业培训打好基础的教育，在整个教育

体系中发挥着全局性、基础性和先导性作用。面对国际基础教育现代化的潮流趋势、国内经济社会发展的崭新要求以及人民群众的热切期盼，各地各部门各学校一定要增强忧患意识，深刻认识当前基础教育改革发展的重要性和复杂性，增强工作的预见性和主动性。

第一，从国外基础教育发展趋势来看。进入 21 世纪，在日益复杂的国际环境和全球化背景下，为了在日趋激烈的国际竞争中抢占先机、占据制高点，世界各主要国家无一例外把发展基础教育作为"优先战略"，更加注重质量，更加注重小班教学，更加注重个性化，更加注重国际化，更加注重信息化。

第二，从经济社会发展的需求来看。当前，我国改革开放和现代化建设已站在新的历史起点上，进入了工业化、信息化、城镇化、市场化、国际化快速发展阶段。深入推进鄱阳湖生态经济区建设，加快江西省经济发展方式转变，迫切需要培养数以万计的创新型高技能人才。这对加快推进基础教育改革发展，提高国民受教育年限、提升国民素质、培养拔尖创新人才、实现教育现代化等提出了新要求、新挑战。

第三，从基础教育的条件保障来看。这两年江西省教育投入增长的幅度虽然在全国位居前列，但预算内教育事业费和公用经费总量仍低于全国平均水平，经费投入总量仍很紧张，加上部分地方一定程度上存在挤占、挪用等现象，使经费更加紧张，加大教育投入的压力很大。

第四，从基础教育师资队伍来看。江西省基础教育师资队伍比较薄弱，一是数量不足。2011 年江西省义务教育阶段学校师生比分别为小学 1∶22.79、初中 1∶17.56，要达到全国平均水平，还需补充教师 5.77 万人。由于教师数量不足，目前各地聘用的代课人员还有 27519 人。二是整体素质有待提高。小学教师具有专科以上学历的仅占 70.94%，初中教师具有本科学历的仅占 57.85%，高中教师具有研究生学历的仅占 4.03%，低于全国平均水平。农村代课人员过多，转任的民办教师过多，也影响了教学质量的提高。三是结构不合理。尤其农村小学体育、音乐、美术等学科教师紧缺。

第五，从学生培养状况来看。江西基础教育教学水平是不错的，高考分数居全国前列，但考试毕竟只能反映学科知识成绩的好坏，难以全面反映学生的思想品德素质、身体素质、心理素质、实践动手能力和创新能力等。从推行素质教育情况来看，还存在不少问题，"校长苦抓、教师苦教、家长苦帮、学生苦学"的"四苦"精神广为存在，如何正确处理素质教育与应试教育的关系，仍是我们面临的严峻课题。

第六，从人民群众的教育诉求来看。国际经验表明，在人均 GDP 超过 3000 美元后，人们对公共服务的需求开始进入快速增长阶段。2011 年江西省人均 GDP 为 4024 美元。进入这样一个社会发展阶段，人民群众对多样和优质教育资源的愿望、对公共教育资源配置公平的盼望、对办学行为规范的期望、对校园安全稳定的希望、对教育风清气正的渴望，变得更加迫切，我们的工作仍然任重道远。

四、全面把握基础教育的根本要求和主要任务

基础教育的根本要求是育人为本。具体来说，是以学生为主体，以教师为主导，办好每一所学校，关心每一个学生，促进学生主动地、生动活泼地发展；是尊重教育规律和学生身心发展规律，为每个学生提供适合的教育；是基本普及学前教育，巩固提高九年义务教育水平，普及高中阶段教育，扫除青壮年文盲，为培养造就数以亿计的高素质人才打下教育基础。当前，主要是完成好三大任务。

（一）学前教育抓普及

各地各部门要以构建"保基本、广覆盖、提质量"的学前教育体系为主要目标，以培养健康快乐的儿童为根本任务，以"政府主导、社

会参与、公办民办并举"为基本办园体制，大力发展学前教育。一是实施好三年行动计划。按照国家要求，江西省各地编制了学前教育三年行动计划，从2011—2013年，江西省将新建和改扩建1200所幼儿园，每个县（市、区）城区至少建有一所符合省级示范园标准的公办幼儿园；60%的乡（镇）至少建有一所符合省定标准的中心幼儿园。人口较多的大村独立建园，人口较少的小村设分园或联合办园。各地各部门要加大资金投入，落实任务分工，确保三年行动计划顺利推进。二是坚持科学保教。当前学前教育"小学化"现象比较突出，损害了幼儿身心健康。幼儿园要遵循幼儿身心发展规律，处理好保育和教育的关系，坚持保教并重；处理好幼儿园教育和小学教育的关系，把握好两者之间的阶段性和连续性；处理好幼儿园教育和家庭教育的关系，加强儿童心理行为研究和家庭教育指导，营造良好的家庭环境和社会氛围。三是规范幼教管理。国家和江西省陆续出台了幼儿园的建设标准、收费标准、教师资格标准、保教质量指南等。各类幼儿园要严格执行。各地要加强对幼儿园的动态监管，对无证办园和存在安全隐患的幼儿园进行全面排查；加强收费监督，特别要加强民办幼儿园收费管理，完善备案程序，实行分类指导。

（二）义务教育促均衡

国务院专门下发了《关于深入推进义务教育均衡发展的意见》。各地各部门各学校要认真贯彻执行，强化统筹部署，努力使适龄儿童少年"上好学"。一是明确目标责任。省政府与各设区市领导签署了《推进义务教育均衡发展任务书》，提出了江西省义务教育均衡发展的目标任务，明确了路线图和时间表，各地各部门要落实责任，确保如期实现县域内义务教育均衡发展。二是共享优质资源。鼓励探索区域内基础教育的"集团化办学"和"学区化管理"。提高社会教育资源利用水平,探索学校教育与校外活动有机衔接的有效方式。三是均衡办学资源。推进义务教育学校标准化建设,切实改善农村地区、贫困地区、薄弱环节办学条件,着力解决县镇"大校额"、"大班额"问题。四是均衡教师资源。实行城乡统一的中小学编制标准,并对村小和教学点倾斜。鼓励和吸引优秀高校毕业生到农村学校或薄弱学校任教。大力推行校长聘期制,促进县域内校长、教师轮岗交流的长效化和制度化。五是改进学校管理。把区域内学生就近入学比率和招收择校生比率纳入考核教育部门和学校的指标体系。规范办学行为,完善学生学籍管理办法。

(三)普通高中强特色

从当前来看,普通高中教育发展面临的主要任务已不是数量的扩张,而是在普及基础上的内涵发展。内涵发展的关键是按照教育规划纲要的要求,大力推进普通高中的多元办学、多样培养与特色发展。一是明确特色高中的内涵。主要是通过办学体制多样化、办学形式多样化、培养目标特色化、教育教学方式多样化、课程资源多样化、管理评价方式多样化,促进学生全面而有个性地发展。二是做好普通高中特色发展改革试点。江西省确定了南昌市第二中学等36所普通高中为普通高中特色发展改革试验首批试点学校,试点学校要积极探索,试出成效,试出经验。三是深化课程教学改革。江西省高中新课程改革自2008年启动以来,已进行一轮,取得明显成效,要做好阶段性总结,推广好的经验做法,创新深化改革的突破口,努力构建多层次、多类型、可选择的课程体系。有条件的学校适当增设职业教育教学内容,加强学生职业意识和动手能力培养。

要完成以上三大任务,要切实处理好四对关系。

在育人理念上,处理好素质教育与应试教育的关系。素质教育是教育工作的永恒主题。各地各部门各学校要树立科学的教育观和政绩观,大胆探索建立有利于素质教育实施的科学评价体系。总的指导思想是，既要有升学率，又不唯升学率，不能用升学率一个标准评价学校。要大力推进素质教育，正确处理长远目标和短期目标的关系，克服片面追求升学率的短视行为，在教学实践中正确处理好素质教育与应试教育的关系，坚决克服素质教育轰轰烈烈、应试教育扎扎实实的错误做法。一是更新教育观念。教育不仅要传授知识，更重要的是培养身心健康、有想象力、有创造性的人才。不能用一个模式办教育，不能用一个标准评价学生。要树立人人皆可成才的观念，做到因材施教，尊重、鼓励学生的个性发展。二是优化教学内容。遵循不同阶段学生的身心发展规律，合理设置课程，切实解决课程和作业偏多、偏深、偏难问题，解决挤占音乐、体育、美术等副课现象，减轻学生课业负担和学习压力，把学生从应试教育的"禁锢"中解放出来，让他们有更多时间锻炼身体、参加社会活动、发展个人兴趣爱好。三是创新教学方式。要大力倡导启发式、探究式、讨论式、参与式教学，增加教师与学生的互动交流，增强课堂教学的吸引力和感染力。引导学生掌握科学的学习方法，让学生主动参与、乐于钻研、勤于动手，提高学习的能力和效果。

在发展模式上，处理好规模扩张与质量提升的关系。就江西省来看，经过这些年的发展，基础教育办学条件明显改善，普及程度明显提升，规模扩张不再是当前基础教育的主要任务，下一步的重点是在坚持适度办学规模的基础上，切实提升办学质量，处理好规模扩张与质量提升的关系。一是适度控制规模，按照教育规律实行适度规模办学，新城区规划要充分利用现有教育资源，对老城区部分学校进行迁建；老城区主要对未达标的保留学校进行改扩建。既不能贪大求全，也不能有所偏废。二是严格控制班额，按照教育规律实行标准化班额教学，有条件的地方要尽快尽可能多地启动小班化教学，以增加师生交往的频度，使每个学生都能均衡地得到老师的关怀和辅导。三是全面提高质量，建立以提高质量为导向的工作机制，鼓励学校办出特色、办出水平，出名师、育英才，把教育资源配置和学校工作重点集中到强化教学环节、提高教学质量上来。

在发展路径上，处理好分类指导与整体推进的关系。不同地区、不同学校，由于起步有早有晚，起点有高有低，条件有好有差，步伐有快有慢，发展很不平衡。必须根据办学实际情况，处理好分类指导与整体推进的关系。一是在整体推进中加强分类指导，要针对基础教育不同学段、不同经济发展水平、不同文化的学校，提出不同要求和任务。二是在分类指导中促进整体推进。要把基础教育摆在优先地位，坚持普及与提高、规模与效益的统一，坚持以改革促发展，完善基础教育管理体制，促进基础教育新的跨越式发展。三在分类指导中理解整体推进。整体推进不是搞千篇一律，也不是"削峰填谷"，在整体推进中要充分发挥示范高中、示范义务教育学校、示范幼儿园在办学理念、规范办学、课程改革、教育质量和教育技术现代化、校园文化建设等方面的示范作用。

在学校布局上，处理好适度集中与就近入学的关系。最近，国务院办公厅下发了《关于规范农村义务教育学校布局调整的意见》，江西省正准备出台贯彻落实意见和具体规划。各地各部门要按照统一部署，进一步规范城乡基础教育学校特别是农村义务教育学校布局调整，处理好适度集中与就近入学的关系，一是制定科学规划，统筹考虑城乡人口流动、学龄人口变化、学生年龄特点和成长规律，合理确定县域内幼儿园、教学点、村小学、中心小学、初中学校布局，努力满足适龄儿童少年就近入学需求。二是改善办学条件，对保留和恢复的村小学及教学点，要保障生均公用经费。对寄宿制学校要配备教室、学生宿舍、食堂、饮用水设备、厕所、澡堂等设施和聘用必要的管理、服务、保安人员。有条件的可配备心理健康教师。三是加强园区建设，不能以办工业园区和办大学园区的思维来办基础教育园区，要和城镇新区的规划相统一，既要考虑资源共享，又要考虑就近入学。要高度关注老城区教育发展和老学校的利用问题。

五、切实抓好当前基础教育发展的五项重点工作

推进基础教育事业科学发展，任务十分艰巨，办好人民满意的教育，需要长期不懈的努力。当前，尤其要抓好五项重点工作。

（一）抓好安全管理

安全问题始终是影响学校和谐稳定的敏感因素。特别在党的十八大即将召开之际，做好学校安全稳定工作责任重大。江西省基础教育战线一定要以过硬的措施，扎实的作风，抓好学校安全稳定的各项工作。一是学生溺水安全。江西江河湖泊较多，学生溺水死亡事故时有发生。各级政府、教育行政部门和中小学校一定要建立长效预警机制，切实把溺水安全教育工作做实、做细、做到位，防止学生溺水死亡事故的持续不断发生。二是校车安全管理。国务院高度重视校车安全，2012年4月出台了《校车安全管理条例》，相关部署陆续确定，江西省正在研究相关政策措施。各地各部门一定要认真执行，落实责任，明确措施，切实保障学生上下学交通安全。三是校园及周边环境整治。整治校园及周边环境是各级政府和相关职能部门义不容辞的责任。各地各部门各学校要深入开展校园环境隐患排查，及早发现问题，化解矛盾，确保千万学子在安宁和谐环境中读书成才。

（二）抓好教师队伍建设

教师队伍建设是一项长期而艰巨的战略任务和系统工程。前不久，党中央、国务院召开了全国教师工作大会，会上印发了《国务院关于加强教师队伍建设的意见》。会议明确了当前和今后一个时期教师队伍

建设的目标任务和具体要求。各地各部门各学校一定要认真学习贯彻。一是突出抓好三项任务。以补足配齐为重点，建设好一支能够满足基本普及学前教育需要的幼儿园教师队伍；以农村教师为重点，建设好一支能够满足义务教育均衡发展和普通高中多样化发展需要的中小学教师队伍；以实施中小学教师名师培育为重点，建设好一支能够满足全面提高基础教育质量需要的高素质教师队伍。二是精心实施三大工程。实施师德师风建设工程，促进形成重德养德的良好风气；实施教师教育资源扩充工程，加强师范院校和教师教育课程体系建设，支持其他院校参与教师教育；实施教师素质提升工程，加强教师培训基地建设，优化培训内容，提升培训效益。大力开展"修师德、铸师魂、提师能、弘师爱、树名师"主题教育活动，探索基础卓越教师培养计划。三是有序推进三项改革。实施好中小学教师职称改革，建立统一的中小学教师职务系列；推进中小学教师资源配置管理改革，探索建立县域内义务教育学校教师、校长轮岗交流机制；探索农村教师收入分配制度改革，提高农村教师津贴标准，改善农村教师工作和生活环境。四是建立健全三项机制。建立健全教师准入制度，做好新进教师的公开招聘工作；建立健全考评考核制度，完善重师德、重能力、重业绩、重贡献的教师考核评价标准；建立健全教师权益保障制度，维护教师权益。

（三）抓好工程项目建设

项目建设是改善基础教育办学条件的基础。各地各部门要继续坚持以项目建设为抓手，努力改善基础教育的办学条件。一是学前教育项目。自 2011 年开始，各级政府切实加大对学前教育的投入，加快推进了学前教育项目建设，这对发展江西省学前教育是一次难得的历史机遇，各地一定要按照《江西省财政农村学前教育专项资金管理暂行办法》，确保项目资金专款专用。二是校安工程。8 月 31 日，省政府专门召开了江西省中小学校舍安全工程攻坚工作视频会议，部署了下一阶段的重点工作,进一步动员打好校安工程攻坚战。各级政府作为工程实施主体，要克服困难，加大力度，确保按期完成三年建设任务，2012年要全部消除D级危房，进一步筑牢中小学校舍的安全线。三是营养改善计划。从2012年春季学期起，江西省在集中连片特殊困难地区17个县，启动实施了营养改善计划试点，并通过试点先行，以点带面，争取尽快在江西省农村义务教育学生中开展营养改善计划，努力提高学生的营养健康水平。各地各校一定要精心组织，真正让学生营养餐吃起来、吃下去、吃得好、吃得安全。四是农村义务教育薄弱学校改造计划。该项目实施三年来，国家已下达江西省项目资金近20亿元，为改善江西省基础教育办学条件发挥了重要作用，该项计划还将持续实施到2015年。2012年教育部将在南昌召开中部六省项目交流检查片会。各地各部门要高度重视，加强调度，狠抓进度，确保项目实施效果实实在在，经得起检查。五是教育信息化建设工程。加快教育信息化既是事关基础教育全局战略选择、破解教育热点难点问题的紧迫任务，也是促进教育公平、提高教育质量的有效手段。国务院曾专门召开了全国教育信息化电视电话会议，明确了国家教育信息化十年发展规划目标任务。各地各部门各学校要按照国家的总体部署，坚持应用导向，科学制定教育信息化发展目标，加快推动教育和信息化的融合，让更多的人能够分享教育现代化的成果。

（四）抓好特殊群体教育工作

各地各部门要把保障特殊群体的受教育权益，作为促进教育公平、维护社会和谐稳定的重要内容，真正摆上议事日程。一是进城务工人员子女。坚持以流入地管理为主、以公办学校为主，保障进城务工人员随迁子女平等接受义务教育，并融入城市生活。最近，国务院出台了《关于做好进城务工人员随迁子女接受义务教育后在当地参加升学考试工作意见》，江西省要按照文件，在年底前制定具体实施办法，积极稳妥地推进随迁子女升学考试工作。二是留守儿童。把关爱留守学生工作纳入社会管理创新体系之中，构建学校、家庭和社会各界广泛参与的关爱网络。统筹协调留守学生教育管理工作，实行留守学生的普查登记制度和社会结对帮扶制度。加强对留守学生心理健康教育，建立留守学生安全保护预警与应急机制。优先满足留守学生进入寄宿制学校的需求，保障走读农村留守儿童就近上学。三是残疾儿童少年。各级政府要努力办好每一所特殊教育学校，保障儿童福利机构适龄残疾孤儿接受义务教育，鼓励和扶持儿童福利机构根据需要设立特殊教育班或特殊教育学校。加快发展残疾儿童学前教育。四是贫困学生。落实城市低保家庭和农村家庭经济困难寄宿学生生活费补助政策，做好孤儿教育工作，保障适龄流浪儿童重返校园，健全学前教育资助体系，逐步扩大农村义务教育家庭经济困难学生资助范围并提高补助标准，完善普通高中家庭贫困学生资助政策。五是民族学生。创新教育援疆、援藏工作，办好内地民族班，加强内地民族学生散插班的内部管理。

（五）抓好教育乱收费治理

教育收费事关教育形象和社会稳定。目前，义务教育阶段择校乱收费、教辅材料散乱、违规补课收费、服务性收费和代收费不规范、幼儿园收费高等问题仍然是群众关注的焦点、热点问题，也是我们治理教育乱收费工作的重点。一是加强研判。国家部委和江西省最近出台了一系列治理教育乱收费的政策措施，各地各校要严格执行，加强形势研判，结合实际，出实招，下猛药，治顽疾。二是标本兼治。要加强学校规范管理，加强教师职业道德教育，树立良好教育形象，提高学校办学行为和教师执教行为的规范程度。要全面深入推进教育系统行风建设，明确教育行政部门和学校一把手是治理工作的第一责任人。

三是加大查处力度。今后，江西省教育纪工委、监察室要把治理教育乱收费作为一项重点工作来抓。各级教育行政部门还要进一步加大教育乱收费案件的查办力度。四是建立长效机制。通过建立健全治理教育乱收费厅局际联席会议制度、校务公开工作机制、典型乱收费案件通报机制等制度，提高治理工作规范化、制度化、科学化水平。

六、切实加强对基础教育工作的组织领导

发展基础教育的目标和任务已经明确，现在关键是抓好落实。要切实加强领导，明确职责，创新机制，为基础教育的科学发展提供保障。

（一）完善领导管理体制

各地要切实把基础教育摆在优先发展的战略地位，纳入重要议事日程，在深入调查研究的基础上，研究制定当地基础教育事业改革发展的目标任务、工作重点和保障措施。全面落实义务教育由"省人民政府统筹规划实施，县级人民政府为主管理"、学前教育由"县级统筹，县乡共建"的管理体制，落实部门"各负其责、齐抓共管"的工作机制，共同推进基础教育的改革与发展。各级教育行政部门要进一步解放思想，更新观念，勇于探索，敢于实践，创造性地抓好基础教育改革发展各项工作。

（二）完善评价监督机制

高度重视教育评价和社会监督在基础教育事业发展中的导向功能，建立科学的评估指标体系和考核体系，各地各部门各学校要树立科学的发展观，把教育工作重点转到实施素质教育、推进教育公平、提高教育质量上来。充分认识教育督导在促进教育事业发展中的作用，进一步健全专门机构。教育督导机构要重点对地方政府在入学机会保障、投入保障、教师队伍保障以及缓解热点难点问题等方面进行综合评估。

制定和完善基础教育教学质量基本标准，建立"评价主体互动性、评价内容多元化、评价过程动态化"的评价制度。将学生的学习情况、学校的办学情况、政府的管理情况等向社会公开，接受社会监督。

（三）完善投入保障机制

经费投入是基础教育发展的重要物质基础和条件保障。江西省委、省政府高度重视基础教育，经费投入逐年加大，经费总量不断增长。各级政府要认真落实加大教育投入的各项政策措施，义务教育坚持实行"各级政府根据职责共同负担，省政府负责统筹落实"的投入体制，学前教育实行"政府投入、社会举办者投入、家庭合理负担"的投入机制，普通高中实行"以财政投入为主、其他渠道筹措经费为辅"的投入机制。进一步优化财政支出结构，新增财力向基础教育倾斜。鼓励社会组织和个人捐赠基础教育。要把有限资金用在最需要的地方，发挥最大效益。各地不得把义务教育公用经费用来顶抵教师绩效工资。

（四）完善改革创新机制

改革是教育事业发展的强大动力。江西省委领导在 2012 年的庆祝教师节座谈会上强调，推进教育优先发展、科学发展，根本途径在深化改革、锐意创新。对此，我们要深刻领会，要加快重要领域和关键环节改革步伐，以改革推动发展，以改革提高质量，以改革增强活力，进一步消除制约江西省基础教育发展的体制机制障碍，形成充满活力、富有效率、更加开放的基础教育体制机制。当前，重点要抓好一批关系到基础教育长远发展的改革试点，包括考试招生制度、家校合作，民办基础教育管理，高中拔尖创新人才培养等改革项目，试出经验，试出成效。

（2012 年 9 月 25 日）

推进江西义务教育均衡发展

义务教育均衡发展是促进教育公平、实施教育民生工程、构建和谐社会的重要内容，缩小义务教育校际之间、城乡之间、地区之间的差距是政府义不容辞的责任。

一、推进义务教育均衡发展的措施

一是加大教育投入支撑均衡发展。2010 年全国教育工作会议召开和《教育规划纲要》颁布以来，按照党中央、国务院的要求，江西省各级政府把教育作为财政支出重点领域予以优先保障，大幅增加了教育投入。2013 年，江西省教育经费达到 829.5 亿元，比《教育规划纲要》颁布前 2009 年的 378.3 亿元增长 1.2 倍，其中财政性教育经费达到 694.1 亿元，比 2009 年的 271.2 亿元增长 1.6 倍。财政性教育经费中安排义务教育达到 431 亿元。其中，农村义务教育 291 亿元，占江西省财政性教育经费的 62%，充分体现了江西省委、省政府"把属于教育最基本公共服务的义务教育特别是农村义务教育作为重中之重"的财政教育支出原则，为推进义务教育均衡发展提供了经费支撑。为此，国家有关部委 2011 年、2012 年评定江西省财政教育投入综合评分分别为 93.8 分、94.6 分，评价结果均为 A，这体现了中央对江西省近几年财政教育投入工作的肯定和激励。在这里我们尤其值得一提的是，2010—2013 年四年内中央财政安排江西省教育转移支付达到 440 亿元，有力支持了江西省教育事业的改革发展。

二是实施重大工程夯实均衡发展。近年来，在中央大力支持下，江西省实施了"4 个 50 亿以上"的集群式的义务教育重大建设工程，一是中小学校舍安全工程，投入 80 多亿元，综合改造义务教育学校的校舍危房 1100 多万平方米；二是农村义务教育学校薄弱学校改造计划（含农村学生食堂建设），投入 50 多亿元，改善了江西省农村义务教育学校的基础设施条件，并为实施农村义务教育学生营养改善计划提供了条件支持；三是农村义务教育学校标准化建设工程，投入 50 亿元，分三年集中建设和改善了江西省 10000 个农村小学和教学点，这在全国是首创；四是城镇新区教育园区建设工程，投入 60 多亿元，新建改扩建了 360 多所城镇义务教育学校，一定程度缓解了城镇"大班额"现象。这是国家的改革示范项目，也是全国首创。这四个义务教育学校建设重大工程的实施，对江西省义务教育学校办学条件的改善发挥了重要作用，江西省中小学连续 13 年实现了"校舍安全年"，没有发生一起校舍危房倒塌安全事故。

三是合理配置师资引领均衡发展。这些年来，我们一直在探索推行义务教育学校校长教师轮岗交流制度。2014 年，江西省在出台深化教育领域综合改革的文件时，将校长教师轮岗交流试点作为深化教育领域综合改革的一个重要突破口，均衡配置师资，强力推动江西省县域内义务教育均衡发展。这个文件已经在江西省委常委会和省政府常务会议审议通过，将以江西省委、省政府名义下发。同时，江西省教育厅、编办、人力资源和社会保障厅、财政厅正在研究制定《关于推进义务教育学校校长轮岗教师交流工作的指导意见》，将校长轮岗教师交流工作纳入党政领导干部教育督导考核体系，并作为义务教育发展基本均衡县督导评估的重要指标，确保轮岗交流工作有序进行，为均衡配置义务教育师资提供政策保障。在推动义务教育师资均衡配置同时，江西省着力改善义务教育教师尤其是农村教师的待遇，省级财政每年安排 16 亿元，支持江西省实施义务教育教师绩效工资制度；每年安排 3 亿元，实施农村边远教师特殊津补贴；每年安排 1 亿元，对各地推进农村教师周转房建设进行奖补。在中央支持下，近三年还投入了 12 亿元，聘用特岗教师 1.1 万人，培训农村教师 20 多万人次，建设农村周转宿舍 1.3 万套，改扩建了一大批农村教师宿舍。

四是推进教育信息化加速均衡发展。2010—2014 年，江西省各级政府投入近 5 亿元，在农村中小学校实施了"班班通"工程，为农村中小学班级配备了大批多媒体教学设备。特别是从 2013 年起，省级财政每年安排 2 亿元，并连续安排 5 年，投入不低于 10 亿元，重点推进以义务教育学校为主体的宽带网络建设，实现"宽带网络校校通"、"优质资源班班通"，以优质资源共享来推进义务教育均衡发展。

二、推进义务教育均衡发展的努力方向

虽然近年来江西省义务教育均衡发展取得了一定的成绩，但由于江西是经济欠发达地区，与国家的要求和群众的期盼相比，还有一定的差距。比如教育投入不足，尤其是农村的办学条件仍然较差，城乡之间办学条件差距较大；农村偏远地区教师队伍待遇偏低、留不住人，老化现象严重；优质资源短缺，特别是城区学校"择校热"、"大班额"现象严重；信息化建设滞后，尤其是村小和教学点差距比较大；学生课业负担过重，素质教育在一些地区还推进得很不够；教师数量不足，结构不合理，相关政策还未落实到位。对此，江西省将以此次国务院

督促检查为契机，认真梳理并全面贯彻好督查组的意见和建议，进一步完善政策措施、狠抓薄弱环节、创新工作机制，进一步推进义务教育均衡发展，努力办好人民满意的教育。

（一）进一步强化政府责任

今后一个时期是江西省推进义务教育均衡发展的关键时期。江西省将在党中央、国务院的领导下，在国家有关部委的指导支持下，进一步提高认识，明确职责，创新实践，攻坚克难。一是强化领导责任，把义务教育均衡发展纳入对各级政府的考核体系，纳入教育督导的重要内容，加大督查检查力度，督促各地各部门特别是督促县级政府，全面深化义务教育改革，巩固和完善"以县为主"的义务教育管理体制，把义务教育均衡发展作为经济社会发展的基础性、先导性工程，作为履行政府公共教育职能的首要任务，真正做到认识到位、政策到位、投入到位、措施到位，确保义务教育优先发展。二是建立跟踪问效机制，督促各级地方政府认真落实2012年与省政府签订的《江西省推进义务教育均衡发展任务书》，明确责任，细化措施，力争到2020年，江西省100个县（市、区）全部实现县域义务教育基本均衡的目标任务。三是继续加大教育投入，全面落实教育经费法定增长要求和义务教育经费投入责任，将义务教育全面纳入各级政府公共财政保障范围，确保新增教育经费优先用于义务教育均衡发展，并重点向农村、边远、老区、贫困和民族地区倾斜，改善农村办学条件，不断缩小区域之间、城乡之间的义务教育差距。

（二）进一步均衡师资力量

义务教育不均衡的主要因素是师资力量的不均衡，这也是目前制约江西省义务教育均衡发展的关键所在。我们将以校长教师交流轮岗为突破口，努力破解县域义务教育均衡发展的瓶颈难题。一是实施交流轮岗计划，从 2015 年开始，江西省试点将义务教育公办学校校长、教师在同一所学校任职任教达到一定年限的，逐步纳入交流轮岗计划，实现教师均衡配置。二是多形式扩大交流轮岗，在县域范围内，逐步推进城乡、校际之间教师交流轮岗。鼓励采取学区一体化管理、学校联盟、名校办分校、对口支援、紧缺学科和乡镇中心学校教师走教等办学模式和手段，扩大教师交流的覆盖范围。三是提高保障水平。在职务（职称）晋升、聘用考核、薪酬待遇、评优评先等方面实行政策倾斜，吸引鼓励校长教师到农村学校、薄弱学校工作或任教，从 2014 年开始，江西省将进一步扩大享受农村中小学教师岗位特殊津贴的范围和标准，教师周转房优先安排到乡（镇）、村交流轮岗的城区教师使用。

（三）进一步完善资源配置

这些年来，江西省义务教育实施了一系列资源配置建设工程，收到了明显的成效，下一步，我们还将实施好以下重大工程建设计划：一是配套做好教育部的"全面改薄计划"，加快推进农村义务教育学校标准化建设，改善贫困地区义务教育薄弱学校基本办学条件，力争到 2018 年农村义务教育学校教学生活设施得到基本满足，村小学和教学点能够正常运转，义务教育巩固率达 96% 以上。二是实施城区义务教育学校资源扩充工程，从 2014 年起，计划用三年时间，投入 30 亿元，不断扩充城镇优质教育资源总量，新增学位 30 万个，加快解决城区、县镇学校"大班额"问题。三是实施特殊教育工作计划，按照"特教特办、重点扶持"原则，全面扩充特殊教育的教育资源，使每一个残疾孩子都能接受合适的教育，到 2016 年江西省基本普及残疾儿童少年义务教育，视力、听力、智力残疾儿童少年义务教育入学率达到 90% 以上，其他残疾人受教育机会明显增加。四是保障特殊群体接受良好的义务教育，确保进城务工人员子女、农村留守儿童、家庭经济困难学生等群体"上好学"的权利。

（四）进一步推进教育信息化建设

坚持把信息化作为扩充基础教育优质资源的有效手段。一是专题研究部署。计划 2014 年 7 月份召开江西省教育信息化工作会议，研究部署教育信息化建设工作，制定江西省教育信息化建设方案，明确时间表、路线图和任务书。二是加强硬件建设。全面推进义务教育"三通两平台"建设，即"宽带网络校校通"、"优质资源班班通"、"网络学习空间人人通"和教育资源公共服务平台、教育管理公共服务平台建设。三是强化实际应用。在扩大基础设施全覆盖的同时，重点抓好信息化应用，促进信息技术与教育教学深度融合，进一步完善中小学名师网络工作站，引进和开发丰富优质的数字化教学资源，重点引进和开发师资短缺课程资源，加大向农村边远地区中小学推送优质教学资源力度，使农村学校学生也能享受到和城市学校学生一样的教育教学资源。

（五）进一步提升教育质量

有质量的均衡才是真正的均衡发展，我们将从薄弱环节入手，实施高质量的义务教育均衡发展，坚持立德树人，全面提升义务教育质量。一是重视美育体育教育，针对目前农村学校音、体、美教师普遍缺乏的情况，从 2014 年起，计划用三年时间，全面实施"农村义务教育学校音体美教师专项培训计划"，为江西省农村完小每校至少培训一名合格的专职音体美教师。二是改革义务教育招生，积极推行学区制和九年一贯制对口招生，从 2014 年秋季新学年开始，江西省公办义务教育学校全面实行划片招生，免试入学。三是减轻学生课业负担，尽快建立起减轻中小学生过重课业负担的有效机制、教育质量监测评估体系、质量测评结果发布制度、教育教学研究成果推广制度，真正实现让孩子快乐学习，健康成长，努力办好每一所学校，培养好每一个学生。

（六）进一步做好督查整改

针对督查组指出的几个问题、提出的几条建议，我们要一个一个地研究、一条一条地整改，以问题导向作为我们今后改革工作的主要方向。对现场检查中发现的具体问题和提出的整改意见，各级政府一定要高度重视，落实任务，落实责任人，全面整改。涉及省级层面的问题，各相关职能部门要在十天内提出整改意见，能立即改的立即改，不能立即改的，提出改进的时间节点和具体意见报省政府。

（2014 年 5 月 24 日）

加快农村义务教育学校标准化建设

推进农村义务教育学校标准化建设是改善农村义务教育学校的教学条件，进一步缩小城乡、校际之间差距，促进各校均衡发展的重要举措。

一、认清形势，增强工作使命感和紧迫感

为全面改善农村最基层薄弱学校基本办学条件，提高农村教育质量，促进教育公平，从 2013 年起，江西省启动了为期三年的农村义务教育学校标准化建设工程，统筹整合 50 亿元资金，改造 10000 个农村学校和教学点。江西省委、省政府对这项工作高度重视。江西省委主要领导在省委十三届七次全体（扩大）会议上强调，这是一项重大的民生工程，是江西省委、省政府向江西省人民作出的庄严承诺，各地、各部门要抓好落实，以项目实施成效取信于民。他还要求把农村义务教育学校标准化建设工程列为提升"教育民生幸福指数"的重要内容。江西省政府主要领导专门作出批示，要求要把农村义务教育学校标准化建设工程专项资金管好、用好，把标准化建设工程实施好。2014 年 6 月，

江西省委、省政府印发的《关于深化教育领域综合改革若干问题的意见》又明确提出，"推进农村义务教育学校标准化建设，改善贫困地区义务教育薄弱学校基本办学条件，到 2018 年农村义务教育学校教学生活设施得到基本满足，村小学和教学点能够正常运转"。

应该说，自标准化建设工程启动以来，江西省有关部门认真履责，密切配合，团结协作，确保了工程的顺利进展。各地迅速行动，搞好调查摸底，编制建设规划，制定实施方案，加大资金投入，完善工作机制，创新工作举措，有力推动了工程的实施。总之，在各地各有关部门的共同努力下，经过一年多的建设，这项工作开局良好，成效明显，农村义务教育学校标准化建设取得了阶段性成果。截至 2014 年 8 月，共下拨标准化建设工程专项资金 33 亿元，其中省级资金 24.75 亿元，县级配套资金 8.25 亿元；完成了校舍改造项目学校 2625 所、教学装备类项目学校 1442 所。但同时，我们也要清醒地看到，江西省农村义务教育学校标准化建设也存在着不少问题，与人民群众的期待相比，还有较大差距：一是有些地方领导不够重视，思想认识不到位，畏难情绪突出，工作主动性不够；二是工程整体进度不平衡，现在第一批资金校舍改造任务完成率为零的县（市、区）还有 14 个，第二批资金校舍改造项目开工率为零的县（市、区）还有 10 个；三是配套资金不到位，筹资渠道单一。这些问题严重阻碍了农村义务教育学校标准化建设的深入开展。

我们要充分认识到实施这一工程是保障民生底线的重要举措。当前来看，农村地区义务教育是江西省教育改革发展的"短板"，村小和教学点是农村教育的薄弱环节。保障改善民生、推进基本公共教育服务均等化，促进教育公平，首先要从最广大的农村贫困地区开始，从最薄弱的村小和教学点抓起。实施农村学校标准化建设工程，是教育工作"补短板"、"兜网底"的当务之急，必须抓紧推进，抓出成效。要充分认识到实施这一工程是基本实现教育现代化目标的紧迫任务。由于江西省农村学校建设历史欠账多，发展底子薄，不少学校还不同程度存在校舍简陋、附属设施破旧，教学仪器设备、图书资料、音体美器材欠缺，教师队伍不够稳定等问题，特别是一些村小和教学点运转比较困难。我们必须切实加快农村义务教育发展步伐，尽快改变这些农村地区薄弱学校的落后面貌，为统筹城乡基本实现教育现代化打下坚实基础。要充分认识到实施这一工程是破解城乡义务教育热点难点问题的有效途径。办好农村义务教育，逐步缩小城乡差距，既能解决农村学生就近接受优质教育的需求，也会减少农村学生向城镇流动，对缓解城镇地区教育压力具有非常积极的作用。

二、加快推进，确保目标任务如期完成

按照有关部门的部署安排，2015 年要全部完成农村义务教育学校标准化建设，到目前为止，时间已经过半，如期完成三年建设任务，时间紧、任务重、要求高，各级政府要切实负起责任，加强组织领导，充分调动各地各部门和学校的积极性、主动性、创造性，凝聚工作合力，把各项工作措施落到实处，高效、有序推进工程实施。

一要强化政府职责。农村义务教育学校标准化建设工程内容广泛，涉及部门多，各地要切实加强政府统筹协调能力建设，进一步明确责任，建立以政府为主导的沟通协调和决策机制，县（市、区）政府是实施农村义务教育标准化建设工程的责任主体，要真正将这项工作摆上政府工作的重要位置，主要领导要亲自过问，靠前指挥，加强协调指导，切实把职责履行好，把工作部署好，把政策落实好，把项目建设好。要加大工程推进力度，前期，江西省教育厅、财政厅制定了重点监测、定点联系、月报通报、验收考评和领导约谈等一系列有效的工程推进制度，要坚持好；各设区市要结合实际，健全制度建设，加强工作调度，

尤其是工作进展慢的设区市要借鉴学习先进经验，查找工作被动的原因，拿出可行的措施和办法，迎头赶上。

二要强化资金统筹。各地要围绕促进均衡这一目标，进一步深化义务教育经费保障机制改革，增加义务教育支出在整个教育支出中的比重，新增教育经费要优先用于农村义务教育薄弱环节。2014年，江西省财政进一步加大了对农村贫困地区的支持力度，市、县（区）也要加大统筹，采取多种渠道筹集资金，足额落实工程实施的配套资金。省财政要严格执行有关奖罚制度，对配套资金不到位的，坚决扣减下一年度资金。各地要合理使用好资金，提高资金使用的效益，防止资金、项目安排重复交叉或支持缺位，做到精准发力，把资金用到最急需、最紧迫、最薄弱的地方，把钱花在"刀刃"上；要统筹农村寄宿制学校建设工程、农村初中校舍改造工程、中小学校舍维修改造长效机制等项目资金使用，提高各类资金使用的综合效果。

三要强化合理实施。农村义务教育学校标准化建设工程是雪中送炭，而不是锦上添花，各地一定要量入为出，从实际情况出发，坚持安全实用、功能齐备、勤俭办学和节约用地的原则，根据教学点、村小的规模和实际需要，科学适度安排建设内容，要充分利用现有校舍和设备资源，缺什么补什么，规范操作。不允许集中财力搞"重点校"或"示范校"建设，更不能安排按照当地布局调整规划拟撤并的学校或不具备项目实施条件的学校。同时，农村义务教育学校标准化建设工程要分轻重缓急，解决急需，分步实施，优先建设改造最基层的教学点、村小，特别是一些山区、贫困地区的教学网点，尽管生源少、成本高，但为了当地群众的子女能就近上学，一定要坚持办下去，而且要办好。

四要强化监督检查。2014年，江西省政府已经把农村义务学校标准化建设工程作为重点内容，纳入市县科学发展综合考核评价。各设区市政府要开展定期巡查，监督和指导基层始终把工程质量摆在首要位置，严格按照标准规范，严格执行建设改造程序，发现问题及时整改，绝不能出现"豆腐渣"工程。江西省教育厅、财政厅已经下发了工程验收的通知，各地要抓紧组织相关部门开展验收考评工作，对所有工程项目进行全面验收检查，确保建设成为廉洁工程和放心工程。要严肃财经纪律，有关部门要适时组织评估，对贪污、截留、挪用资金以及举债建设、项目管理失职渎职等违纪违规问题要"零容忍"，决不姑息，发现一起、查处一起，要以对广大师生的生命安全高度负责、对历史负责、对人民负责的态度，真正把这项民生工程抓实抓好。

三、深化改革，提高农村义务教育质量

实施农村义务教育学校标准化建设工程，全面改善农村最基层薄弱学校基本办学条件，最终目的是提高农村学校教育质量。在提高学校基本办学条件硬件水平的同时，各地各有关部门要积极推进教育综合改革，努力提高农村学校师资水平和教育教学管理能力，提升农村教育的"软实力"。

一要深入实施素质教育。提高教育质量，促进学生全面发展，是教育工作的根本目标。各地各校要全面贯彻党的教育方针，遵循教育规律，以增强学生社会责任感，培养学生创新精神和实践能力为重点，深入实施素质教育。要加强德育课程建设，把社会主义核心价值观、中华民族优秀传统文化以及江西厚重的红色文化、绿色生态文化和赣都历史文化等融入中小学德育课程。要面向全体学生，努力为每个孩子提供适合的教育。要开齐开足音、体、美课程，尤其要配齐农村学校的音体美教师，特别要加强村小和教学点的学生音、体、美教育，提升青少年审美和人文素养。要严格规范办学行为，切实减轻学生课业负担，努力为每个孩子健康成长创造良好条件。

二要切实办好村小和教学点。村小和教学点是农村边远贫困地区

学生平等受教育权利的保障，备受社会各界关注，党和政府高度重视。要真正把村小和教学点办好，仅仅实施农村义务教育学校标准化建设工程是不够的，各地要明确系统推进的思路。一方面，要科学规划布局，依法调整学校网点。各地要坚持实事求是、因地制宜，处理好提高教育质量和方便学生就近入学的关系，科学规划学校布局，保留并办好必要的教学点，加强寄宿制学校建设，确保不因学校撤并引起学生辍学；要认真执行学校网点布局规划，严格布局调整程序，审慎从严控制学校撤并，确有必要调整的，必须充分听取家长、师生、村民组织以及社会各界的意见。另一方面，要建立保障村小和教学点正常运转的长效机制。要推进公共教育资源向农村边远地区小学、特别是教学点倾斜；要认真执行省定生均公用经费标准，对于不满100名学生的村小和教学点，以100名学生为基数下拨生均公用经费；要进一步完善农村边远地区义务教育经费的拨付方式，实行全过程检查，确保资金到位。

三要积极推进校长轮岗教师交流。实行义务教育学校校长教师交流轮岗制度，是统筹城乡义务教育资源均衡配置，有效提升农村教师队伍素质的重要举措。2014年上半年，江西省出台了《关于推进义务教育学校校长教师交流轮岗工作的指导意见》，对江西省义务教育学校逐步推进校长教师交流轮岗提出了具体要求。各地要根据江西省统一部署，不断完善教师"以县为主"管理体制和师资统筹配置机制，规范有序组织校长教师交流轮岗。要建立完善包括考核、档案、跟踪问效在内的管理机制，加强对校长教师交流轮岗常态化、制度化指导。要把组织优秀校长、骨干教师向农村学校、薄弱学校流动，超编学校向缺编学校流动作为交流轮岗的重点，推进优质学校和薄弱学校、城镇学校和农村学校共同发展，不断提高师资配置效益，整体提升义务教育质量。

四要大力推进农村教育信息化建设。教育信息化是加快知识传播、扩大资源覆盖、降低办学成本的有效手段，对解决农村地区薄弱学校的办学困难、缩小城乡教育发展差距、满足学生学习需求具有独特优势。各地要进一步明确教育信息化建设方案，充分利用农村义务教育学校标准化建设工程及全面改善贫困地区薄弱学校基本办学条件项目，稳步推进农村学校信息化建设，特别是要为村小和教学点配置数字教育资源接收和播放设备，配送优质数字教育资源，努力做到全覆盖。在扩大基础设施全覆盖的同时，要切实加强教师信息技术应用能力培训，扩展教学的手段和范围，促进信息技术与教育教学深度融合，帮助农村地区师生便捷共享优质数字教育资源，有效提高农村地区教育教学水平。

五要认真做好农村留守儿童工作。加强留守儿童工作，是推进城乡协调发展、加强和创新社会管理、构建社会主义和谐社会的重要内容。各级政府要加强统筹和领导，把留守儿童工作纳入地方经济社会发展总体规划和社会管理创新体系之中，协调相关部门，积极发挥各自职能、动员全社会切实把留守儿童工作抓实抓好。教育行政部门要加快农村寄宿制学校建设，优先满足留守儿童寄宿需求，积极推进校外教育和文体活动场所建设，切实改善留守儿童教育条件；要充分发挥学校教育主渠道作用，加强留守儿童心理健康教育和法制安全教育。妇联组织要发挥自身优势，加强关爱服务载体建设，强化家庭教育指导，优化留守儿童的成长氛围。各级共青团、关工委和综治部门也要充分发挥在各自在留守儿童关爱服务工作中的职能优势，积极创新留守儿童社会管理服务，做好留守儿童社区关爱服务，支持做好留守儿童社会关爱活动，逐步构建社会关爱服务机制。

（2014 年 11 月 21 日）

江西省教育督导工作要再上新台阶

一、教育督导工作的重要意义

加强教育督导是现代教育制度的重要内容，是教育行政管理不可或缺的重要环节。省委、省政府高度重视教育督导，近年来，按照党中央、国务院的要求，不断加大教育督导工作力度，有力推动了江西教育事业科学发展。同时我们也清醒地看到，在推进教育改革发展的进程中，教育督导工作还面临许多深层次的困难和问题。根据教育改革发展规划纲要和《教育督导条例》的新要求，各地各部门各校要进一步提高认识，切实增强教育督导工作的责任感、紧迫感和使命感。

（一）从国外教育行政管理体制看，加强教育督导是世界各国的通行做法

近现代的教育督导制度，发源于西方国家。英国的教育督导制度已有约170年的历史，自1839年首次任命皇家督学，已形成相对稳定、比较成熟的中央和地方两级教育督导制度，督导范围涵盖各级各类教育，涉及学校管理、课程、教学生活、师资培训等各方面。法国教育

督导制度起源于 19 世纪初,经过一百多年的演变,形成了国家、大学区、省三级督导制度,法国对教育督导的定位很清楚,就是教育事业强有力的监控体系。日本 1871 年明治维新时就在文部省设置了由大学、中学和小学三类视学官组成的视学局,对学校进行指挥与监督。美国 20 世纪 30 年代以来,一直把"教育立法、教育督导、教育经费"视为教育管理的三大支柱。世界各国的成功经验表明,加强教育督导是保持教育高水平的重要保障,是推动教育发展的必然选择,也是衡量一个国家教育管理水平的重要标志。

(二)从我国教育改革发展的历史看,各个时期都非常重视教育督导

我国教育督导古而有之,西周时就有"天子视学",此后的封建社会历代都设置专门官吏或机构,负责对学校进行监督,对地方官吏举办官学、培养人才、推行教化进行政绩考核。如隋朝设立的"国子监"是中国也是世界上最早的独立的教育行政和监督机关;宋朝首次在地方设置的"提举学事司"就是地方教育监督机关。到了清末,废科举、办新学,引入西方教育理念,逐步建立了近代教育视导制度,1909 年清政府颁布《视学官章程》,是我国近代教育史上第一个关于教育视导的法规性文件。辛亥革命以后,民国政府颁布《视学规程》,建立了中央、省、县三级教育督导制度。我们党在革命根据地建设中,瑞金苏区教育部门就设有巡视员,陕甘宁边区政府还专门设立了督学室。新中国成立以来,我国教育督导制度经历了建立—停滞—恢复—发展的阶段。1995 年,国家颁布《中华人民共和国教育法》,将教育督导制度作为国家基本教育制度。2012 年,国务院正式颁布《教育督导条例》,并成立了国务院教育督导委员会,标志着我国教育督导事业上升到国家层面,进入法制化轨道,翻开了历史新篇章。

（三）从当前教育面临的新形势新要求看，加强教育督导势在必行

百年大计，教育为本，全面建成小康社会，实现中华民族伟大复兴的"中国梦"，教育是基础。当前，江西省教育进入了一个新阶段，站在了一个新起点。一方面，按照教育规划纲要，到 2020 年，要基本实现教育现代化，基本形成学习型社会，进入人力资源强省行列。实现这一目标，任务艰巨，迫切需要督导各级政府、各有关部门、各学校把教育改革发展的各项政策措施落到实处，努力实现更高水平的普及教育，形成惠及全民的公平教育，提供更加丰富的优质教育，构建体系完备的终身教育，提高国民整体素质，为实现江西与全国同步建成小康社会提供人才支撑和智力保障。另一方面，随着社会不断发展进步，人民群众接受良好教育的愿望日益强烈，希望通过加强监督检查，进一步规范办学行为，切实解决学前教育资源短缺、义务教育择校热、大班额、学生课业负担过重、乱收费、学校安全等热点难点问题；希望建立科学多元的教育评价体系，引导学校自觉开展素质教育，促进人的全面发展；希望重视对督导结果的运用和问责，发现问题及时整改。

二、教育督导工作的内在要求

加强教育督导工作，发挥教育督导的作用，首要的问题是要准确把握教育督导的内在要求，了解怎么样来进行教育督导。《教育督导条例》从法制层面对教育督导制度进行了明确，为构建完整的教育督导体系奠定了法律基础。

（一）把握教育督导职能

教育督导是县级以上人民政府对下级教育工作的监督、检查和评价，旨在加强对教育事业发展的全面管理，以保障教育方针和政策的贯彻执行，提高教育质量，促进教育公平，推进教育事业科学发展。职

能包括两个方面内容，一是对下级人民政府落实教育法律、法规、规章和国家教育方针、政策的督导；二是对本行政区域内的学校和其他教育机构教育教学工作的督导。

（二）把握教育督导范围

过去教育督导的范围主要是义务教育，督导的对象主要是中小学校。新颁布的《教育督导条例》将督导范围扩大到各级各类教育，督导对象扩展到下级政府及其职能部门、各级各类学校和教育机构，实现了全覆盖。

（三）把握教育督导体系

在教育督导过程中，要切实处理好督政与督学、监督与指导、评价与监测的关系，积极构建督政、督学与监测三位一体的督导体系。一是要处理好督政与督学的关系。督政与督学是教育督导的双重职责，两者工作对象不同，侧重点也不同。在实际督导工作中，一定要坚持督政与督学并重，以督政促进督学、督教，以督学、督教落实督政。二是要处理好监督与指导的关系。监督与指导是教育督导的两大基本手段，集中体现在教育督导检查全过程。只有将指导职责作为和监督同等重要的任务，教育督导才会具有建设性，达到有效推动工作的目的。三是要处理好评价与监测的关系。教育质量监测是教育质量评价的基础性工程，必须体现科学性、专业性和权威性，覆盖学生德、智、体、美各个方面，尤其要重视监测学生的心理健康水平。教育质量评价体系的建立，要以教育质量监测为前提，符合教育发展规律，符合教育法律法规，符合江西省实际情况。

（四）把握教育督导方式

《教育督导条例》明确教育督导的基本形式包括综合督导、专项督导和经常性督导。综合督导是对一个地区的教育工作进行全面系统的督导，每 3~5 年实施一次；专项督导是对一个单位的教育工作进行局部、单项的督导，每 5 年至少实施一次；经常性督导是定期或不定期到一个单位进行相关工作的督导，每学期不得少于两次。在实际工作中，要将这三种形式有机结合起来，充分发挥教育督导的整体效能，既防止重复评估，又防止相互脱节。

三、教育督导的目标任务和工作重点

党的十八届三中全会对全面深化改革的重要领域和关键环节做出了重大部署，提出了"深化教育领域综合改革"的总体思路，要求"深入推进管办评分离，强化国家教育督导。"进一步凸显了教育督导工作的地位和作用，加强教育督导既是转变政府职能的必然要求，也是解决教育热点难点问题的有力抓手，更是全面深化教育领域综合改革的重要保障。教育督导部门要切实增强紧迫感和使命感，以"五个转变"为根本目标任务，即从义务教育督导向各级各类教育督导转变，从以督政为主向督政和督学并重转变，从推动"两基"向义务教育均衡发展督导评估和监测转变，从监督为主向监督与指导相结合转变，从全面综合督导为主向发展性评估和常态督导为主转变。以督促、指导各地、各校贯彻落实十八届三中全会精神，促进教育公平、提高教育质量、办好人民满意教育作为当前教育督导工作的重中之重，攻坚克难，奋发有为，为全面深化教育领域综合改革，促进江西省教育事业的科学发展保驾护航。

一是围绕"推进教育领域综合改革"开展督导。深化教育改革是当前和今后一个时期江西省教育工作的首要任务，各级教育督导部门要以坚韧不拔的精神和求真务实的作风，以教育督导助推教育改革，着力在促进教育公平，加快现代职业教育体系建设、高校内涵发展、义

务教育学校标准化建设、校长教师轮岗交流、实施素质教育、减轻学生课业负担等方面，发挥督导职能作用，加大督导工作力度，创新督导方式，通过推进教育体制机制创新，解决制约教育改革发展的突出问题，确保各项改革举措落到实处，取得实效。

二是围绕"政府履行教育职责"开展督导。当前，要抓紧谋划推进新一轮的县级政府教育综合督导，积极部署 2014 年 20 个县级政府教育综合督导工作，提前筹划 2015 年 20 个县和南昌红谷滩新区等 15 个经济开发区管委会教育工作综合督导评估，注重督导成效，进一步促进县级政府履行教育工作职责，加大教育投入，积极改善中小学办学条件，合理配置资源，推动城乡和区域间缩小差距，不断促进江西省中小学教育教学质量再上一个新的水平。

三是围绕"中小学校督导责任区建设"开展督导。实行挂牌督导是加强对中小学校监督指导的重要举措，也是加强与学校和社会联系、办人民满意教育的有效方式，有利于延伸教育督导的触角，及时发现和解决学校改革发展中出现的问题，有利于督促和引导学校贯彻执行教育法律、法规、方针政策，规范办学行为，提高教育教学质量。英国、法国、荷兰、德国、美国等一些发达国家，都已把学区督学工作作为教育督导的主要任务，重点对学校进行监督、指导和评价，包括对校长的管理、学校的办学条件、教学组织过程和教学质量等各方面的监控。在我国许多地区，督导责任区建设已经得到了加强，有力地促进了素质教育的深入实施和教育教学质量的全面提升。各成员单位要高度重视、大力支持督导责任区建设，不断完善制度，健全工作网络，及时研究解决建设中存在的困难和问题，实现责任区建设的全覆盖、教育督查全覆盖。各市、县（区）要加强领导，制定和完善本地挂牌督导的具体措施和办法，积极创造条件，按照江西省的统一部署和要求配足责任督学，将挂牌督导制度覆盖所有中小学校，不断把江西省中小学校责任督学挂牌督导工作推上一个新的水平。

四是围绕"实现县域义务教育均衡发展"开展督导。义务教育均衡发展承载着人民群众对教育公平和优质教育的热切期盼，是九年义务教育全面普及之后又一重大战略性任务。教育部从 2013 年开始，启动实施了全国县域义务教育均衡发展督导评估认定工作，目前，全国先后有 22 个省（市）上报第一批次接受国家对县域义务教育均衡发展审核检查。根据教育部、江西省人民政府签署的《义务教育均衡发展备忘录》，从 2014 年起，江西省将分批对江西省县（市、区）进行义务教育均衡发展督导评估。2014 年江西省将有一批县（市、区）接受省级人民政府督导评估，并报请国务院教育督导委员会进行义务教育发展基本均衡县的审核认定。为切实做好这项工作，江西省在南昌市青云谱区、萍乡市芦溪县开展了县域义务教育均衡发展督导评估试评工作，并在试评工作基础上，制定并下发了督导评估实施细则。各成员单位要紧紧围绕如期实现江西省义务教育均衡发展的目标，提前谋划，及早安排，进一步加大工作力度，全力推进义务教育均衡发展，认真组织省检，做好迎接国家审核认定准备，确保取得好成绩。

五是围绕"群众反映强烈问题"开展督导。近年来，江西省在规范中小学办学行为方面做了大量工作，取得了明显成效。但在一些地方和学校仍不同程度地存在着违反政策法规办学等问题，如盲目撤并农村义务教育阶段学校网点，乱办班、乱补课、乱收费，有偿家教，体罚或变相体罚学生，违规分设重点校（班）和非重点校（班）等等，这些问题，严重损害了群众利益，破坏党和政府形象，败坏社会风气，引起了人民群众特别是学生、家长的强烈不满和社会的广泛关注。12月 10 日，召开了省直有关部门会议，专题部署开展中小学办学过程中损害群众利益行为专项整治工作。江西省教育督导部门要把此项工作作为教育督导的重要内容进行重点督查，发现问题要依法从严处理。对于督导检查中有问题整改不到位的，要通过新闻媒体向社会公开，接受舆论监督。要防止和克服法不责众的心态，凡是督导过程中查实的问题，教育行政部门要敢于处理，加强惩处的力度。

四、强化教育督导保障措施

随着教育体制改革的不断深入、人民群众对教育的期盼更加多元，教育督导工作面临的任务也更重，要求也更高，迫切需要各级政府加强和改进对教育督导工作的领导，努力提升教育督导工作水平。

（一）建立健全教育督导机构

江西省委、省政府高度重视教育督导工作，省政府成立了教育督导委员会。各市、县（区）也要按照教育规划纲要和《教育督导条例》的要求，参照建立相对独立的教育督导机构，强化职能职责，落实人员编制，提升督导地位，确保教育督导工作有序有力有效展开。

（二）加快教育督导立法进程

江西省政府已确定将《江西省教育督导办法》列入 2013 年立法计划。省政府法制办、省教育厅要从江西省情出发，加快开展立法调研论证工作，着力在增强教育督导办法的针对性、操作性和实效性上下功夫，争取年内出台，为各地开展教育督导工作提供基本依据。

（三）安排使用好教育督导经费

《教育督导条例》明确规定"县级以上人民政府应当将教育督导经费列入财政预算"。为保障教育督导工作顺利进行，从 2013 年起，各级财政要安排一定的教育督导专项经费。教育督导经费要专款专用，实行"以奖代补"，重点对县级政府教育工作综合督导评估获得优秀等次、通过国家县域义务教育均衡发展督导评估认定的县（市、区）等进行奖补。

（四）注重教育督导结果运用

各地要根据《教育督导条例》规定，建立行之有效的问责机制，将教育督导结果作为考核、问责和实施奖惩的重要依据。要强化限期整改环节，督导活动结束后，要求被督导单位对存在的问题进行限期整改，对整改情况进行复查，必要时可对被督导单位主要负责人进行约谈，确保每次督导都行之有效。要定期发布教育督导评估报告，让全社会了解教育进展情况、存在的主要问题以及改进措施，并接受社会监督。

五、建设高水平专业化督学队伍

建立一支责任心强、素质优良、结构合理的专业化督学队伍，对于提高教育督导水平，提升教育督导权威至关重要。这次会议对第六届省督学进行了调整，增补了 51 名省督学，聘任的省督学都是经过严格遴选的，有四个突出特点：一是来源广泛。吸纳多个部门、多个领域的专家，可以听取不同方面意见。二是力量增强。省督学由原来 40 人增至 91 人，增加了一倍多。三是结构合理。基本做到了教育行政管理、教学科研一线并重，各级各类教育全覆盖。四是经验丰富。这次聘任的省督学都是教育方面的管理专家和学科专家，具有较高的理论水平和丰富的实践经验。希望各位省督学珍惜荣誉，勤勉工作，不负重托，不负众望，为各级督学作出榜样，做好表率。各地也要认真加强督学队伍建设，把好入口关。

（一）加强学习

督政必先知政，督学必先懂学。各级督学都要重视学习、善于学习，及时掌握专业性的现代技术，提高督导评估的科学性；要掌握最新教育理论，了解教育发展的新动态，始终站在本地教育发展的前沿和制高点。要加强政策理论和业务知识的学习，当前尤其要深入学习好《教育督导条例》，以及国务院《关于深入推进义务教育均衡发展的意见》等文件精神，成为教育政策法规的宣传者和实施者。

（二）求真务实

教育督导工作不能居高临下，而是要深入一线、深入学校、深入到群众中了解真实情况，搞好调查研究，做到心中有数。要把教育督导的过程变成调查研究的过程，通过调研了解真情、摸清实情，提出合理化对策建议。要直面教育改革发展的热点、难点问题，找准原因，提出建议，为党委政府科学决策当好参谋助手。

（三）维护形象

教育督导工作者既是监督者，也是被监督者。作为监督者，我们要怀着对教育事业的热爱和对下一代的关心，全身心地投入到教育督导工作中去，敢于坚持真理，坚持原则，勇于担当，不回避矛盾，努力做到督学一任、服务一方。作为被监督者，正人先正己，在开展督导工作中要客观公正、清正廉洁，严格自律。教育督导队伍是一支特殊的教育行政监督队伍，要严格执行"八项规定"，认真落实江西省委、省政府的有关决策部署，正文风、改会风、转作风、出实招、动真格、见实效，以精湛的专业水平和优良的工作作风赢得被督导单位和社会尊重，以清正廉洁的形象树立教育督导的权威和公信力。

教育督导使命光荣，任务艰巨、责任重大。需要督学队伍深入学习贯彻党的十八大精神，解放思想，与时俱进，锐意进取，团结务实，不断提升全省教育督导工作水平，为办好人民满意教育作出新的更大贡献！

（2013 年 12 月 30 日）

江西学前教育要实现大发展

从江西省学前教育发展的总体情况而言，学前教育仍是江西省各级各类教育事业的薄弱环节，特别是农村地区、贫困地区学前教育发展严重滞后，城市学前教育发展极不平衡，"入园难、入园贵"问题还非常突出。学前教育的发展与《教育规划纲要》的要求和人民群众的需求还有相当大的差距。必须加快推进学前教育发展。

一、要有强烈的责任意识

人生百年，立于幼学。学龄前阶段是人生最重要的启蒙时期，接受科学的学前教育，能够对儿童的认知能力、个性品质、身心健康、习惯养成产生终身的影响，为儿童创造良好的人生开端。随着群众生活水平的提高，让孩子接受良好的学前教育日益成为无数家庭的新期盼；特别是随着工业化、城镇化的快速推进和流动人口的大幅增加，保障留守儿童、流动儿童接受公平的学前教育日益成为改善民生的新课题。当前，学前教育迎来前所未有的大好机遇。党中央、国务院和江西省委、省政府高度重视，专门做出重大部署，指明了学前教育科学发展的方向；

国家、省政府以及各市、县（区）不同层面已经或者正在出台一系列重要政策，学前教育改革发展的目标任务更加明确；教育财政投入大幅度增长，已成为江西省财政第一大支出，2012 年的财政教育投入将占到财政总支出的 16%，学前教育加快发展的条件保障更加有力；全省各地各部门积极行动，创造性地开展工作，探索出了一些学前教育发展的好经验、好做法；人民群众热切期待，关爱幼儿的理念进一步普及，全社会支持学前教育的氛围更加浓厚。站在新的起点，我们有条件、有能力、有信心把学前教育办好。省直机关三个保育院作为江西省的优秀示范幼儿园，一定要有强烈的责任意识，充分发挥辐射、示范、引领作用，不仅要走在全省的前列，而且要加大创建力度，依托现有的优势，努力打造成为在全国有影响的一流幼儿园，为推动江西省学前教育科学发展作出应有的贡献。全省各地各部门要进一步提高思想认识，抓住当前难得的历史机遇，以构建"保基本、广覆盖、提质量"的学前教育体系为主要目标；以培养健康快乐的儿童为根本任务；以"政府主导、社会参与、公办民办并举"为基本方针，大力发展学前教育，努力缓解"入园难、入园贵"问题。

二、要有先进的办园理念

办园理念是幼儿园的灵魂。办园理念包括：先进理论的吸取、明确的特色目标、可持续发展规划，全园教师的接纳程度、特色氛围的创建等。省直机关三个保育院的办园指导思想非常明确，在坚持自己的办学理念时还应把握好以下几个要点：一是立足于幼儿园实际。一所幼儿园的办园理念应立足于本园实际，与幼儿园的办学历史与文化积淀相结合，只有这样才有能抓住幼儿园的本质特点与精神内核，提出富有本园特色的办园理念。每个幼儿园不管创办时间长短，都会有自己的文化与气质，而且随着教育实践的开展与深入，最终都会形成属于自己的、他人不可复制的独特传统与集体风貌。这些精神与文化要素都应该在幼儿园的办园理念中有所体现。二是准确把握发展定位。这是办园理念的核心。在思考和确定发展定位时，要充分考虑国际国内教育改革的历史背景与时代要求，当前就是要严格按照教育规划纲要，把服务幼儿的发展需要、把促进教育机会与教育过程公平作为自己办学努力的重要方向，进一步提炼幼儿园教育的办学宗旨与目的，促进教育质量的不断提升。三是真正实践办园理念。为了实现办园品质的提升和幼儿园跨越式的发展，每位园长都应努力实践本园的办园理念，而不要使之仅仅成为一种文字游戏或口号。四是让办园理念引领办园特色，目前很多幼儿园都在创特色创品牌，为幼儿园发展赢得更广泛的支持与更广阔的空间。这种努力的方向本身没有什么错，但如果幼儿园仅为创特色而提出自己的教育特色，就有可能偏离幼儿园教育的本质与使命。所谓办园特色实质上应是每个幼儿园在长期的教育实践过程中形成的独特而稳定的办园经验，如意大利瑞吉欧的"方案教学"、蒙台梭利的"混龄操作"等。因此，在考虑办园特色时，必须要以办园理念为引领。

三、要有优秀的师资队伍

幼儿教育是教育的起步，处于最基础的地位，对孩子的影响是深远的。因此，建设一支高素质的幼儿教师队伍是抓好幼儿教育的根本保证。要把有限的资源优先用于教师队伍建设。加强幼儿教师队伍建设重点要做好四件事：一是重视师德师风建设。幼儿教师每天都与孩子和家长进行交往和沟通，一言一行直接影响孩子道德品质的养成。幼儿园应把师德教育摆在教师队伍建设的首要地位。要加强政治理论学习,引导教师树立正确的世界观、人生观、价值观。要加强师德规范建设，只有让教师了解和把握了教师道德的原则、规范和义务，他们才能有所适从，才能明确师德实践的方向。要加强教师自我教育，"其身正，不令而行；其身不正，虽令不从"。要发挥表率作用，"说千言道万语，不如做个好样子"，凡是要求教职工做到的，园领导首先要做到；要求教师不去做的，园领导坚决不做。二是完善教师补充机制。要真正把那些有爱心、懂幼教的教师充实到幼儿教育队伍中来，决不能为了快速补充师资而降格以求。教育部和江西省将颁布《幼儿教师专业标准》，进一步明确幼儿教师的资格要求。幼儿园在新录用教师时，一定要严格执行专业标准，坚持公开招聘、择优录用；在聘用教师时，要依法签订协议，明确待遇、聘期和责任义务，防止出现新的代课教师，产生遗留问题。三是加强幼儿教师培训。要提高培训的针对性，重点是增强幼儿教师的责任感和职业素养，使她们掌握科学的教育方法，提高教育实践能力。要创新培训内容和方式方法。针对培训对象的实际需求，对园长、骨干教师和新入职教师分别制定不同的培训方案，着力解决幼儿教师在教育实践中的实际问题，探索和总结适合农村幼儿教师的培训内容和方式。要组织实施好幼儿园的园长及骨干教师"国培计划"、"省培计划"。要选择有学前教育教学和培训经验的院校和专业性师资培训机构承担任务，保证培训的高质量高标准。要采取多种形式扩大培养规模，挖掘现有幼儿师范学校和高等院校学前教育专业的办学潜力，认真总结和推广初中毕业起点五年制学前教育师资培养模式。四是保障幼教人员待遇。幼儿园园长、教师、保育员、保健人员实行持证上岗。要保障幼儿园编制外聘用人员的工资水平，并按规定缴纳社会保险费和住房公积金。民办幼儿园举办者要与聘用教职工签订劳动合同，按时足额兑现教职工工资和福利待遇，并依法缴纳社会保险费。要完善幼儿园教师专业技术职称（职务）评聘机制。对长期工作在农村基层和艰苦边远地区的公办幼儿园教师，按国家规定实行工资倾斜政策。将幼儿园园长、教师纳入模范教师、优秀教师等评选范畴。

四、要有科学的保教观念

确保孩子们快乐生活、健康成长，是发展学前教育的根本目的，是衡量学前教育质量的根本标准。但是，近些年来，由于应试教育和社会上一些不良宣传影响，当前幼儿园教育"小学化"现象十分突出，严重干扰了正常的保育教育工作，损害了幼儿的身心健康。幼儿园要主动适应科学保教的要求，在教学内容上，要遵循幼儿身心发展规律，科学制定保教工作计划，合理安排和组织幼儿一日生活。要坚持以游戏为基本活动，灵活运用集体、小组和个别活动等多种形式，锻炼幼儿强健的体魄，激发幼儿的探究欲望与学习兴趣，养成良好的品德与行为习惯，促进幼儿身心全面和谐健康发展。幼儿园不得提前教授小学教育内容，不得以举办兴趣班、特长班和实验班为名进行各种提前学习和强化训练活动，不得给幼儿布置家庭作业。在教学环境上，要创设适宜幼儿发展的多种活动空间，配备丰富的玩具、游戏材料和幼儿读物，为幼儿自主游戏和学习探索提供机会和条件。严禁教育行政部门推荐和组织征订各种幼儿教材和教辅材料，严禁任何单位和个人以各种名义向幼儿园推销幼儿教材和教辅材料。幼儿园不得要求家长统一购买各种幼儿教材、读物和教辅材料，不得违反规定超额编班。教育行政部门要加强对科学保教的引导，要规范小学招生，严禁小学举办各种形式的考核、面试、测试等招生选拔考试，不得将各种竞赛成绩作为小学招生的依据。要加强业务指导，研究建立幼儿园保育教育质量监测评估机制，切实加强对各类幼儿园保育教育工作的动态监管，定期对幼儿园"小学化"现象进行专项检查，对违反规定的要责令其限期整改。要营造舆论氛围，充分利用和引导各种传媒宣传科学的学前教育理念。幼儿园要采取多种形式开展家庭教育指导，实现家园共育，形成全社会共同关心支持的良好社会氛围。

五、要有规范的幼教管理

江西省学前教育基础较差，管理相对滞后。必须加快发展，才能满足人民群众的现实需求，有效缓解入园难。2012年全省将新建和改扩建400所幼儿园。快速发展对管理提出了新的更高要求，如果管理水平跟不上，不能有效防止和及时解决快速发展中的困难和问题，不仅会影响发展速度，还会给长远发展造成不良后果。规范管理要把握好以下几方面：一要重视标准建设。有了标准就有了努力的方向，有了标准就有了监管的依据。国家和江西省将陆续出台幼儿园的建设标准、收费标准、教师资格标准、保教质量指南等，这对进一步规范幼儿园管理将起到十分重要的作用。各类幼儿园要严格执行好标准。二要重视安全管理。幼儿园的安全是大事，不能有一丝懈怠。从幼儿园的选址、设计到施工、使用都必须严格执行国家的有关规定，并根据幼教特点配备必要的防护设备。要切实加强幼儿园食品安全、保育安全、车辆接送安全、疫病安全工作，对教师资质、人员流动、教育教学实行动态监管，强化突发事件应急管理，避免意外伤害。民办幼儿园数量占到江西省总数的近97%，过去出过一些安全事故。对民办幼儿园要严格要求，严格管理，严格准入门槛，加强督促检查，严防安全事故的再次发生。确保儿童身心健康、茁壮成长。三要重视规范收费。幼儿园要严格执行收费标准，实行收费公示制度，接受社会监督。特别要加强民办幼儿园收费管理，完善备案程序，实行分类指导。要加强对幼儿园收费行为和经费使用情况的监督，幼儿园不得以开办实验班、特色班等名义擅自设立收费项目、提高收费标准，不得收取建园费、赞助费等费用，不得向幼儿和家长推销图书、玩具等商品。四要重视人才建设。一流的幼儿园，必须要有一流的园长、一流的骨干教师。我们说一个知名园长和骨干教师的成名和成才要有三个条件：第一条是自身先天的条件。幼儿教师必须要有唱歌、舞蹈、绘画、文学等方面的才华，还要有对孩子的亲和力等，这些不是每个人都能做得好的。第二条是个人后天的努力。自己必须要有对幼儿教育的执着追求和持续学习的毅力。第三条是组织要帮助培养推荐。保育院要加大对园长和骨干教师的培养力度，帮助他们成为幼教方面的专家和领军人物。

（2012 年 3 月 27 日）

树立"六个观念" 促进素质教育发展

一、素质教育的内涵

素质教育是以提高民族素质为宗旨的教育。它是依据《教育法》规定的国家教育方针，着眼于受教育者及社会长远发展的要求，以面向全体学生、全面提高学生基本素质为根本宗旨，以注重培养受教育者的态度、能力，促进他们在德智体美劳等方面生动、活泼、主动地发展为基本特征的教育。这里的素质包括内在素质和外在素质。内在素质是指人们对世界、环境、人生的看法，包括人们的世界观、人生观、价值观、道德观等。外在素质就是指人们具有的能力、行为、取得的成就等。

素质教育与应试教育既有联系，又有区别，二者是矛盾的统一体。一方面，考试作为当前社会条件下相对公平、公正、公开的人才选拔方式，为我国社会主义现代化建设选拔了一大批优秀人才。很多家境贫寒、没有"背景"的孩子就是通过高考走进了大学，最终成为国家的栋梁。所以，考试作为评价、衡量教育和人才的有效方法，仍会在一定历史时期内存在，现在就想让应试教育退出历史舞台，是脱离实际的。我们应该可以在教学内容、课程设置、试卷选题中来体现素质教育的内容。另一方面，也要正确认识两者间的差异：应试教育在教学目的上片面追求升学率；在教育对象上主要是面向少数人的"英才教育"；在教育内容上考什么就教什么；在课程结构上重"主科"轻"副科"；在学生负担上作业量大、考试频繁、复习资料泛滥；在师生关系上是一种管与被管、灌与被灌的关系；在教育方法上学生是被动地学习；在教学途径上是把课堂和书本作为教学的唯一途径；在评价标准上简单以"考分论成败"。而素质教育在教育目的上强调人的全面发展；在教育对象上是促使每个学生充分发展的"通才教育"；在教育内容上是使受教育者在德、智、体、美、劳诸方面都得到发展；在课程结构上不仅平等对待所有课程，还注意开发校园文化等"隐性课程"；在学生负担上严格按教育教学规律办事，强调生动、活泼的学习；在师生关系上强调尊师爱生、平等交流；在教育方法上注重发展智力、培养能力；在教学途径上实行开放式的现代教育；在评价标准上确立社会实践的评价权威，淡化分数的警告、惩戒作用。

二、促进素质教育发展的"六个观念"

在教学实践中正确处理好素质教育与应试教育的关系，大力实施素质教育。总的指导思想是，既要有升学率，又不唯升学率，不能用升学率一个标准评价学校，要建立科学的完善的教学评估体系，树立有利于素质教育实施的"六个观念"。

（一）科学的教育政绩观

各级党政领导是推行素质教育的第一责任人，是否有科学正确的教育政绩观，是实施素质教育的有效保证。判断地方政府的教育政绩，关键应当看地方教育经费的投入水平和使用效益，以及区域基础教育均衡发展水平。各级财政要进一步加大教育投入力度，提供更多的优质教育资源，促进教育公平。各级政府及教育行政部门不应违背教育规律和人才成长规律，贪大求全，搞大规模学校、大班额；不应用升学率作为唯一指标，对学校和师生进行排名奖惩；不应目光短视，姑息纵容当地学校的不规范办学行为。各级政府要以更坚定的信心和更大的勇气，真心实意地支持素质教育实施，坚决不给本地区和学校争不符合教育规律的"名声"和"荣誉"，引导学校排除各种干扰，安安静静办学，克服浮躁和虚荣，为学校推进素质教育创造宽松条件。

（二）正确的教育目标观

基础教育的根本要求是育人为本。具体来说，是以学生为主体，以教师为主导，办好每一所学校，关心每一个学生，促进学生主动地、生动活泼地发展；是尊重教育规律和学生身心发展规律，为每个学生提供适合的教育；是基本普及学前教育，巩固提高九年义务教育水平，普及高中阶段教育，扫除青壮年文盲，为培养造就数以亿计的高素质人才打下教育基础。从人才培养目标来说，是要把培养有理想、有道德、有文化、有纪律的社会主义事业建设者和接班人作为基础教育的出发点和归宿，以培养受教育者高尚的思想道德情操、丰富的科学文化知识、健康的身体、良好的心理素质、较强的实践和动手能力，以及以充分发展个性特长为宗旨的素质教育目标观，使学生在德智体美劳等方面得到全面和谐发展。

（三）正确的教育评价观

理想的考试评价制度，可以实现"一手托两家"，既能满足对各类人才的选拔，又能始终把正评价导向、教育方向。然而，现行教育评价制度下，考试依然是整个教育教学活动的"指挥棒"，对学生的评价仍然集中在考试分数上,对学校和教师的评价仍然集中在升学率上。为此,考试改革势在必行,重点要做到三个转变:一是调整考试内容,变"为考试而学"为"为选才而考",努力使考试科目和命题内容进一步贴近时代、贴近社会、贴近考生实际,更科学地考查学生分析和解决问题的能力;二是探索分类考试,变"格式化"为"个性化"。要落实教育规划纲要,逐步实施高等学校分类入学考试。根据高考改革方案,从2013年起,江西省普通高考将实行本科和高职(专科)分类考试,本科考试科目是"3+文科综合/理科综合";高职(专科)考试科目是"3+技术(信息技术和通用技术)";三是推行多元录取,变"独木桥"为"立交桥"。长期以来,高考是依据单一考试成绩来录取,很多学生因一次失利而影响一生。目前,全国各地正在积极探索多元录取机制,普通高校本科招生以统一考试、择优录取为基本方式,同时积极探索自主录取、推荐录取、定向录取和破格录取等多种方式。目前全国已有90所高校探索自主选拔录取,为广大学子跻身大学校园提供了更多机会。

(四)正确的人才观

教育不仅要传授知识,更重要的是培养有创造性、有想象力、身心健康的人才。不能用一个模式办教育,不能用一个标准去衡量、评价学生。要树立人人皆可成才的观念,做到因材施教,尊重、鼓励学生的个性发展。专家、教授是人才,但同时合格的劳动者也是人才。我们一定要转变"只有升学者是人才、唯升学者能成才"的人才观,确立多渠道成长、多规格育才的人才观。要充分认识到社会对人才的需求是多方面、多类别、多层次、多结构的,社会不仅需要自然科学人才,也需要社会科学人才;不仅需要科学家、思想家、理论家,更需要大量有一技之长的能工巧匠;不仅需要高层次的社会管理人才,而且更需要从事社会主义现代化建设的高素质的劳动大军,现代社会的发展,社会对人才的要求也在不断变化，不仅要知识丰富、学有专长，而且要具有广泛的适应性。古今中外的无数事例反复证明：具有高学历的人不一定都能成才，没有高学历的人只要具有良好的综合素质，也完全能够在实践中逐步成为某一方面的优秀人才。曾有人做过一个实验，把两份名单给十个人看，问他们是否知道名单中的人，第一份名单包括傅以渐、王式丹、毕沅、林召堂、王云锦、刘子壮等几位清朝的科举状元。第二份名单包括李渔、顾炎武、吴敬梓、蒲松龄、洪秀全、袁世凯等几位清朝的落第秀才。结果十个人中，对第一份名单一个都不知道的有七人，对第二份名单中的大多数人都知道。这充分说明不升学也可以成才的观点。

（五）正确的质量观

其主要的含义，就是要彻底抛弃以考分高低、升学率高低论成败的落后观念，树立以各种基本素质全面提高、个性特长充分发展为标准的教育质量观。考分和成绩不是对学生的学习提供终结性结论而是主要说明学习的起点和新状况。正确的质量观，应当是发展的质量观、相对的质量观、多元的质量观。发展的质量观，即应当使每个学生在原有基础上都得到发展，凡是在原有基础上得到提高的都应得到肯定。相对的质量观，即对一所学校、一个地区的质量判断，不能单纯地使用一个统一的标准，其目的在于正确对待不同地区，不同学校的教育水平差异，提高大多数地区和学校的积极性。多元的质量观，即我们常讲的"全面提高教育质量"，就是要用整体、综合的观点，从过去仅仅看分数提高到全面地去看思想道德、文化科学知识、劳动技能、个性特长和身体心理健康等全面素质的提高，同时，尊重学生的个体差异，对不同的学生采用多把尺度全面衡量。各中小学校要进一步强化"以特色求发展，以质量求生存"的办学宗旨，走内涵发展之路，改变千校一面，千人一面的情况，通过打造"一校一品"，来提高办学质量。要切实发挥优质示范学校在提升质量方面的辐射、示范、引领作用，努力打造成为在江西乃至全国有影响的学校，为推动江西省基础教育科学发展作出应有的贡献。

（六）正确的教学观

教学是实施素质教育的主战场和关键环节。各中小学校都应树立与素质教育相适应的教学观。素质教育的教学观，最根本的是要如何引导学生主动学习、科学学习与创造性地学习，教师必须彻底抛弃单纯重视"尖子"学生，忽视一般学生；重知识轻能力、重书本轻实践、重灌输轻启发、重死记轻思考、重传授轻自学、重接受轻创造和重课堂轻课外的传统教学观。要运用现代教育科研成果，优化教学内容，合理设置课程和课程标准，既重视基础课、必修课，又要开设更多选修课供不同能力与志趣的学生自由选择。要切实解决课程和作业偏多、偏深、偏难问题，真正减轻学生课业负担和学习压力，让学生有更多的自由时间参加体育锻炼、社会实践，发展个人兴趣爱好。要创新教学方式，注重启发式教育，激发学生的学习兴趣，培养学生创新的思维，教会学生如何学习，不仅学会书本的东西，更要学会书本以外的知识。要将教育和文化很好结合起来，创造条件开设音乐、美术、文学等艺术课程，努力培养学生的审美情趣和艺术素养。

（2012 年 10 月 12 日）

发挥关工委作用　促进青少年成长成才

过去一年来，全省各级关工委和广大老同志坚持围绕中心、服务大局，发挥优势、主动作为，关工委工作有影响、有特色、有创新、有活力，多项工作走在全国前列，取得了显著成绩。

一是开展主题教育活动取得新成效。紧紧围绕推进社会主义核心价值体系教育这条主线，深入开展"学雷锋、心向党、讲品德、见行动"等丰富多彩的主题教育活动，仅全省各级"五老"报告团就累计作报告 8700 多场次，受教育青少年达 214 万余人次。二是促进青少年健康成长推出新举措。在做好教育的同时，坚持不懈地为留守儿童、流动儿童、困难青少年群体和特殊青少年群体解决实际困难和问题，特别是在预防青少年违法犯罪、网吧义务监督等方面做了大量工作。三是参与社会管理作出新贡献。各级关工委充分发挥优势，在宣传党的先进理论和方针政策方面发挥了教育作用，在加强党政部门与青少年的联系方面发挥了桥梁纽带作用，在挽救失足青年方面发挥了帮教调解作用，在为孩子们筑起安全"防火墙"方面发挥了监督作用。四是夯实基层建设有了新阵地。全省以创"五好"关工委为抓手,组织开展"基层工作年"活动，许多地方基层关工委的班子建设、队伍建设、阵地建设、制度建设有了明显改进，基本实现关工委"横向到边，纵向到底"的组织网络体系。特别值得一提的是，各地依托企业党支部，建立民企关工委组织，这将为民营企业中的青年员工及其未成年子女的健康成长带来帮助。

关工委的同志们，特别是老领导、老同志不顾年事已高，不辞辛劳、不计名利，兢兢业业、无私奉献，满怀热情地投身于关心下一代事业，以坚定的理想信念引导青少年的人生航向，以高尚的思想道德影响青少年的价值追求，以长辈的真切关怀扶助青少年健康成长，赢得了全社会的尊敬和爱戴。

如何开展 2013 年关工委的工作，贯彻落实中央和江西省委的要求，我谈几点认识。

一、提高认识，始终把关心下一代工作抓好抓实

青少年是国家的未来和民族的希望。关心下一代是人类的本能，是人类社会生生不息、不断进步发展的根本。一个负责任的政府，一个负责任的人，一定要高度重视关心下一代工作。在各级党委、政府的正确领导和亲切关怀下，在关工委和社会各界的共同努力下，应该说，我省青少年群体的主流是积极向上的，展现出爱国奉献、崇尚科学、诚信明礼、朝气蓬勃的时代风采。但同时，也要清醒地认识到，当代青少年正处在大发展、大变革、大调整的成长环境中，受到各种有利因素和不利因素的双重影响，容易在思想上产生困惑和迷茫。面对这种错综复杂的形势，各地各部门必须增强战略意识、政治意识和责任意识，始终把关心下一代工作牢牢抓在手上，一刻也不能放松，从时代发展和维护大局的高度，充分认识做好关心下一代工作的重要性和紧迫性，自觉地把关心下一代工作放在全面建成小康社会的大局中思考、谋划和部署，切实抓好抓实。

二、突出引导，始终把青少年思想道德建设放在首位

社会主义核心价值体系是加强和改进青少年思想道德建设的灵魂和根本，也是做好关心下一代工作的重中之重。我们要按照党的十八大提出的用社会主义核心价值体系引领社会思潮，凝聚社会共识的要求，重点加强理想信念和思想品德教育，把广大青少年团结在中国特色社会主义伟大旗帜之下，把社会主义核心价值体系教育浸透到关心下一代工作的各个环节，贯穿到青少年成长的各个阶段。一是以主题教育活动为抓手，在青少年中继续开展好"学雷锋、心向党、讲品德、见行动"教育活动，充分利用江西丰富的红色资源，大力开展各类实践活动，教育和引导青少年树立崇高的理想信念，坚定不移跟党走中国特色社会主义道路；二是大力弘扬助人为乐、扶危济困、见义勇为的中华民族传统美德，奉献自己、关爱他人、促进和谐；三是大力倡导艰苦朴素的优良作风，教育引导青少年不铺张浪费、不贪图安逸，勤俭节约，简单生活，培养健康生活情趣；四是教育引导广大青少年刻苦学习社会主义现代化建设本领，勇于战胜学习、工作和生活中的一切困难，做一颗永不生锈的"螺丝钉"。把对党、对人民、对社会主义的热爱，落实到行动上，为实现中国梦贡献力量。

三、倾心帮扶，积极促进广大青少年成长成才

按照国家要求，"铸魂"与"帮扶"是关心下一代工作的两项基本职责，二者缺一不可。这就需要我们始终坚持一切从青少年实际出发，一切为了青少年健康成长服务，在做好思想道德教育的同时，着力在关爱帮扶上下功夫。要切实维护青少年合法权益，积极参与制定完善相关政策法规，加强青少年法制教育，为受到侵害的青少年提供法律援助，推动全社会关心、重视保护青少年的合法权益。要着力帮助青少年解决实际问题，广泛开展助学、助困、助残活动，更加关爱农村

留守儿童、进城务工人员子女、流浪儿童、病残儿童、待业青年及失足青少年等弱势青少年群体的学习、生活等问题。要积极参与社会管理，充分调动老同志的积极性，巩固和发展网吧义务监督员、校外辅导员和矛盾调解员等专项工作队伍，配合各有关部门采取行之有效的环境整治行动，动员社会力量共同营造有利于青少年成长的和谐环境。

四、加强领导，切实为关心下一代工作提供保障

关心下一代工作，是政府工作的重要组成部分，是全社会的共同责任，需要各级政府机关、群团组织和全社会的共同努力。各级政府要按照中央和省委领导同志的重要批示精神，把关心下一代工作摆上重要议事日程，纳入精神文明建设总体布局和青少年思想道德建设具体规划，与其他工作一同部署、一同推进、一同考核。省有关部门在制定和出台关系到青少年权益的政策措施时，要认真听取关工委和老同志的意见建议。对关工委组织开展青少年活动，要在经费、场所、交通工具、人员等方面给予大力支持。各成员单位要发挥自身优势，对内要把本单位的老同志的作用发挥好，帮助青年员工和未成年子女健康成长，有条件的单位可建立关工委组织；对外要支持好关工委工作，并借助好关工委的平台，在为青少年做好事、实事上互相支持配合。如省关工委开展的少年军校活动，在驻赣部队和各地关工委、教育等部门的大力支持下，取得了很好的效果。希望省直各部门紧密结合工作职能和特点，充分发挥自身优势，主动与关工委加强协作，整合资源，实现优势互补，形成工作合力，共同为青少年健康成长创造良好环境。等一下各成员单位还要进行讨论发言，大家要就支持关工委工作和做好关心下一代工作拿出一些实质性的措施。各级新闻媒体要大力宣传老同志关心下一代的感人事迹，大力宣传有关部门支持关工委工作的先进典型，形成全社会来关心青少年、帮助青少年、服务青少年的良好氛围。

（2013 年 2 月 27 日）

校安工程　人命关天

中小学校舍安全关系到中小学生的生命安全，是一项重大的民生工程。江西省校舍安全工程实施情况既有成效，也存在不足，需要攻坚克难，狠抓落实。

一、顺利推进，成效明显

校舍安全工程是汶川地震后党中央、国务院决定实施的一项重大民生工程。按照中央统一部署，江西省从 2009 年 6 月开始全面启动实施这一工程以来，各级党委、政府、各有关部门站在办人民满意教育的高度，立足教育事业的长远发展，有力有序地推动了工作开展，成效明显，一大批设计合理、质量可靠、功能齐备、符合抗震设防标准的校舍拔地而起，成千上万孩子走进了美丽安全的校园，中小学校面貌发生了明显变化，全省自 2001 年以来连续 11 年实现了"校舍安全年"，为全省教育战线的持续和谐稳定作出了重要贡献。

一是完成了排查鉴定。2009 年 7 月，江西省启动了中小学校舍的排查鉴定工作，全面开展并完成了对全省 1.66 万所中小学、8.88 万栋校舍建筑、5033 万平方米校舍的排查和鉴定工作，2010 年初，又组织开展了"回头看"活动，进一步核实了排查鉴定结果。这次排查鉴定工作，规模之大、范围之广、行动之快、效率之高，在全省学校建设史上还是第一次。通过"地毯式"排查鉴定，用半年时间基本摸清了全省中小学校舍的安全"家底"，使各级政府第一次全面掌握了辖区内中小学校舍面积、校址分布和安全状况等情况，为制定和完成校安工程规划奠定了坚实基础。

二是制定了工程规划。在排查鉴定基础上，江西省结合实际制定了"五年规划、两期建设"的校安工程总体规划、分年度计划和逐栋改造方案。按照总体规划，第一期规划从 2009 年到 2011 年（后根据国家要求延长至 2012 年）投入 77 亿元，加固和重建校舍 1117 万平方米，重点解决中小学校舍抗震加固、迁移避险及整体出现险情急需改造的 D 级危房重建问题，优先解决七度以上地震高烈度区、地震重点监视防御区且人口稠密地区中小学校舍加固改造问题；第二期规划从 2013 年到 2014 年，投入 73 亿元，维修和改造校舍 1522 万平方米，重点解决剩余的 D 级危房重建和局部出现险情的 C、B 级危房维修改造问题。五年总投入将达到 150 亿元，这是新中国成立以来，江西省最大的一项中小学校舍建设工程，将全面改善全省校舍安全基础薄弱的现状。

三是推进了工程建设。通过多方筹措资金，制定优惠政策，强力推进建设，截至 2012 年 7 月底，全省校安工程累计投入 65.41 亿元，开工学校 7162 所，开工面积 1100 万平方米，占规划改造总面积的 98.46%；竣工学校 5629 所，竣工面积 876 万平方米，占规划改造总面积的 78.42%。其中，七度以上地震高烈度区 472 所学校全部开工，竣工学校 268 所，竣工面积 73 万平方米，占该类地区规划改造总面积的 82.49%。全省消除 D 级危房 927 万平方米，占 D 级危房总量的 99.81%。我们用三年的时间，让全省中小学超过六分之一的校舍旧貌换新颜，大量校舍通过加固改造或新建重建达到了抗震设防标准和综合防灾要求，特别在广大农村地区，通过实施校安工程，学校已成为当地农村最牢固、最安全的建筑，改善了师生的学习生活条件，提升了师生的安全感和幸福感。

四是建立了信息系统。 按照"以省级为主建设校舍信息管理系统，以县级为主建立安全档案室"的具体要求，江西省已初步建成了省级校舍信息管理系统，已录入 1.63 万所学校、8.85 万栋校舍的基本信息，信息系统基本实现了全面覆盖并与全国联网。基本建成了由专业机构进行排查、鉴定、勘察、设计、监理、施工、验收的安全档案库，部分市县已经开始发挥系统在学校加固改造、防灾抗灾、布局调整及日常管理等方面的支撑和服务作用，推进了学校标准化建设和科学化管理。

五是创建了防灾体系。江西省属于地震较为活跃，洪涝灾害频繁，山体滑坡、泥石流、地面塌陷和雷击等地质灾害易发地区。为切实加强综合防灾能力建设，江西省充分发挥建设、公安（消防）、国土、水利、地震、气象等专业部门的技术指导作用，对综合防灾的具体内容进行研究和梳理，编制了《江西省中小学校舍综合防灾工作目录》，出台了分市、县的中小学校舍综合防灾指导意见，加大了综合防灾投入，开展了综合防灾演练，制定了应对各种灾害的应急预案，全面提高了全省中小学的综合防灾意识和防灾能力。

六是建立了责任机制。江西省紧紧围绕校安工程的实施，加强了组织领导，健全了校安工作机构，制定了工程实施的路线图和时间表，建立了分片包干、倒排工期、进度通报、信息简报、经验推广、约请谈话等一系列工作制度，落实了"当地政府对本地的校舍安全负总责，主要负责人负直接责任、终身责任"的责任制度，实施了校安工程全过程的监察、审计和督查制度。从审计署 2011 年 11 月到 2012 年 2 月对江西省校安工程实施情况的审计结果看，没有发现重大违法违规问题和安全事故，资金使用和项目管理情况良好，校安工程实施成效明显。

二、认清形势，正视问题

一是工程实施进度仍有差距。江西省校安工程实施以来，绝大多数市县高度重视，积极推进，成效明显。但是由于江西省校舍建设历史欠账多，许多中小学校，特别是偏远地区的农村中小学校大部分校舍建设年代久远，校舍改造工程任务繁重，加之少数市县重视不够，投入不足，措施不实，进展不快，导致江西省校安工程进度在全国排位处于较后位置，这对江西省校安工程实施的总体形象造成了不良影响。根据全国校安办的统一安排，校安工程三年规划实施结束时间为 2012 年 12 月底，目前仅剩下四个月左右，时间紧、任务重，容不得有丝毫的放松和懈怠。各地各有关单位务必要层层落实责任，科学安排工期，切实加快推进工程建设步伐。

二是 D 级危房仍然存在。关于 D 级危房问题，中央和江西省三令五申，要求所有 D 级危房必须停止使用并采取措施加以消除。但从这次国家审计署审计和危房统计数据发现，江西省还有 8 个县的部分中小学校仍在使用 D 级危房。工程实施已经三年时间，一些地方 D 级危房还不能完全消除，师生生命安全得不到有效保障，何谈办人民满意教育？对 D 级危房改造问题的轻视，就是对师生生命安全的漠视。目前仍存有 D 级危房的市县务必要采取断然措施，立即停止使用并在 2012 年内全部加以消除。

三是当前防震减灾形势仍然严峻。根据国家地震局的分析预测，2012 年，我国大陆地区仍处于地震活跃时段，地震重点危险区主要集中在中西部地区；来自国家防总的信息也显示，2012 年汛期全国多雨区范围较 2011 年明显偏大，区域性强降雨过程较常年偏多，洪涝灾害可能重于 2011 年，不排除发生流域性大洪水的可能。面对严峻的形势，我们务必要保持清醒头脑，坚决克服麻痹和侥幸心理，始终绷紧校舍安全这根弦，切实增强责任感和使命感，尽全力做好校安工程实施工作，确保广大师生生命安全。

三、攻坚克难，狠抓落实

面对严峻的形势和繁重的任务，各级政府、各有关单位要进一步振奋精神，坚定信心，攻坚克难，加快推进校安工程实施，全面提升中小学校舍安全水平。

（一）集中力量攻坚，确保完成任务

当前全省校安工程已经进入了关键的攻坚阶段，全省上下要全面动员，集中力量，坚决打好校安工程攻坚战。一要进一步加强领导。在全国上下以优异成绩迎接党的十八大胜利召开的形势下，确保完成校安工程三年任务，不仅是一项建设任务，更是一项政治任务，各地各部门务必要高度重视，以极端负责的精神抓好校安工程的实施工作。各级政府主要领导和分管领导要亲上一线，靠前指挥，对工作基础薄弱的地方要派员蹲点，一抓到底。二要进一步加快步伐。按照全国校安办的规定要求，到 2012 年底，三年规划项目必须全部竣工，这是硬指标，不能打折扣。各地要进一步完善工程具体实施规划，对所有项目倒排工期，在确保质量的前提下加快建设步伐，确保按期全面完成校安工程实施任务。三要进一步抓好整改。要完善校安信息系统，抓好审计暴露问题的整改工作。确保工程实施期间的学生安全，严禁发生质量问题和安全事故，坚决杜绝拖欠工程款和农民工工资，防止引

发不稳定因素。

（二）严格规范管理，确保工程质量

质量是校安工程的生命线，越到工程实施后期，越要高度重视质量安全。一要严格技术标准。按照比当地一般建筑抗震设防标准高一度采取抗震措施，建设、公安（消防）、国土、水利、地震、气象等部门要加强专业指导，提供有力的技术支持，督促各地严格执行技术规范。二要严把验收关。严格执行基本建设和工程建设程序，严格执行工程质量标准，确保加固改造一所，验收合格一所，安全达标一所。坚持校舍必须经过验收合格后才能交付使用的原则，对验收不合格的，要依法依规追究相关责任人的责任。三要严格质量终身负责制。为每栋校安工程建筑制作一块安全责任牌，标明设计、施工、监理责任人。对校安工程发现质量安全问题要一查到底，严格追究相关责任人的责任。

（三）加大资金投入，严格资金管理

各级政府要按照工程规划确定的资金分担办法，加大校安工程的资金投入，保障校安工程的顺利实施。一要切实搞好资金筹措。省校安办要继续积极争取中央专项资金的大力支持，省财政 2012 年已安排 3.8 亿元用于校安工程建设，年终还应视财政增收情况适当增加。各地要加大财政资金投入，积极整合教育费附加、地方教育附加、土地出让净收益资金及其他专项建设资金，用于校安工程，确保校安工程资金落实到位。二要切实防止举债建设。2008—2009 年，江西省基本消除了义务教育债务，但近年来学校债务有反弹趋势，近期江西省教育厅、财政厅联合下发了《关于防止发生新的农村义务教育债务的通知》，要求切实做好新债防控工作，各地务必要认真落实。三要切实加强资金监管。要进一步加大财政监督、项目稽查和审计监督力度，重视舆论、信访举报等社会监督作用，严禁挤占、挪用、克扣、截留和套取工程资金，对于违法违规行为要严肃追究责任。

（四）加强监督检查，确保工作落实

各地要将重点监督检查与日常监督检查相结合，推动重点难点问题解决，确保工程建设如期完成。一要健全监督体系。要把工程规划、技术方案、项目进展纳入政府信息公开范围，使社会各界和广大群众理解支持和有效监督工程建设。要充分利用各种新闻媒体、监督举报电话、工程信息公开、工程项目公示等多种手段，主动接受社会和舆论的监督。二要健全考核体系。要把实施校安工程工作实绩作为考核干部政绩和工作能力的重要内容，同时也作为考核各地教育工作水平、安排教育项目和资金时的重要依据。三要健全督查机制。省校安办要组织工作组，对工程实施进度较慢和资金投入、项目管理等问题较为突出的地区进行重点督查，将检查情况和改进意见及时向当地政府通报，督促抓紧整改到位。

（五）立足长远发展，建立长效机制

校舍安全建设是一项长期工作。为期三年的校舍安全工程，集中清理了江西省积累多年的校舍安全问题，建立了校舍安全建设的监督检查机制、评估机制以及项目、资金管理制度等，中小学校舍安全责任体系也已逐步形成。下一步，各地要巩固和应用校安工程成果，科学利用排查鉴定结果，充分发挥校舍信息系统作用，积极探索建立校舍年检、预警、信息发布和责任追究以及安全投入机制等保障校舍安全的制度体系，立足教育事业的长远发展，建立和完善中小学校舍安全的长效机制，确保全省中小学校的持续和谐稳定。

（六）做好宣传教育，营造良好氛围

校安工程实施以来，新闻媒体通过多种形式对江西省工程实施进展、经验做法、主要成效进行了报道，取得了良好的宣传效果。下一步，要继续做好校安工程实施进展和成效报道工作，全面准确地宣传党和政府建设安全校舍、保障师生安全的政策措施和实施效果，使党和政府的惠民政策家喻户晓，深入人心。要重点聚焦在各地实施校安工程的实际行动，突出基层市县学校的好经验、好案例，发挥典型引路的作用。同时，要切实加强中小学安全教育工作，把防震、防火、防雷、防洪等综合防灾安全教育作为中小学安全教育的重要内容，推动防灾安全知识和自救互救知识的教育普及。要经常性地组织中小学校开展各种形式的防灾应急演练，提高广大师生的防灾安全意识、自我保护意识和应急避险能力。

校安工程关系师生生命安全，关系教育发展大计，是各级政府的重要职责，是人民群众的热切期盼，需要我们再接再厉，扎实工作，全面完成江西省校安工程三年建设任务，有效筑牢中小学校舍的安全线。

（2012 年 8 月 31 日）

致全省各市县长的一封信

各市、县（区）政府主要负责同志：

近年来，我省青少年儿童溺水死亡事件频发，居高不下，给死者家庭特别是独生子女家庭带来巨大的悲痛和无法弥补的伤害。当前，正值主汛期，全省学生正在放暑假，溺水等安全事故易发多发，防溺水工作更加重要紧迫。务请对此予以高度重视，按照"积极预防、依法管理、社会参与、各负其责"的原则，落实责任，共同做好暑期中小学生防溺水工作。

各市、县（区）政府要始终牢记"守一方之土、保一方平安"的职责，充分利用当地电视台、报纸、网络等多种途径和形式，开展全方位的防溺水宣传教育，提醒学生及学生家长加强对溺水的防范。要督促乡镇（街道）和村委会（居委会）对辖区河道、水库、池塘、水坑等进行全面排查，消除隐患；督促所有水域责任主体单位设立防护设施，设置警示标志牌，落实管理职责；督促河道采砂、围水施工等企业落实安全生产措施，加强施工现场保护。要对青少年经常嬉水、游泳的重点区域、重点时段聘请专人或组织志愿者进行宣传劝导和值守巡查。

要建立健全教育、维稳办、公安、民政、妇联、团委、乡镇（街办）、村（居）委会、社区等部门和基层单位相互配合的联动机制，形成政府、社会、家庭齐抓共管的良好格局。要加强对留守儿童的关爱工作，开放图书室、活动室，开办"爱心学校"、"留守儿童之家"、"平安自护营"等活动。

各级教育部门要及时检查学校防溺水安全教育、防范措施的落实情况，组织督查组下至各校和留守儿童较多的地方进行督查，并在留守儿童较多的地区，牵头与相关部门组建留守儿童的关爱家园。

各级各类学校要召开防溺水专题班会，开展专题教育，落实好"致家长一封信"的送达。假期中，各校校长、班主任和老师，要建立家校联系机制，通过家访、微信 QQ 群、电话等方式和手段，不断提醒学生家长增强安全意识和监护意识。

学生家长要切实负起法定监护责任，加强对孩子的监管，强化孩子防溺水意识。因客观原因，确实无法履行监护责任的，可向当地乡镇人民政府、街道办事处、村（居）委会、社区提出关爱申请。乡镇（街办）、社区等应当结合当地实际，尽力做好帮扶工作。

预防学生溺水需要政府牵头，各方尽责，密切配合，齐抓共管。让我们携手为保障广大中小学生平安健康成长而努力，共同为孩子健康成长撑起一片蓝天。

（2015 年 7 月）

落实农村义务教育学生营养改善计划

一、实施营养改善计划的重要意义

青少年是祖国的未来、民族的希望。青少年的营养健康状况，不仅关系着个人的成长发育和全面发展，也关系着国家的前途命运和中华民族的伟大复兴。综观国内外的做法，在当前大力推进教育改革和发展的新形势下，加强农村义务教育学生营养改善计划工作非常重要，也非常必要。从国外来说，早在 100 年前，英国就开始实行贫困家庭学生的校园餐计划，并于 1944 年立法。美国联邦政府每年拨给学生营养餐项目的补贴高达 210 亿美元，每天约有 2600 多万学生受益。法国、日本等国也纷纷建立了较为完善的学校供餐计划。从国家来说，党和政府历来高度重视青少年的健康成长。这次，国家财政每年投入 160 亿元，在全国 680 个集中连片的特殊困难县开展农村义务教育学生营养改善计划试点工作，力度之大前所未有。江西省也有 17 个县（市）被列入试点范围，每年可得到补助资金约六亿元。从江西省来说，自 2007 年起，在全国率先全面免除农村义务教育阶段学生学杂费、书本费，补助家庭经济困难的寄宿学生生活费，农村义务教育保障水平不断提高。

"农民种田不交税，学生上学不收费"成为现实，广大农民群众得到了真正实惠。同时，江西省农村义务学校的办学条件也极大改善，近十年来，江西省连续实施了一系列农村义务教育教育工程，投入70多亿元，新建和改造校舍860多万平方米，购置了大量教学仪器设备和图书资料，为广大农村学生提供了良好的学习和生活条件，尤其值得一提的是，从2001年以来，江西省连续11年实现了"校舍安全年"，没有发生一起因农村校舍危房倒塌而造成学生伤亡的安全事故，确保了广大农村学生的生命安全和身心健康。但也要看到，由于长期以来，受城乡经济社会发展的不平衡、农村教育保障水平相对较低等多方面因素的影响，在江西省一些地区，特别是边远贫困地区和经济困难家庭，农村中小学生营养不良的现象仍然存在，成为农民群众十分关心和迫切希望解决的突出问题。

为此，根据国务院的统一部署，江西省以贫困地区和家庭经济困难学生为重点，启动实施了全省农村义务教育学生营养改善计划，体现了江西省委、省政府对教育事业的高度重视和对广大农村义务教育学生健康成长的真情关怀，是坚持以人为本、落实科学发展观的具体体现，是维护社会公平、构建社会主义和谐社会的重要举措，是提高民族素质、建设人力资源强省的必然要求，具有重大意义和深远影响。全省各级政府、各有关部门、各有关试点学校一定要站在办人民满意教育的高度，统一思想，充分认识到实施营养改善计划是党中央、国务院的一项重大决策，只能干好不能干坏；充分认识到这既是一项责任工程，也是一项风险工程，只能细致部署不能敷衍了事；充分认识到这项工作一旦起步就停不下来，必须持之以恒地严格管理，把营养改善计划实施好、落实好，让孩子们满意，让人民群众满意。

二、江西省营养改善计划取得明显成效

江西省营养改善试点计划启动以来，各级政府和营养办经过努力，顺利完成了 2012 年秋季学期开学全面开餐的目标任务，营养改善计划在全省 17 个试点县全面开餐，进展顺利，成效明显。主要表现为以下五个方面：

一是建立了工作机制。省政府高度重视营养改善计划，3 月 31 日，省政府召开第 62 次常务会对农村义务教育学生营养改善工作进行了研究，江西省政府主要领导在会上专门强调：中小学生的营养健康状况，事关青少年的成长发育和全面发展，事关国家和民族的未来。要切实加强组织领导，制定相关政策，认真实施农村义务教育学生营养改善计划，保证每一分钱都用到孩子身上，确保学生营养餐的食品安全。会议同意成立全省农村义务教育学生营养改善计划领导小组，5 月 3 日，江西省领导小组召开会议，对江西省农村义务教育学生营养改善计划实施工作进行了部署。领导小组各成员单位各司其职、各负其责、分工协作，教育部门作为领导小组办公室，积极履行牵头部门职责，抽调精干人员集中办公，着力推动计划实施各项工作。各试点县高位推动，建立了"县级政府实施、学校具体执行"的工作责任机制，因地制宜研制营养改善计划试点实施方案和推进计划，扎实做好试点工作，各试点县开餐学校数和学生数均达到 100%。

二是确保了全面开餐。省营养办对 17 个试点县（市）秋季开餐情况进行每日调度。8 月 28 日至 30 日还派出专门督查组到赣州市分别对兴国县、宁都县、赣县、瑞金市等 4 个学生营养改善计划国家试点县进行了现场督查，并通过电话调度了全省其他试点县（市）的开餐情况。通过每日调度和专门督查，目前，江西省 17 个试点县有的已经完成招标的，已经开始供餐，未完成招标程序的少数县经过县政府有关会议

决定，也采用政府应急采购的方式，顺利完成了秋季学期开学全面开餐的目标。

三是加快了食堂建设。2012年初中央新增安排江西省农村义务教育薄弱学校改造计划的学生食堂建设资金4.5亿元，江西省已经制定了具体实施方案，重点用于17个试点县（市）、适当兼顾享受西部政策的25个县（市）的学生食堂建设，规划在2012年内新建和改造学生食堂50多万平方米。同时统筹中小学校舍安全工程、农村初中工程、农村义务教育薄弱学校改造计划等工程项目资金，把学生食堂列为重点建设内容，改善学生就餐条件，使其达到餐饮服务许可的标准和要求，为学生在校就餐提供基本条件。

四是完成了信息采集。建立实名制学生信息管理系统是国家为加强农村义务教育学生营养改善计划的有效监管，杜绝冒领、套取国家补助资金，确保专项资金专款专用、落实到位，建立起为学生营养改善计划监管提供数据支撑和服务的信息管理系统。根据教育部的部署安排，江西省营养办和江西省教育管理信息中心于8月16日—17日组织召开了全省农村义务教育学生营养改善计划信息数据采集工作培训会。截止到10月18日，17个试点县（市）成功上报了2012年春季学期实名制信息系统中有关营养改善计划相关数据信息。

五是制定了监测方案。为建立农村义务教育学生营养改善健康状况监测与评估制度，科学评价营养改善计划实施效果，江西省卫生厅、教育厅联合制定并下发了《江西省农村义务教育学生营养改善计划营养健康状况监测评估工作方案（试行）》（赣卫疾控字〔2012〕27号）。该方案确定了石城、乐安为重点监测县，其他15个国家试点县（市）为常规监测县，并在组织和技术层面上对纳入营养改善计划的学生进行健康状况监测评估做出了规定，明确了各级卫生部门、教育部门的责任，将通过监测试点学校学生营养改善情况，评价营养改善计划实施的效果，为做好农村学生营养改善计划工作提供科学依据。

在肯定成绩的同时，我们还应清醒地看到江西省农村义务教育学生营养改善工作还存在一些不足和问题，需要高度重视，认真研究解决措施。一是学校供餐能力不足。由于农村学校食堂条件有限，食堂供餐比例很低，目前，江西省只有 62 所学校、1.2 万名学生采取食堂供餐模式，分别仅占总数的 1.63% 和 1.35%，这个比例太低，在全国的排名也很靠后。二是食品安全监管难度大。营养改善计划从田间到餐桌，链条长、环节多、人员复杂，加之农业、质检、工商、卫生等监管部门分段负责，需要协调的工作多，食品安全监管难度大。三是配套措施落实难。由于各试点县地方财力所限，支持营养改善计划的地方配套措施落实不够等。这些不足要求我们在今后要以高度的责任心和使命感，进一步加大工作力度，扎扎实实地把营养改善计划组织实施好，把这项事关广大青少年学生身心健康的好事办好，实事办实。

三、扎扎实实把营养改善计划落到实处

组织实施好营养改善计划，是对各级地方政府和有关部门执政能力的一次重要考验，各试点县、各部门和有关学校要以对人民、对社会高度负责的态度，精心组织、统筹安排，有力有序有效推进计划实施，扎扎实实地把各项工作落到实处。

一是进一步强化组织领导。营养改善计划工作涉及面广、政策性强、情况复杂、社会关注度高，各级政府要进一步加强组织领导，健全工作机制，县级政府作为计划的行动主体和责任主体，必须切实发挥政府的主导作用，明确各部门、各单位以及学校和供餐企业的工作责任，着力构建实施营养改善计划的监督机制、安全保障、服务体系等稳定长效的工作机制，把各项政策措施落实到位。当前，各试点县政府要在全面开餐的基础上进一步加大地方财政投入，筹措和安排实施营养

改善计划的工作经费，妥善解决好学校食堂设施设备购置、从业人员工资福利和日常运转等经费，保障营养计划顺利有效地实施。

二是进一步抓好两个安全。能否确保食品和资金"两个安全"是决定营养改善计划成败的关键。要把学生营养食品安全工作放在首位，建立和完善权责一致、全程监管的食品安全保障机制，确保学生吃得安全、吃得营养、吃得放心；要建立健全资金使用安全的管理内控制度，强化专项资金使用、拨付内部监管，主动接受审计监察部门的监督，确保资金使用安全、规范、有效，确保营养膳食补助足额用于为学生提供等值优质的食品。

三是进一步建好"两个系统"。"实名制学生系统"和"学生营养状况监测系统"是营养改善计划的重要基础，各地要按照国家和江西省的统一部署和要求，按时建好这"两个系统"，并通过对学生人数进行动态监控，严防虚报套取冒领资金行为。同时，要建立学生健康档案，跟踪调查学生的体质等指标及膳食营养摄入状况，为学生营养改善提供科学依据。

四是进一步优化供餐模式。目前来看，受供餐条件限制，江西省17个试点县多数都采取"鸡蛋＋牛奶"的企业供餐模式，按照国家要求，这只是一种过渡模式，最终都要转为食堂供餐模式。2011年中央安排了江西省食堂建设专项资金4.5亿元，其中重点安排到了17个试点县。2012年中央可能会进一步给予支持。各地要按照中央和江西省要求，进一步加快学校食堂建设进度，在2013年春季学期开学前全面完成2011年食堂建设投资计划，食堂建成后，要迅速促进供餐模式由企业供餐向食堂供餐的合理转变，做到建成一所，转变一所。各级食品药品监督部门要在其中发挥重要作用，帮助学校食堂尽快达到餐饮服务许可的标准和要求。

五是进一步加强监督检查。各级政府和相关部门要建立问责制度，实行省级重点查、市级定期查、县级经常查，对营养改善计划的实施进行全过程、全方位、常态化监督检查。监察、审计部门要切实履行职责，促进计划实施公开透明、廉洁运作。教育督导部门要把计划实施情况作为重要工作内容定期督导。所有农村学校必须成立家长、学生、教师代表共同参加的营养改善计划监督小组，共同监督计划的实施和运行。

六是进一步加大宣传力度。要将营养改善计划向全社会进行准确、深入的宣传，使这项惠民政策家喻户晓、深入人心。要广泛深入开展系列主题教育活动，全方位、深层次、多元化的对学生进行"感恩励志、文明健康、提高素养、提升质量"等教育，改变学生饮食习惯中的不良现象，带动家庭形成良好的饮食卫生习惯，鞭策教师更加敬业，激励学生更加勤奋，以优异的成绩回报国家、社会和人民。要高度注重舆情分析，广泛听取社会各方面意见和建议，及时改进工作。

学生营养健康问题，事关国家未来和民族兴旺。组织实施好这项计划，是我们各级政府义不容辞的责任。各地各部门各学校一定要把学生营养改善计划组织实施好，提高广大农村中小学生的营养健康水平，努力办好人民满意的教育。

（2012 年 10 月 26 日）

职业教育篇

ZhiYe JiaoYu Pian

职业教育，作为"大国工匠"的摇篮，是改变国家自身命运、江西省发展命运的最重要的途径之一。近年来，江西大力承接国内外产业转移，大量需求应用型人才，作为生产、服务、管理一线的技术技能型人才和高素质劳动者的培养基地，职业院校改革势在必行。

在江西新余，政府每年拿出 100 万为民办职业院校基础建设贷款贴息，对民办职业院校退城进园土地等置换所得，全部返还用于新校区基础设施建设；职校和企业合作办学，开创现代学徒制度……这种"政府主导、社会投资、自我积累、滚动发展"的做法，被称为职业教育"新余现象"，成为江西职业教育转型升级的一个缩影。

与此同时，江西省委、省政府也推出扶持政策：将中等职业学校设置权由备案制改为注册制，下放到社区市管理；推动有关行业、企业牵头组建了 20 多个职教集团；从 2010 年起，江西省全面落实了中职学校所有农村（含县镇）学生、城市涉农专业学生和家庭经济困难学生免除学费……

当前和今后一个时期，江西职业教育的改革发展，突破口在于整合教育资源，系统构建职业教育从中职、专科、本科到专业研究生的培养体系，打通职业教育"断头路"和"天花板"；在于质量提升，从人才培养模式创新、教育队伍建设、基础能力建设等方面提升职业院校的办学质量；在于以制度创新破除体制机制障碍，深化办学体制、模式以及管理体制的改革；在于各级政府加大对职业教育投入的倾斜力度；也在于引导社会树立新的教育观、人才观、择业观，进一步提高职业教育的社会影响力和吸引力。

为学生多样化成长搭建"立交桥"

——努力做好江西职业教育工作

职业教育是社会发展的产物，是人类文明发展的产物，也可以说是人自身发展的产物。职业教育受益于社会，社会也可受益于职业教育，促进社会发展是职业教育的应有之义和神圣职责。江西素有"物华天宝、人杰地灵"之美誉，对职业教育重视有嘉，新形势下，对江西职业教育改革发展提出了新要求，必须促进职业教育上新台阶。

一、传承辉煌历史，江西省职业教育取得了新成绩作出了新贡献

江西是人文昌盛之邦，自古以来就有崇文重教的优良传统，历史上江西教育兴盛不衰，影响广泛。据考证，职业教育从江西兴起和发展。1896 年，江西人蔡金台在高安创办了江西第一所新式实业学堂——高安蚕桑学堂，这也是我国创立最早的职业学校；1905 年，江西又创办了江西高等农业学堂，这是江西农业大学的前身。到 1940 年，江西省各地开设的职业教育学校达到 22 所，江西已成为当时职业教育发展比较好的省份之一。20 世纪 50 年代，江西的职业教育更是在全国产生了

广泛影响，遍布江西各地的共产主义劳动大学、工业劳动大学等半工半读高等学校，为江西社会主义建设总计输送 22 万名各类人才，受到毛泽东、周恩来、朱德等老一辈无产阶级革命家的高度肯定。1961 年 7 月 30 日，毛泽东主席亲自写了《给江西共产主义劳动大学的一封信》，毛主席在信中指出："半工半读，勤工俭学，不要国家一分钱，小学、中学、大学都有，分散在江西省各个山头，少数在平地。这样的学校确是很好的。"这就是毛主席著名的《七三○指示》；很少题字的周恩来总理为当年江西共产主义劳动大学亲笔题写校名；朱德委员长将自己的侄子送到江西共大来学习。据外国人考证，这就是中国现代职业教育的开端。

改革开放以来特别是近年来，江西职业教育传承辉煌历史，取得了巨大成就，初步走出了一条经济欠发达省份职业教育快速健康可持续发展之路。在国家有关部委对国家示范（骨干）高职院校建设进展情况综合排名中，江西省 5 所国家示范（骨干）高职院校综合评价位居全国第六，其中九江职业技术学院在全国 200 所国家示范（骨干）学校综合评价排名位居第八，江西职业教育的品牌效应凸显。尤其是民办职业教育走在了全国前列，先后有 6 所民办高职院校升为本科，跻身全国民办高职教育三强。新余市曾经创造的"政府主导、社会投资、自我积累、滚动发展"职业教育办学模式，被誉为"新余现象"，其现代学徒制和职教园区在全国具有鲜明的创新特色，成为江西职业教育的一大亮点。

江西职业教育的蓬勃发展，为江西经济社会发展作出了巨大贡献。一是为高中阶段教育普及化和高等教育大众化作出了贡献。近年来，江西省积极支持发展职业教育，办学规模迅速扩大。目前，共有高职院校 52 所，在校生 38 万人，占高校在校生数 44%；有中职学校 534 所，在校生 66 万人，占整个高中阶段在校生数的 43%。另外，江西省每万人口就读中等职业学校学生数为181人，这一指标位居全国第11位。二是为当地经济建设和社会发展作出了贡献。近年来，各职业院校面向经济建设和社会发展主战场办学，培养了大批生产、服务、管理一线的技术技能型人才和高素质劳动者。目前，江西省每年约有40多万人进入职业院校学习各种专业技术，每年开展的工业园区定向培训、建筑企业从业人员培训、进城务工培训、现代农业技术培训、农村劳动力转移培训等各种培训人数超过百万人次，有力支撑了江西省发展方式转变和产业转型升级。三是为改善民生和构建和谐社会作出了贡献。江西省职业院校人才培养质量不断提高，毕业生得到了行业企业和社会的广泛认同，中等职业学校毕业生就业率一直保持在96%以上，高职院校初次就业率达85%，连续多年在全国排列前茅。特别是中职学校学生90%以上来自农村，通过职业学校的学习，学到了技术，找到了岗位，解决了自己和家庭的生活问题，实现了"培养一个学生、成就一个人才、致富一个家庭"梦想。江西省职业院校还主动面向园区企业职工、返乡农民工、退伍军人等城乡劳动者免费开展职业技能培训，帮助他们掌握一技之长，顺利实现转岗就业。职业教育成了"找饭碗"、"造饭碗"的教育。

回顾这些年来江西省职业教育的探索和实践，一是加强了领导。江西省委主要领导一到江西工作，就深入职业教育学校调研，指示要加强教育、人社、行业、企业之间的协调配合，加强顶层规划协调，促进职业教育健康发展。江西省政府主要领导亲自协调解决职业教育发展的实际困难。各地各部门将职业教育列入当地党委、政府的重要工作议事日程，出台一系列政策举措，推动了江西省职业教育快速发展。二是加强了对接。近年来，各地各部门各职业学校开展了许多富有成效的校企对接活动。如2008年，召开了"抓对接、促就业、看发展"的流动现场会；2009年，出台了《关于鼓励技工院校、职业院校学生到省内工业园区企业就业的意见》；2010 年，开展了"立足产业抓对接，十万学生进园区"的活动；2011 年，在江西省范围组织开展职业学校与工业园区干部双向交流挂职工作。三是加大了投入。近 5 年，省财政投入 18 亿元，用于职业学校能力建设。同时，省财政每年给予普通中专、技工学校生均 900 元公用经费。从 2010 起，全面落实中职学校所有农村（含县镇）学生、城市涉农专业学生和家庭经济困难学生免除学费，实现了"不让一名学生因家庭经济困难而失学"的目标。四是加大了整合。为推动职业教育走规模化、集约化、连锁化办学道路，各地各部门组建了一批职教集团和职教园区，实现资源共享、优势互补、共同发展。目前，江西省共组建了 20 多个职教集团，已建和在建职业教育园区 10 多个。

二、面对当前形势，增强加快发展现代职业教育的紧迫感和责任感

江西省职业教育虽然取得了很大成绩，但放开视野，与发达国家和发达省份相比，与职业教育应该承担的使命相比，江西省职业教育仍然存在很多不足和问题。一是旧的思想观念根深蒂固。一些人的思想观念中，上高中、考大学才是"正途"，才能真正出人头地、光宗耀祖；而读职业学校是没有前途的。二是各地对职业教育重视程度不一。有些地方党政领导甚至教育部门领导，只热衷于抓普通教育，眼里只关心高考有几个上北大和清华，对职业教育关心不够，对多元化成才的方式重视不够。三是职业教育体系不够完善。职业教育与经济社会发展的结合程度、职业教育与普通教育的渗透程度、职业教育各个层次之间衔接程度不够，造成职业教育的服务能力不足，内外衔接融通不够紧密，职业院校毕业生成长道路狭窄，降低了职业院校的吸引力。四是职业教育保障机制不够充分。职业院校办学经费普遍不足，公用

经费标准偏低，学校基础设施较差，教师待遇比不上同层次的其他院校。五是职业教育管理体制需要进一步理顺。多头管理、多头审批的现象仍然存在；中高职院校缺乏统一管理；职业培训经费多部门管理，使用效益不高。六是办学特色不明显。"职业教育普通化，办学特色同质化"现象严重，不能结合区域经济社会发展需要和自身优势办出特色。

第一，从国外的成功经验来看，发展现代职业教育是提升竞争力的需要。大家都知道"德国制造"就是质量保证的代名词，这其中一百多年德国始终坚持的双轨制职业教育体系居功厥伟，被称为二战后创造经济奇迹的秘密武器。2008年，全球金融危机发生后，欧元区深陷衰退泥沼，高失业率尤其是年轻人的高失业率，成为欧元区各国亟待解决的问题。相比其他国家，德国25岁以下年轻人失业率仅为7.6%，全欧最低，这也得益于德国有效的职业教育。在德国仅20%左右的高中毕业生进入大学，其他接受的主要是职业教育。2013年，德国政府推出了引领制造业未来发展的核心战略"工业4.0"，德称之为"第四次工业革命"，并把适应这一新要求的职业教育人才培养作为一项最为重要的工作来推。大家都知道瑞士有走时精准的瑞士钟表和功能齐全的瑞士军刀，那是什么支撑着高质量、高信誉的"瑞士制造"呢？这其中一个重要原因也是瑞士具有完善而高效的职业教育体系。目前，瑞士约70%的学生在完成义务教育后选择接受职业教育，只有不到30%的人选择进入高中学习，向高等教育学术领域发展。在瑞士，职业学校出来的人照样可以干出惊天动地的事业，瑞士最大银行——联合银行的大老板施图德尔就是职业学校出身，据统计，在日内瓦，75%的老板出自职业学校。另外，还有美国、日本、英国和芬兰等西方发达国家，其国际竞争力之所以一直保持国际领先水平，其归根结底靠的就是人才，靠的就是其国家教育体系中职业教育培养出来的高素质应用型和技能型人才。在我国，职业教育并非主流教育，似乎沦为差生的"收留所",缺乏技术含量和社会地位。一直被誉为"世界工厂"的中国,要想提升竞争力,把"中国制造"从"合格制造"变成"优质制造"、"精品制造",很重要的一条就是加强职业技术教育,这无疑也是改变国家自身命运和江西省发展命运的最重要的途径之一。

第二,从党中央国务院的重视程度来看,发展现代职业教育是贯彻落实国家战略部署的需要。党中央、国务院历来高度重视职业教育。党的十八大明确提出要加快发展现代职业教育,党的十八届三中全会再次提出要加快现代职业教育体系建设。2014年6月,国务院召开了新世纪以来的第三次全国职业教育工作会议,会议规格高、规模大。习近平总书记对会议专门作出长达417字的重要批示。各省、自治区、直辖市和计划单列市人民政府、新疆生产建设兵团有关负责同志及有关部门、有关人民团体负责同志,部分行业协会(学会)、企业、职业院校、职业教育科研机构负责同志以及部分特邀代表,分别在主会场和分会场参加会议。会前,国务院还印发了《关于加快发展现代职业教育的决定》;教育部、国家发改委、财政部、人力资源社会保障部、农业部、国务院扶贫办等六部门联合下发了《现代职业教育体系建设规划(2014—2020年)》。这充分体现了党中央、国务院对职业教育工作的高度重视,为加快发展现代职业教育指明了方向。各地各部门各有关学校和企业要深刻认识加快发展现代职业教育的重要意义,把思想和行动统一到国家对职业教育的功能新定位、形势新判断和工作新部署上来,把力量凝聚到职业教育改革发展的各项任务上来。

第三,从江西省的发展现状来看,发展现代职业教育是加快转型升级的需要。目前,江西省劳动力不仅数量短缺,而且更重要的是技能结构重心整体偏低,技术工人特别是应用型和技能型人才的数量短缺,远远不能满足产业发展的需要。2010年江西省技能劳动者总量约为282万人,占城镇从业人员的36%左右,与发达地区50%以上的比例有很大差距。其中高级技工以上的高技能人才50.5万人，占技能劳动者总量的17.9%；技师、高级技师12.4万人，占4.4%。这与江西省经济建设的实际需要相比，仍有很大差距，应用型和技能型人才供求紧张的矛盾仍是制约江西省经济发展和产业升级的瓶颈。我们应该看到，由于江西省的发展基础还很薄弱，欠发达的省情还未根本改变，发展仍是第一要务。产业是发展的重要支撑，要实现江西省委、省政府提出的"发展升级、小康提速、绿色崛起、实干兴赣"的目标，必须大力承接国内外产业转移，尤其是制造业的转移，必须加快产业结构的调整。按照江西省委、省政府今后一段时期产业发展规划，江西省正在大力推进节能环保、新能源、新材料、生物和新医药、新一代信息技术、航空产业、先进装备制造、锂电及电动汽车、文化暨创意、绿色食品等十大战略性新兴产业的快速发展；正在大力推进旅游业、商贸流通业、现代物流业、现代金融业、信息产业等现代服务业的快速发展。这一切，迫切需要大力发展现代职业教育，培养造就大批适应江西省经济建设的高素质劳动者。各地各部门各职业院校要围绕大局，牢固树立"抓职教就是抓经济、抓职教就是抓发展、抓职教就是抓民生，抓职教就是促就业"的意识，为打造江西经济和职业教育的升级版而努力。

第四，从教育综合改革来看，发展现代职业教育是推进教育现代化的需要。职业教育与普通教育是现代国民教育体系的两大重要构成部分，发展国民教育，二者缺一不可。目前，我国的普通教育主要由基础教育和高等教育构成。基础教育是各级各类教育发展的重点，是整个教育链条中最基础的环节，是提高全民族素质的奠基工程。近年来江西省基础教育提出了"三大任务、四对关系、五项重点"的改革发展思路，取得明显成效，基础教育总体水平在全国比较靠前。高等教育担负着培养高级专门人才、发展科学技术文化和促进现代化建设的重大任务。时下高等教育质量问题日益引起关注，尤其人才培养的同质化、学术化，致使人才培养的类型和层次与社会需要产生矛盾，导致人才结构比例严重失调。近年来江西省高等教育明确提出了"一个目标、两大转变、五个一流"的改革发展思路，内涵建设明显加强，教育质量明显提升。职业教育是近代工业和商品经济发展的产物，是教育与经济的结合点，是把人力资源直接转化为现实生产力的教育。应该说，没有高水平的职业教育，就没有教育的现代化。虽然江西省职业教育总体水平在全国并不落后，但是与其他类型教育相比，职业教育仍然是教育工作中的短板，改革发展的思路还不明晰。随着全国职业教育工作会议的召开，加快发展现代职业教育，是江西省深化教育领域综合改革的内在要求，刻不容缓，势在必行。

三、坚持问题导向，明确发展现代职业教育的总体思路和目标任务

培养什么人、怎样培养人，是一切教育工作的出发点和落脚点。职业教育肩负着培养多样化人才、传承技术技能、促进就业创业的重要职责，核心任务是培养具有技术技能的社会主义合格建设者和接班人。为此，当前和今后一个时期，江西省职业教育改革发展的总体思路是，以立德树人为根本，适应技术进步和生产方式变革的需求，深化体制机制改革，着力推动两个转型：即在办学方向上向为地方经济社会发展服务转型，在人才培养上向应用型技能型人才转型；加快构建一个体系：即加快构建产教融合、校企合作、中职高职衔接、职业教育与普通教育相互沟通的高水平、有特色的现代职业教育体系。

要"推动两个转型、构建一个体系"，加快发展现代职业教育，关键要坚持以问题为导向，切实解决学生不愿读、老师不会教、学校不愿转、企业不愿管等问题，找准突破口和切入点，精准发力，着力破解制约职业教育发展的体制机制障碍，努力解决职业教育发展的深层

次矛盾。

（一）针对学生不愿读的问题，搭建多样化多路径成才"立交桥"

要解决这个问题，不是说几句意义重大的空话就可以解决的。一直以来，受几千年中国传统文化的影响，"学而优则仕"，政府、社会、家长、学生、学校都是浓浓的精英教育情结，"重普教、轻职教"，"重学历教育、轻技能培训"，"重研究型人才、轻技能型人才"。针对学生不愿读这些现实情况，首先，要树立"人人皆可成才"的人才观，充分认识高素质劳动者和技术技能人才在转方式、调结构、促升级中的不可替代作用，把技术技能人才纳入江西省人才培养体系。要创新技术技能人才管理体制和培养激励保障机制，为"人人尽展其才"营造制度和舆论环境。其次，要着力提高人才培养质量。坚持立德树人为根本，将社会主义核心价值体系融入教育教学全过程，将职业精神与职业技能培养相融合，着力提高学生社会责任感和劳动荣誉感，培养爱岗敬业、诚实守信的职业精神和善于解决问题的实际能力。要深化职业教育课程教学改革，全面实施素质教育，着力提升学生就业创业能力和终身发展能力，切实增强职业教育对社会、对学生的吸引力。再次，要打通人才成才"断头路"。过去职业教育的学习路径缺乏系统设计，不同类型教育之间条块分割，职业教育体系内部上下不能有机贯通，职业教育与其他类型教育之间不能有效衔接。这在客观上导致很多有资格、有愿望、有能力的中职、高职学生失去继续升学深造的可能和机会，导致职业院校学生及家长普遍认为上职业学校就定了"终身"，职业教育成为"死胡同"教育。为此，我们要打破制约技术技能人才培养的"天花板"，打通从中职、专科高职、应用型本科到专业研究生的上升通道，为学生多样化多路径成才搭建"立交桥"。当前重点要解决好"两个关键环节"：一个是解决好本科职业教育缺失问题。江西省教育厅要加紧研究，采取试点推动、示范引领等方式，积极引导一批新升本的普通本科高等学校向应用技术类型高等学校转型，重点举办本科层次职业教育，研究建立符合职业教育的学位制度。招生、投入等政策措施将来要向应用技术型高校倾斜。另一个是解决好通道不畅问题。要加快中等职业教育与高等职业教育有机的衔接，探索开展中职与高职分段培养试点、中职与应用型本科分段培养试点、高职与应用型本科的分段培养试点、专业研究生招收高职毕业生、应用型本科毕业生的培养试点。要推动各层次职业院校的沟通与合作，支持区域内、集团内中职学校、高职学校、应用型本科院校合作办学，建立各层次职业院校的紧密联系。要推动职业教育体系与终身教育体系相融合，将中职教育、高职教育与开放大学的专科、本科教育相衔接，实现全日制职业教育与非全日制教育之间的沟通衔接。

（二）针对教师不会教的问题，加强"双师型"教师队伍建设

职业教育不同于普通教育，对教师有专门要求，不仅要讲师德有学识，还要有精湛的专业技能。这些年，江西省职业教育师资队伍建设有了加强，但"双师型"教师比例较低、高技能教师和专业建设带头人匮乏问题仍然比较突出。各级政府、教育行政部门和职业学校要把建设一支数量充足、素质优良、结构合理、专兼结合的"双师型"职教师资队伍作为职业教育工作的重中之重。首先，要建立职业教育教师到企业实践制度，鼓励专业教师定期到企业实践，积极组织教师参与企业相关的生产、技术开发、技术服务等活动，不断更新教师的专业知识和技能，提高他们实践的能力。其次，要完善职业教育师资培训制度，教育、人社、财政等部门要加大职教师资的培训投入，根据职业教育师资队伍的构成特点，采取灵活多样的方式开展师资培训，重点在于专业进修和企业培训。要设立职业教育教师专业发展专项资金，鼓励专业教师获得专业技术资格或职业技能资格,成为"双师型"教师。第三,要完善职业院校教师补充机制,聘任(聘用)具有实践经验的企业工程技术人员、高技能人才到职业院校担任专业课教师或实习指导教师,使职业院校有一定比例专业教师来自企业。省编制、教育、人社等部门要按照加快推动现代职业教育发展的要求,尽快修订中职学校、高职学校教师编制标准并核定编制,制定职业学校兼职教师聘用办法和职业学校教师准入、职务职称评聘改革办法,切实解决职业教育教师的待遇问题,让更多"能工巧匠"走进学校,让更多行业企业优秀人才到职业教育教学一线,努力改善和优化职业院校教师队伍结构。

(三)针对学校不愿转的问题,明确职业教育学校的发展定位

《国务院关于加快发展现代职业教育的决定》指出,今后原则上中等职业学校不升格为或并入高等职业院校,专科高等职业院校不升格为或并入本科高等学校,形成定位清晰、科学合理的职业教育层次结构。当务之急,我们必须戒除地方本科高校和职业院校办学中存在的功利倾向和面子心理,找准定位,引导学校立足自身优势和特点培养各类技能人才,不盲目攀高,不越位错位,在不同领域、不同层次办出特色、形成品牌。首先,要围绕全国职业教育工作会议上提出的"职业教育要着力实现经济目标、民生目标和社会目标三个目标"的要求,加快推动职业教育在办学方向上向为地方经济社会发展转型,在人才培养上向培养应用型技能型人才转型。要以服务发展为宗旨,把职业教育作为转方式调结构、实施创新驱动发展战略的重要抓手,与地方经济社会发展的要求协调互动;要以实现高质量就业为导向,把职业教育作为改善民生的重要途径,为技术技能型人才的出彩人生奠定坚实基础;以促进公平公正为要求,加大对农村地区和贫困地区职业教育支持力度,健全就业和用人的保障政策,使无业者有业,使有业者乐业。其次，要按照职业教育类型进行人才培养，在"遵循技术技能人才成长规律，打通和拓宽技术技能人才成长、成才通道"的总体思路下，实行分类培养，中等职业教育重点培养现代农业、工业、服务业和民族传统工艺振兴需要的一线技术技能人才；专科高等职业教育重点培养产业转型升级和企业技术需要的发展型、复合型技术技能人才；应用型本科院校重点培养工程师、高级技工、高素质创新型人才等。这样的定位，有利于各级各类职业院校根据自身情况确定人才培养目标，办出自身特色；有利于遏制职业教育人才培养的简单化倾向；有利于揭示不同层次职业教育培养目标的差异、技术与技能的差异，以及脑力劳动者与体力劳动者中间地带人才的存在及其特征。再次，要围绕区域经济发展和社会进步对高素质劳动者的多样化需求，科学合理设置专业。当前江西省职业学校专业设置重复，同质化现象比较突出，很多需要人才的领域却又缺少相应的专业来培养。各级各类职业院校要根据人才市场需求、企业用人需要和经济发展需求，健全专业随产业发展动态调整机制。特别是要引导职业学校重点建设面向战略性新兴产业、先进制造业、现代服务业的品牌专业，进一步加强贴近区域产业发展的特色专业建设，重点提升面向现代农业、先进制造业、现代服务业和社会管理、生态文明建设等领域的人才培养能力。

（四）针对行业企业不愿管的问题，大力深化产教融合和校企合作

职业教育一头是教育、一头是产业，具有鲜明的跨界性，必须通过产教融合的方式来实现。国内外的实践已经充分证明，校企合作是职业教育健康发展的根本出路。然而，从江西省职业教育的实际情况看，要真正实施"校企合作，工学结合"还有较大的困难，校企合作还只是松散型、浅层次、随机性的，一直存在"学校热，企业冷"的现象。针对这种现状，首先，学校要主动针对企业需求推进教育教学改革，实现学校培养培训与区域经济发展及企业需求对接，专业与产业对接，教学过程与生产过程对接，课程内容与职业标准对接，努力提高人才培养质量和办学水平，增强对企业的服务和支持能力。其次，政府要鼓励和引导企业深度参与学校教育教学。通过职教集团、专业建设指导委员会、学校理事会等形式，使企业参与职业院校教育教学改革，支持专业建设、教师培养和学生实习实训。鼓励企业将工厂开到学校，将学校办到工厂，在学校设立技术研发中心、实验实训平台、技能大师工作室，创新职业教育成本转移机制，提高技术技能人才的培养水平。第三，发改、工信、农业、旅游、商务、国资等部门及行业主管部门要发挥对职业教育的指导作用，大力推进产教结合，密切职业教育与产业的联系，促进职业教育更好地适应江西省产业发展的实际需要。第四，要研究校企合作的长效机制。江西省教育厅可商省有关部门研究制定《江西省职业教育校企合作办学的促进办法》，对职业教育校企合作的内涵、原则、合作内容、双方互赢的实现途径以及政府促进校企合作的形式等作出全面规定，如明确设区市和县（市、区）人民政府要设立职业教育校企合作发展专项资金；企业要切实履行《职业教育法》规定的"接纳职业院校学生实习实训和专业教师的企业实践"的法律义务；企业委托职业院校开发新产品、新技术、新工艺发生的研究开发费用，可以按照国家规定享受企业所得税优惠；对职业院校学生在企业实习实训时造成的企业损耗由政府进行补贴；学生实习实训安全责任应由学校、企业共同分担，并区别对待等。

（五）针对中职学校"散、小、弱"的问题，加大职业教育的资源优化整合

中职教育在职业教育中处于基础地位，江西省现有各类中等职业学校 534 所，其中，普通中专 78 所、职业中学 260 所、成人中专 91 所、技工学校 105 所，另有 8 所本科院校和 49 所高职院校招收普通中专层次的学生，平均每所中职学校在校生为 1105 人。总体上看，江西省中等职业教育学校"散、小、弱"现象比较突出。下一步，我们要按照"布局合理、规模适度、结构优化、特色鲜明"的总体思路，加大中等职业教育资源优化整合，通过努力，使江西省保留 200~300 所左右的达标中职学校。首先，整合优化市、县（区）职业教育学校。要以设区市为单位整合区域内各类职业教育资源，充分发挥设区市政府的统筹作用，尽快编制职业教育规划与布局方案，打破部门和学校类型的界限，通过优化学校布局和专业布点，向具有竞争优势和办学活力的学校积聚，建成一批支撑区域经济转型和产业升级的优质中等职业学校。今后要按照"一县一校"要求，通过合并、划转、重组等形式，优化整合县域内的中职学校资源，停办和撤销一批不达标的学校，确保县办中职学校生均规模在 2500 人以上。第二，整顿民办学校。对经审核没有产权、没有校园和校舍、没有正常办学经费来源，办学规模较小，靠以学养学的民办中职学校，要坚决予以停办和撤销。通过整顿，进一步规范民办中职学校的办学行为，提高民办中职学校的办学质量，确保民办中职学校的校均办学规模达到 2000 人以上。第三，推动区域职业教育资源共享。要大力推进集团化办学、专业联盟建设、职教园区建设，推进区域公共实训基地建设，通过"购买服务"等方式，共享师资、课程、实训设备和技术等教育教学资源。第四，探索专业教学考核与技能鉴定结合办法。探索实行中职学校和技工学校"挂双牌"和"双证互通"试点，加强中高职教育与技师教育的衔接，根据高等学校设置规定，将符合条件的技师学院纳入高等学校系列；让中职学生拿到预备技师证书，让技师学生拿到学历证书。请江西省教育厅、人力资源和社会保障厅尽快研究出台实施办法。

四、增强工作合力，共同推动江西省职业教育再上新台阶

加快发展现代职业教育，是关系江西省改革发展全局的战略大计。方向已定，贵在行动，重在落实。各地各部门各职业学校和企业要以更大的勇气和智慧，把职业教育作为教育领域综合改革的战略突破口，加强领导，加大投入，强化督查，形成合力，共同推动江西职业教育改革发展迈上新台阶。

一是落实政府责任。习总书记强调，各级党委和政府要把加快发展现代职业教育摆在更加突出的位置，更好支持和帮助职业教育发展。这一重要指示，从国家战略和现代化建设全局的高度，对各级政府的职责提出了明确的要求和期望。各级政府要切实承担起发展职业教育的主要责任，强化责任意识，把职业教育改革发展纳入本地区经济社会发展和产业发展总体规划，纳入重要议事日程，纳入各级政府主要领导业绩考核指标，履行好保基本、促公平的主要职责。要建立健全职业教育工作联席会议制度，加强对教育发展的统筹规划，协调解决职业教育发展中的重大问题，形成齐抓共管，推动职业教育发展的强大合力。要转变政府职能，扩大学校办学自主权，该放的放掉、该管的管好，做到不缺位、不越位、不错位，激发学校的办学活力。要对《江西省人民政府关于加快发展现代职业教育的实施意见》进行任务分解，明确路线图、时间表、任务书和责任人，确保任务到位、责任到位、各项工作全面到位；要抓紧研究制订各项配套政策，特别是在深化产教融合和校企合作、推进社会力量办学、完善"双证书"制度等方面率先取得突破。

二是加大经费投入。职业教育实施的是专业教育，需要比普通教育更多的设备、场地和专业技术人员，没有政府的高投入，职业教育很难实现专业化教育目标。各地各有关部门要建立完善职业教育投入

保障机制，确保职业教育经费支出与当地财政经常性支出和教育经费支出同步增长，职业教育项目配套经费要全部落实到位，地方教育附加费用于职业教育的比例不低于30%。要落实企业职工教育经费提取、使用有关政策，企业应按职工工资总额的2%提取职工教育经费，从业人员技术要求高、培训任务重、经济效益好的企业可以按2.5%提取，用于企业职工特别是一线工人的教育和培训，确保职业教育经费稳定增长。要逐步增加公共财政对职业教育的投入，各级财政对公办职业院校的学校建设、公用经费、专项经费，要与普通学校一样予以保障。要依法制定和落实职业院校生均经费标准或公用经费标准，完善公平公正、多元投入、规范高效的职业学校学生资助政策，逐步建立职业院校助学金覆盖面和补助标准动态调整机制，推行以"直补个人"为主的支付办法。要加强职业学校达标学校建设、实训基地建设，改善职业院校办学条件，办好一批高水平示范校和品牌专业，引领带动江西省职业教育发展。要发挥地方政府的积极性，管好地方主管的院校。除了加大公共财政投入外，还要建立健全多渠道的职业教育投入机制，充分发挥市场机制作用，运用利益的纽带和公平的规则，鼓励支持社会各界特别是行业企业积极支持和参与职业教育，鼓励支持社会资金和民间资本参与民办职业教育，使发展职业教育成为教育和产业界的共同行动。

三是加强督导检查。要建立健全科学的职业教育学校督导评估标准，用统一标准衡量职业教育发展水平。要研究制定江西省中等职业教育督导评估办法，建立职业教育定期督导评估和专项督导评估制度。要进一步加强地方政府职业教育督导评估工作，其结果将作为地方政府和有关部门、职业院校绩效考核的重要内容，作为干部政绩考核、选拔任用的重要依据。要研究制定市职业教育工作评价办法，督促市政府履行发展职业教育的责任。要完善职业教育质量评价制度，定期开展职业院校办学水平和专业教学情况评估。要严肃财经纪律，加强资金管理，切实提高资金使用效益。要适时组织评估，严查各类职业学校"双重学籍"、"虚假学籍"等问题，防止管理漏洞，对贪污、截留、挪用、套取经费等违法违纪问题，决不姑息，发现一起、查处一起。

四是营造良好氛围。要利用广播电视、网络报纸等各种新闻媒介特别是主流媒体，广泛宣传职业教育的重要地位和作用，大张旗鼓地宣传职业教育的先进典型和先进人物，大张旗鼓地表彰优秀技能人才和高素质劳动者典型，宣传他们的劳动价值和社会贡献，以鲜活事例展示职业教育的办学成果，促进形成"崇尚一技之长、不唯学历凭能力"、"行行出状元"的社会氛围，弘扬劳动光荣、技能宝贵、创造伟大的时代风尚；引导全社会树立新的教育观、人才观、择业观，都来关心职业教育，支持职业教育，引导全社会确立尊重劳动、尊重知识、尊重技术、尊重创新、尊重职业人才的观念，开创人人皆可成才、人人尽展其才的生动局面，提高职业教育社会影响力和吸引力，改变职业教育长期被边缘化的地位，为职业教育大发展奠定深厚扎实的环境基础和社会基础。

总之，加快发展现代职业教育，承载着江西绿色崛起的新希望，寄托着江西省人民对教育改革的新期盼，使命光荣，任重道远。我们要深刻认识加快发展现代职业教育的重要性和紧迫性，深刻领会习近平总书记"高度重视、加快发展现代职业教育"的指示精神，坚定信心、振奋精神、锐意进取、扎实工作，努力破解职业教育改革发展的难题，为实现江西省教育现代化，服务全面建成小康社会作出新的更大贡献！

（2014 年 9 月 16 日）

构建具有江西特色的现代职业教育体系

职业教育的重要性不言而喻，因为提高产业工人的职业素质，培养和造就一大批具有精湛技艺、高超技能和较高职业素养的"大国工匠"，都需要加强职业教育改革发展。

一、坚持教育改革主旋律，凝聚教育改革发展共识

党的十八大以来，习近平总书记公开发表了一系列重要讲话，提出了很多新思想、新观点、新论断、新要求。这不仅是新一届中共中央领导集体对我们党举什么旗、走什么路的政治宣示，也是对新形势下治国理政方略、内政外交政策的全面阐释。学习好、把握好、贯彻好习近平总书记一系列重要讲话精神，是今后一个时期全党全国的重要政治任务。习近平总书记强调，"改革开放是我们党和人民大踏步赶上时代前进步伐的重要法宝，是坚持和发展中国特色社会主义的必由之路，也是决定当代中国命运、实现'两个一百年'奋斗目标、实现中华民族伟大复兴的关键一招。""没有改革开放，就没有中国的今天，也就没有中国的明天。""改革开放只有进行时、没有完成时。"当前，我国

改革已经进入攻坚期和深水区，必须坚持改革开放正确方向，以更大的政治勇气和智慧，不失时机深化重要领域改革，聚合各项相关改革协调推进的正能量，不断增强改革的系统性、整体性、协同性，做到改革不停顿、开放不止步。这些重要论断，进一步丰富了我们党关于改革开放的理论总结，凝聚了我们朝什么方向改革、如何推进改革的共识和力量，为新时期深化改革开放提供了基本遵循。

进入新世纪以来特别是近年来，在教育部和中国职业技术教育学会的大力支持下，在江西省委、省政府的正确领导下，江西省教育战线按照党的十八大提出的办好人民满意教育的战略目标，根据教育规划纲要明确的内涵发展、特色发展、公平发展"三位一体"的发展思路，紧紧围绕"发展升级、小康提速、绿色崛起、实干兴赣"的总体要求，以改革为主旋律，坚持导向、促进公平、提高质量、加大投入、转变职能，大力推进高等教育向为地方经济经济社会发展服务转型、向培养高素质应用型技能型人才转型，全面深化教育领域综合改革，打造江西教育升级版图，学前教育普及发展得到扩充，义务教育均衡发展得到加快，中等教育特色发展得到深化，职业教育能力发展得到强化。

二、坚持教育改革主旋律，落实立德树人根本任务

党的十八届三中全会提出，"全面贯彻党的教育方针，坚持立德树人。"立德树人是我们党的教育方针的最新概括，揭示了什么是教育、怎样发展教育的科学本质，回答了培养什么样的人，怎样培养人的根本问题。当前，江西省高等教育所要解决的根本性问题，不是硬件建设的问题，也不是投入不足的问题，因为无论是钱还是物，都不能从根本上解决国家需求的问题、人民满意的问题，不能解决人的全面发展的问题。就江西省高等教育来说，一定要落实"立德树人"的根本任务，牢固树立人才培养在一切工作中的中心地位，把思想品德、人

文素养和身心健康素质的培养贯穿于人才培养的全过程，着力培养学生的社会责任感、创新精神和实践能力。

一是坚持以德为先。一段时间以来，高等教育和职业教育的育人观念从学校到社会都出现了偏差：专业技能的训练得到重视，而德行的培养被边缘了，甚至被忽略了，这显然违背教育传统和育人本质。新中国建立以来，党和国家一直强调"德、智、体、美"的全面发展教育，德育也是放在首位。可以说，强调坚持"立德树人"，既是对我国德育为先优良教育传统的坚守和继承，也是对新中国成立以来我国教育方针的贯彻和强化，还是对当下育人过程中德育淡化的一种纠正。

二是坚守育人之道。我们通常都认为大学的基本功能是人才培养、科学研究、社会服务、文明传承。"人才培养"是大学的首要任务，这是毋庸置疑的。但是，很多人甚至一些高校管理者认为这四者的关系是并列关系，这样的排列只是先后之别。科学理解大学这四项功能，应该是，人才培养这一项是核心，后面三项都是由第一项派生的，并且它们首先是为第一项服务的。大学作为"学堂"，一开始就是以培养人为初始目标的，也是以培养人为存在的终极旨归，离开了初始目标和终极旨归，大学就不成其为大学。若以科学研究为根本目标，那就是研究院。因此，大学的科学研究、社会服务总体上要围绕和服从于教学与人才培养，教学过程和人才培养也是大学传承文明的主渠道。所以说，育人在四项功能中不仅是首位的，而且居于核心地位。现在不少高校把科研排在育人的前面，很多大学的领导和老师都把精力放在了科研上，而忽视了教学教育这个根本。学校在评价教师时也以科研成果论英雄。当然，不是说科研不重要，科学研究固然是高校职责之一，学术研究的提高也会促进教师的素质与能力的提高，从而促进人才培养。

三是加强学生的思想政治教育。高校是重要的教育阵地，也是重要的思想文化阵地和意识形态阵地。当前，从国际上来看，西方敌对势力，不断通过各种形式和途径加紧对高校渗透和破坏，与我国争夺青年学生；从国内来看，我国正进入全面深化改革的深水区，各种利益的调整、冲撞会加剧，各种思想认识、价值取向和社会矛盾不可避免对高校师生的思想产生冲击；再者，随着高校改革发展和网络的广泛普及，高校师生的思想和行为本身会呈现出多样性、复杂性，这些都需要我们更加重视高校思想理论建设和意识形态工作。尽管这几年的调查显示，绝大多数的师生对我们党、对中国特色社会主义充满信心，但形势也不容轻视。因此，我们的高校领导班子要切实加强思想政治建设，坚定理想信念，成为真正的社会主义教育家，为师生作出榜样。要实行教师师德全员考核、学校师德建设全覆盖监测，严格执行师德一票否决制。要把培育和践行社会主义核心价值观和中华民族优秀传统文化教育融入教育教学全过程和校园文化建设中，促进学生把个人梦想和"中国梦"紧密融合在一起，把个人价值与社会价值紧密结合在一起，把个人命运与国家命运紧密联系在一起，使每一位学生都能够成为对国家、对社会、对人民有用的人才。

三、坚持教育改革主旋律，加快发展现代职业教育

进入新世纪以来，江西职业教育发展取得了巨大成就，尤其民办职业教育快速发展，江西省有高职院校44所，在校学生40万人，各类中职学校551所，在校学生66万人，江西省各类职业学校在校生总数超过100万人，占江西省各级各类学校在校生总数的十分之一，实现了中职与普通高中招生及在校生大体相当的目标。职业教育办学质量不断提高，职业院校发展条件明显加强，中、高职教育衔接呈现良好势头。职业教育为江西省经济社会建设和人的全面发展作出了重要贡献，为转方式、调结构提供了有力支撑，为人民群众接受教育创造了

更多机会。但同时职业教育的发展理念相对陈旧，资源分布比较分散，人才培养模式相对落伍，层次结构不尽合理，职业教育体系还不能很好地适应加快经济发展方式转变的要求，不能很好地适应建立中国特色社会主义现代教育体系的要求。党的十八届三中全会提出要"加快现代职业教育体系建设，深化产教融合、校企合作，培养高素质劳动者和技能型人才"，明确了职业教育发展的目标定位和战略选择。2014年2月26日召开的国务院常务会议，部署加快发展现代职业教育工作，提出"崇尚一技之长、不唯学历凭能力"的响亮口号。作为经济社会发展重要引擎的职业教育，迎来了新的发展机遇。江西省将按照中央的部署，以更大的勇气和智慧，把职业教育作为教育改革的战略突破口，坚持以提高质量、促进就业、服务发展为导向，加快形成适应经济社会发展需求、校企紧密合作、产教深度融合、中高职衔接、职普沟通，体现终身教育理念，具有江西特色的现代职业教育体系。

一是创新职业教育模式。开展中职、高职、应用技术大学贯通衔接试点，积极推动发展本科层次职业教育，建立以提升职业能力为导向的专业学位研究生培养模式，打通从中职、专科、本科到研究生的上升通道。探索五年一贯制，"3+2"，"联合招生、分段培养"等多种教育方式。推广弹性学制，实行工学结合，完善顶岗实习办法。实施校企联合招生、联合培养的现代学徒制试点。二是提升人才培养质量。推动专业设置与产业需求、课程内容与职业标准、教学过程与生产过程的"三对接"，推进学历证书和职业资格证书"双证书"制度，做到学以致用。三是深化产教融合。研究制定高职院校与企业合作办学的具体政策，吸引行业企业深度参与举办职业教育，加快职教集团建设，完善企业工程技术人员、高技能人才到职业院校担任专兼职教师的政策，真正打通企业与职业院校人才流动通道，加快"双师型"教师队伍建设。四是整合职教资源。采取撤并、共建、联办、划转等形式，对江西省中职教育进行布局结构调整，着力解决江西省中职教育"散、小、差"的问题，三年内将江西省中职学校调整至 100 所左右，每个县集中力量办好一所中职学校。以培养新型职业农民为重点，加快发展面向农村的职业教育。五是加大职业教育的投入。加快研究出台职业院校生均经费标准，完善职业学校学生的资助政策，加强职业学校达标学校建设、实训基地建设，改善职业院校办学条件，办好一批高水平示范校。

四、坚持教育改革主旋律，推进高等教育内涵发展

党的十八届三中全会为全面深化高等教育综合改革、推动高等教育内涵式发展指明了方向。江西省将继续坚持不移地走以质量提升为核心的内涵式发展道路。什么叫内涵式发展？内涵式发展是把人才队伍作为持续发展的第一资源，把质量特色作为竞争取胜的发展主线，把国家战略需求和地方经济社会发展需要作为创新发展的动力源泉，把打造优势特色学科作为品质提升的战略选择，把产学研结合作为服务社会的必然要求。从当前来看，加强江西高校内涵建设，重点是要推动学校向为地方经济社会发展服务转型，向培养应用型人才转型。改革开放以来，特别是进入新世纪以来，江西省委、省政府敏锐地抓住了历史机遇，大力推进新校园建设，很好地实现了江西省精英教育向大众教育的转变，让更多的年轻人跨进了大学校门。但我们也清醒地看到，高校建新校区、建新大楼只是阶段性的特征和任务，下步的改革方向是内涵式发展，2012 年 5 月，我们明确提出了"围绕'一个目标'，力促'两大转变'，实现'五个一流'"的高等教育发展思路和目标，目前高等教育在内涵式发展方面呈现出了好的趋势、好的态势、好的气势。我们将继续围绕建设有特色、高水平大学的目标，坚决按照从规模扩张向质量提升转变、从均衡推进向重点突破转变的要求，进一步强化办学特色，增强创新能力，积极服务地方经济社会发展，打造高校品牌，

培养应用人才，提升管理水平，推进高校内涵建设。

一是促转型。按照服务地方经济、培养应用型技术人才的思路，积极推动高校向应用技术类型的转型发展，引导高校科学定位，在不同层次、不同领域办出特色、争创一流。目前我们已经在试行本科院校和高职院校联合培养本科技能型人才的工作。二是重质量，大力实施高等学校本科教学质量与教学改革工程，强化本科教育教学改革，强化育人环节，大力推进卓越工程师、卓越医生、卓越教师、卓越农林人才、卓越法律人才等卓越人才培养计划的实施。三是调结构，调整学科专业结构，着力解决江西省高校学科专业结构与产业结构、就业结构契合度差的问题。调整教学结构，进一步强化高校实践教学环节工作，重点建设一批省级实验教学示范中心、大学生校外实践教育基地，着力解决大学生创新精神和实践能力不足的问题。调整学生结构，逐步压缩本科生培养规模，积极扩大硕士研究生、博士研究生培养规模。调整教师结构，规定今后本科高校除体育、艺术等特殊专业外，担任教学工作的一线教师一般要有博士学位，担任学校行政工作的一般也要有硕士以上研究生学历。四是抓创新。继续深入实施高校"2011协同创新计划"。前年，江西省率先在全国启动了高校"2011协同创新计划"，投入8亿元，用四年建设40个面向科学前沿、产业转型升级、区域发展、文化传承等领域的省级协同创新中心，到现在我们已经评选了两批共计21个省级协同创新中心，这在江西省高校乃至全国高校引起了强烈反响。下一步，我们将重点培育这些协同创新中心，对那些"具有解决重大问题能力、运行良好、培育成效明显、高水平、有特色"的省级协同创新中心要给予重点支持，力争实现在国家层面的突破。通过协同创新中心的建设，引进和造就一批在国内相关研究领域具有一定影响力的创新型拔尖人才、学术领军人物和中青年学术骨干，打造一批高水平学术创新团队，开展原创性重大理论与科学技术关键领域问题攻关，全面提升江西省高校协同创新能力。五是建机制。要按照依法办学、自主管理、民主监督、社会参与的要求，加快现代大学制度建设。着力落实和扩大高校办学自主权，简政放权，除国家控制布点专业外，实行本科和高职高专专业自主设置，支持高校自主开展教育教学活动、自主选聘人才、自主开展科学研究、自主管理使用学校财产经费。加快高校"一校一章程"建设，加强高校学术委员会建设，完善高校内部治理结构，促进学术权力与行政权力相对分离，实现"学术立校、教授治学"。

（2014 年 3 月 27 日）

江西现代职业教育发展策略

　　职业教育是事关江西经济社会发展全局的战略问题，也是关系民生就业的现实问题。江西省委、省政府对职业教育一直高度重视，始终把职业教育作为实现江西发展升级的战略举措来抓，持续加大投入、完善政策措施、破解发展难题，我省职业教育取得了长足的发展。

　　一是适应经济转型升级的职业教育人才培养结构日趋合理。近年来，我省致力于培养适应经济社会发展的多层次技术技能型人才，通过采取"三校生"升学考试、五年一贯制、中高职衔接、高职院校自主单招、技能竞赛获奖选手免试升学本科院校，开展高职院校联合培养应用技术型本科人才试点、引导普通本科高校转型发展、大力发展专业学位研究生教育等一系列举措，逐步打通了中职到高职、高职到本科、本科到专业研究生的培养通道，搭建起了技术技能人才成长的"立交桥"，促进了职业人才的可持续发展。二是服务江西经济社会发展的能力日益提升。我省把服务十大战略新兴产业贯穿人才培养全过程，统筹职业院校布局，优化专业结构，推动职业教育与经济社会同步发展。五年来，各职业院校深入贯彻落实立德树人根本任务，培养了一大批技术技能型人才，中职毕业生就业率连续多年保持在 96% 以上，高职毕业生就业率稳定在 85% 以上，支撑了经济转型和产业结构调整。2015 年初，江西省政府还将职业教育的两项工作列入深化改革的重点任务，一个是中等职业教育资源整合，减少学校数量，提升办学条件，解决中职学校"散、小、弱"的问题。目前，江西省教育厅等五部门已研究制订了我省中等职业教育优化整合意见，从今年开始利用三年时间完成全省中职教育资源整合工作；另一个就是构建产教融合、校企合作机制。前不久，江西省政府专门召开了全省校企合作推进会，出台了《江西省职业教育校企合作促进办法》，这是我省第一个关于校企合作的制度，从制度层面明确了校企合作中政府、行业、学校、企业等各方主体责任。三是符合深化改革要求的职业教育管理体制日趋完善。近年来，我们积极落实各级政府责任，逐步形成了分级管理、地方为主、政府统筹、社会参与的管理体系。在学校治理方面：推行简政放权，赋予职业院校在专业设置和调整、人事管理、教师评聘等方面的充分自主权。比如，2014 年我省就将中等职业学校设置权由备案制改为注册制，下放到设区市管理；2015 年，指导高职院校全部完成了章程建设。在办学体制方面：推动有关行业、企业牵头组建了 20 多个职教集团，教育部还专门组成调研组学习考察江西现代职教集团的实体化机制管理模式。在职业教育保障方面：从 2010 年起，我省全面落实了中职学校所有农村（含县镇）学生、城市涉农专业学生和家庭经济困难学生免除学费，实现了"不让一名学生因家庭经济困难而失学"的目标。

在肯定成绩的同时，我们也清醒地认识到，我省职业教育仍然是整个教育链的短板，总体发展水平与经济社会发展的需求还不相适应。认识还不到位，重学历教育、轻职业教育的观念尚未根本扭转，受传统观念影响，职业教育社会认可度不高，尊重劳动、崇尚技能的社会氛围尚未全面形成。机制还不健全，符合技术技能型人才特点的人事制度和待遇政策尚不健全，行业、企业和社会力量参与职业教育的积极性还不高，校企合作缺乏内生动力，学校教育与企业需求"两张皮"的现象不同程度地存在。吸引力还不高，职业教育与经济社会发展的契合度、职业教育与普通教育的渗透度不够，降低了职业院校的吸引力，部分职业院校办学条件差、特色不明显、技术技能型人才培养质量不高。这"三个还"，充分说明，我省职业教育发展任重道远，需要我们以改革创新的精神，深入研究，认真加以解决，更需要社会各界给予更多的关心和更大的支持。

职业教育与经济社会的联系最直接、最密切，肩负着培养多样化人才、传承技术技能、促进就业创业的重要职责，是一项必须加快推进的重大战略任务。当前和今后一个时期，我省职业教育改革发展的总体思路是以立德树人为根本，适应技术进步和生产方式变革的需求，深化体制机制改革，着力推动两个转型：即在办学方向上向为地方经济社会发展转型，在人才培养上向应用型技能型人才转型；加快构建一个体系：即加快构建产教融合、校企合作、中职高职衔接、职业教育与普通教育相互沟通、体现终身教育理念高水平、有特色的现代职业教育体系。重点从以下五个方面推动职业教育改革发展。

一、抓体系建设

一是整合中职教育资源。力争用三年时间，通过撤销、合并、划转、建设等形式，将全省中职学校从现在的 509 所整合到 200 余所，每个县集中力量办好一所达标中职学校。统筹区域内中职学校专业设置，优化调整专业结构，引导学校错位发展、特色发展。二是引导本科高校转型发展。2015 年我省已经确定了 10 所本科高校转型试点，我们将在发展措施和资源配置等方面给予政策倾斜，指导转型高校进一步明确办学定位、凝练办学特色、转变办学方式，把办学思路真正转到服务地方经济社会发展上来，转到培养应用型技术技能型人才上来。三是贯通人才培养通道。逐步扩大中职与高职"3+2"人才培养试点、高职院校和本科院校联合培养应用技术型本科人才试点范围，开展中职与本科、高职与本科对口贯通分段培养试点，适时开展中职教育与研究生教育贯通培养试点，系统构建职业教育从中职、专科、本科到专业研究生的培养体系，打通职业教育"断头路"和"天花板"。

二、抓质量提升

提升人才培养质量是发展现代职业教育的核心任务。一是创新人才培养模式。坚持以就业为导向，贴近市场、贴近社会、贴近需求，深化产教融合、校企合作，加快构建服务我省产业转型升级的职业教育专业体系，推动专业设置与产业需求、课程内容与职业标准、教学过程与生产过程、毕业证书与职业资格证书、职业教育与终身学习的"五个对接"，切实提高人才培养的针对性、适应性。二是加强"双师型"教师队伍建设。建立职业教育与企业技术技能人才双向交流机制，推进高水平职业院校和应用型本科院校与企业行业共建"双师型"教师培养基地，完善专业教师到企业定期实践制度，提高教师动手操作、实践应用能力。三是加强职业教育基础能力建设。大力实施现代职业教育质量提升工程，继续建设一批产教融合、特色鲜明的中、高等职业院校和职业教育集团，继续建设一批实训教学水平与企业技术水平相适应的实训基地，继续实施一批基础能力建设项目，建设一批具有引领作用的国家级、省级示范特色职业院校、示范特色专业和有影响力的职业教育品牌。

三、抓改革深化

加快发展现代职业教育，必须依靠深化改革，以制度创新破除体制机制障碍，释放改革"红利"。我们将着力抓好以下三个方面的改革。一是进一步深化办学体制改革。充分发挥市场机制的作用，积极支持各类办学主体通过独资、合资、合作等多种形式举办民办职业教育，积极推动院校、行业、企业、科研机构、社会组织等多元主体开展集团化办学，探索公办和社会力量举办的职业院校相互委托管理的机制，推动公办、民办职业教育共同发展。二是进一步深化办学模式改革。充分发挥企业重要办学主体作用，积极开展校企联合招生、联合培养的现代学徒制试点，推进校企一体化育人；认真贯彻落实《江西省职业教育校企合作促进办法》，搭建校企合作交流平台，着力激发行业企业参与职业教育的内生动力，形成"人才共育、过程共管、成果共享、责任共担"的校企合作长效机制。三是进一步深化管理体制改革。加快转变政府职能，简政放权，扩大职业院校办学自主权，建立职业教育专项督导常态机制，推动职业院校面向市场、面向社会依法自主办学，建设现代职业学校制度。

四、抓投入保障

经费投入是职业教育健康发展的重要保障。尽管近年来我省加大了职业教育的投入，建立了中、高等职业院校生均拨款标准，但职业教育总体投入水平仍然偏低。今后，我们要进一步明确各级政府对职业教育的经费投入责任，加大对职业教育投入的倾斜力度。一是建立与办学规模和培养要求相适应的财政投入机制。做到"三个确保"：确保省制定的普通公办高等职业院校生均财政拨款标准和中等职业院校生均公用经费标准落实到位；确保新增财政教育投入主要用于职业教育；确保教育费附加和地方教育费附加用于职业教育的比例均不低于30%。并根据财力状况，逐步提高中职和高职院校生均财政拨款标准，2017年，我省高职院校生均财政拨款标准将提高到12000元。二是突出改革和绩效导向。在经费的投入上，强化对职业教育内涵发展的支持，向改革力度大、办学效益好、就业质量高、校企合作紧密的学校倾斜，向产业转型升级亟需的专业倾斜，引导学校主动对接需求，更好地服务发展，促进职业院校办出特色、办出水平。三是完善资助政策。进一步完善扶持支持职业教育发展的政策措施，逐步建立职业院校助学金覆盖面和补助标准动态调整机制，切实落实中等职业教育免学费和国家助学金政策，加大免费和补助资助力度。

五、抓宣传引导

加快发展现代职业教育，需要社会各界的理解和参与。我们将加大职业教育宣传工作的力度，广泛宣传现代职业教育理念，大力宣传职业教育的重要地位和职业教育就业有优势、创业有本领、升学有通道、发展有保障的独特优势，提高全社会对职业教育的认识，坚定加快发展现代职业教育的信心。抓好"职业教育宣传周"活动，大力宣传优秀技能人才和高素质劳动者典型，促进形成"崇尚一技之长、不唯学历凭能力"，"行行出状元"的社会氛围。大力弘扬劳动光荣、技能宝贵、创造伟大的时代风尚，推动整个社会进一步转变观念，推进教育政策、产业政策、用人政策衔接配套，不断提高技术技能人才地位待遇，引导社会树立新的教育观、人才观、择业观，确立尊重劳动、尊重知识、尊重技术、尊重创新、尊重职业人才的观念，进一步提高职业教育的社会影响力和吸引力。

（2015 年 11 月 17 日）

促进职业教育健康发展的六项措施

职业教育是国家教育事业的重要组成部分，是与经济社会发展联系最紧密、最直接的一种教育类型，是促进经济社会发展和劳动就业的重要途径。江西省是职业教育大省，统筹推进全省职业教育健康发展，需要增强责任意识，强化政府统筹，推动多元办学，加强校企融合，加大投入保障，强化联席会议。

一、增强责任意识

国外成功经验启示我们要大力发展职业教育。最为我们津津乐道的是德国。确实，德国自己也宣称，他们之所以能在"二战"后的废墟上迅速崛起，秘密武器就是成功的职业教育。德国通过立法，建立了完善的职业教育体系，优先发展职业教育，培养一代又一代的勤奋敬业、技术精湛的产业工人，使德国的工业产品在国际市场上成为质量可靠的代名词。德国通过发展职业教育建成了世界上最为可靠的实体经济，对我们是一个很好的启示，值得我们借鉴。其实，国际上这样的经验层出不穷，美国、英国，甚至瑞士这个小国之所以能在国际竞争中处于不败之地，也与他们重视发展职业教育，能提供公认的一流产品和一流服务是分不开的。我国也充分认识到发展职业教育的迫切性，党的十八大明确提出要加快发展现代职业教育，目前正在筹备召开全国职业教育工作会议。最近，国家已进一步加大财政投入，实施免费中职教育，并将修订《职业教育法》，出台《现代职业教育体系建设规划（2012—2020 年）》。对我们来说，这既是机遇，也是责任和压力。近年来，江西省职业教育发展很快，在条件比较困难的情况下，做了很多卓有成效的工作，取得了显著成绩。到目前为止，全省有高职院校 44 所，在校学生 40 万人，各类中职学校 551 所，在校学生 66 万人。各类职业学校在校生总数超过 100 万人，占江西省各级各类学校在校生总数（1041 万人）的十分之一，实现了中职学校与普通高中招生及在校生大体相当的目标。据不完全统计，就读职业院校的学生，80% 以上学生是来自农村家庭，他们通过职业学校学习，获得了一技之长，100% 都实现了就业，既改变了自己的命运，也改变了家庭的命运，实现了"培养一个学生、成就一个人才、致富一个家庭"的梦想。因此，我们办好职业教育，就是要让每个孩子都能成为有用之才，就是要帮助农村家庭脱贫致富，就是办人民满意的教育。但是，我们也要清醒地看到，当前，受传统文化的影响，社会上轻视职业教育的现象客观存在，在整个教育体系中，职业教育还是最薄弱的环节，存在很多深层次困难和问题。一是对职业教育战略地位的认识不足。二是中等和高等职业教育缺乏有效衔接，系统培养人才的"立交桥"还未形成。三是鼓励行业企业参与职业教育的政策不完善，政府主导、行业指导、企业参与的办学机制还不健全。四是部门政策不配套，工作协调难度大，职业教育缺乏统筹的问题比较突出。五是职业教育发展经费保障机制尚未建立，学校办学条件特别是实习实训设备仍然比较落后。六是尊重技术技能人才的社会文化价值观还没有确立，职业教育吸引力不足的问题仍然突出。七是职业学校的管理还不够规范。八是职业学校的办学特色还不鲜明。因此，各地各有关部门必须进一步提高思想认识，增强做好职业教育工作的紧迫感和责任感。

二、强化政府统筹

要把理顺职业教育管理体制作为我们重点研究解决的问题，这是推动江西省职业教育健康发展的关键环节。针对江西省职业教育管理体制长期存在的条块分割、职能交叉、统筹乏力、资源难以充分利用、办学效益低等问题，我们要按照国家提出的"逐步建立和完善'分级管理、地方为主、政府统筹、社会参与'的职业教育管理体制"的要求，进一步加强政府统筹。从现在来看，政府对职业教育进行统筹的内容主要是统筹规划、统筹政策、统筹办学、统筹资源。统筹规划，就是要根据江西省区域经济社会发展趋势、就业需求预测和教育发展情况，制定职业教育发展规划，并纳入各级经济和社会发展总体规划；统筹政策，就是要积极组织协调有关部门和行业组织，研究制定有利于职业教育发展的政策措施，防止政出多门，为职业教育发展提供有力的政策保障，建立多渠道筹集职业教育经费的机制；统筹办学，就是在政府统筹下，发挥各部门各行业的优势，集中力量办好一批高水平、高质量的职业学校，要科学确定职业教育与普通教育的宏观结构，引导各类教育协调发展；统筹资源，就是要尽量打破部门和职业学校类型的界限，整合和有效利用现有各种职业教育资源，合理规划辖区内职业学校布局,努力提高办学效益。我们建立职业教育联席会议的目的，就是要整合教育部门、劳动人事部门、行业协会等方面的有关职能和力量，进一步加强省政府对职业教育统筹协调的力度。今后，凡是涉及江西省职业教育的重大政策、重大事项、重要工作，必须由全省职业教育联席会议来统筹协调。

三、推动多元办学

要按照国家要求，进一步创新职业教育办学体制，形成政府主导，依靠企业，充分发挥行业作用，社会力量积极参与的多元办学格局。职业教育是公益事业，发展职业教育必须要以政府为主导，县级以上地方各级政府要重点办好发挥骨干和示范作用的职业学校和职业培训机构，组织并指导企业、行业和社会力量举办职业学校和职业培训机构。江西省的民办高职教育成长迅速，其办学理念、办学规模、办学条件和办学质量已经形成品牌效应，跻身全国民办高职教育三强，新余市成功地探索出了一条"政府主导、社会投资、自我积累、滚动发展"的高职办学之路，被教育部专家誉为"新余现象"，其现代学徒制和职教园区在全国具有鲜明的创新特色和示范效益。特别是近年来江西省高职院校按照"深度融合、互利共赢"的原则，创新管理体制和运行机制，先后组建了江西现代职业教育集团、江西国防科技工业职业教育集团等六个特色鲜明的职教集团，为全面推进校企合作办学、合作育人、合作就业和合作发展打开了新局面。企业是举办职业教育的重要力量，各地各部门要充分依靠企业举办职业教育。要进一步强化企业的自主培训功能，加强对职工特别是一线职工、转岗职工的教育和培训，推动更多的企业根据实际需要举办职业学校和职业培训机构。要鼓励企业与职业学校实行多种形式的联合办学、企校合作，积极为职业学校提供兼职教师、实习场所和设备。行业主管部门也要高度重视发展各种形式的职业教育，要继续办好职业学校和培训机构，对行业职业教育进行协调和业务指导；行业组织要积极开展人力资源预测，制定行业职业教育和培训规划，指导行业职业教育、职工培训和职业技能鉴定，参与相关专业的课程教材建设和教师培训的工作。积极鼓励社会力量、个人和团体以各种形式参与职业教育建设，在职业教育的教学、科研等方面的深度契入和合作，鼓励公办职业院校引入民间资本，以股份合作制的形式参与公办学校实训基地建设和后勤服务，逐步完善以公有制为主导、产权明晰、多种所有制并存的办学机制。

四、加强校企融合

校企合作是职业教育特点所决定的，是职业学校必须采取的一种人才培养模式。职业学校要实现与市场接轨、提高育人质量、为企业培养用得上的实用型技术人才，就必须强化校企合作，让学生将在校所学与企业实践有机结合，让学校和企业的设备、技术实现优势互补、资源共享，以切实提高育人的针对性和实效性，提高技能型人才的培养质量。江西省职业院校在这方面一直有着很好的传统，江西省教育厅及相关部门采取了一些措施推动这方面的工作。但同时也要清醒地看到，由于相关政策法规不健全，江西省职业教育校企合作的随意性大，尚未摆脱"行政驱动、学校主动、企业被动"的窘境。改变这一状况，就要建立校企合作的长效机制，加速职业教育校企合作的制度化进程，通过构建相关的制度体系，促使职业教育校企合作形成"法制驱动，校企互动"的良好局面。一是要研究制定校企合作法规。通过相关法规建设，使校企合作法律制度具备四个基本要素：校企合作概念的界定清晰，合作内容的涵盖全面，不留死角或盲点；责任主体明确，校企合作有哪些参与者，各承担什么责任，都有明确的规定；权利与义务对等，既要明确参与者的义务，也能保障参与者的权利，以利于调动参与者的积极性；不履行义务所承担的后果明确，未履行义务者承担的后果有章可循，有法可依。二是要实施校企合作问责制。当前江西省职业教育校企合作开展不力，除了相关法律制度不完善外，问责制缺失是重要原因。随着我国市场经济体制的不断完善和民主、法制水平的不断提升，问责制日益成为我国社会和政治生活的一种制度设计。江西省职业教育校企合作的持续规范发展，同样需要实施问责制。这就需要完善的监督性制度为校企合作问责提供依据和保障，以充分发挥政府、社会和媒体舆论这三个问责主体的监督作用。三是要加强政府宏观引导。今后，要充分发挥江西省职业教育联席会议制度的作用，统一组织、领导、协调和监控各职业院校开展校企合作的进展情况，督查各职业院校落实国家和省政府的有关政策，企业接受学生实习以及相关优惠政策落实等情况。通过这些举措，改变校企合作的无序性和随意性，形成政府宏观调控、社会大力支持、学校主动调适、企业积极参与的长效机制。

五、加大投入保障

这些年，财政对教育的投入很大，2012 年一年 600 多亿的投入，实现了历史性的突破。但是我们也要看到，我们现在走到全省各地，看到校舍最旧的、条件最差的往往都是职业学校，应该说，对职业教育，我们欠账太多。我们必须要努力增加对职业教育的经费投入。要明确职业教育公共物品特性，把职业教育作为重要的公益事业和民生工程来抓，建立并完善政府投入为主的多元化职业教育投入保障机制，加大公共财政对发展职业教育的投入力度，逐步提高财政预算内教育经费用于职业教育的比例，使经费投入与技能型人才培养需求基本适应；进一步明确省、市、县各级政府在发展职业教育中的职责，完善分级投入机制和改革激励机制，优化职业教育支持政策。职业教育最为迫切的问题仍然是建设问题，加大投入、改善条件是职业教育发展的当务之急。当前可以从三个方面入手解决这个问题。一是要加快制定职业院校生均经费标准，完善经费保障机制。要根据江西省的财力情况，逐步增加公共财政对职业教育的投入，按照国家的政策要求，落实制定职业院校生均经费和公用经费标准，保证职业院校最基本的办学投入。二是要全面落实已有的职业教育发展保障政策。严格落实城市教育费附加用于职业教育的政策。"城市教育费附加安排用于职业教育的比例，已经普及九年义务教育的地区不低于30%"要坚决执行，今后县级政府教育督导工作这项规定要作为重点内容。三是要加大职业院校基础能力建设力度。通过实施一些专项计划来改善职业院校基础能力不足的问题。如"中等职业学校达标建设计划"、"中职学校实训基地和技能竞赛中心建设计划"、"高职教育专业技能实训中心建设计划"、"省级优质特色示范中等职业学校建设计划"、"农村薄弱职业学校和职业教育园区建设计划"、"职业教育信息化提升计划"、"中等职业学校教师素质提高计划"等。

六、强化联席会议

这些年来，我们虽然成立了联席会议制度，但是没有得到很好的执行。一个好的制度关键是要狠抓落实，今后一定要强化江西省职业教育联席会议制度，充分发挥它的作用。联席会议成立后，原则上今后每半年召开一次会议。上半年主要研究工作计划、规划，部署工作，下半年主要汇报工作落实情况。如果临时有重要议题也可随时召开。各成员单位都要结合本部门工作情况积极主动提出意见和建议，我们要本着共同推进全省职业教育发展的目标，积极努力工作，形成巨大合力。最近我走了几十个职业学校，做了一些调研，有一些想法，我们今后要突出研究一些问题。如，要突出转变人才观念，努力提高职业教育的人才培养比例；要突出办学特色，努力建成一批办学有特色、专业有特点、学生有特长的示范性职业院校；要突出实用性和操作性，努力培养造就一大批具有良好职业素养和技能的高素质应用型人才；要突出服务地方经济，努力在专业设置及人才培养模式上与地方经济对技能型人才的需求相结合。要突出规范管理,努力做到依法依规办学，不出事。联席会议办公室要积极做好沟通协调和服务工作。平时注意收集议题，每次会议后都要形成会议纪要，对会议形成的有关事项经与会单位同意后印发有关方面，按照部门职能，分工负责，具体落实，并做好督促检查。江西省职业教育联席会议研究了影响职业教育发展的三个突出问题，要抓好贯彻落实。一是整合职业教育资源。由江西省教育厅会同省发改委、省财政厅、省人力资源和社会保障厅等部门加强调查研究，研究制定江西省职业院校的整合规划，做好顶层设计，着力解决职业教育存在的"散、小、差"问题，集中力量打造一批办学水平高、办学特色鲜明的职业院校。二是深入推进校企合作。由江西省教育厅会同省工信委、省国资委、省农业厅、省中小企业局等部门研究出台江西省推进职业教育校企合作的法规文件，明确校企合作的责任主体、权利义务等，促进校企深度融合，提升职业教育服务地方经济和产业发展的能力。三是加强职业学校学籍管理，由江西省教育厅会同省财政厅、省人力资源和社会保障厅建立全省职业学校学籍管理信息系统，为资助学生、制定职业教育生均经费标准等提供及时、全面、客观、真实的数据，提高信息化管理水平。

（2013 年 9 月 5 日）

"新余现象"的特点及其思考

新余职业教育被教育部誉为职业教育"新余现象",很有特色,提供了有益的经验和启示,有利于促进全省职业教育工作。

一、新余职业教育发展的特点

近年来,新余市委、市政府坚持把职业教育摆在优先发展的战略地位,不断创新机制,营造优良环境,在职业教育改革与发展上取得了突出成绩,为新余经济和社会的发展作出了重要贡献,走出了一条"小城市办大教育"的创新之路,树立了江西省职业教育一面旗帜。

一是思路清。新余在大力发展职业教育的20多年中,全市上下形成了"抓经济建设必须抓职业教育,抓职业教育就是抓经济发展"的共识,坚持把职业教育列入全市社会经济发展的总体规划,把职业教育作为支撑新余经济发展和实施"科教兴市"战略的重要内容,作为服务"积极融入鄱阳湖生态经济区建设、加快建设国家新能源科技城"战略的抓手,着力打造全国知名的现代职业教育城,探索出了一条"政府主导、自我积累、滚动发展"的路子。职业教育的优先快速发展,吸引了大批国内外知名企业落户新余，职业教育发展对经济社会发展的直接推动作用日益显现。

二是投入大。"十一五"期间，新余用于职业院校基础能力建设的资金近 15 亿元，职业教育园区建设已初具规模，国家职业教育现代学徒制人才培养模式改革示范区建设成效明显，新建的一批职业学校环境优美，职教设施完善。制定出台了一系列扶持和优惠政策，为职业教育，特别是民办职业教育加快发展提供全方位的政策支持。将 30%的教育附加用于职业教育，每年拿出 100 万用于民办职业院校基础设施建设贷款贴息，对新余籍学生就读本地职业院校的，实行每人每年1300 元生活补贴政策；对民办职业院校退城进园土地等置换所得，全部返还用于新校区基础设施建设，有力地推动了职业教育的发展。

三是特色明。新余在发展和壮大职业教育方面，坚持"以服务为宗旨，以市场需求为导向，以就业为根本，以体制创新和机制创新为重点"，逐步形成了"资金投入社会化、办学形式多样化、学校管理企业化、教育教学特色化、就业推介市场化"的办学格局。在全省率先建设了第一个职业教育园区，全力推进现代学徒制试点，校企合作办学亮点纷呈。从刚才参观的三所职业学校来看，渝州科技职业学院坚持"紧跟市场，紧跟专业"办学理念和"以赛促学，以赛促教，以赛促用，以赛促新"的实践教学特色，形成了职业教育领域的"渝州效应，新余现象"；太阳能学院以计算机、光伏专业为龙头，在学院现有 16 个专业中，有 14 个专业直接或者间接面向新能源产业，形成了以计算机应用及软件开发技术、光伏发电技术为主的办学特色，成为国内首个太阳能学院；新余市职业教育中心始终坚持质量立校，教研兴校，以教学带教研，以教研促教学，近年来，学校先后有 30 多人在国家级刊物发表论文 60 多篇，80 多人在省市级刊物发表论文 200 多篇，在省市级各类比赛中指导学生获一、二、三等奖共计 100 多个。

总的来看，新余的职业教育发展非常好，有很多很好的经验和启示，对这些好的做法和经验要认真总结推广，促进全省职业教育工作的开展。

二、推动职业教育发展的几点思考

（一）明确目标任务

全省各地各职业学校要进一步提高思想认识，抓住当前难得的历史机遇，以努力构建"适应江西经济发展方式转变和产业结构调整要求，职业教育与普通教育互通融合、中等职业教育与高等职业教育相互衔接、学历教育与职业培训并举的职业教育体系"为主要目标；以"培养适应社会需要的高素质应用型人才"为根本任务，推动全省职业教育快速健康发展。

（二）加快资源整合

要调整职业学校结构布局；重点发展面向农村的职业教育，促进农科教结合；鼓励支持地区、行业组建区域性、行业性的职业教育集团。目前，新余由53所职业学校整合成现在的16所，提高了职业教育资源使用效益，下一步要以建设职业教育园区为平台，以组建职业教育集团为抓手，通过强强联合、强弱联手等方式，把分散的职业教育资源整合起来，有效利用，共建共享，实现集约化办学。

（三）创新办学机制

要进一步完善"政府主导，依靠企业，充分发挥行业作用，社会力量积极参与，公办民办共同发展"的多元办学格局，调动全社会参与职业教育的积极性，进一步激发职业教育发展活力。

（四）深化校企合作

校企深度对接有四句话：职业教育发展要随着经济增长方式转变"动"，跟着产业结构调整升级"走"，围绕企业人才需要"转"，适应社会和市场需求"变"。全省各类职业学校要积极探索"引企入校"、"办校进厂"、"企业办校"、"校办企业"、"顶岗实习"、"半工半读"、"现代学徒制"等多样化的校企合作模式，努力促进学校办学与工业园区、企业无缝对接，教育链与产业链的深度融合。

（五）加强师资建设

俗话说："名师出高徒。"没有高水平的专业教师就难以培养出真正的高技能人才。要着眼职业教育的职业性、实践性特点，努力把"双师型"教师队伍建设作为职业教育教师队伍建设的核心来抓。一方面，要拓宽面向社会招聘教师的渠道，制定人才优惠政策，吸引企事业单位中既有实践经验、又有扎实理论基础的高级技术人员从教。另一方面，要注重与企业联合培养"双师型"教师，建立专业教师定期到企业实践的制度，还要注重引进企业的专业技术人员、高技能人才到学校兼职任教，通过引才、聚才，努力建设一支由职业教育领域的专家、教学名师、专业带头人和行业企业技术人员组成的、专兼结合的优秀教师团队。

（六）优化专业设置

优化专业结构是提高人才培养质量的前提。职业学校的专业要以经济社会发展需求为依据设置，并根据市场需求的变化灵活调整，确保专业设置与行业企业需求相适应。当前，各地、各职业院校要根据人才市场需求、企业用人需求，围绕鄱阳湖生态经济区建设、战略新兴产业，大力建设好以机加（数控）、电工电子、太阳能、冶金、旅游服务等优势专业，重点建设面向现代农牧业、先进制造业特别是装备制造业、生物医药、动漫等新兴产业的精品专业，加强贴近区域产业，尤其是民族文化艺术、民间工艺等领域的特色专业建设。

（七）推进品牌建设

办企业必须有名牌产品，办职业教育同样也必须有品牌学校、品牌专业，这就是我们通常所讲的核心竞争力。新余的职业教育为什么办得这么有起色，一个很重要的原因，就是坚持以质量求生存，以特色求发展，打造了渝州科技职业学院等一批品牌学校，现代物流、光伏等一批特色专业。江西省职业教育要走在全国前列，必须树立品牌意识，注重内涵发展，不断提高质量，努力建设一批国内知名、省内一流的职业院校，建设一批在职业教育领域内知名、在行业和产业领域内有影响的品牌专业，打造一批行业和产业需要、社会普遍认同的职业培训品牌。通过品牌学校、品牌专业、精品专业、优质专业全面带动职业教育改革，提升全省职业教育整体实力。

（八）强化职教管理

严格按职业学校设置标准审批评估学校，保证教育质量，提高办学水平；完善职业教育国家助学金制度、贫困学生资助制度；完善职业教育学历证书和职业资格证书"双证书"制度、就业准入制度，保护和扩大职校毕业生就业机会；引导社会树立正确的人才观、求学观、择业观和成才观，形成尊重劳动、重视技能、行行出状元的良好氛围。

（2012 年 4 月 19 日）

江西旅游商贸职业学院要强化旅游商贸优势

江西旅游商贸职业学院组建十年来，在江西省委、省政府的正确领导下，艰苦奋斗、开拓创新、敢于担当，办学条件不断完善，办学特色日益凸显，办学实力显著提升，取得了良好的办学成果。

一是有方向。学院敏锐地把握高等职业教育改革发展的趋势，确立了"以人为本,就业为根,质量立校,人才强校,管理兴校"的办学宗旨，坚持"立足江西,辐射全国,输出国门,培养旅游商贸高素质技能型人才"的办学道路和"学院对接行业（企业）、专业对接产业、课程对接岗位、证书对接职业、教师对接师傅的'五个对接'"的职教办学模式，抓住了高职院校的办学定位和方向。

二是有实力。学院抓住机遇，通过市场化运作，建成了环境优美、功能齐全的现代化新校园，建有旅游、物流、商贸等六大校内实训基地和八个集"教学做"一体化的教学实训教室,办学硬件条件明显改善。学院拥有专职教师819人，其中"双师型"教师比例达到了79.6%，这个比例非常高。同时，学校还探索了校企共育、职教集团等现代职业教育模式，与84家单位建立了稳定的校企合作关系。

三是有特色。作为全省唯一一所以培养旅游、商贸类高素质技能型人才为主的高职院校，学院始终坚持以旅游商贸优势专业为龙头，带动其他专业群发展；精品、优质课程中旅游商贸类的比例和实验实训场所建设中，明显能看出学院"凝练旅游商贸特色"的政策导向；就业方面表明学院旅游商贸特色得到用人单位的充分肯定。可以说，学院找准了优势，彰显以旅游商贸类专业为龙头，带动多学科、多专业协调发展的鲜明特色。

四是有贡献。学校充分利用教育培训资源，积极承接了企业工程技术人员培训、管理干部培训、新员工岗前培训、职业技能竞赛选手培训；充分依托学校主办方的行业系统优势，主动参与全省供销系统"新网工程"建设，培训农村外出务工人员；充分发挥专业优势和智力资源，积极参与江西省旅游规划论证、江西省导游资格考试等社会服务项目，较好地发挥了学院对区域经济发展的辐射作用，社会反响良好。

总之，江西旅游商贸职业学院在全省乃至全国同类院校中的影响力正日益增强，已经成为江西省重要的高职人才培养、技能创新和社会服务基地，为推进江西省经济社会发展和旅游大省建设作出了重要贡献。

党的十八大报告提出："加快发展现代职业教育，推动高等教育内涵式发展。"这是全面建成小康社会赋予职业教育的新使命，是中国特色新型工业化、信息化、城镇化、农业现代化建设赋予职业教育的新任务，体现了党中央对职业教育改革发展的新要求。希望江西旅游商贸职业学院以党的十八大精神为指导，确立发展现代职业教育的理念，抢抓机遇，奋发进取，全面实施"强特色树品牌"的战略，推动学院内涵式发展。

一是明确办学定位。办学定位决定发展方向、目标。高等职业教育具有高等教育和职业教育双重属性，主要任务是培养生产、服务、管理第一线的高端技能应用型人才。高职院校只有突出这一办学定位，找准人才培养、社会需求的特定服务域，形成自身的特色与优势，凸显不可替代作用，才能持续健康发展。学校提出"建设省内一流国内知名的示范性高等职业院校，培养面向现代旅游商贸服务业与先进制造业的高技能人才"的目标，这个定位很好，人才培养定位准确，职业指向鲜明，抓住了学院发展的着力点，一定要坚持。建议学院的目标是，建设全国知名的国家示范性高职院校，培养懂技术会操作的应用型人才。

二是抓好办学特色。高职教育的生命力在于特色。高职院校只有形成自己的办学特色，"以特色求发展，以特色创品牌"，才能实现可持续发展。学院要围绕打造具有旅游、商贸鲜明特色的办学主题，坚定不移地强化并推进在旅游、商贸领域的优势和特色，从内涵建设、教学质量与改革、校企合作、职业教育集团探索、人才培养模式创新等方面着手，确保各项工作沿着旅游商贸办学特色方向推进。要围绕江西省经济社会发展和行业需求，进一步调整和优化专业布局和结构，以旅游商贸类专业为龙头，重点建设酒店管理、导游、国际货运、会计电算化、商务英语等专业及相关专业群，打造一批优势品牌专业；加快发展具有优势和行业前景的服务类、制造类专业，努力形成学院办学新优势。

三是抓好人才培养模式改革。改革教学内容、创新培养模式是提高人才培养质量的关键。要从人才培养目标定位出发，以高质量就业为导向，树立"做中学、学中做"的教学理念，实行工学结合、校企合作、顶岗实习的人才培养模式，着力提高学生的职业道德、职业技能和就业创业能力。要按照针对性、灵活性和应用性要求，改革课程教学内容、教学方法、教学手段和评价方式；与行业企业共同制订专业人才培养方案，实现专业与行业（企业）岗位对接；针对高职学生的特点，大力推行任务驱动、项目导向等"教学做一体"的教学模式改革，提高学生解决实际问题的能力；积极营造工学结合和实践教学环境，推进"产业文化进教育，工业文化进校园，企业文化进课堂"。加强学生发展指导和创业教育，突出对学生创业意识、创业精神和创业实践能力的培养，增强学生就业竞争力。

四是抓好教师队伍建设。俗话说："名师出高徒。"没有高水平的专业教师就难以培养出真正的高技能应用型人才。要着眼职业教育的职业性、实践性特点，努力把"双师型"教师队伍建设作为学院建设的核心来抓。一方面，要拓宽面向社会招聘教师的渠道，通过调整和优化学科专业结构，制定人才优惠政策，吸引企事业单位中既有实践经验、又有扎实理论基础的高级技术人员从教。另一方面，要注重与企业联合培养"双师型"教师，建立专业教师定期到企业实践的制度，提高专业教师的双师素质；引进企业的专业人才和能工巧匠到学校兼职任教，聘任或聘用具有行业影响力的专家作为专业带头人，在学院建立名师名专家工作室，通过引才、聚才，努力建设一支职业教育领域的教育家、教学名师、专业带头人和优秀教师团队。

五是抓好校企合作。产教结合、校企合作是职业教育办学的突出特色，也是世界各国在职业教育方面的通行做法。学院在校企合作方面探索了一些好的经验和做法，要认真总结、提升，不断推进校企合作的制度化、长效化。职业教育发展一定要随着经济增长方式转变"动"，跟着产业结构调整升级"走"，围绕企业人才需要"转"，适应社会和市场需求"变"。要积极探索"引企入校"、"办校进厂"、"企业办校"、"校办企业"、"顶岗实习"、"半工半读"、"现代学徒制"等多样化的校企合作模式，努力促进学校办学与工业园区、企业无缝对接，教育链与产业链的深度融合。在校企合作上，不能仅仅满足于将企业的生产过程全部搬到校园里来，而应当在此基础上发展成与企业的合作技术开发，建立教学工厂或研发作坊，企业与师生联合开发未来的产品，实现用未来的技术武装今天的劳动者，使他们适应未来发展的需要；要将研发成果的产业化交回给企业去生产，使职业院校成为引领企业与行业发展的原动力。

职业教育发展前景光明，任务艰巨。希望江西旅游商贸职业学院以党的十八大精神为指引，始终坚持既定的办学定位，心无旁骛抓办学特色，抓教学质量，努力把学校办成一所有特色、高水平的高职院校，促进江西省职业教育事业的发展。

（2013 年 1 月 9 日）

江西艺术职业学院要继续坚持
"童子功"与"地方戏曲"

一、办学成效显著

江西艺术职业学院办学 61 年，作为江西省现有唯一一所公办艺术高等职业学院，办学历史悠久，办学层次丰富，开设专业齐全，为江西乃至全国培养了大批优秀艺术人才。近年来，学校在江西省文化厅、教育厅的正确领导和大力支持下，发展势头很好，学院坚持解放思想、与时俱进，勇于改革创新、开拓进取，呈现出良好的发展势头，各项工作再上了一个新台阶，办学成效显著。一是艺术人才辈出。学校出了很多名人名家，其中包括著名影视导演高希希，著名画家梁邦楚、丁世弼，美术理论家陈醉，著名影视演员邓超、傅勇凡、宋运城，青年舞蹈家刘震、李春燕，梅花奖得主陈俐，美国波士顿双簧管演奏演员周伟林，美国百老汇歌剧女高音歌唱演员黄玮，旅德女高音歌唱演员易思衡，影视歌三栖演员朱含芳、谈芳兵等。另外，目前江西省各级艺术团体的主要演员也均来自江西艺术职业学院，他们活跃在全省艺术战线，在江西省文化建设中发挥着巨大的作用。二是承担了江西省多项重大演出任务。如在人民大会堂举办的建党 90 周年文艺演出、国庆 60 周年江西彩车表演、南昌七城会开幕礼仪表演、2011 年中博会演出、庆祝中华人民共和国成立 60 周年等文艺演出。还有历年的省市国庆晚会、省市迎新文艺演出以及各类外事接待演出等。获得了国家、省、市有关领导及社会各界的广泛赞誉。2012 年又抽调了 50 名学生准备参加江西节目上中央春晚的演出。三是办学层次丰富。学校下设中专部，学制包括五年制中专、三年制中专、五年制大专（前三年为中专）和三年制大专等，设有音乐、舞蹈、戏剧、美术、戏曲、综合艺术等 6 个专业系，22 个专业。应该说，涵盖了各类中专和大专的整个艺术门类，艺术特色比较鲜明。

二、明确目标定位

办学定位和办学目标是一个大学的办学之纲，是一所学校长期稳定与发展的灵魂，对高校的发展起着至关重要的作用。高校只有明确目标、准确定位，并在自己擅长的领域做到最好，就能够在不同层次、不同方面、不同空间上创造一流。学院的发展目标定位，即"三个基地，三个服务"，就是以具有 61 年办学历史的江西艺术职业学院为基础，整合全省艺术教育资源，将学校打造成江西文化干部和艺术人才培养基地、江西艺术精品的生产基地、江西地方戏曲保护与传承基地，为地方剧团的人才培养服务、为群众艺术需求服务、为江西的艺术舞台服务。这个是学院的目标任务的定位，必须毫不动摇地坚持。

三、找准办学特色

江西省政府提出建设"有特色、高水平"的高校，对每所高校的要求是不一样的，讲有特色，就是要实施错位发展，这是所有高校克服同一区域的同构性、同一类型的同质性的理智抉择。江西艺术职业学院走"有特色、高水平"之路，最根本的，就是要在找准特色上做文章，如何找特色，那就是坚持唯一性和独一性，江西艺术职业学院的独一性在哪？唯一性在哪？学院有两个特色，一个是"童子功"，一个是"地方戏曲"。所谓"童子功"，就是要坚持中职特色，从小培养，这是艺术教育特别是杂技、木偶、舞蹈、器乐、戏曲等艺术教育的一个最大特点，那些本科院校是没有这个优势的，只有江西艺术职业学院的中专专业才有的。这个要坚持，不要去培养"理论研究"性的艺术人才，不要去培养"编创人才"，要培养具有童子功优势和舞台表演型的艺术人才。学院提出升本的设想，这个需要进一步研究认证。现在高考的生源每年都在减少，江西一些大学的艺术类本科专业都招不到学生，学校再搞本科教育，一是生源有问题，二是审批有问题，国家将严格控制高职升本，三是学校再搞大规模扩建值得探讨。"地方戏曲"是学校多年的强项，为江西省赣剧、地方采茶戏的发展作出了重要贡献，学校还需要坚持。

四、加强校企合作

江西艺术职业学院作为职业教育学校，必须加强与社会对接、与企业对接、与政府对接，培养社会适销对路的应用型人才。随着文化院团改制的完成，这给艺术学院的发展既带来了机遇，也提出了挑战，一方面，改制后，文艺院团的发展作为企业主体，机制更活了，效益更好了，对艺术人才的吸引更大了；另一方面，老百姓对艺术人才没有以前那么重视了，报考的积极性受到冲击。学院要紧紧抓住当前文艺院团改制的机遇，瞄准市场，加大与社会对接、与企业对接、与政府对接的力度，大力开展"订单式"培养，进一步提升学院服务社会主义文化发展的能力。

五、打造艺术精品

在新的发展时期，学院要充分发挥自身优势，坚持"内涵提升与外延拓展"的办学方向，完善硬件设施建设、提高教学质量、加强教师队伍建设，加快培养造就一批适应时代要求、富有开拓精神、善于创新创造的高水平应用型艺术人才，在推动自身转型发展的同时，主动打造文艺精品，唱响文化建设主旋律，着力推进文化艺术创新，努力创作推出一批体现时代精神、彰显江西特色、具有艺术魅力，高质量、高水平的艺术精品，夯实艺术事业可持续发展基础，向广大人民群众奉献更多的优秀文艺作品，进一步繁荣演艺市场，保障人民群众文化权益，全面提升江西文化艺术的引领能力和竞争能力，扩大江西文化艺术在全国的影响力与辐射力，初步实现江西舞台艺术的全面繁荣。

（2012 年 12 月 13 日）

江西广播电影电视学院特色专业
要"再加一把火"

近年来，江西广播电影电视学校始终遵循职业教育规律，艰苦奋斗，特色立校，取得了较好的办学成绩，难能可贵，实属不易，有三个方面特别值得肯定：

一是小学校作为大。虽然学校占地面积小，教育资源缺乏，办学条件比较艰苦，学校生存发展面临许多困难，但学校党委一班人不等、不靠、不要，知难而进，兢兢业业工作，踏踏实实干事业，表现出了强烈的事业心与责任心。全校教职工爱岗敬业，不计得失，乐于奉献，潜心育人。正因为有一个团结和谐、富有凝聚力和战斗力的班子，有一支热爱教育事业、富有奉献精神和敢于开拓创新的教师队伍，才能有广播电视学校目前各项事业的蒸蒸日上，小学校才能有大作为。

二是重特色效果好。学生在进行摇臂拍摄实训的场景，让人感觉一新，这种场景在一般学校是很难见到的。职业教育说到底，就是提高学生的动手能力，培养社会需要的实用型、应用型中高级人才。作为中职学校，要站稳脚跟，要持续发展，就必须有自己的办学特色。近年来，学校立足行业，始终坚持影视特色，打造特色精品专业，做到人无我有，人有我强，学生在全省、全国职业技能大赛中屡屡获奖，专业办得有声有色，红红火火，在江西省中职教育界具有较大的影响力与知名度。可以说，学校的办学模式符合职业教育发展规律及社会需求，具有很强的生存力、生命力，希望抓好特色教育，形成自己的品牌。

三是抓发展定位准。作为一个老广电人，我对全国广电事业的发展及广电教育有一些了解。据了解，全国各省广播电视学校是在计划经济条件下各省广电行业开办的中等专业学校，大部分办校历史短，规模小，全国的情况都差不多，并且都是学校与省广电局干部培训中心两块牌子一套人马。在当时历史条件下，各省广播电视学校为广电系统培养了大量技能人才，为各省广电事业发展作出了贡献。但随着国家教育改革的不断深入，特别是1998年高校实行扩招以来，各省广电学校都面临专业调整、升格和生源不足等困难和问题。近年来，国家对文化产业发展非常重视，出台了一系列政策，广播影视文化产业的发展迎来了前所未有的机遇。期间，不少省份的广播电视学校相继扩大规模，升格为专科、本科高等教育。江西广播电影电视学校由于占地面积小等诸多原因，错过了这个发展机遇，没有扩大规模，没有升格，办学条件没有得到提升，但是学校并未因此丧失信心，放弃发展。学校班子根据学校实际，实事求是，将学校发展定位在"精品"与"特色"上，打特色牌，做精品文章，不求大而全，只求小而精，走出了一条"小学校办大教育"的路子。这里，仅谈谈学校办学规模问题。学校做大规模当然有其优势，但并非全了大了发展就快。20世纪80年代以来西方教育界对学校规模的实证研究，小规模学校学生能得到更多的公平学习机会，有利于促进学生的自我发展，其研究结果更倾向于支持发展小规模的学校。在教育发展史上，规模适度，办学负有盛名的学校很多。如英国的伊顿公学，规模就比较小，素以管理严格著称，以"精英摇篮"闻名于世，是英国王室、政界、经济界精英的培训之地，曾经造就过 20 位英国首相，培养出了诗人雪莱、经济学家凯恩斯。其意思就是，规模小的学校只要定位准，发展思路正确，照样能取得很大的成绩，占据着一席之地。

党的十八大报告提出要"加快发展现代职业教育"。这是全面建成小康社会赋予职业教育的新使命，体现了党中央对职业教育改革发展的新要求。希望江西广播电影电视学校以党的十八大精神为指导，确立发展现代职业教育的理念，抢抓机遇，奋发进取，全面实施"强特色树品牌"的战略，推动学校内涵式发展。

一是要明确办学目标。中职教育是以就业为导向，面向社会、面向市场办学，培养中、高级技能人才和高素质劳动者。中职学校找准人才培养目标，适应市场人才需求，紧密结合自身优势，才能形成自身特色品牌，学校才能持续健康发展。江西广播电影电视学校作为江西省唯一一所广播影视类中专学校，担负着培养全省影视技能型人才的重任，学校只有牢牢把握"培养面向广播影视业的高素质技能型人才"这个办学定位，不断深化教育教学改革，创新人才培养模式，才能办出特色、办出水平。

二是要强化办学特色。特色是学校建设与发展的关键，学校只有形成自己的办学特色，"以特色求发展，以特色创品牌"，才能实现可持续发展。学校要按照"做特、做精、做强"的要求，在现有特色专业的基础上，"再加一把火"，拓展办学新路，把眼光盯紧文化影视产业未来发展的趋势与方向，着眼现代传媒产业和市场需求，走强强联合之路，着力打造广播影视特色品牌专业，才能不断提升学校的知名度和核心竞争力。

三是要建设一流师资。教育大计，教师为本，有好的教师，才有好的教育。没有一流的师资，就培养不出一流的学生。推动教育事业又好又快发展，办人民满意的教育，教师是关键。著名教育家、清华大学校长梅贻奇先生曾说过，"所谓大学者，非谓有大楼之谓也，有大师之谓也。"中职学校也一样，要办名牌职业学校，须有名师。广播影视类专业教师要求高，在社会上比较紧缺，学校要继续发挥省广播电影电视局行业办学的优势，继续聘请省电台、省电视台、省广电网络公司更多的专家、学者来校任教，采用特聘客座教授，建设师资库等多种形式，建设和培养一支师德高尚、业务精湛、结构合理、充满活力的"双师型"教师队伍。

四是要不断做强做大。近年来，国家陆续出台了一系列大力发展职业教育及文化产业的政策，中国教育改革发展正迎来战略机遇期，广播电视教育得到了长足发展。从全国而言，北京广播学院升格为中国传媒大学，浙江广播电视专科学校升格为浙江传媒学院，办学规模与水平均得到很大提升，形成了北有"中传"，南有"浙传"的广播电视教育格局。湖南、江苏、安徽广播电视教育发展也引人注目。湖南省的湖南大众传媒职业技术学院的发展历程对学校也许是更有借鉴指导意义。湖南大众传媒职业技术学院成立于 2000 年，其前身之一原湖南省广播电视学校，其占地面积与办学规模与江西广播电影电视学校相当。但是学院通过"前台后院"校企结合办学模式，依托湖南省传媒产业与其他文化产业的发展优势，将文化产业资源与传媒教育紧密结合，形成了鲜明的传媒职业教育特色。不到十年，从一年只招几百人发展到目前在校生近万人的高等职业技术学院，被誉为"广电湘军"的摇篮。江西广播电影电视学校作为江西省培养广播影视技能人才的中等职业学校，要牢牢抓住国家大力发展职业教育与文化产业的机遇，要通过改革创新来寻找两者的契合点，使学校职业教育与文化产业深度融合。学校特色专业要进一步对接文化产业，除参与一些节目摄制外，还可积极涉足文化创意策划、影视节目生产等领域，集教、学、编、制为一体，把影视专业做强做大。在此基础上，学校可以通过校企合作、校校合作等多元化办学模式，扩大规模，把学校做大，在建设文化强省中有所作为。

职业教育发展前景光明，任务艰巨。希望江西广播电影电视学校以党的十八大精神为指引，始终坚持既定的办学定位，心无旁骛抓办学特色，抓教学质量，为江西省教育事业特别是职业教育事业的发展作出新的更大贡献。

（2013 年 3 月 18 日）

民办教育篇

MinBan JiaoYu Pian

在江西学术发展史上，有一支不能忽视的力量。孔子弟子澹台灭明就游学南昌，结草为堂，授徒讲学；庐山的白鹿洞书院学规成为后世书院准绳；上饶鹅湖书院首开学术自由辩论之风……民办教育，曾经为江西学术力量的壮大打下"半壁江山"。

从昔时的书院到今天的民办学校，江西民办教育与教育事业发展齐头并进。在江西，非义务教育阶段的民办高校、民办中职、民办高中和民办幼儿园数量占比明显高于全国平均水平。早在"十五"期间，江西省民办高等教育就已进入全国前三梯队。

从南昌理工学院到江西服装学院，作为公办教育的重要补充，江西省民办教育将目标定位于培养具有创业和创新精神的高素质应用型人才，"产学研"三者环环相扣，为江西产业转型升级输送人才。体制机制灵活，适应市场能力强，特色鲜明……一系列优势也使得民办教育成为江西教育发展的"新一极"。

本篇章内容聚焦江西民办教育当前和今后的任务和发展目标，提出江西省民办教育要实现目标，必须在五个方面——教育观念、稳定教师队伍、特色发展、转型发展、优化环境发展寻求突破。

让民办教育同样沐浴国家政策的阳光

——江西民办教育的改革与发展

民办教育的重要性毋庸置疑，从存量而言，在整个教育体系中，民办教育已经占了很大的比重，已不再是无足轻重的了。就江西来说，自古人文荟萃，私学发达，改革开放以来，江西民办教育事业从无到有，从小到大，由弱到强、不断壮大。面对新形势，我们要全面深化江西省民办教育改革，促进民办教育持续健康发展。

一、传承辉煌，肯定成绩，增强民办教育发展的信心

我国是世界上私学发展最悠久的国家，早在2400多年前的春秋时期，孔子等教育家就开始兴办私学，到了战国时期，我国已经形成了以儒、墨、道、法为代表的私学"百家争鸣"的局面。秦汉以后，我国占主导地位的是中央到地方各级政府主办的官学，隋唐确立科举制度以后，官办学校成为官吏的养成之所。但同时民间私学仍然存在，分为两类，一类是以启蒙教育为主的书馆或学馆，一类是传授经学的精舍。到了宋代，随着书院的兴起，私学进入了鼎盛时期，其后各个时期的私学发展虽有所曲折，但一直兴盛不衰。总之，私学的发展对中华民

族文化的传承和创新发挥了重要作用。

江西自古人文荟萃，一个很重要的原因就是私学十分发达。从孔子开私学之风起，孔子弟子澹台灭明就游学南昌，结草为堂，授徒讲学，尤其唐宋以后江西的书院更是蓬勃兴起，历代保留下来的书院目前有1200余所，数量之多居全国之首。高安的桂岩书院和德安的东佳书院是我国创办最早的私家招徒授业书院；庐山的白鹿洞书院学规成为后世书院准绳；上饶的鹅湖书院首开学术自由辩论之风；吉安的白鹭洲书院绵延800年，至今兴学不衰。

改革开放以来特别是近年来，江西民办教育传承辉煌历史，破浪前行，同样取得了令人瞩目的成就，为江西省教育事业的发展做出了重要贡献。

一是壮大了教育事业。经过改革开放三十多年努力，江西省民办教育事业从无到有，从小到大，由弱到强、不断壮大。"十五"期间，江西省已与陕西、北京并称为全国民办高等教育三强省（市），进入了民办教育大省行列。"十一五"期间，江西省民办教育办学领域覆盖了整个国民教育体系，从学前教育到高等教育、从普通教育到职业教育、从学历教育到非学历教育，形成了多层次、多形式、多门类的办学格局。进入"十二五"后，江西省在适龄人口持续减少、生源明显萎缩的情况下，民办教育仍然保持持续较快发展态势。2013年，江西省各级各类民办学校和教育机构达10799所，在校生共183.6万人。以在校生测算，当前，民办教育在江西省各类教育的占比分别为：民办高校占25.41%，民办中等职业学校占19.19%；民办高中占13.96%，民办初中占8.03%，民办小学占2.95%，民办幼儿园占72.95%。应该说，江西省非义务教育阶段的民办高校、民办中职、民办高中和民办幼儿园的占比明显高于全国平均水平。尤其民办学前教育为普及江西省学前教育事业做出了巨大贡献，目前，江西省民办幼儿园近一万所，占江西省幼儿园总数的93%左右，在园幼儿人数超过了100万，占江西省幼儿园在园人数73%左右。

二是提高了教育质量。在教育规模快速扩大的同时，近年来，江西省民办学校认真贯彻江西省委、省政府的部署要求，逐步将发展重点从规模扩张转到内涵发展和提高质量上来，办学条件明显改善，教师队伍素质显著提升，办学规范程度大大改善，整体办学水平明显提高，涌现出了一批办学条件较好、办学特色鲜明、教育质量较高、具有良好社会声誉的民办学校，带动了江西省民办教育整体水平的提高。据统计，江西省现有民办高等学校16所（不含独立学院），在校生13万多人，每万人口中民办高校在校生列全国第五位，民办高等学校整体实力进入全国百强的学校有五所，列全国第六位。2014年，江西渝州科技职业学院和江西城市职业学院两所民办高职院校成功升本，江西省民办本科高校达到了六所。江西省民办高等教育的整体实力处于全国第一方阵，同时，还培养和锻炼了一支思想解放、理念新颖、管理严格的民办高校校长和教育管理者队伍；形成了一种开拓创新、甘于奉献、服务社会的民办教育精神；走出了一条以人为本、市场化运作、内涵式发展的办学路子。比如，江西新东方烹饪学院享誉全国，中山舞蹈学校的学生90%考入国家一流舞蹈学院深造，江西服装学院为我国服装职业教育领域的业内翘楚，南昌理工学院、江西科技学院在民办高校排名中处于全国前列。

三是激发了办学活力。各地各有关部门解放思想，大胆试验，积极探索全新的办学机制和办学形式，通过个人独资、股份合作、民办公助、公办民助等多种形式发展民办教育，走出了一条符合市场经济规律、教育规律和江西省情的民办教育发展新路子，民办教育的活力不断增强，路子越走越宽，满足了人民群众对教育的多样化需求。同时，也开拓了江西省教育理念、办学模式和管理体制的创新发展之路。如新余市把发展民办教育作为办学体制改革的突破口，大胆鼓励、扶持社会力量办学，出台了鼓励民办教育加快发展的一系列政策措施，尤其是民办职业教育走在了全国前列，被誉为"新余现象"，得到了教育部等国家有关部委的充分肯定和大力推广。

四是缓解了财政压力。江西是个经济欠发达省份，尽管多年来江西省委、省政府始终坚持教育优先发展战略，为增加教育经费投入作出了很大努力，2013年，江西省教育经费投入829.49亿元，其中，财政性教育经费693.28亿元，占江西省GDP的比例为4.84%，地方财政教育支出为661.6亿元，占公共财政支出的比例为16.2%，连续多年成为江西省第一大公共财政支出。但政府的教育投入与教育事业的发展需求仍不相适应。在财政投入有限的情况下，民办教育的发展极大地弥补了江西省公办教育资源的不足，有效缓解了政府财政支出的压力。以民办普通高校2010—2013级全日制在校生累计数测算，参照公办普通高校生均拨款标准，仅此一项，民办高校四年就为江西省财政节约教育经费40多亿元。同时，还促进了江西省经济的增长，截止到2013年底，江西省各级各类民办学校校园面积达4788.23万平方米、固定资产（不含民办幼儿园）233.04亿元，民办学校大规模的校园建设和固定资产投资，拉大了城市框架。另外，近200万民办教育学生，还强力撬动了经济内需，拉动了相关产业的发展。

五是培养了大批人才。民办教育的发展为青年学生的成长成才提供了求学机遇。广大青年面对应运而生的民办学校，拓宽了自己的求学之路，增加了个人对不同教育的选择。三十多年来，江西省各级各类民办学校，尤其是民办职业学校和高等学校累计为江西省培养了一大批多种层次、多种类型的高素质技术技能型人才。这些民办学校的毕业生职业技能扎实，广受企业和社会欢迎，就业率一直保持在95%以上，为江西乃至全国经济社会发展提供了人力资源支撑。

二、找出差距，认清问题，以改革精神直面民办教育问题

在看到成绩的同时，我们也要清醒地认识到，江西省民办教育与经济社会发展的需求，与广大人民群众的期待还有不少差距，还存在不少困难和问题。一是对发展民办教育的认识存在一定偏差。有的地方和部门对民办教育在教育事业发展中的性质、地位、作用，以及发展民办教育的必要性和重要性缺乏深刻的认识，甚至把民办教育与公办教育对立起来看，没有很好地解决"破"与"立"的问题，怕改革、怕承担风险，导致政策制定滞后，扶持、优惠政策难以落实。二是民办教育的发展环境有待进一步优化。支持民办教育的政策还不能很好地落实，体制机制还不健全，民办教育还缺乏一个公平、公正的竞争环境，比如民办学校的教师身份不明确、民办学校办学自主权得不到落实、公共财政资助政策执行不到位、对民办学校仍存在一些歧视性政策。三是民办学校的教师队伍不稳定。许多民办学校教师流失严重，特别是骨干教师流失严重。一些年轻老师只要有机会就会选择离开，有的宁愿到公办小学任教，也不愿意到民办高校当教师。许多民办学校成了公办学校"入门老师的接纳部"、"初级教师的培训部"、"骨干教师的输送部"。据不完全统计，江西省民办高校的年流动率基本都在15%以上，其中骨干教师流失的比例更大。四是民办学校的办学行为不规范。一些民办学校在招生、管理、教学等方面还存在混乱现象；财务管理缺乏有效监督，教职工合法权益得不到保障；办学定位脱离实际，求大求全攀高，办学方向不明；内部治理结构还不健全，家族式管理在不少民办高校依然存在。

三、把握形势，抓住机遇，应对民办教育发展的挑战

正确认识和把握形势，抓住机遇，是做好工作的关键。当前，江西省民办教育正处在重要的发展战略机遇期，加快建设民办教育强省具

有良好的基础和条件。

从国家层面来看，发展民办教育的政策更加明确。党的十八大提出"鼓励引导社会力量兴办教育"，十八届三中全会更加明确地提出，"健全政府补贴、政府购买服务、助学贷款、基金奖励、捐资激励等制度，鼓励社会力量兴办教育"。民办教育迎来了新一轮快速发展的春天。

当前，认真贯彻好党的十八大和十八届三中全会精神，深化民办教育改革，是各地各部门的一项重要政治任务。如何领会贯彻三中全会精神，不单是按照三中全会《中共中央关于全面深化改革若干重大问题的决定》（以下简称《决定》）中有关教育改革的第42条要求，就教育论教育，而是要跳出教育来看民办教育改革，要认识到整个《决定》15个方面60条的整体思路都对民办教育改革具有指导意义，为民办教育发展指明了制度性方向。

《决定》指出，市场在配置资源上起决定性作用，这是三中全会非常重要的亮点，与原来讲"市场的基础性作用"而言，只有两个字之变，但意义十分重大，表明了政府改革的决心，也给了民办教育更大的发展空间，为民办教育改革坚定了信心，营利性的民办教育要由市场起决定作用，政府要做政府该做的事，充分发挥扶持、引导和监管作用。

《决定》指出，公有制经济和非公有制经济都是社会主义市场经济的重要组成部分。这进一步明晰了民办教育的地位，民营投资的教育同样是教育事业的重要组成部分。从江西省来看，现在民办教育的贡献率是五分之一左右，民办高等教育的贡献率则达到了25.41%，另外江西省义务教育阶段民办教育的多元化需求也在不断加大，民办教育的地位是显而易见的，这也是把民办教育改革会作为第一个教育领域专题会议的重要原因。

《决定》指出，坚持国有经济、民营经济权利平等、机会平等、规则平等，废除对非公有经济的各种形式的不合理的规定，消除各种隐蔽性的壁垒。这就要求现在很多对民办教育的不平等政策要逐步解决，同时，下步扩大学校的办学自主权，不仅给公办学校，也要给民办学校，这叫平等；加强教师培训，不仅要培训公办学校的教师，也要培训民办学校的教师，这叫平等；加大科研经费投入，不仅补助公办学校的优势特色学科，也要补助民办学校的优势特色学科，这叫平等。

《决定》指出，鼓励有条件的企业和事业单位建立现代制度。这不仅对公办学校，也对民办学校提出了现代制度的建设要求，现在有些民办学校实行家族式管理，这不是现代学校制度。公办学校有章程，目的是建立现代制度大学。民办学校也一样，要建立现代学校制度，摒弃家族式、家长式、经验式的管理模式，充分发挥学校章程在规范内部管理中的重要作用，建立健全法人治理结构，完善董事会、监事会制度，规范董事会、监事会的职责、组成和运行。实行董事会领导下的校长负责制，保障校长独立行使职权，完善教职工代表大会制度，推进科学管理和民主管理。加强党团组织建设，发挥督导专员的作用。

以上例举《决定》中的这些新论断、新理念、新突破，为我们发展民办教育提供了政策遵循，各地各部门一定要认真学习好，贯彻好，切实把这些改革政策红利转化为江西省民办教育发展红利。

从各地改革试点探索的经验来看，民办教育改革发展方向更加清晰。为推进民办教育改革，教育部从 2011 年开始在全国各地开展了12 项改革试点。温州、上海、深圳等地作为改革试点省市，积极创新体制机制，着力清除和破解民办教育发展的政策障碍，推出了诸多突破之举。如温州市于 2011 年出台了《关于实施国家民办教育综合改革试点加快民办教育发展的若干意见》及 14 个配套文件，形成了非营利性和营利性民办学校分类管理政策体系，率先在教师社保、人事代理、税费优惠等方面进行改革。上海、深圳等地建立了财政扶持长效机制。他山之石可以攻玉，各地先行先试好的经验做法为江西省民办教育改革发展提供了借鉴。教育要发展，根本靠改革。我们是穷省办大教育，如果墨守成规、按部就班，就难以保持江西省民办教育在全国第一方阵。各地各有关部门要更新观念、拓宽视野、打破常规，加快民办教育重要领域和关键环节的改革步伐，消除制约民办教育发展的体制机制障碍，以改革推动发展，以改革提高质量，以改革增强活力。

从江西省当前教育发展形势来看，民办教育发展前景更加广阔。一方面，江西省委、省政府高度重视民办教育发展，江西省委、省政府主要领导专门点题要求研究江西省民办高等教育改革发展问题。江西省财政也加大了民办教育的支持力度，设立了民办教育发展专项资金，并将民办教育发展专项资金从 2013 年的 3000 万元提高到了 2014 年的 8000 万元，支持力度是前所未有的。另一方面，随着江西省"两基"目标和高等教育大众化的实现，以及素质教育的实施，人民群众对优质教育的选择性需求将更加强烈、更加迫切，内外部发展环境为江西省民办教育提供了更加广阔的发展空间。教育部对江西省民办教育也非常关注，教育部领导亲自给江西省来信，介绍了温州民办教育综合改革试点工作，并希望江西省能在这一方面有新的突破。可以说，在国家改革指引和江西省委、省政府的大力推动下，江西省民办教育发展将迎来新的发展契机。

四、明确目标，突出重点，寻求民办教育改革的突破

当前和今后一个时期，江西省民办教育改革总的要求是，坚持积极鼓励、大力支持、依法管理、打造特色的方针，使教育发展的活力得到充分释放、有利于教育发展的积极性得到充分调动、适宜教育发展的社会资源得到充分利用，加快形成政府主导、社会参与、办学主体多元、办学形式多样、公办教育与民办教育协调发展的格局，满足人民群众多样化教育需求。

江西省民办教育发展的目标任务是：到 2020 年，初步形成系统完备、科学规范、运行有效的民办教育治理体系和有利于民办教育健康持续发展的制度环境和社会氛围，民办教育结构趋于合理。其中，民办高等教育在省级科学研究平台、重点学科建设以及研究生教育等方面取得突破，建成一批国家级、省级示范性高职民办院校和优质特色民办高校，力争 3~5 所民办高等学校办学水平在全国同类民办高等学校中名列前茅；民办中等职业教育办学条件改善、规模稳定，与民办高等职业教育相互衔接；民办基础教育质量提升、各具特色，为少年儿童成长成才提供更多个性发展机会；普惠性民办幼儿园得到快速健康发展，成为普及学前教育的重要力量。

要实现上述目标，当前重点要在以下五个方面寻求改革的突破。

一是在转变教育观念上求突破。长期以来，社会上包括一些地方政府和有关部门对民办学校是有偏见歧视的，民办学校与公办学校享受的待遇不一样，公办学校姓"公"，政府部门为公办学校服务是责任和政绩；民办学校身份是"民"，给民办学校投钱则担心造成国有资产的流失，不能给政绩加分，甚至会被怀疑有利益上的牵连，政府部门因而顾虑重重。如何看待民办教育？教育之分是在质量还是身份？那就要看教育的本质属性是什么。民办学校在经费来源虽有别于公办学校，但是两者没有本质区别，都是社会主义教育事业的组成部分。首先，从目标来看，民办学校与公办学校都是贯彻党的教育方针，培养合格的建设者和接班人；其次，从性质来看，民办学校与公办学校一样都为经济发展作出了重大贡献，承担了相应的社会责任；再次，从创新发展和人才培养来看，民办学校与公办学校可以相互促进、共同发展。因此，全社会包括教育主管部门和地方政府都要树立"教育只分质量不分身份"的观念，给予民办学校"国民待遇"，让民办学校沐浴国家政策的阳光，享受"春风也过玉门关"的温暖。

二是在稳定教师队伍上求突破。教师队伍是民办教育发展的核心要素，是提高民办教育质量的关键。有了好教师，民办学校内涵式发展才有坚实的人才支撑。从体制上看，民办学校最大的优势是教师体制的优势，人才引进上没有制度障碍，但同时，制约民办教育的一个突出问题也是教师问题，当前民办学校的教师队伍很不稳定，总体素质与事业发展还存在较大差距。造成这一问题的重要原因是，民办教师与公办教师存在着身份上的客观差异，民办学校教师待遇与公办学校教师相比差距较大。要破解民办师资不稳难题，首先，要解决老师的身份问题，这是保证民办教育健康发展的关键，各地和学校在这方面要进行积极大胆的探索，教育部等国家有关部委正在研究民办学校参照同级公办学校教师配置标准给予事业单位编制的有关管理规定。其次，要建立政府、学校和教师个人共同分担的社会保障新机制，使民办学校教职工在医疗、住房、养老等方面保障水平与公办学校相当。再次，要维护民办学校教职员工的合法权益，使民办学校教师在资格认定、职称评审、进修培训、课题申请、评先选优、国际交流等方面与公办学校教师享受同等待遇，在民办高校开展教师高级职称评审试点，在户籍迁移、住房、子女就学等方面享受与当地同级同类公办学校教师同等的人才引进政策。第四，要探索建立民办学校教师人事代理服务制度，构建公办学校与民办学校之间人才流动的桥梁，加大对民办学校校长、教师培训的指导力度，帮助民办学校建设好自己的人才队伍。

三是在特色发展上求突破。办学特色和人才培养质量是学校的生命线，教育市场的多样化需求使得我们各级各类民办学校都必须通过质量创优、特色创新来提供具有个性化的教育服务。总的目标是学校有特色、专业有特点、学生有特长。当前，江西省民办教育已经迈入了上水平、创特色的发展阶段，不少民办学校探索了一些值得研究和推广的经验。但总体上来看，江西省民办学校与公办学校之间、民办学校相互之间，同质化倾向都比较严重，整体质量不高、办学特色不够明显。如很多学校的校名相互模仿，让外界搞不清楚，就连很多省直部门都容易混淆，上次有个部门向省政府报材料，误把工学院写成了工程学院。随着社会需求不断变化升级，今后一个时期，江西省民办教育只有走创特色、提质量、塑品牌的内涵发展道路，才能更好地生存发展，除了学前教育对民办教育尚有较强的补充性需求外，其他学段的民办学校，都要逐步从满足补充性需求转向满足选择性需求，寻求特色发展。首先，要抓定位。民办学校应该发挥自身优势，选择公办学校尚未形成强势的人才培养领域作为切入点，深入挖掘教育市场，找准适合自身特点的办学定位，走与公办学校错位发展、特色发展之路。要对重点学科、优势特色专业给予支持。允许申报课题，给予课题经费。其次，要抓市场。在办学过程中，民办学校一定要围绕经济社会发展需要，以市场为导向，不断调整和优化学科专业结构，加强教师队伍建设，提高办学水平，凝练办学方向，创新育人模式，形成比较优势，只有这样，民办学校才能在日益激烈的竞争中胜出，才能在教育领域占有自己的一席之地；第三，要抓品牌。民办教育特色发展的前提是合理定位，核心是打造品牌。有人说现在民办教育的市场已经饱和了，我觉得，其实对高品质的民办学校而言，永远是不饱和的，永远是稀缺的。民办学校要有强烈的品牌意识，努力形成自己的具有独特优势的品牌学科、品牌专业，树立自己的名校品牌。大家要知道，品牌不是广告"吹"出来的，而是靠品质做出来的。单靠打招生战、打本位战、打广告战，不仅容易产生负面影响，而且屡屡伤及自身，最终是没有出路的，没有品质的学校，也就谈不上是品牌学校。

四是在转型发展上求突破。当前，国家根据经济结构调整和产业转型升级的需要，提出要加快高校的转型发展，要建立现代职业教育体系，建设中国自己的应用技术型大学，民办高校作为地方性院校，作为职业教育的重要力量，在转型发展上具有独特的优势，也将会起到重要作用，同时这对民办中职学校也是一个重要启示和引领。对此，江西省16所民办高校和13所独立学院以及153所民办中职学校的举办者、决策者和管理者都要审时度势，主动适应职业教育发展的新形势，不要片面追求高大全，要把学校定位在应用型职业院校上，把培养目标定位在培养现代产业需要的高素质的技术技能操作型人才上。特别是民办高校和独立学院，作为江西省民办教育的排头兵，这方面要先行一步，做出榜样，尽早实现转型发展。首先，办学模式上要切实加大校企合作力度，鼓励行业、企业参与办学，参与学校董事会、理事会决策，从而真正实现投资主体多元化。这样既可以使民办高校尽快摆脱家族式作坊管理的窘境，实现民主决策、科学发展，又可以使独立学院摆脱对母体学校的过分依赖，尽快通过教育部的转设验收，实现规范办学。其次，专业设置上要适应区域经济社会发展需要，重点建设与江西省实体经济、战略性新兴产业和现代服务业相关的工程、技术管理类等紧缺专业。再次，课程设计上要深入分析产业和企业对人才能力素质、知识结构的要求，科学设计、重点建设。第四，实习实训基地的建设上要进一步加大软硬件投入，确保设施设备要达到相关企业的先进水平，并配备一定数量的来自企业的专业技术人员和高技能人才担任专任教师或兼职教师。第五，服务社会上要面向行业、企业，作为行业、企业技术中心参与企业为主体的技术创新体系。江西省民办高校在探索校企深度合作、培育办学特色和服务行业社会上先行一步并取得成效的是江西服装学院。该校紧扣服装特色，下大气力加强内涵建设，已成为我国服装职业教育的业内翘楚。我国很多服装企业的设计师、设计总监都是江服校友，福建石狮这个全国著名的服装生产基地与江西服装学院签订了合作协议，不但为该校学生提供充足的机会，当地政府对每一个实习生还给予每月1000多元的补贴。这类学校有特色、专业有特点、学生有特长的民办高校，不仅为民办教育发展树立了榜样，也是公办高校应该学习的典型。当然，江西省一批省级示范民办中职学校在这方面也积累了不少经验，与民办高校一道，都是江西省职业教育实现转型发展的基础。

五是在优化发展环境上求突破。当前江西省民办教育进入了规范成熟期，但也面临着学校法人属性、财政资助、产权归属等制约发展的一系列发展环境问题。这些问题由来已久，错综复杂、涉及面广、政策性强，必须坚持"统筹谋划与重点突破、大胆创新与稳步推进、大力支持与规范管理"相结合的原则，按照"顶层设计、分类管理"的思路，全面清除制约民办教育发展的政策障碍。首先，要努力形成区分合理的民办教育公共政策体系，使民办教育在权益保护、市场准入、税费征收、师生待遇、土地使用、经费筹措等方面享受应有的"国民待遇"。教育部现在正在制定这方面的有关扶持政策，江西省将积极落实到位。其次，要努力营造适合民办教育发展的社会保障环境。民办教育的健康蓬勃发展，最终离不开一个尊重市场竞争、尊重民办教育举办者和从业人员的社会大环境，各地各部门要切实转变政府职能，加强对民办教育的规划制定、政策完善和标准实施，提高管理服务水平，鼓励和引导更多社会资本投入发展民办教育。再次，要扩大民办学校收费自主权。民办学校收费坚持成本核算、标准公示、分段收取的原则。登记为民办事业单位法人的民办学校，以当地上年度生均教育事业费为基准价，在规定的幅度内自主确定具体学年收费标准，报同级价格主管部门备案并向社会公示后执行；登记为企业法人的民办学校，收费标准由学校自主定价，报同级价格主管部门备案并向社会公示后执行。同时，民办学校应坚持普惠性、公益性原则，所收学费除用于办学必要开支外，要努力提高教师待遇，改善办学条件。清理和取消对民办教育不合法、不合理的收费项目。第四，要扩大民办学校专业设置、课程设置、教材选用的自主权。根据《中华人民共和国民办教育促进法实施条例》，实施高等教育和中等职业技术学历教育的民办学校，可以按照办学宗旨和培养目标，自行设置专业、开设课程，自主选用教材。从目前执行来看，民办本科学校所设置的专业、开设的课程、选用的教材要报教育部备案，将来会逐步下放给学校，民办高职和中职目前完全可以自主了。

五、加强领导，强化责任，形成民办教育发展的合力

民办教育是社会主义教育事业的重要组成部分，促进民办教育发展是各级政府的重要职责。各地、各有关部门要进一步加大民办教育的支持力度，加强组织领导，强化责任分工，落实扶持措施，优化发展环境，努力形成促进民办教育发展的强大合力。

一是深化办学体制改革。我们应该清醒地认识到，当前江西省民办教育改革已经进入了深水区和攻坚区，改革既要面对观念障碍，又要面对体制障碍，还要面对政策障碍，特别是要面对已经形成的利益格局。这个利益格局既有已经形成的学校格局所产生的利益，也有已经形成的管理格局所产生的利益。因此，必须站在科教兴赣和人才强省的战略高度，以更大的政治勇气和智慧深化民办教育办学体制改革，用市场机制激发民办学校活力，放宽准入条件，支持行业、企业等各类办学主体通过独资、合资、合作等形式举办民办教育学校，探索发展股份制、混合所有制，允许以资本、知识、技术、管理等要素参与办学并享有相应权利。探索建立公益融资机制，鼓励金融机构为民办学校提供多种形式的融资服务，对那些产权明晰、办学规范、信誉良好的民办高等院校给予支持。有条件的地方应为捐资举办和出资举办不要求合理回报的民办学校给予贷款贴息，大力推进江西省民办教育事业的改革发展。

二是加大政策扶持。政策是民办教育的生命，而政策的制定和落实

主体还在各级政府。要进一步加强对民办学校的财政支持力度，江西省政府已经设立了民办教育发展专项资金，用于支持民办学校内涵建设、教师培养培训、学科专业建设等，各地也要因地制宜设立民办教育发展专项资金，在民办学校基本建设、设施设备、教学科研、教师保障、学生资助等方面给予补助和奖励，支持民办教育发展。要积极探索公办和社会力量举办的职业院校相互委托管理和购买服务的机制。要通过政府补贴、派驻公办教师、培训教师等方式，引导和支持民办幼儿园提供面向大众和收费较低的普惠性服务。要鼓励地方政府通过财政购买教师岗位等方式，支持民办学校教师队伍建设。要从民办学校最关心的问题入手，根据其特点，主动为民办学校的发展制定扶持优惠政策，消除歧视性政策，保护民办学校举办者的合法权益，落实民办学校、教师、学生与公办学校、教师、学生同等法律地位，使民办学校与公办学校在发展上真正体现平等待遇、平等竞争、一视同仁。今后只要是公益性的学校，在税费优惠、教师队伍建设、科研支持等方面都要和公办学校实行一致的政策。对已出台的扶持政策，要加快落实的速度和力度，急民办学校之所急，全心全意为民办学校服务，为民办教育事业服务。

三是加强规范管理。从维护行业整体利益角度讲，依法加强对民办教育的管理是促进民办学校健康发展的重要保障。就现实而言，通过一定的制度性安排，确保民办学校依法诚信办学和良性稳健运行，也是十分必要的。当前在规范管理上，应重点放在推进民办学校完善治理结构、公开办学信息、健全财务管理、防范办学风险等方面，尤其要重视清理整顿教育培训市场存在的不当竞争和失范行为。要按照非营利性和营利性民办学校属性，实施分类登记、分类管理、分类扶持，防止在倡导和鼓励非营利教育机构发展的过程中，有意或无意产生对营利性民办教育机构新的制度歧视乃至道德绑架，否则将可能导致民办教育举办者的"政策性恐慌",产生"逆向选择"。无论是营利性教育还是非营利性教育,都是教育事业的有机组成部分,都有其存在的社会价值,只要依法、诚信、规范办学,我们都应该鼓励、支持和尊重。要规范民办学校投资者和举办者合理回报的界定和方式。要加强对民办教育的督导,实行民办学校年检制度,推行年度报告制度,将年度检查结果各社会公布并作为政府扶持资助和评优表彰的重要依据。要开展办学水平评估,规范民办学校办学行为,提高民办学校办学水平,对办学目的不端正、内部管理混乱、教育质量较低、社会信誉较差的办学机构予以整顿,坚决制止违法办学、恶性竞争、欺骗招生等现象,切实提高民办教育的整体公信力。这里要特别指出的是要加强民办幼儿园的管理,教育行政部门要对民办幼儿园办学资格进行严格审查,严把"准入关",纳入日常监管,规范管理;民办幼儿园要遵循"依法办园、诚信办园、科学管理、保证质量、互相尊重、公平竞争和接受监督"的基本原则,规范办园行为,树立民办学前教育机构的良好形象,促进江西省民办学前教育事业健康发展。要积极推进校务公开,教育行政部门要指导民办学校及时主动向社会发布招生章程、收费项目标准、财务管理、办学条件等重要信息。要建立风险防范机制,各级政府要依法履行监管职责,建立民办学校风险预警、防范、处置机制,维护学校安全稳定。要加强财务监管,完善民办学校财务会计制度和审计监督制度。要健全法人变更机制,探索民办学校退出机制。这里需要指出的是,对民办学校采取任何行政规制,包括实施学费专户监管、开展年度验审检查等,都应依法、依规进行,把握好一个"度",绝不允许损害学校的办学自主权,干扰学校的正常运行和教学秩序。只有这样,才能更好地发挥民办学校的体制机制优势,增强其办学活力。

四是要落实部门责任。民办教育在改革内容上涉及招生考试、培养模式、课程学制、内部管理等方面;在外部环境上涉及登记、产权、税费、社保等政策法规;在管理职能上涉及教育、人力资源和社会保障、编制、发展改革、民政、财政、税务、工商等众多部门。因此,推进民办教育改革,要加强统筹协调,使相关部门团结协作,形成合力,共同支持民办教育发展。要坚持综合改革,使各环节、各领域的政策衔接一致,协同推进民办教育发展。各有关部门要密切配合,相互支持,形成合力,共同支持民办教育发展。各级教育行政部门要把发展民办教育摆到重要位置,充分发挥职能作用,积极研究制定促进民办教育发展的新思路、新对策,当好政府的参谋助手。各相关部门和新闻单位要主动为民办学校提供配套服务,加强指导与监督,创造和改善支持民办教育发展的法制环境、政策环境和社会环境。要坚决制止向民办学校乱收费、乱罚款等行为,为民办教育的发展保驾护航。要大力宣传民办教育的重要地位和作用,使民办教育得到全社会的关心、理解和支持。

（2014 年 5 月 9 日）

不走大而全路线

——南昌理工学院要激活要素、创新发展

南昌理工学院建校十多年来，特别是升本后，努力抢抓机遇、开拓进取，坚持特色办学，质量兴校，教育教学水平不断提升，综合实力显著提高，取得了令人满意的成绩，为江西经济社会发展培养了一大批具有较强实践动手能力的应用型人才。总结南昌理工学院的这些年的办学成功之道，主要有"三个一"：

一个好的理念。学校从 1999 年起步，办学 13 年来，始终秉承"航天科教、兴我中华"的办学宗旨，以"科学、务实、厚待、创新"为校训，以"培养高素质应用型人才"为目标。办学思路清晰，目标明确。

一支好的师资。因为学校有一个好的人才战略，目前，全校有专任教师 1338 人，其中教授 102 人，副教授 375 人；省高校教学名师 1 人，获国务院政府特殊津贴教师 12 人，省中青年学科带头人 2 人，省高校中青年骨干教师 19 人，省级教学团队 2 个。

一个好的班子。学校理事会、行政、党委三套领导班子成员中，有 2 人曾任省重点高校校长，1 人曾任国家"211"大学党委书记，10 人有教授专业技术职称，1 人有研究员专业技术职称，3 人有博士学位。是

真正的内行办学，教育家办学。

　　江西从 1988 年建立第一所民办高等教育机构赣江大学到现在，民办高校发展已走过了二十多年的历程。截至现在，全省民办高校共有 16 所，其中本科 4 所，统招本专科在校生超过了 10 万人，占全省普通高等教育本专科在校生总数的 10% 以上。当前江西省的民办高校已处在一个由规模扩张向内涵发展转变的关键时期，如何贯彻落实党的十八大精神，推动民办高校规范健康发展，继续保持在全国前列，已成为江西省民办高校发展需要认真思考和高度重视的问题。一方面，政府要进一步加大支持力度，为民办高校创造更好的发展环境；另一方面，民办高校也要认真总结，深刻反思，努力提高水平。

一、明晰方向，走内涵发展之路

　　经过这么多年的积累，江西省民办高校在普通高等教育中的比例和份额不断加大，在办学规模上走的路子跟公办学校差不多，不少学校都有几万名学生。刚才听校长介绍，南昌理工学院统招本、专科在校学生已经达到 24698 人，这是一个非常可观的在校生规模。换句话说，学校也达到了内涵发展的规模水准。如果说创业初期靠人数、靠规模打出品牌和声誉，以后就不能再靠这些了。一方面，江西省的教育资源已逐渐满足了基本需要，生源越来越少。另一方面，学校的优势和特点不在于规模和人数，而取决于质量。民办高校决不能再走盲目扩大规模的路子，要明晰方向，走内涵发展之路。一是明确发展目标。虽然学校是一所本科院校，升本不能忘本，不能办成研究型大学。学校的根本目标还是要培养具有创业和创新精神的高素质应用型人才，这个不能变。二是提升服务内涵。要对接社会需要，创新服务举措，以贡献求支持，以服务促发展，积极探索推进产学研合作和科技成果转化工作的新思路。三是加强文化建设。要坚定地发挥社会主义核心价值体系的引领作用，在青年学生当中形成正确的价值认同和良好的校风学风，促进高校和社会的和谐稳定。

二、自觉自律，走规范发展之路

江西省民办高校学生总数已经达到 10 多万人，这是一个较大的群体，如何加强民办高校的规范管理，是一件事关社会和谐稳定的大事。从江西省民办高校的发展情况来看，过去江西省有的民办高校在管理上确实存在一些问题，如管理体制不健全，有的学校董事会有名无实，董事会、理事会、董事长、理事长、校长职责不够明确；法人财产权不明晰，部分民办高校违反《民办教育促进法》有关"民办学校在续存期间学校应该享有法人财产权"的规定；不能依法保障教师的工资和福利待遇，教育队伍不稳定；招生行为不规范，存在乱承诺、乱招生等违规办学现象，扰乱了正常的社会招生秩序。国家和江西省出台了一系列的法规政策，对民办高校的规范发展提出了明确的要求，希望南昌理工学院一定要依法落实，引以为戒。强调"四个规范"。一是规范财务管理。要按时、足额履行出资义务，建立健全财务会计机制，完善学的财务管理制度，严格执行有关收费、退费政策，坚决制止乱收费，不得向学生和学生家长集资或变相集资。二是规范师资建设。要建立一支与其办学规模和专业设置相适应的专兼职结合的教师队伍。要确保在民办高校就职的教师待遇的落实，依法保障教师的工资、福利待遇。三是规范招生行为。要严格按照国家有关规定开展招生，严格执行招生计划，发布招生简章和招生信息必须真实、合法。要严肃处理招生中的违规人员。决不允许搞恶性竞争、无序竞争。四是规范学生管理。要充实辅导员、班主任、党团干部队伍，做细学生服务工作，建立健全学校安全稳定工作机制，维护教学秩序和校园安全。

三、发挥优势，走特色发展之路

特色是民办高校存在和发展的关键性条件。从目前实际来看，有些民办高校升本后，照搬和"克隆"公办本科高校的模式，走大而全路线，结果往往事倍功半。这些年来像南昌理工学院这样的民办高校之所以发展快，一个重要原因就在于体制机制灵活，适应市场能力强，特色鲜明，这也是民办学校区别于公办学校的一个最突出的优势。在新的形势下，民办高校一定要充分发挥这一特点，不断激活各种要素，通过创新发展形成新的优势。一是找准特色学科。要从紧贴经济社会发展的领域中遴选特色学科和专业，发挥相对优势，集中各种资源。要坚持唯一性和独特性的原则，找准自身的优势特色学科。二是打造特色师资。要根据民办学校的特点，把师资队伍引进作为最重要的基础工程来抓，想尽办法培养人才、留住人才。要利用民办高校的灵活机制，引进一些在各自学科领域有着显著成绩、退休尚可工作的老专家、老教授、老学者，发挥他们的余热。要建立合理的激励竞争机制，注重人才投身教学与科研结合，发挥双重作用。三是培养特色人才。要服从和服务于学生的成长成才，坚持将特色贯穿在人才培养的整个过程，坚持分类指导，注重理论教学与实践教学、实践能力与创新精神的有机结合，培养特色鲜明的应用型、技能型人才。四是加强协同创新。学院要充分发挥自身人才优势、技术优势和平台优势，切实加大"走出去，引进来"的步伐，努力与省内外甚至国外学校、科研院所、企业开展深度合作，搞好协同创新，促进"产、学、研"紧密结合，加强校企对接，加快成果转化。五是营造特色环境。要舍得在重点学科、特色学科的教学科研和实训设施设备的配置上花钱，营造良好的工作学习环境。要加强校园管理，加强领导班子建设，建设优良学风教风校风。

　　总之，希望南昌理工学院坚持既定的办学定位，心无旁骛抓内涵建设，抓规范管理，抓办学特色，努力把学校办成一所有特色高水平的民办应用型大学，为江西省教育事业的发展作出贡献。

（2012 年 12 月 7 日）

把特色看成空气一样重要

——江西服装学院是特色办学的典范

近年来，江西服装学院在江西省委、省政府的正确领导下，以创新为动力，以发展为主题，以服务于服装行业为主旨，积极深化教学改革，凝练办学特色，加强内涵建设，提高管理水平，完善办学条件，使办学规模和对外影响不断扩大，办学实力和人才培养质量不断提高，学院已成为江西省一所办学特色鲜明，比较优势明显，有一定影响力和知名度的民办本科院校，成为江西省民办教育的一面旗帜，培养了一批高技能、应用型人才，为推动江西省经济社会特别是教育事业的发展做出了积极贡献。

一、学院工作的特色和亮点

一是办学思路清晰。学院坚持"特色立校、质量强校"的办学理念，走"内涵式、外向型、特色化"办学之路，办"规模适度、特色鲜明"的高等学校，努力打造学校的特色品牌。紧紧围绕服装行业的企业岗位和岗位群人才需要设置专业，构建了完整的服装专业教育体系，实现了服装从头到脚、从内到外、从穿到用的全覆盖，贯穿设计、工艺、管理、营销、表演等全方面，成为全国服装类专业体系最全、在校人数最多、特色最鲜明的高等服装专业教育院校。

二是办学特色鲜明。学院坚持走特色办学之路，以服装设计为主打专业，以艺术设计专业为支撑，形成了特有的"学院＋市场"的办学特色、"技术＋艺术"的教学特色、"设计师＋企业家"的育人特色、"传统＋国际"的发展特色。

三是办学条件优越。学院拥有一支专兼职结合的双师质的教师队伍，特别是一批行业企业专家实实在在参与到了学校的人才培养过程。建有中国第一服装艺术教学楼、中国高校第一多功能服装"T"型表演台、中国高校最大的工艺机房。还有我们刚才看到的很多教学和科研设备都是全国一流的，省内只有一两台，服装实训基地规模大、项目全、规格高，在同类院校是不多见的，特别是服饰文化陈列馆，有品位，有底蕴。

四是学生就业体面。学院全新的办学理念、鲜明的办学特色、较高的教育教学质量，加之学院在就业指导工作中实行"四定三不"政策（定时、定量、定岗、定薪，不向毕业生收任何就业推荐费，不向企业收取培养费，不花毕业生家长"行头费"），使培养的毕业生连年走俏，供不应求，毕业生一次性就业率一直位居全省高校前列，并且能高位、高薪、高体面就业，许多毕业生成为业内翘楚，被国内服装界誉为"江服现象"，学校办学得到了社会各界越来越多的肯定，树立了良好的口碑，学校的品牌效应日益彰显。

五是校园文化优秀。学院"勤信博雅"的校训，"铸心之美，塑美之心；研美之衣，创衣之美"的江服精神，以及独具特色的欧式建筑风格展示了服装无国界、中国服装走向世界的优美意境和雄浑气派；中外服饰文化的主题公园、求知学艺的高教学园、文明和谐的精神家园"三园"建设，铸就了学院独特的校园文化。

特别值得一定的是，江西服装学院作为一所民办高校，在完善学校法人结构，探索现代大学制度建设上，迈出了可喜的步伐。学校内部的决策、执行、监督机制比较健全。学校举办者、理事长既有眼光，也有胸怀，能够放手让专家团队来办；校长敬业爱岗，能够按教育规律和市场规律谋划学校发展；委派的党委书记、督导专员致力于学校党的组织建设、思想政治教育和学校安全稳定工作，发挥了党的政治核心和政治保证作用。学院理事会、校委会、党委会"三驾马车"三力合一，形成了坚强的领导力、凝聚力和执行力，使学校的改革、发展和稳定有了可靠的保障，为建设有中国特色的现代大学制度进行了有益的探索。总之，江西服装学院是一所有特色、有生机、有活力的大学。

二、学院的改革发展

江西服装学院全校师生要充分认识十八大的历史地位和重大意义，切实把深入学习宣传贯彻十八大精神放在首要位置，迅速掀起学习十八大、宣传十八大、贯彻十八大的热潮，把思想和认识统一到十八大精神上来，把智慧和力量凝聚到实现十八大所确定的目标任务上来。具体要求是"一个目标，四个更加"。

一是明确发展目标。办学定位和办学目标是一个大学的办学之纲，是一所学校长期稳定与发展的灵魂，对高校的发展起着至关重要的作用。高校只有明确目标、准确定位，并在自己擅长的领域做到最好，才能够在不同层次、不同方面、不同空间上创造一流。学校提出要"国内著名、业界一流"的目标，这个定位很好，学校现在在全国的地位已经得到大家充分肯定，下一步要把眼光放长远一点，建设"特色鲜明、国内一流的应用型大学"，培养具有创业和创新精神的高素质应用型人才，并坚定不移地朝着这个目标迈进。

二是更加注重特色发展。什么是特色？打个形象的比喻，"特色"

就像空气，看不见，摸不着，但离开它，你就会窒息而死。大学之美在于其特色、在于其个性。牛津大学强调"求是、辩证、以人为本"，耶鲁大学主张"教育不是为了求职，而是为了生活"，清华大学强调"行胜于言"，北京大学主张"思想自由、兼容并包"，这些优秀大学鲜明的特色和个性，令这些学校在世界高校之林中显得卓尔不群，也使得他们的学生因母校的与众不同而感到自豪。

高校有特色才能有作为，有作为才能有地位。当前，"有特色、高水平"成为每所大学提高质量的共同追求，也是所有大学克服同一区域的同构性、同一类型的同质性的理智抉择。江西服装学院走"有特色、高水平"之路，最根本的，就是要在特色上做文章，在水平上下功夫，坚持服装教育特色不动摇。要延长专业链和产业链，构建"大服装"教育体系，进一步巩固、丰富和彰显特色。要进一步深化"学院＋市场"的办学特色、"技术＋艺术"的教学特色、"设计师＋企业家"的育人特色、"传统＋国际"的发展特色，推动学校特色发展，以特色构筑学院核心竞争力。要进一步深化"工学结合、校企合作"人才培养模式，提高市场竞争力，激发学校的发展活力，培养更多的服装高级人才。

三是更加注重内涵建设。学校升本后提出了"升本不忘本，坚持特色不动摇"的发展理念。学校升了本，特色不能丢。不能跟风赶时髦，更不能走传统本科的老路了。在学科专业体系构建，课程设置、人才培养模式改革、实践教育、科技创新等方面，都要创建出自己的特色。同时，要朝高水平努力，学校升本，不光是换牌子，而要有内涵。要有一流的师资、一流的学生、一流的质量、一流的设施、一流的管理，学校在这些方面还要多下功夫。要不断完善"引才、育才、用才、留才"机制，优化师资队伍结构，强化师资队伍建设，打造了一支能满足应用型本科人才培养需要的高水平师资队伍。要把提高人才培养质量作为内涵建设的核心，加快教育教学改革，努力提高人才培养水平。要继续积极探索现代大学制度建设。作为民办高校，有着机制灵活的自身优势，应该成为建设现代大学制度的先行者。从高等教育发展规律来看，现代大学制度的建立和完善，是建设高水平大学的重要制度设计。从内部而言，民办高校做起来可能障碍要少一些，这方面学院做了有益的探索，今后还要从我国的国情出发，探索具有中国特色社会主义的现代大学制度，为创新管理做出积极贡献。

四是更加注重科技创新。科技创新是高校培养创新型人才、提升科研能力的必然要求，是建设创新型江西的必由之路。服装产业既是民生产业，也是文化创意产业。江西省是服装生产大省、出口大省，但由于在服装创意、品牌建设、信息技术应用等方面基础薄弱，服装产业一直存在低端制造、产品附加值低，品牌意识缺乏、研发能力弱，企业管理模式落后、产业集约化程度差等问题。在江西省由服装生产大省走向服装强省的进程中，服装学院作为江西省一所以服装教育为特色的专业院校大有用武之地。学院要充分发挥人才优势、技术优势和平台优势，与省内外甚至国外知名学校、科研院所、服装企业开展深度合作，建立科技创新的战略联盟，促进"产、学、研"紧密结合，加快新产品研发，并加快成果转化。像学校与江西恩达家纺有限公司和省苎麻研究所合作搞苎麻夏布面料服饰研发，打造江西有特色的自主品牌，既能培养人才，提升教师的科研能力，又能助推区域经济的发展。

五是更加注重文化建设。文化是一所大学的灵魂，也是大学彰显特色的重要标志。要把加强大学文化建设作为重要任务，使学校的文化底蕴更加丰厚，精神品质更加卓越，形成良好育人氛围。学校的文化建设如"三园"建设，校风、校训等很有特色、也很有内涵，要进一步加强。另外，老师、学生的内涵素质也要提高。服装设计包含大量的文化元素，更是文化内涵的体现，除了学服装、学设计之外，学生一定要开拓视野，要开设大量的辅助课程、文化课程，如历史、地理、美术、外语、音乐等，这样，有助于提高学生的内涵素质。

（2012 年 11 月 30 日）

综合教育篇

ZongHe JiaoYu Pian

25000 多所学校、1000 多万名学生、50 多万教师，是江西省有形的教育体量。在中华民族文化中值得浓墨重笔书写的书院文化、层出不穷的文豪先贤和人才，是江西省无形的教育体量。当历史的荣耀已烟消云散，总结历史、认清现状才能找到发展的路径。

　　如何抓住当前发展机遇期，推动江西加快发展？关键点在于人才。围绕培养人才的目标，江西教育未来的发展应当瞄准"一流"而前行。一流的师资、一流的学生、一流的设施、一流的管理和一流的作风。而教育发展的根本任务，则在于立德树人。

　　江西教育如何改革，走一条什么样的道路才能实现跨越式的发展，乃至在全国形成示范？本篇章对江西教育领域改革进行了深入思考——结合目前的省情，江西省教育改革的突破口和着力点，或者说"硬骨头"主要在三个方面：高考改革、校长教师轮岗交流和推进民办教育发展。

江西教育发展的任务与目标

　　江西省有 25000 多所学校、1000 多万学生（占到江西人口的四分之一）、50 多万教师，这说明教育工作是个大事情、大摊子。如何发展江西省教育事业，需要借鉴历史，直面问题。

一、江西教育有辉煌的历史

　　回顾历史，江西人对教育一直很重视，所有大户人家，祠堂门上都写有四个字："耕读传家"。耕是耕地，读是读书。"耕读传家"的意思是，通过耕地种粮食种菜，解决生存问题；通过读书，中秀才、举人，考进士，解决发展问题。很多人说"江西人一会养猪，二会读书。"在唐代，一个人想学禅宗，如果没有到江西来，不能算毕业，因为江西当时有 6000 多个寺庙，中国禅宗的五宗七派，其中三宗五派是在江西形成发展的。历史上有个词叫"走江湖"，这里的"江"就是指江西，湖是指湖南。"走江湖"，就是说没有来江西参学，禅宗学徒就"毕不了业"，拿不到"学位"。据统计，自唐至清，江西考中进士 11105 人，占全国 98449 人的 12.27%，文科鼎甲包括状元、榜眼、探花 117 人，其中状元 48 人（文状元 42 人，武状元 6 人）。江西籍宰相 28 位、副宰相 62 位，在二十四史中立传的江西人高达 500 余人，这相当不简单。苏东坡有句话叫，"区区彼江西，其产多才贤"。尤其明朝，江西更是当时中央政府的人才集聚地，当时坊间有句话叫"朝士半江西"，就是说明朝的内阁文武百官中，江西人比例很大。据说，明朝一共有内阁臣子 164 位，江西有 22 位。其实浙江是最多的，有 27 位，江苏也有 22 位，为什么叫"朝士半江西"，而不叫"朝士半浙江"呢？因为在明朝早期，江西的读书人在朝中的比例较大，洪武年间，全国科举考试一共中了 881 位进士，江西人就有 147 位，到了建文帝时，更是达到了五分之一，建文二年举行的一次科举考试中，当时全国考中进士 110 多人，其中状元、榜眼、探花全是江西吉安人，前六名有五名是江西人。过了四年，又举行一次科举考试，全国考中进士 472 人，不仅状元、榜眼、探花又全是吉安人，且前七名都是江西吉安人，全国都感到震惊。当时，江西吉安有句话叫作"隔河两宰相，五里三状元，一门九进士"。除了江西的才子多，江西人在朝廷做大官的也多，比如人称明朝第一才子的解缙就是江西人，此人是明朝的第一任内阁首辅。第二任的胡广，还有后来的杨士奇、夏言、严嵩等许多内阁首辅都是江西人。可以说，明朝的上半叶基本是江西人左右朝政。历史上，晋代的陶渊明，江西九江人，他当时最大的职务，相当于现在九江市的接待办主任或办公室主任，因为接待工作太多，需要太多喝酒应酬，他觉得很烦，于是挂冠而去。现在全世界很多人崇拜他为隐士的鼻祖。宋代的王安石，江西临川人，列宁著作中唯一表扬过的一个中国人，称他为政治家、"中国十一世纪的改革家"。王安石不仅自己是才子，而且老婆、儿女也很有才情。宋代的欧阳修，江西吉安人，官至副宰相，是唐宋八大家中宋代六家之首、一代文宗领袖。宋代的黄庭坚，不仅开创了江西诗派，他的书法成就也很高，他的字是目前拍卖市场价格最高的，他的书法作品《砥柱铭》拍出了 4.368 亿元，总共四百多个字，平均每个字一百多万元。明代的汤显祖，被誉为东方的"莎士比亚"，他的"临川四梦"，尤其是《牡丹亭》，代表了中国古代戏曲的最高峰。他在牡丹亭中描写恋爱的内容特别开放，很不简单。宋代的文天祥，忠诚文化的代表人物，留下了"人生自古谁无死，留取丹心照汗青"的千古名句。还有一代画圣八大山人、科学家宋应星、领衔设计故宫的"样式雷"等江西先贤，均是历史上的名家巨擘，贤才大德。大家可能不知道永修"样式雷"，这个人很了不起，是江西永修人，他设计了圆明园等著名的皇家园林。

　　不仅江西本地人学得好，而且外地人一到江西后就焕发出光彩。王勃，他死的时候才 27 岁，他一生中最大的贡献就是写了《滕王阁序》，其中"落霞与孤鹜齐飞，秋水共长天一色"两句非常经典，当年，毛主席最喜欢这两句话。李白七次上庐山，其中四次带着他夫人，留下的"飞流直下三千尽，疑是银河落九天"这两句诗，被认为是李白诗中最富有想象力的。苏东坡在庐山留下的"横看成岭侧成峰，远近高低各不同。不识庐山真面目，只缘身在此山中"，看上去很浅白，但其中的哲理很深奥。辛弃疾，在江西留下了"青山遮不住，毕竟东流去"的词句。

　　从事江西教育的工作者，首先要为江西古代的人文荟萃而自豪，要为江西古代教育的辉煌而自豪，其次也要为现在江西教育的地位而有危机感，应切实加强对江西古代教育的研究，提高对现代教育规律的认识，勇于担当，传承辉煌，为江西教育的进位赶超而努力奋斗。

二、江西教育发展取得的成就与存在的问题

　　近年来江西教育发展取得了很大的成就。主要体现在以下六个方面：一是体现在教育事业发展上。发展的速度很快。有些是跨越式的发展。二是体现在教育建设上面。很多校园建设工程都建得非常好。比如江西教育发展大厦，在江西省直机关办公楼里可能算得上第一。

三是体现在提升教育质量上。教育质量和水平不断提高。中科院院士实现零的突破。四是体现在促进教育公平上。教育民生工程取得了比较好的成效。五是体现在推进教育改革上。这方面也做了大量卓有成效的工作。六是体现在加大教育投入上。2011年增加了100多个亿，2012年还要新增100多个亿。七是体现在加强教育管理上。

在看到成绩的同时，也要清醒地认识到当前存在的问题。一是江西省的教育跟发达地区和周边地区还是有一定的差距。北京、上海、武汉、西安等城市高等教育发展较好，如像武汉的"985"高校、"211"工程高校就有七八所，仅武汉大学一所高校的中科院院士就有几十人，江西省出一个，还是零的突破，这就说明有差距。周边的湖南也有几所教育部的部属院校，江西省一所也没有。就南昌大学一所"211"工程的院校，好的学校太少了。二是教育上各种各样的安全稳定事件还时有发生。比如，九江学院2011年发生的二级学院的副院长将院长杀害，这在全国造成了恶劣的影响；一些教育安全事故说明学校的管理有问题；还比如，教育乱收费、民办教师上访等问题，说明管理者还可以把工作做得更深更细更好一点。

三、江西教育发展的任务与目标

江西教育未来的发展有一个根本任务、六个具体目标。

一个根本任务，是指要把立德树人作为教育的根本任务。毛主席讲的教育方针，是要培养德智体美全面发展的优秀人才。国家一直强调，要坚持育人为本、德育为先，把立德树人作为教育的根本任务，努力培养德智体美全面发展的社会主义建设者和接班人。所以，强调教育的根本任务就是立德树人，这一条应当能够站得住。如何抓住当前的发展战略机遇期，推动江西加快发展？人才是关键。一方面，大学毕业生就业很困难。另一方面，非常优秀的人才又非常缺乏。教育行政部门要抓住教育改革发展的战略机遇期，深入贯彻落实好全国教育工作会议精神和教育规划纲要，开拓创新，真抓实干，努力培养出更多的优秀人才，为建设富裕和谐秀美江西提供人才支撑和智力支持。因此，要把培养人才作为教育的根本任务，任何时候都不能动摇。不要老是天天只想着搞重点实验室，搞科研项目，学校最根本的任务还是培养人才。

围绕培养人才这一根本任务，必须认真瞄准"六个一流"的具体目标而前行。

第一，要有一流的师资。百年大计，教育为本；教育大计，教师为本。所以，教师是教育发展的主体，教师为教育发展肩负着光荣而神圣的使命。一是要抓好师德的教育，尤其要增强老师教书育人的责任感和使命感，树立教师良好的职业理想和职业道德；二是要提高教师的能力水平，特别是专业能力和教学水平。老师的专业能力和教学水平非常重要，它是现在家长和学生选择学校、选择老师的标准，三是要提高教师待遇。要使他们热爱教师工作，愿意终身从事教师工作。四是要做好学校高层次人才的引进工作。

第二，要有一流的学生。培养一流学生是发展一流教育的主要目标和根本任务，培养的一流学生必须是德智体美等全面发展的社会主义建设者和接班人。一是要强调质量为本，德育优先。对于学生要怎么培养，现在存在广泛的争议，比如电视台和网上热议的虎妈、狼爸、鹰孩问题，这些都反映了人民群众对人才培养方式的关注，更值得教育工作者深入的探讨，二是要处理好素质教育和升学率的关系。这一条很重要，既要重视提高升学率，更要重视素质教育整体水平的提升；学校要有升学率，但不唯升学率。现在一些地方、一些学校，把升学率作为衡量学校办得好与坏的唯一指标，这一点应该引起充分重视和深刻反思。

第三，要有一流的学科。要建设全国一流的高校，要打造全国一流或有特色的高校，必须提高学校的学术竞争力。学术竞争力怎么才能产生？要结合江西的特色、自身的优势来研究打造一流的学科。比如说位于赣州的江西理工大学，该校集中做稀土的研究，因为赣州的稀土资源是全世界最多、品质最好的，做好这个能体现学校的优势和特色。后来江西理工大学取得了成绩：第一个成绩，就是原来国家科委"863计划"，他们只能做一个大项目下的子项目，现在给了他们一个大课题；第二个就是申报博士点，报了这个稀土学科，因为有相对的优势，已经得到了教育部的批准。所以，一定要搞特色，这是今后学科建设的方向。不能什么方面都想超过别人，实事求是地讲，在目前这个情况下，要想在整体学科水平上超过别人是不可能了。现在的成功之道，是要学会放弃，搞不了的就不要搞了。毛主席讲，"敌进我退，敌退我追。你打得赢就打，打不赢就跑嘛。"要集中精力把优势发挥好，才有可能在学科建设方面有所成就。

第四，要有一流的设施。清华大学的老校长梅贻琦先生说过，大学是大师，不是大楼。但是没有一栋楼，恐怕也不行。江西高校的硬件条件，应当还不算很差。像江西师范大学大门到房子之间空这么多地，还没第二家。中科院一个院士来江西师范大学讲课，认为这是世界第一。说明江西还是可以有条件把硬件做好的。中央电视台的新闻联播出过几十个播音主持人，这些播音主持人都是同一学校同一个系毕业的，那就是中央传媒大学的播音主持系。为什么会是这个系。因为那里老师水平最高、教材水平最高，而且设备也是全世界最好的。

第五，要有一流的管理。没有一流的教育管理，就没有一流的教育环境、一流的校风和学风。加强和改进教育管理，一是要选一个好的领导班子，尤其是校长和书记，他们必须自己业务水平要比较高，同时，他要懂得教育，要有自己的教育思想，要自己能管，而且要有牺牲精神。这个要是选错了的话，对学校发展很不好。二是要有良好的校训和校风。

江西师范大学附中的校长写了一个口号，叫"做有责任的中国人"。毛主席当年在抗大的时候提出的校训，"团结、紧张、严肃、活泼"，现在还很有指导意义。学校的风气，对学生的影响很大。学校要有一个好的校训，能起到很好的教育作用。不知道江西的高校和中学里有没有这样的校训。启功为北京师范大学题的校训是"学为人师，行为世范"，还有清华大学、北京大学也有校训。三是要做好学校的稳定。校园及周边治安整治问题要处理好，把校园文化建设好。一个好的学校，一定有一个好的校园文化。

第六，要有一流的作风。要完成好教育改革发展的任务，必须要树立"严、细、深、实"的作风。"严"就是严格要求、严格管理，依法治教、依法治校。"细"就是注重细节，精益求精，每一项工作都不能有任何缺失。"深"就是要深入实际、深入群众、深入生活，深入调查研究，深度探索教育发展规律。"实"就是要真正重实干，办实事，求实效，少说空话，多干实事，力戒形式主义和官僚主义。做任何事情，既要考虑长远规划，又要从小事做起，一件一件地做。把一件一件的事情做到位，教育目标就能全部实现。只有踏实地从一件件小事做起，才能实现远大的目标。

（2012 年 2 月 28 日）

以体制改革开创教育事业新发展

　　江西省教育体制改革领导小组第二次会议的主要任务是深入学习贯彻党的十八大精神，总结江西省教育改革试点情况，研究部署当前和今后一个时期江西省教育体制改革有关工作，进一步统一思想，明确任务，落实措施。

　　如何全面贯彻落实教育规划纲要，加快推进全省教育体制改革工作，我提出五点意见。

一、充分肯定江西省教育体制改革试点取得的成绩

　　根据国家教育体制改革领导小组部署安排，江西省共承担国家教育体制改革 7 项 19 个试点项目，同时，围绕义务教育均衡发展等十大改革任务，在全省启动了首批 62 个省级教育体制改革试点。教育体制改革试点工作自 2011 年开展以来，各地各部门各校坚持以办好人民满意教育为宗旨，先行先试，重点突破，教育体制改革取得显著成效，呈现以下四个方面的特点：

　　一是改革思路越来越明。2012 年，江西省政府先后召开了全省高校工作座谈会和基础教育工作座谈会，明确了高等教育"一个目标、

两大转变、五个一流"和基础教育"三大任务、四对关系、五项重点"的改革发展思路。近期，江西省将召开全省职业教育工作会议，进一步明确职业教育落实规划纲要、推进改革试点的思路及任务。江西省教育三大领域的改革思路日渐明确，将有力地推进全省教育综合改革，实现教育发展方式转变。

二是改革力度越来越大。江西省教育厅、发改委、财政厅、人力资源和社会保障厅、编办等部门协同联动，构建了江西省政府统一领导、教育部门牵头总抓、相关部门协调配合、咨询专家积极参与、试点单位具体实施的改革试点协同工作机制，2012 年以来，江西省新增省部共建高校 2 所，使省部共建高校总数达到了 12 所，目前，还有 2 所高校国家有关部委已同意与省政府共建；新增博士培养大学 5 所、硕士培养高校 4 所，目前江西省博士培养高校达到 9 所，排名从全国第 26 位，一下上升到了现在的并列 12 位，刨去部属院校，博士培养高校数量与河南、湖北和湖南一样多；江西省高校设置申报的 4 所高校实现了"满堂红"，其中 2 所高校成功申本、1 所高校成功改名大学、1 所高校成功改制。另外，江西省启动实施了"2011 计划""高水平学科建设""高校哲学社会科学繁荣"等一系列质量提升工程，在全国率先成立了首批 10 个"2011 协同创新中心"；新成立了 10 个职教集团，新增 1000 余家企业与职业学校建立合作关系。

三是改革举措越来越实。江西省委、省政府把教育改革作为重要工作积极推进，在教育投入上，江西省在全国创造性地提出了"五分法"，即分解兑现、分级落实、分类筹措、分年安排、分项到位，2012 年财政性教育经费占全省生产总值 4%、中央下达的财政教育支出占公共预算支出 16% 的目标任务顺利完成；在教育改革试点上，明确了教育体制改革试点项目、试点单位、时间表、路线图，省直各相关单位积极担当教育体制改革的责任，及时研究解决教育体制改革的重大问题，积极制定出台各项支持教育体制改革的政策，先后下发了《教育事业发展"十二五"规划》、《义务教育均衡发展意见》、《加快发展学前教育实施意见》等30多个政策性文件，为改革的顺利推进提供了有力的支持。

四是改革成效越来越好。通过改革试点，教育发展中的一些热点难点问题正在逐步得到解决或缓解。比如，通过学前教育管理体制改革，强化了各地政府的主导作用，学前教育的普及程度大幅提升；通过职业教育办学模式改革，进一步完善了"分级管理、以市为主、政府统筹、社会参与、市场引导"的管理体制，推进了校企全方位对接；通过深化基础教育课程改革和考试评价制度改革，进一步完善了学生发展评价体系，有力促进了素质教育的推广。另外，校安工程、薄弱学校改造工程等重大项目圆满完成国家任务；顺利实施了农村义务教育阶段学生营养餐改善计划试点工作。

二、充分认识教育体制改革的重要性、紧迫性、复杂性

虽然江西省教育体制改革取得了一些成绩，但也要清醒地看到，江西省当前教育体制改革已进入深水区、攻坚期，涉及面更广、关联性更强，破解深层次矛盾和问题难度更大。各地各校改革进展也不够平衡，教育质量亟待提高，优质教育资源短缺，"择校热"、"入园难"、"学生减负"等热点、难点问题尚未有效解决。各部门、各试点地区和学校要充分认识开展改革试点的重要性、紧迫性、复杂性，把思想统一到中央和江西省的重大决策部署上来。

一是要深刻认识到，深化教育体制改革是贯彻落实十八大精神，全面实施教育规划纲要的迫切要求。党的十八大指出，"改革开放是坚持和发展中国特色社会主义的必由之路"、"要坚决破除一切妨碍科学发展的思想观念和体制机制弊端，构建系统完备、科学规范、运行有效

的制度体系，使各方面制度更加成熟更加定型"。教育是中华民族振兴和社会进步的基石，在国计民生中的地位和作用越来越突出。改革创新是教育事业发展的根本动力。这一切对"深化教育领域综合改革"提出了明确要求，为我们今后的工作指明了方向。

二是要深刻认识到，深化教育体制改革是建设富裕和谐秀美江西的迫切要求。要实现江西省委提出的加快经济发展方式转变和产业结构调整升级，实现科学发展、进位赶超、绿色崛起奋斗目标，人才是关键，科技是支撑，但归根结底，基础在教育。这对教育发展形成了一种倒逼态势，需要我们加快改革步伐，推动教育科学发展，为经济社会提供更加有力的人才支撑和智力保障。

三是要深刻认识到，深化教育体制改革是办好人民满意的教育的迫切要求。党的十八大对办好人民满意教育作了全面部署。当前，人民群众"有学上"、"有书读"的问题基本解决，"上好学"、"读好书"、"就好业"成为人民群众最关切的问题。各地、各部门、各学校要切实树立"两手抓"的思想，既抓事业发展，又抓教育改革，深入研究，统筹考虑，周密部署，加大力度，不断取得阶段性成效。

四是要深刻认识到，深化教育体制改革是全面实现教育科学发展的迫切需要。过去江西省教育事业发展取得了一些成绩，但总体来说，基础较弱、欠账较多，现在要上水平，从外延式发展转向内涵式发展，从整体推进转向重点突破，其观念、思路、体制机制都面临着深度调整，只有加快改革步伐，才能顺利渡过"拐点"，实现教育发展方式转变，否则，老问题会越来越多。教育规划纲要颁布后，全社会对教育体制改革的共识增多了，因此，要顺势而为，大胆探索，勇于创新，进一步推进教育体制改革的深化。

三、准确把握教育体制改革的总体要求

贯彻落实党的十八大对教育提出的新部署、新要求，推进教育现代化，办好人民满意教育，一定要以更大的勇气和智慧深化教育体制改革，以改革为动力，实现教育事业科学发展。

一是坚持正确方向。在改革方向问题上，头脑要清醒、立场要坚定。要坚持按规律办教育，尊重教育规律、教学规律和人才成长规律，把促进学生全面发展、健康成长作为改革的出发点和落脚点。要坚持社会主义办学方向，全面贯彻党的教育方针，全面推进素质教育。要坚持服务大局，不断适应经济社会发展和人民群众接受良好教育的期盼。

二是坚持聚焦问题。深化教育领域综合改革，必须把解决人民群众关心的热点作为改革的重点，找准突破口，敢啃"硬骨头"。要正确处理改革发展稳定的关系，以发展为目标，以改革为动力，以稳定为前提。要进一步凝聚改革共识，有的不改不行，改慢了不行，无序也不行。快改或慢改，大改或小改乃至改或不改，都要以推动科学发展、促进社会和谐为标准，以人民群众满意为目的，坚持把改革力度、发展速度和社会可承受程度结合起来。

三是坚持协同推进。教育改革是一项系统工程。既要加强顶层设计、自上而下推动，也要调动基层的积极性、自下而上互动；教育改革不应仅是教育部门一家的事，还应得到社会各界的参与和支持。要把教育内部的系统性、教育外部的关联性及教育改革的整体性通盘考虑，全面推进教育改革发展。

四是坚持引导协调。要进一步完善指导协调机制，整合各方力量，发挥各方优势，统筹推进改革。要进一步健全改革的奖惩激励机制，制定改革试点转示范的办法，确立一批示范项目，发挥引领、带动和辐射作用。要进一步健全改革的政策突破机制，比如中小学网点布局调整、

外省籍务工人员随迁子女就地参加高考工作等方面均有政策突破,但只是开始,需进一步健全。要进一步完善改革决策咨询机制,发挥教育咨询委员在改革政策制定、执行、宣传、监督、评价等各个环节的作用。要建立试点动态调整机制,及时补充一批基础较好、积极性高且初显成效的项目,淘汰一些有名无实甚至发生偏差的项目。

四、进一步明确教育体制改革的主要任务

从当前来看,江西省教育体制改革的任务十分艰巨,各地各部门各校要按照中央和江西省委、省政府的统一部署,重点抓好以下几项工作。

一是稳投入。近年来,江西省教育投入不断加大,为教育事业的发展提供了保障。下一步,主要任务是巩固扩大成果,实现教育经费投入的持续稳定增长。从长远看,要研究制定各级各类教育生均经费标准和生均财政拨款标准,健全两个分担机制:一个是各级政府之间的纵向分担机制,进一步明晰省、市、县的教育事权和财政支出责任;一个是政府、家庭、社会之间的横向分担机制,进一步明晰生均经费需求和财政拨款、学费、学校自筹经费之间的资源配置关系。鼓励支持民办教育、中外合作办学,争取利用更多的社会资源、民间资源、市场资源、国际资源办好学校、办好教育。

二是提质量。在基础教育方面,要正确处理好素质教育与应试教育的关系,做好本科高职分类高考、中招和中高职贯通招考等改革试点工作。在高等教育方面,要走内涵式发展道路,积极推进协同创新,加强2011协同创新中心建设。在职业教育方面,要建立适应工业化、信息化、城镇化、农业现代化同步发展的现代教育体系。要探索创新督导、评估、监测三位一体的质量监督机制。

三是促公平。通过探索公共教育资源均衡配置的新机制来促进教育公平,重点是缩小"三个差距":一是把农村教育放在更加重要的位置,

实施好网点布局调整意见，推进中小学校标准化建设，促进公共教育资源更多地向农村、向偏远地区、向教育落后地区倾斜，进一步缩小城乡差距；二是加大对薄弱学校的支持力度，构建优质学校向薄弱学校提供管理服务的机制，进一步缩小校际差距；三是健全政府资助政策体系，把更多的关爱投注到农村边远山区的孩子、投注到城市低保家庭孩子、投注到残疾儿童少年、投注到留守儿童和学习困难学生身上，进一步缩小群体差距。

四是激活力。进一步完善教育管理体制和保障机制，落实高校办学自主权；大力支持民办教育发展，创新中外合作办学模式；加强和改革师范教育，积极探索定向、免费等多种培养方式，深化中小学和中职学校教师职称改革试点成果，完善现代国民教育体系。

五、关于当前教育体制改革的几项具体工作

当前教育体制改革的几件具体工作，必须认真加以解决。

（一）关于《2013 年深化教育领域综合改革的意见》

需要江西省教改办根据大家的意见进行修改完善，以江西省教育体制改革领导小组名义印发。

（二）关于《江西省本科师范生免费教育实施意见》

实行师范生免费教育，是党中央、国务院作出的一项重大战略决策，旨在鼓励优秀人才从教，从根本上提高教师队伍的整体水平，促进教育事业长足发展。师范生免费教育政策，体现国家意志，对于落实科教兴国战略和教育优先发展战略，促进教育公平和社会和谐发展具有重大意义。请江西省教育厅根据有关讨论的意见，对该《意见》进行修改完善，由江西省教育厅、省发改委、省财政厅、省人力资源和社会保障厅、省编办联合报省政府审定，以江西省政府办公厅的名义转

发该《意见》。

（三）关于在江西师范大学实行师范生免费教育试点工作

这项工作既是落实国家文件精神的需要，也是江西省政府与教育部共建江西师范大学作出的承诺，一定要尽快落实好，需要江西省教改办根据大家讨论的意见，在《江西省本科师范生免费教育实施意见》的框架下，对实施方案进行完善，由江西省教育厅、省发改委、省财政厅、省人力资源和社会保障厅、省编办联合下发。

（四）关于加大公共财政对民办教育的扶持问题

江西省的民办教育经过近30余年的发展，取得了可喜的成绩，全省民办普通高校（不含独立学院）16所（民办本科高校4所），在校本专科生11.48万人（统招），江西省民办教育在全国有地位、有影响，属于民办高等教育"三强"省份之一。为加强民办教育的扶持，从2011年开始，江西省设立了民办教育发展专项资金，每年安排1500万元用于支持民办教育发展的改革试点，大大鼓舞了民办学校举办者的积极性。但与民办学校发展的实际需求，与其他省市比较，还有较大差距。为此，江西省财政2013年大幅增加民办教育发展专项资金，已安排民办教育发展专项资金3000万元，要抓紧落实，加强管理，专项资金主要用于民办高校的内涵建设、优势特色学科建设、师资队伍建设和实验实训基础建设，提高民办教育的办学质量和办学水平。今后，要视情逐年增加。

（五）关于对部分江西省教育体制改革试点项目进行动态调整问题

对改革试点项目进行动态调整是一个好办法。鉴于部分试点项目的实际情况，按照进行省教改办的意见，按实际情况撤销第一批部分试点项目，新增补充的试点项目。具体方案以江西省教改办名义下发。

（2013年3月12日）

推进教育领域综合改革的总体思考

改革是当前一段时期教育工作的主旋律,当前,教育改革正处在"攻坚期"和"深水区",应加快推进教育领域综合改革,谱写教育改革的新篇章,开创教育发展的新局面。

一、教育领域综合改革的意义

教育要发展,根本靠改革。全面深化教育领域综合改革是江西省教育事业发展面临的又一重大历史机遇,是破解当前各种发展难题、实现江西教育进位赶超的关键一招,也是 2014 年江西省教育工作的重点。我们一定要坚定不移地集成改革合力,攻坚克难,勇于冲破思想观念的障碍、打破体制机制的束缚、突破利益固化的藩篱,最大限度地调动一切积极因素,最大程度地激发教育发展活力,力争教育领域综合改革取得实实在在的成果。

(一)改革是新时期教育事业发展的强大动力

我国的改革开放就是从教育领域开始启航的。36 年前高考制度的恢复,率先开启了我国改革的序幕。30 多年来的成就和经验充分表明,改革创新是教育事业科学发展的不竭动力。近年来，特别是自 2010 年教育规划纲要颁布后，江西省委、省政府高度重视教育改革和发展，教育事业快速健康发展，教育改革顶层设计明显增强，教育投入明显增加，重大项目和改革试点顺利展开。2013 年江西省博士培养单位一次性由 4 所猛增到 9 所，在全国排名由第 26 位跃升至第 12 位，一次性有 3 所公办学校升格为普通本科高校，全省普通本科院校由原来的 24 所增加到 27 所，2014 年又有 3 所民办高校列入了国家升本的考察范围。我们还专门研究了在全省高校申报增列 29 个专业硕士学位授权点，大力推动专业学位研究生教育，等等。这些成绩，完全得益于持续深化的教育改革所注入的活力。

（二）教育改革是全面深化改革的重要领域

按照党的十八届三中全会精神，江西省委第十三届八次全会在研究部署 2014 年全省各项工作尤其是全面深化改革工作时，提出了江西省"1+N"文件为主要内容的改革方案，"1"就是《中共江西省委关于贯彻 < 中共中央关于全面深化改革若干重大问题的决定 > 的实施意见》；"N"是指围绕江西省经济社会发展的突出问题，制定若干配套实施方案。其中，《深化教育领域综合改革的实施方案》是"N"个配套实施方案之一。因此，深化教育领域改革不仅是破除制约江西省教育事业科学发展的体制机制障碍，促进教育体系自身完善的迫切需要，而且也是与江西省各项事业制度改革相互配合、协同攻关，为推动经济社会发展，为实现江西省与全国同步实现小康目标提供人才支持和智力贡献的迫切需要。

（三）教育改革是实施素质教育的必然要求

全面实施素质教育，是保证学生身心健康、促进学生全面而有个性发展的内在要求，其核心就是人的全面发展，是思想道德素质、文化素质、科学素质和身体心理素质四方面的协调发展。近年来，江西省各地和学校认真贯彻国家和省《教育规划纲要》精神，稳步推进素质教育，注重提高学生的综合素质，取得了显著成效。但在现阶段应试教育的大环境和背景下，仍存在一些亟待解决的问题，如德育、体育、艺术教育等尚未得到足够的重视，教育评价体系相对单一，片面追求学业成绩和升学率的倾向在一些地方和学校仍不同程度存在，中小学生课业负担依然过重，影响了学生学习的主动性、积极性和创造性，不利于创新人才的培养。解决这些问题，只有通过改革突破实施素质教育的体制机制障碍，把教育发展引导到有利于全面实施素质教育的轨道上来。

（四）教育改革是办人民满意教育的可靠保障

随着经济社会的快速发展，当前教育形势发生了深刻变化，人民群众"有学上"、"有书读"的问题基本解决，"上好学"、"读好书"成为人民群众最关切的问题。广大人民群众对通过接受良好教育提高自身素质、增强发展能力、改善生活质量，以及更好服务国家社会的愿望愈加迫切，也更为多样化。深化教育领域综合改革，就是要以实现好、维护好、发展好最广大人民根本利益为依归，尽快破解社会关注的热点难点问题，建设人民满意的优质教育、公平教育、多样化教育和终身教育，在深化改革中推动教育事业又好又快发展，努力满足人民群众对多样化高质量教育的现实需求。

二、教育领域综合改革的目标任务

党的十八届三中全会明确提出，全面深化改革的总目标是完善和发展中国特色社会主义制度，推进国家治理体系和治理能力现代化。这是国家改革的总目标，也是各领域改革的总要求。教育改革作为全面深化改革的重要领域，一切改革的举措和行动，毫无疑义都要自觉围绕这一总目标、落实这一总要求，从教育部门自身改起，完善科学规范的教育治理体系，形成高水平的教育治理能力。

（一）落实立德树人的根本任务

党的十八大提出，"要把立德树人作为教育的根本任务"。深化教育领域综合改革就要把立德树人的根本任务全面落实到学校教学、管理、服务各环节，将德育贯穿于育人全过程，贯穿于学校教育、家庭教育和社会教育的各方面。坚持把培育和践行社会主义核心价值观和中华民族优秀传统文化教育融入教育教学全过程和校园文化建设中，创新爱学习、爱劳动、爱祖国"三爱"活动的有效方式并形成长效机制，增强学生社会责任感、创新精神、实践能力。加强大中小幼相衔接的德育课程建设，整合德育教育资源，充分利用江西丰富的红色文化资源、绿色生态资源和赣鄱文化资源开展适合学生特点、有利于素质教育实施的体验、实践活动。加强校外活动场所建设和管理，充分发挥综合实践基地的育人功能，科学安排学生课内外、校内外活动。

（二）加快学前教育普及程度

当前江西省学前教育基础薄弱，现阶段的改革目标是，加快普及，使每个适龄儿童都能快乐生活，健康成长，克服"不让孩子输在起跑线上"的教育模式。2014年要制定并启动实施江西省第二期"学前教育三年行动计划（2014—2016年）"。进一步优化学前教育网点布局，扩大公办幼儿园和普惠性民办幼儿园覆盖面。每个乡镇建设一所公办中心幼儿园，为农村学前教育发挥引领示范作用。出台幼儿园教职工编制标准，逐步建立学前教育运行保障机制。加强幼儿教师培养和培训，设置一到两所幼儿师范高等专科学校，充分发挥省级示范幼儿园的辐射带动作用，不断提高学前教育教师的专业素质和教育实践能力。加强幼儿园规范化、科学化管理，避免小学化倾向。

（三）推动基础教育服务均等

基础教育的改革，就是要兜底线，保障每一个孩子都有学上；保基本，使每一所学校都达到基本办学条件；上水平，不断扩大优质教育资源覆盖面，推进教育公共资源均等化。从 2013 年起，省财政三年内统筹 50 亿元，以村小和教学点建设为重点，实施农村义务教育学校标准化工程，全面改善农村学校办学条件。从 2014 年起，两年内统筹 30 亿元，以改造城区薄弱学校为重点，推进城区义务教育学校标准化建设。加快推进农村教师周转房建设，进一步提高和落实艰苦边远地区农村中小学教师特殊津贴。研究制定《义务教育免试就近入学工作实施意见》，缓解城市"择校热"矛盾。试行学区制和九年一贯制对口招生。鼓励和引导优质学校组建集团、实行托管、结成对子等方式，支持薄弱学校提高办学水平。高度重视残疾人教育，全面部署实施《特殊教育提升计划》。

（四）加快构建现代职业教育体系

职业教育改革要从完善基本制度入手，加快形成适应经济社会发展需求、校企紧密合作、产教深度融合、中高职衔接、职普沟通，体现终身教育理念，具有江西特色的现代职业教育体系。探索五年一贯制，"3+2"，"联合招生、分段培养"等多种方式，实现中职与高职、中职与本科、高职与本科的上下衔接。探索建立符合职业教育特点的学位制度，建立以提升职业能力为导向的专业学位研究生培养模式。推广弹性学制，实行工学结合，完善顶岗实习办法，推进现代学徒制改革。制定出台《关于推进高职院校与企业合作办学的若干意见》，促进产教融合、校企合作，推进集团化、园区化办学。制定出台《江西省职业教育基础能力建设五年计划》，加强职业学校达标学校建设、实训基地建设和高水平示范校建设。以培养新型职业农民为重点，加快发展面向农村的职业教育。推动高等院校向应用技术类型转型发展，培养高层次技术技能人才。

（五）推进高等教育内涵发展

高等教育的改革目标就是要围绕建设有特色、高水平大学这个目标，按照从规模扩张向质量提升转变、从均衡推进向重点突破转变的要求。进一步强化办学特色，增强创新能力，打造高校品牌，提升管理水平，推进高校内涵建设。大力实施高等学校本科教学质量与教学改革工程，强化本科教育教学改革。改革研究生培养方向，加强高层次应用型人才培养，重点建立符合专业学位研究生特点的招生、培养、考核、评价和管理体系。省财政投入8亿元，从2012年起深入实施高校"2011协同创新计划"和哲学社会科学繁荣发展计划，着重加强优秀创新人才和团队的培养和引进，汇聚一批科学研究和技术开发的高水平领军人才，增强高等学校协同创新能力。

（六）深入推进管办评分离

改革的主要目标是按照"政府管教育、学校办教育、社会评教育"的原则，以改进管理方式、开展第三方评价、支持学校自主办学为着力点，推进政府职能转变和简政放权。要转变政府管理职能，把政府该管的事管好，该下放学校的权力下放到学校，依法保障学校充分行使办学自主权。要进一步完善督学、督政、监测三位一体的教育督导体系，探索实施督学责任区制度，加强督导队伍建设，全面实施市、县中小学校责任督学挂牌督导。要加快现代学校制度建设，推进高校"一校一章程"建设。

三、教育领域改革的突破口

深化教育领域综合改革,必须找准突破口和着力点,敢啃"硬骨头",集中力量攻坚,尽快取得更具标志性、有较高显示度的成效。重点一旦突破,其他方面问题相应就会迎刃而解。要进一步明确下一阶段的改革重点任务,特别要在基本公共教育服务均等化、拔尖创新人才培养、考试招生制度改革、现代职业教育体系建设、教育监督评价体系建设等方面,确定改革任务,制定改革措施,协调改革政策,加快推进步伐,通过重点突破实现改革整体推进。江西省教育改革目前要力争在以下三个方面的关键领域和重点环节率先在全国取得成效,形成示范。

(一)在高考改革方面取得突破

高考改革是教育领域综合改革"牵一发而动全身"的关键环节,事关人民群众切身利益,涉及千家万户。高考如何改,社会高度关注,群众非常期盼,现在国家正在研究出台方案,江西省也正在研究论证江西省高考"减少考试科目"、"不分文理科"、"外语科目实行社会化一年多考"等具体实施办法,合理确定江西省高考各科目的分值,适当降低英语科目分值,真正减轻学生的应试压力,克服一考定终身的弊端。我们的总体思路是:高考统考只考语文和数学两个科目,语文 180 分,数学 150 分,不分文理科,英语实行社会化考试,分值 120 分,一年集中考二次,成绩三年有效,按照"三年早知道"的原则,从 2017 年开始实施。这项改革争取在国家方案正式出台后的第一时间出台江西省的高考改革方案,2014 年秋季开学前向社会公布。相信这一改革新政的出台,将会扭转应试教育倾向。要继续推进高职院校单独招生试点和中高职对接,继续实行高等职业教育与普通本科分类考试招生,完善"文化素质 + 职业技能"的高等职业教育入学考试制度和以专业对口为原则的自主招生制度。这两项改革 2013 年已经实施。

（二）在校长教师轮岗交流方面取得突破

校长教师轮岗交流是实现义务教育均衡发展、破解"择校难"的一个重要举措，江西省教育厅目前已经与江西省人社部门协商，拿出了江西省校长教师轮岗交流实施意见的征求意见稿，现正在征求地市和省直有关部门意见。总的要求是，通过改革义务教育教师管理制度，探索推广义务教育教师队伍"县管校用"的教师管理制度，使教师由"学校人"变成"系统人"，真正让校长教师在城镇学校和农村学校、优质学校和薄弱学校之间流动起来，率先实现县（区）域内校长教师资源的均衡配置；通过顶层制度设计，抓好保障机制的落地，搭建一条推进校长教师流动的"生态路"，在同一所学校连续工作或任教达到规定年限的校长或教师，原则上均应交流；通过实施学区一体化管理、学校联盟、名校办分校、手拉手、教育集团、对口支援、教师走教等方式，扩大校长教师交流的覆盖范围。这个实施意见争取上半年出台。严格任职及评审条件，我们今后规定，从 2016 年开始，新任义务教育学校校长应有 2 年以上农村学校交流轮岗经历，义务教育学校教师申报评选县级以上骨干教师、学科带头人、名师名校长时，须具有 2 年以上农村学校交流轮岗经历。

（三）在推进民办教育发展方面取得突破

民办教育是江西省教育事业发展的重要增长点和促进教育改革的重要力量，也是江西省教育改革大有可为、大有作为的重要领域，要敢于先行先试，取得突破。改革开放以来，江西省民办教育实现了由小到大、由弱到强、由少到多的发展过程，截止到 2013 年底，全省共有各级各类民办学校（含幼儿园）共计 10226 所，占全省学校数的41.38%；在校学生数 183.46 万人，占全省受教育人口的 41.5%，民办教育已经成为江西省一道亮丽的名片和全省改革开放的一个标志，为江西省经济社会发展作出了重大贡献。十八届三中全会为民办教育改革指明了制度性方向，民办教育迎来了发展的春天。我们将进一步解放思想，改革创新，树立"教育只分质量不分身份"的观念，优化民办教育发展环境，完善民办学校管理机制，进一步清理对民办学校的各类歧视性政策，落实民办学校、学生、教师与公办学校、学生、教师平等地位，完善财税、金融、土地等优惠政策和捐赠教育的激励机制，健全民办学校教师社会保障制度；引导民办学校由规模扩张转向内涵建设，培育一批高水平有特色的民办高校，形成品牌和特色优势，提升民办教育发展水平，保持江西省民办高等教育在全国的领先地位。2014年，江西省政府将召开全省民办高等教育发展大会，研究部署江西省民办高等教育改革发展工作，制定出台江西省支持和鼓励民办高等教育发展的政策措施，着力解决民办学校分类管理、法人属性、产权归属、教师保障、财政扶持等政策问题；加大公共财政扶持力度，江西省财政在2013年3000万元的基础上，2014年将统筹8000万元，用于促进江西省民办教育健康发展，激发江西省教育发展的动力和活力。

（2014年2月21日）

江西教育与经济社会发展智库要"用"好

江西省委教育工委、省教育厅发起成立江西教育与经济社会发展智库，是深入贯彻落实党的十八届五中全会和江西省委十三届十二次全会精神的实际行动，是科学谋划"十三五"时期全省教育事业发展的有力举措，意义重大。江西地处长江中下游南岸，由于区位上承东启西、连接南北，古时被称为"吴头楚尾、粤户闽庭"。目前，江西作为我国唯一与长三角、珠三角、海西经济区都毗邻的省份，处在诸多国家发展战略的衔接地带。特别是随着国家长江经济带、长江中游城市群战略的推进，江西正成为崛起中的中三角的重要组成部分，并作为"一带一路"内陆腹地战略支撑区域写入国家战略规划，通衢要地的区位优势愈加凸显。

江西生态优美、风景独好，森林覆盖率63.1%，居全国前列，境内庐山、井冈山、三清山、龙虎山、鄱阳湖等名山大湖久负盛誉。江西文化底蕴厚重，儒、释、道文化在这里中兴、定型、发源，拥有千年瓷都、千年名楼、千年书院、千年古寺，尤其代表中国古代教育水平的书院文化，其规模之大、历史之久、影响之广，居全国之冠。江西是中国名副其实的"红色圣地",这里是中国革命的摇篮、人民军队的摇篮、共和国的摇篮、中国工人运动的摇篮。

党的十八大以来,江西省委、省政府坚决贯彻中央决策部署和习近平总书记系列重要讲话精神,提出了"发展升级、小康提速、绿色崛起、实干兴赣"的施政思路,坚定不移地推进改革开放,加快产业转型升级,坚持走人民受益、生态与经济相协调的可持续发展之路,经济社会发展取得可喜成绩。2015 年前三季度,经济总量增长 9.2%,高于全国平均水平 2.3 个百分点,增速居全国第五,同比前移了两位;规模以上工业增长 9.4%,高于全国平均水平 3.2 个百分点,增速居全国第四位;服务业增长 9.5%,比 2014 年同期加快 1.5 个百分点,以旅游业、信息产业、物流业和高技术服务业等为代表的现代服务业增势良好。

当前,江西已进入可以大有作为的战略机遇期,但也面临着巨大的挑战。如何适应经济发展新常态加快产业转型升级,如何抓住国家战略叠加支撑的重大机遇拓展优势加快发展,如何在探索建设生态文明先行示范区中孕育新的发展动能实现后来居上,等等,切实破解这些课题,实现绿色崛起,关键在创新,基础在教育。从江西教育现状看,尽管取得了长足进步,但发展的整体水平与发达地区相比还有差距,发展与改革的任务还很重。江西教育与经济社会发展智库的成立,顺应了江西省委、省政府对教育工作的期望和江西经济社会发展的需要,恰逢其时,必将在推动教育改革、提高教育质量、实现教育强省、助推江西绿色崛起等方面发挥重要作用。因此,如何加强智库建设是当务之急。

一、明确主攻方向

出思想、谋战略、提对策,是智库的根本功能。江西教育与经济社会发展智库要以服务国家和江西发展为宗旨，以提高建言献策质量为核心，紧紧围绕国家和全省发展战略需求，瞄准当前教育改革重大热点、难点问题，开展战略性、前瞻性、储备性、基础性的政策研究，发挥好智库在理论创新、咨政建言、舆论引导、公共外交等方面的重要作用。要立足江西本土，聚焦江西现实之困，聚合先进理念，多出针对性、操作性强的研究成果，做江西教育发展战略思想的积极贡献者、教育改革决策方案的理性建言者、教育政策实施效果的客观评估者、全社会教育新观念的主动引领者。

二、创新理念方法

智库是以"用"为重要标志的研究机构。要坚持基础理论研究和应用对策研究并重，探索有用之学，研究有学之术。要强化问题驱动，既立足于解当下之急需，又着眼长远，提出并探索战略性、前瞻性的课题，将问题的回应与思想的引领很好地结合起来，有效发挥理论创新在实践创新中的先导性作用。要强化学科协同，努力搭建跨学科交流平台，构建强强联合、优势互补、深度融合的科研机制，发挥好智库学科视野广博、学科背景多元的优势，通过协同攻关，以跨学科的力量透彻解析全局性、综合性课题。要强化技术支撑，积极吸收借鉴国内外成功智库的先进经验，大力推进研究方法、分析工具和技术手段创新，充分利用现代信息技术，搭建互联互通的信息共享平台，为提高决策咨询质量提供学理支撑和方法论支持，不断推出高水平研究成果。

三、聚合一流团队

人才是智库的第一资源和建设核心。江西省委教育工委、省教育厅要进一步加强与国内外高校、智库的联系，完善专家聘任机制，努力集聚一批学养深厚、视野开阔、掌握政策、联系实际、相对稳定的一流专家团队。要加强与专家的沟通，为专家提供热情周到的服务和必要的工作环境，创造条件支持和协助专家围绕江西教育与经济社会发展的全局性、战略性问题以及教育难点热点问题开展研究，不断增进智库的凝聚力。要充分发挥智库专家的学术优势、人脉优势，指导江西教育智库建设，为江西教育改革发展把脉问诊、出谋划策、贡献智慧。比如，可以开展合作办学、协同开展科研、帮助学科建设等，也可以到江西的高校开办讲座、作专题报告等，帮助江西提高教育发展水平。

四、注重成果转化

要建立智库成果报送机制，建立咨询报告数据库，加强信息数据的采集和输出，及时跟踪汇总分析相关信息，通过简报或专报等形式及时报送研究成果。要搭建成果发布平台，通过开展合作研究、举办高层智库论坛等加强交流，及时向政府、公众和社会推介智库研究成果，不断扩大智库的社会影响力。要建立以质量和贡献为导向的成果评价奖励制度，构建有利于智库创新发展的长效机制，激发智库创造活力，推动成果转化应用，为我省各级党委、政府提供及时、解渴的对策报告和决策参考。要紧把解决实际问题这个主题，将文章变文件，把对策变政策。江西教育与经济社会发展智库，要围绕江西有特色高水平大学和一流学科建设以及《江西省教育事业发展"十三五"规划（草案）》开展交流咨询，为江西教育事业发展提出新思想、新观点，为江西教育基本实现现代化提出新方案、新路径。

当前，江西特色新型智库建设迎来了前所未有的发展机遇，江西教育与经济社会发展智库的成立可谓恰逢其时、重任在肩。要充分发挥智库的人才优势和智力优势，聚焦江西教育改革与经济社会发展的重大急需，加强协同创新，不断推出有深度的研究成果，努力把江西教育与经济社会发展智库建设成为具有特色鲜明、在国内外具有重要影响的新型智库，为全面深化教育领域综合改革、办好人民满意教育，为实现江西"发展升级、小康提速、绿色崛起、实干兴赣"作出应有的贡献！

（2015 年 11 月 28 日）

守住师德底线　加强师风建设

百年大计，教育为本；教育大计，教师为本；教师大计，师德为本。因此，探索师德师风建设，这对进一步促进师德建设的理论创新、制度创新和管理创新，对于培养高素质的人才，很有意义。

一、高度重视师德师风建设

自古以来，中华民族就有重视教育、重视师德的优良传统。在我国的先秦时期，孔子就提出，教师"身教"重于"言教"，强调"其身正，不令而行，其身不正，虽令不从"。墨子把"有道者劝以教人"作为教师的大善，把"隐匿良道而不相教诲"作为教师的大恶。荀子也说过："国将兴，必贵师而重傅；国将衰，必贱师而轻傅。"唐代的韩愈则提出教师的基本任务有三个，即"传道、授业、解惑"，三者之中，尤以"传道"为先。他认为，作为教师，最根本的条件就是要有"道"，不论高贵或卑贱、年长或年少，"道之所存、师之所存"，"师"与"道"密切结合，不可分离。要做教师，必须要掌握仁义之道。南宋理学家、教育家朱熹认为，教师的任务是"讲明义理，以修其身，然后推己及人"。

近代，中国启蒙思想家康有为在《大同书》中，对不同层次的教师提出了不同的行为准则和要求。他认为，幼儿教师应该"德性慈祥"、"有恒性而无倦心"；小学老师应该"德性仁慈、威仪端正、学问通达、诲诱不倦"；中学教师应该"行谊方正，德性仁明"，"诲人不倦，慈幼有恒"；大学教师则应当"更重德性"。著名教育家、思想家陶行知以"捧着一颗心来，不带半根草去"的情怀诠释着师德的最高境界。他认为教师要有奉献精神、敬业爱教，要有"求真务实"精神、"爱满天下"的爱心和甘为人梯的精神，要谦逊豁达、协作合群，以身作则、率先垂范，做到"学高为师，身正为范"。近代中国教育家蔡元培对师范教师的行为和品德十分注重，强调其应成为学生的楷模、世人的楷模，他曾解释道："什么是师范？范就是模范，为人的榜样。"

新中国成立后，我们党和国家高度重视师德师风建设，历代领导人对加强师德师风建设有过许多重要的论述。毛泽东同志认为，师德修养是教育的重要内容，属于思想意识问题，必须体现为无产阶级政治服务，与生产劳动相结合这一教育的根本目的。改革开放以后，邓小平同志强调，教师要加强自身思想政治修养，献身教育事业，以对国家、对民族极端负责的精神，掌握教育规律，勇于实践探索，具有创新意识，培养社会主义现代化建设的合格人才。他要求教师要加强教学能力修养，爱岗敬业，实事求是，严谨治学，努力提高业务水平，树立求真务实的良好学风；要加强工作作风修养，以身立教，为人师表，尊重和爱护学生，不仅要用自己的学识教人，更重要的是要用自己的品格教人；要加强法制纪律修养，自觉遵纪守法。2002 年，国家领导人在庆祝北京师范大学建校 100 周年大会上讲话时强调指出，广大教师要"志存高远、爱国敬业"，"为人师表、教书育人"，"严谨笃学、与时俱进"。2005 年，教育部颁布了《关于进一步加强和改进师德建设的意见》，明确提出加强和改进师德建设要以热爱学生、教书育人为核心，以学为

人师、行为世范为准则，以提高教师思想素质、职业理想和职业道德
水平为重点。2007 年，国家领导人在会见全国优秀教师代表时强调指出，
广大教师要"爱岗敬业、关爱学生"，"刻苦钻研、严谨笃学"，"勇于创新、
奋发进取"，"淡泊名利、志存高远"。2008 年修订的《中小学教师职业
道德规范》，设定了爱国守法、爱岗敬业、关爱学生、教书育人、为人
师表、终身学习六项规范。习近平总书记在北师大与师生座谈时指出，
教师重要，就在于教师的工作是塑造灵魂、塑造生命、塑造人的工作。
一个人遇到好老师是人生的幸运，一个学校拥有好老师是学校的光荣，
一个民族源源不断涌现出一批又一批好老师则是民族的希望。国家繁
荣、民族振兴、教育发展，需要我们大力培养造就一支师德高尚、业
务精湛、结构合理、充满活力的高素质专业化教师队伍，需要涌现一
大批好老师。做好老师，要有理想信念、道德情操、扎实学识、仁爱
之心，把自己的温暖和情感倾注到每一个学生身上，用欣赏增强学生
的信心，用信任树立学生的自尊。

与我国一样，在国外也有很多反应尊师重教、重视师德师风建设的
重要思想。法国资产阶级启蒙学者卢梭说："我不能不反复地指出，为
了做孩子的老师，你自己就要严格地管束你自己。"这与中国"为人师表"
的师德要求蕴义相同。大教育家苏霍姆林斯基指出，"老师应当不仅仅
是教导者，而同时也是学生的朋友。"他强调教育者在教育过程中要与
教育对象建立深厚和谐的师生关系，因为在这种感情影响下，学生不
仅将愉快地听讲，而且会相信教师的教导，愿意仿效教师。这正是传
统中国所提倡的"亲其师，信其道"的理想境界。

由此可见，古今中外，无不高度重视师德建设。虽然在不同国家不
同历史时期对师德师风建设的具体内容有着不同表述，但都把师德师
风视为教师队伍建设的根本，视为教师最重要的素质。

二、江西省师德师风建设取得的明显成效

近年来，江西省委、省政府把师德建设摆在教师队伍建设的突出位置，加大管理创新，陆续出台了一系列的政策措施。各地各校也根据实际情况开展了不少创新性的工作，广大教师也为提高自身的道德修养做出了应有的努力，江西省教师师德建设呈现良好的发展态势，师德师风主流积极向上，在全社会树立了好榜样，传播了正能量。

（一）建立了一系列激励引导的好机制

近年来，江西省先后出台了《关于进一步加强中小学教师师德建设的通知》、《江西省中小学教师职业道德"八不准"》等政策措施。各级各类学校结合本校实际，也制定了一系列激励、评价的规章制度，如有的学校制定了《"三育人"工作暂行条例》、《关于进一步加强和改进师德建设的实施意见》、《关于职称评审实行师德师风考核一票否决制的规定》、《教师学术道德规范建设方案》、《教师学术行为规范》等规章。所有学校都将师德师风表现作为教师年度评优评先的重要考核指标。通过建章立制，加强管理，进一步明确了教师的职责、任务以及教学科研行为，使师德师风建设有章可循，有效地促进了优良师德师风的形成。

（二）探索了一整套教育培训的好办法

各校积极开展主题教育活动，丰富师德建设形式。比如，江西省大多数高校都开展了师德师风建设年活动，针对教师的实际，明确主题，并与创先争优活动、学习型党组织建设活动、党的群众路线教育活动紧密结合起来；与本单位的教学、科研、学科建设及管理工作紧密结合起来。有的高校开展了"我心中的师德师风"教职工演讲比赛、优秀师德论文评比、师生廉政书法比赛、"岗位学雷锋，行业树新风"、"明德精业"、"深入学习石秋杰，我为学校作贡献"教职工演讲比赛等师

德实践教育活动。通过一系列的主题教育活动，营造了师德建设的浓厚氛围，增强了师德教育效果。与此同时，大多数的学校坚持以丰富教职工业余文化生活为切入点，以群众文体活动为载体，以"和谐校园，全民健身"为主题，开展丰富多彩的校园文体活动，不仅提高了教职工的身心素质，而且营造了和谐的校园氛围。各校狠抓培养培训，提升师德教育成效。比如，对于新上岗的教师，大多数学校都会指定德才兼备的教师指导，在政治思想、师德师风、业务能力等方面进行培养，给予关心帮助。各师范院校、培训机构将师德教育纳入教育教学和培训课程体系，新任教师岗前培训开设师德教育专题，"国培计划"、"省培计划"等培训项目中把师德教育作为重要内容，结合教育教学、社会实践活动，突出针对性和实效性。此外，很多学校采取实践反思、师德典型案例评析、情景教学等多种师德教育形式，用发生教师身边的事例进行自我教育。各级各类学校也结合教师岗位职责，针对不同群体教师开展了相应的师德培训活动，把教师职业道德、学术规范、法规法制和心理健康教育等列为培训的重要内容，培养职业荣誉感和使命感。

（三）营造了一种风清气正的良好氛围

一是严格考核惩处，促进教师自觉加强师德修养。江西省教育厅制定了《江西省中小学教师师德考核办法》，将师德考核作为教师考核的核心内容，并与教师资格注册、岗位聘用、年度考核、评优评先、职务（职称）评聘和特级教师评选挂钩，实行师德师风表现一票否决。对危害严重、影响恶劣者，坚决清除出教师队伍。江西省大多数高校在各项评优评先、专业技术职务晋升、年度考核和聘期考核中，也普遍实行了师德师风一票否决制，对于违反师德师风建设有关规定，经教育和帮助仍不改正的教师，予以严肃处理。二是强化师德监督，有效防范失德行为。将师德建设纳入教育督导评估体系。江西省教育厅制定《江西省中小学校师德建设工作监督测评办法》，从组织领导、制度保障、纠错机制和工作实效等方面监测学校师德建设工作情况，监测结果纳入校长及其班子成员年度绩效考核、任期考核重要内容，作为中小学校和学校主要领导参评先进集体和先进个人的前提条件，作为发放学校领导绩效工资的重要依据。江西省各个高校都成立了教学督导组，聘请长期从事教学和教学管理的已退休的优秀老教师担任督导员，对教学、师德情况实施全过程督导。大多数高校还普遍建立了学生评教制度，每学期组织学生对任课教师进行评议活动，其中师德是评教活动重要内容之一。三是突出师德激励，营造重德养德良好风气。将师德表彰奖励纳入教师和教育工作者奖励范围。江西省教育厅每三年评选表彰一次师德标兵，每三年开展一次师德师风示范校创建活动，把师德表现作为评选教书育人楷模，模范教师、教育系统先进工作者，优秀教师、优秀教育工作者、优秀班主任、德育先进工作者等表彰奖励的必要条件；在同等条件下，师德表现突出的，优先评选特级教师和晋升教师职务（职称）、优先参加学科带头人和骨干教师选拔。

（四）涌现了一大批德艺双馨的好老师

通过近些年的建设，江西省涌现出一批德艺双馨、德才兼备的优秀教师。如，勇入火海救学生、被评为 2010 年度"感动中国十大人物"的王茂华老师；"太阳山上的守望者"、永修县三溪桥镇黄岭村小学太阳山教学点默默奉献的邹有云老师；关爱聋哑儿童无声世界的特教老师张俐；三十年如一日，省吃俭用，一心一意爱护学生，诚诚恳恳帮助困难学生，激励优秀学生的新余市罗坊中学离休教师蒋国珍；爱生如子的"博导妈妈"石秋杰等，在他们身上，集中展现了江西省教师良好的精神风貌和高尚师德。江西省教育厅和大多数学校每年充分利用教师节等重大节庆日、纪念日的契机，联合电视、广播、报纸、网络等多种媒体集中宣传这些优秀教师的先进事迹，营造了尊师重教、崇德向善、明德惟馨的良好氛围。

可以说，经过多年来坚持不懈的努力，江西省教师队伍师德师风水平明显提升，江西省广大教师忠诚党的教育事业，爱岗敬业、为人师表、无私奉献，用自己的实际行动带头践行着社会主义核心价值观，充分展示了新时期人民教师的高尚师德和光辉形象，为教育改革发展做出了重要贡献，得到了社会各界的充分肯定和高度赞誉。但与此同时，我们也清醒地看到，在个别教师身上还存在着"轻师德，重师能"的现象，特别是从人民群众对教育的期盼来看，当前发生在极个别教师身上的一些事件，大大影响了教师队伍的整体形象，群众对一些教师的职业道德水平还不太满意，在很多群众的眼中，少数教师既不学高更不身正，成了道德的缺失者，比如我们经常见到媒体上有关教师见利忘义、吃拿卡要、弄虚作假、违背学术良知、猥亵女学生、有偿家教、师生恋、体罚学生等报道，以如此形象示人的教师，怎能教育好学生？又怎能让学生家长和广大群众满意？加强师德建设迫在眉睫。

三、师德建设的新内涵新要求新主旨

党的十八大报告提出："加强教师队伍建设，提高师德水平和业务能力，增强教师教书育人的荣誉感和责任感。"这为加强师德建设提出了明确具体要求，江西省广大教育工作者和教师一定要领会这一精神实质，把师德建设放在更加重要的位置，以德修身，以德立威，内铸师魂，外塑师表，牢牢把握新时期师德建设的新内涵、新要求和新主旨。

（一）社会主义核心价值观是新时期师德建设的价值导向

富强、民主、文明、和谐，自由、平等、公正、法治，爱国、敬业、

诚信、友善，这 24 个字传承着中国优秀传统文化的基因，寄托着近代以来中国人民上下求索、历经千辛万苦确立的理想和信念，也承载着我们每个人的美好愿景，是对社会主义核心价值观最全面最深刻的阐述，充分反映了党的理论创新和实践发展的新成果。新时期师德建设一定要以社会主义核心价值观作为价值导向。教师首先是一个公民，应当具有一个公民应有的道德水准和人格素质。合格的公民未必是合格的教师，但合格的教师必须首先是合格的公民，必须符合社会主义核心价值观的基本要求，社会主义核心价值观中的"爱国、敬业、诚信、友善"，是新时期每一个公民包括每一个教师都应具备的道德素质，是新时期师德的核心内容。一个教师如果连普通公民的道德要求都达不到，他就失去了作为一名教师的资格。学为人师、行为世范。任何称职的、优秀的教师，都不应仅仅满足于只做一个合格公民，他的社会角色、职业特征要求他一定要在公民基本道德规范的基础上，不断追求更高的道德目标。用社会主义核心价值观引领师德建设具有重要的时代价值和现实意义，有利于推动中国特色社会主义共同理想的形成、促进民族精神和时代精神的传承发展，提升高校师资队伍建设的理论水平，造就出一支忠诚于教育事业的教师队伍。

（二）弘扬中华传统优秀文化是新时期师德建设的有效途径

中华民族传统文化的内涵丰富而深刻，具有历久弥新、生生不息的品质，是永不枯竭的道德资源。传统儒家思想中"热爱学生，有教无类"、"以身作则，言传身教"、"学而不厌，诲人不倦"、"因材施教，循循善诱"、"不耻下问，知过即改"等有关师德的论述，使我国在春秋时期即已形成我国教育史上第一个教师道德体系。西汉大儒董仲舒认为，教师应该具备"严以律己、因材施教、勤勉治学"这三项基本道德要求。南宋理学家朱熹主张教师应有"德行道艺之实"，切实做到"言、忠信，行、笃敬，惩忿窒欲，迁善改过"，"正其义，不谋其利，明其道，不计其功"。总之，古代"师道"要求教师既要德行坚定，又要术业有专攻；既要知其理，又要践其行；还要日精日进，不断获取新知，并将此作为尊师重道的基础。广大教育工作者和教师要进一步撷取传统文化精华，充实和丰富师德建设的内涵。

（三）爱岗敬业、关爱学生是高尚师德的本质要求

爱岗敬业是师德的基础，没有责任就办不好教育，没有感情就做不好教育工作。成为一名教师，就要热爱教育、热爱教师职业，并全身心地投入到这项事业当中，才能激发自身的事业心和责任感，增强工作的主动性，才会有源源不断的动力。关爱学生是师德的灵魂，为人师表，师爱为魂，师德的核心就是对学生无私的爱。没有爱，就没有教育。崇高的师德，源于教师心中的大爱。"爱是教育的基础"。高尔基说："谁爱孩子，孩子就爱谁。只有爱孩子的人，他才可以教育孩子"。因此，教师要用爱心、真心和耐心去关爱学生，教育学生。严在当严处，爱于细微间。不仅要尊重、塑造学生健全人格，也要尊重学生的兴趣和个性差异；既要为学生的当前负责，也为学生的未来负责；既要对学生一视同仁、不厚此薄彼，又要关爱贫困家庭学生、心理障碍学生、后进学生，就像关爱自己的孩子一样关爱每一个学生，成为学生的良师益友和健康成长的引路人。

（四）教书育人、为人师表是高尚师德的内在规定

《礼记》记载："师也者，教之以事而喻诸德也"，也就是说，老师不仅要教学生"谋事之才"，更要传学生"立世之德"，尤其是以传德为根本。可以说，教书育人不仅是师德的核心，更是教师的责任和义务。所以，我们的教师，要始终坚持立德树人的根本，在传授学生知识和技能的同时，更要注重对学生品德和修养的教化，以"一棵树摇

动另一棵树，一朵云推动另一朵云，一个灵魂唤醒另一个灵魂"的方式，把我们的学生培养成有知识、有文化、有智慧，更有良好品德修养和责任意识的人。要坚守高尚情操，知荣明耻，以身作则，率先垂范，以自己的人格魅力和学识魅力教育影响和感召学生。

（五）终身学习、学高为师是新时期师德的重要内涵

作为传道授业的教师，要使学生信服你，不仅要师德高尚，同时也要注重自身学识水平和业务能力的培养。只有师德高尚，而且又具有渊博的知识、精湛的教学艺术的老师，才能博得学生的敬重和爱戴，才能真正承担起教书育人的重任。"水之积也不厚，则其负大舟也无力"。在新知识、新观念、新理论不断涌现的时代，教师只有不断勤奋上进，把学习当作自己的工作乃至生命中不可缺少的部分，才能适应时代要求。过去我们常讲，"要给学生一碗水，教师得有一桶水"，现在毫不夸张地说，"如果你要给学生一碗水，必须自己要有一片海洋"。作为一名教师，要牢固树立终身学习理念，加强学习，拓宽视野，更新知识，一步一个脚印，不断提高业务能力和教育教学质量，不断完善自己，才能既授人以鱼，又授人以渔，在各个方面给学生以帮助和指导。

（六）改革创新、止于至善是新时期师德的根本追求

我们说，一个没有创新精神的民族，是没有希望的民族；同理，一个没有创新意识的学校也是没有希望的学校，一个没有创新意识的教师，也是没有希望的教师。创新是社会发展的源泉，也是教育工作的真谛。教师身上担负着国家的希望，民族的未来。教师培养出的一代又一代的学生能否成为创新人才，是关系到国家兴旺发达、社会发展和进步的关键。目前从我国教育的现状来看，仍未完全走出应试教育的怪圈，教育创新这匹马，被应试教育的粗大缰绳死死拴住，广大学生的创新潜能被埋没，创新意识被扼杀。因此，我们的教师应当牢固

树立改革创新意识，竭尽全力参与学校的教育教学改革，积极开展教学观念、内容、方法的创新实践，努力为国家培养富有创新精神的优秀人才。

四、努力建设一支师德高尚的师资队伍

培养德智体美全面发展的社会主义建设者和接班人，为实现中华民族伟大复兴的中国梦而奋斗，根本在教育，关键是教师。各地各有关部门、各级各类学校要创新教师管理体制机制，切实加强师德建设的薄弱环节，着力破解涉及师德建设体制机制方面的难点问题，努力建设一支师德高尚的教师队伍。

（一）坚持教育自律与制度他律相结合

在培育和树立高尚师德的实践中，不外乎教育引导和制度约束两类形式。我认为，思想教育是"正人心"的过程，制度建设是"立规范"的过程，二者分属"自律"和"他律"的不同范畴。思想教育是"正人心"，是师德建设的基本前提，只有人心思正，好的制度才能建立，建立起来的好制度才能得以实施，毕竟制度归根结底是要人来执行的；制度建设是"立规范"，是师德建设的根本保障，没有制度的约束和规范，单纯的说教会显得苍白无力，"正人心"会因此更难，而已正之人心也易在外部环境的诱导下难以长久维持。因此，在师德建设中，思想教育与制度建设两者都不可或缺，应统筹安排、协调并进，实现二者的有机统一。

（二）坚持显性教育与隐性教育相结合

制度建设和思政教育都是师德建设中的显性教育与规范，具有明确的教化和约束功能。教师的工作生活大多身处于特定的校园之中，要充分认识文化对人成长成材的积极作用。有形的校园环境和无形的学风、

教风、校风所构成的校园文化氛围，是一种无形的教育力量，它常常以润物细无声的形式对教师的成长起到意想不到的作用，这种文化的隐性教育功能同样是师德建设的有效途径。学校在发展过程中所形成的校园文化对全体师生能产生强大的潜移默化的教育作用，对教师的理想、信念、作风和情操产生直接的影响。要积极营造健康的校园文化氛围，充分发挥校园文化的导向、凝聚、激励和调适功能。引导广大教师积极参与学校发展目标的制定，为学校的发展献计献策，将个人的思想情感和前途命运与学校事业发展紧密联系在一起，增强使命感、责任感和主人翁意识。引导教师克服浮躁的情绪，培养脚踏实地、刻苦钻研的良好学风。引导教师养成求真务实、科学严谨的治学态度，潜心学习，积极进取。

（三）坚持师德建设的政治化与专业化相结合

师德是一种特殊的职业道德，它不仅包含了教师作为一种社会职业所应具备的行业行为规范，还因教师承担着育人这一重要功能，其必须拥护一定社会的主流意识形态、官方的政治立场，师德建设的内容因此而拥有意识形态与非意识形态的双重内涵。我们要坚决抵制"师德标准去政治化"的错误认识，不能简单地认为教师只是一种传播知识的行业职业，把上好课单一地作为师德的底线；也不能单一强调教师师德标准的意识形态化，把师德建设过于政治化。2013 年 5 月 4 日，中共中央组织部、宣传部和教育部党组联合发布了《关于加强和改进高校青年教师思想政治工作的若干意见》。提出要强化职业理想和职业道德的双重教育，强调学术研究无禁区、课堂讲授有纪律，为处理好师德建设政治化与专业化的二者关系提供了依据。

（四）坚持师德问题的单一处置与统筹治理相结合

师德问题已是一个长期的话题，一直以来，在师德问题的治理实践过程中，总给人以一种"按下葫芦浮起瓢"的无奈，在解决某一种师德问题时，又往往会产生新的其他问题。有偿补课、性侵学生、学术造假等问题时有发生。这种局面之所以发生，某种程度上是由于对师德建设是一个系统工程的认识还不到位，是对师德问题必须统筹治理的认识还不到位，导致在师德建设过程中，存在"头痛医头、脚痛医脚"的局限，在面对师德问题时，存在将其原因单一化、就事论事的局限，对引起这一问题背后的其他因素未予足够的重视；在治理师德问题时，多为事后的单一处置，而缺乏事先的预防、规避和统筹规划。如教师本应是阳光下最光辉的职业，但现在不少基层学校，很多教师的基本待遇都没有得到保障，加上片面追求升学率的压力，使得这些教师的职业尊严感和生活幸福感都不高，影响到他们对待教学的态度。因此，在师德建设过程中，思想教育、制度约束之余，更要注重提高教师待遇，包括物质生活的改善与精神方面给予他们应有的尊重，让教师能从心底珍惜这份事业，从而把师德建设与尊师重教、尊重人才有机结合起来，在政治上、思想上和生活上关心教师，依法保障教师权益，千方百计地为教师办实事、办好事，帮助教师解决实际困难和后顾之忧，在热诚服务教师的过程中深入细致地做好教师思想政治工作，凝心聚力，强基固本。

（五）坚持实现校内规范与校外引导相统一

师德，是随着教育的产生和发展而逐渐形成和发展的，是教师在教育教学活动中所依据的准则、规范及其应有的行为品质的总和。虽是教师的职业道德，但任何职业都是社会化的产物，任何职业道德都是一定社会关系的外在体现，师德亦不例外，因此，一定社会关系及其环境与氛围对师德建设起着至关重要的作用。在进行师德建设时，眼光应不仅局限于学校校园，单纯依赖学校的教育和约束，要跳出学校，走出校园，从社会层面去积极培育师德建设的有益环境，实现校内规范与校外引导的有机统一。具体而言，就是要积极培育尊师重教的良好风气。尊师重教的社会环境对教师的师德师风建设具有引导作用。在一个尊师重教风气很浓的社会里，教师在心理上和精神上必然会产生一种欣慰、自豪和满足感，而这种积极的心理感受必然促使他珍惜教师岗位，严格要求自己。党和国家已经确立了科教兴国的战略，教育和教师的社会地位有了前所未有的提高，教育和教师在当今知识经济时代的基础性作用正在成为全社会的共识。但是，我们也应看到，一些地区尊重教育和教师还仅仅停留在口头上，一些有悖于尊师重教的思想观念在社会上还有相当的市场，并侵蚀着人们的思想，教师在学生和社会中的尊崇地位正遭受着前所未有的冲击。我们要大力加强优秀教师的宣传报道，强化教师的高尚形象，让教师这一职业成为让人羡慕和尊敬的职业，在全社会进一步形成一种尊重知识、尊重人才、尊重教育、尊重教师的良好氛围。

一言以蔽之，高尚的师德是教师自身的不懈追求、人民群众的热切期盼、时代赋予的重托，是感染、教化学生的基础，是推进教育事业科学发展、实现中华民族伟大复兴"中国梦"的保障。

（2014 年 9 月 10 日）

打通江西教育信息化 "最后一公里"

当今世界已进入信息时代，信息化与工业化、城镇化和农业现代化一起并称 "新四化"，是实现中国现代化和中国梦的基本途径。而教育信息化又是国家信息化的重要组成部分，是教育现代化的重要标志，是提高教育质量、促进教育公平和教育均等化的内在要求。因此，加快江西教育信息化发展时不我待。

一、认清教育信息化的发展形势

加快推进教育信息化，事关教育改革发展全局。如何正确看待当前江西省教育信息化发展的形势？概括起来是三句话：有成绩、有差距、有必要。

（一）有成绩

近年来，江西省委、省政府高度重视教育信息化工作，加大投入，统筹推进，江西省教育信息化建设取得了长足发展。一是基础设施不断完善。通过整合农村义务教育学校标准化建设工程、教学点数字教育资源全覆盖工程、"校校通" 和 "班班通" 工程等一系列教育信息化项目的实施，为江西省农村教学点和村完小基本配齐了信息化教学设备和优质数字教学资源，教育信息化环境不断优化。目前，江西省中小学宽带接入率达到49%，多媒体设备覆盖率达到53%；中等职业学校生机比达到8∶1，已联网学校的出口带宽均值达50M；高校全部建成了校园网络。二是平台建设初见成效。建设完成了省级基础教育资源公共服务平台并免费向江西省中小学师生提供在线教学与自主学习服务。目前网站资源总量达到173万条，资源容量超过50T，资源下载量达1357万次；网站浏览量达到3.7亿人次，日浏览量最高达131万余次；网站注册学校17125所，实名制学生注册用户387万人，实名制教师注册用户39.9万人，注册教师数约占江西省中小学教师总数的98%。完成了省级数据中心一期建设和"全国中小学生学籍信息管理系统"的数据采集工作。各级教育行政部门都建设了门户网站，建立了人事、教师、学生、财务、设备、招生、学历、科研等数据库，教育管理信息化程度不断加强。三是应用水平有所提高。江西省中小学校都开设了信息技术课程，教师运用信息技术进行课堂教学的能力显著提升。1995年以来，江西省每年都举办中小学、幼儿园教师优秀教学资源评比活动，2013年，参赛学校数达19505所，参赛教师108717人次，送省参评作品17325件，获省一等奖1510个、二等奖2941个、三等奖4210个。从2011年开始，江西省每年举办一届江西省中小学教师"班班通"教学资源应用赛课活动，并规定某些学科参赛对象必须为农村中小学校教师。此外，中职学校和高等学校在教学、科研和管理等方面的信息技术应用水平也都不断提高。

（二）有差距

虽然江西省教育信息化得到了较快发展，但是我们也应该清醒地认识到，江西是经济欠发达省份，对教育信息化投入欠账比较多，教育信息化总体水平不高，工作开展方面也面临着许多困难和挑战。一是教育信息化观念不强。一些地方、学校对教育信息化的重要性认识不足，教育信息化建设思路还不清晰，"重硬件轻软件、重配备轻应用、重建设轻培训"的现象普遍存在。二是管理和运行机制不健全。各地、各学校在教育信息化建设中存在条块分割和重复建设的现象，以政府主导、多方参与的经费投入保障机制尚未完全建立，支持教育信息化发展的政策环境、评价体系尚不完善。三是教育信息化发展不平衡。区域、城乡、学校之间发展不平衡，尤其农村中小学校信息化环境仍较薄弱。例如，抚州市城区学校接入宽带网络的比例为 93.3%，带宽 10M 以上学校占 57.2%，"班班通"占 31.1%。而农村学校接入宽带网络的比例只有 48.4%，带宽 10M 以上学校只有 3.8%，"班班通"也只有 12.9%。四是教育信息化人才缺乏。教师队伍的知识结构、素质和能力还不能适应教育信息化发展要求，广大教师和管理人员的信息素养、信息技术能力亟待提高。五是应用水平比较低。信息技术与教育教学的深度融合不够，优质数字教育资源还不丰富，数字教育资源共享程度较低，信息孤岛现象依然存在。总体来看，江西省教育信息化发展进程滞后、整体水平较低。

（三）有必要

信息技术是当今最活跃，发展最迅速，影响最广泛，渗透力最强的科学技术领域之一。世界各国和各地区对信息化的发展给予了前所未有的关注。在此背景下，教育信息化正在引领教育领域的深刻变革。一是从世界各国发展趋势看，教育信息化已成为越来越多国家和地区提升教育水平的战略选择。美国 1993 年就提出了"国家信息基础设施"计划，开始发展以互联网为核心的综合化信息服务体系，推进信息技术在社会各个方面的应用，并把信息技术作为实施面向 21 世纪教育改革的重要途径，2010 年美国又正式发布《国家教育技术规划 2010》，提出技术赋能的学习模型，努力寻求教育系统的整体变革，全面提升教育生产力。英国继 2005 年出台《利用技术促进学习计划》之后，于 2010 年发布《下一代学习：2010—2013 年执行计划》。日本于 2010 年公布了《教育信息化指南》，从学习、使用、提高教师指导能力等 9 个方面推进信息化运用。韩国于 2011 年推出"智慧教育战略"，投资 20 亿美元开发电子教科书、进行教师再培训、建立云网络，宣布到 2015 年所有学校的纸质课本将被电子课本取代。可以说信息化已成为世界各国提升教育综合实力的重要实现方式，各国纷纷抢占发展先机。二是从国家的决策部署来看，教育信息化已上升为国家战略。党和国家高度重视教育信息化，新世纪以来，更是把教育信息化上升为国家战略，《国家中长期教育改革和发展规划纲要（2010—2020 年）》明确了"以教育信息化带动教育现代化"的战略目标。2012 年 3 月，教育部印发《教育信息化十年发展规划（2011—2020 年）》，要求"以教育信息化带动教育现代化，破解制约我国教育发展的难题，促进教育的创新与变革"。2012 年9 月，国家召开了第一次全口径的教育信息化工作会议，对教育信息化进行了全面部署。党的十八届三中全会将教育信息化作为教育领域综合改革的重要任务，明确提出"构建利用信息化手段扩大优质教育资源覆盖面的有效机制，逐步缩小区域、城乡、校际差距"。这一系列紧锣密鼓的部署将教育信息化推向了教育工作的重中之重，"以教育信息化带动教育现代化"已经成为我国推进教育事业改革发展的战略选择。三是从江西省教育事业发展来看，教育信息化已成为教育改革发展的重要支撑。前不久，江西省委、省政府出台了《关于深化教育领域综合改革若干问题的意见》，明确提出把促进公平和提高质量作为今后一个时期江西省教育改革的核心任务。就促进公平而言，教育信息化突破了不同地域在师资水平和办学条件上的差距，用较低的成本高效便捷地实现优质教育资源共享。广大教师通过网上培训、视频课堂、互动观摩等方式随时学习，零距离接触先进教学方法，可以整体提高教师素质，有效促进师资均衡化。就提高质量而言，教育信息化让师生拥有获取信息的平等地位，有助于推动教育教学从以教为中心向以学为中心转变，从知识传授为主向能力培养为主转变，从课堂学习为主向多种学习方式转变，必将对深化素质教育、提高教育质量产生深远影响。可以说，推动教育均衡发展，实现教育公平，离不开信息化的支撑，深化教育教学改革，全面提升教育质量，信息化是重要动力之一，教育信息化对于江西省教育改革发展具有全局意义，是破解当前制约江西省教育发展难题的重要抓手。

二、把握推进教育信息化的基本要求

当前，对教育信息化仍然存在相当多的认识误区，很多人一谈到教育信息化，就是讲设备、讲技术，对教育信息化的内涵认识不深、理解不透。

（一）把握教育信息化的理念

理念是行动的先导。我们不能把教育信息化简单等同于计算机化或网络化。单纯的硬件设施建设不是教育信息化，信息产品在教育领域的简单应用也不是教育信息化。真正意义的教育信息化是信息技术与教育教学实践的深度融合。只有把信息技术与教育教学过程紧密结合起来，利用信息技术改造教育教学的过程才是教育信息化。对这一点我们一定要有清晰和深刻的认识，否则我们一说教育信息化就是购设备、拼硬件。简单的硬件设施更新换代不能代表教育信息化的发展，再高级的计算机、再轻薄的 iPad，都不能算是教育信息化的标志，甚至从一定意义上讲，这并不是教育信息化，仅仅是信息产品在教育领域的应用。只有将信息技术与教育教学融合作为教育信息化核心理念，通过信息技术优势解决教育发展中的深层次问题，我们才能找到教育信息化的方向，找到推进教育信息化真正有效的路子。

（二）把握教育信息化的关键

教育信息化的关键是信息技术在教育教学活动中的广泛应用，只有应用程度越深，教育信息化对教育现代化的带动作用就越明显，不应用就失去了教育信息化的意义和作用。我们必须始终坚持把应用作为教育信息化的切入点、着力点和核心要务，而不要把主要精力放在单纯的硬件建设上。要以应用驱动硬件设施投入，以应用驱动教学模式变革，以应用驱动教育管理创新，以应用驱动人才培养模式改革，真正实现以应用来驱动教育信息化全面推进。

（三）把握教育信息化的原则

推进教育信息化，一要立足当前，着眼长远。江西省教育信息化的发展既要满足教育信息化发展的大趋势，同时更要立足当前江西教育信息化的发展实际，以"应用、培训和共享"为行动导向，通过顶层设计和重点项目的推进，促进江西教育信息化水平实现后发先进的新局面。二要统筹规划，突出重点。根据江西省区域经济社会发展水平和各级各类教育信息化发展水平的特点，统筹做好教育信息化的整体规划和顶层设计，明确发展重点，强化标准建设。要突出农村教育信息化建设重点，加快缩小区域、城乡、学校之间的数字化差距，推进区域、城乡教育协调均衡发展。三要化人化物，齐头并进。教育信息化的重心在于人的信息化，人的价值旨趣、学习需求与信息素养等是教育信息化成败的决定要素。我们对教育信息化的理解要突破技术性的要素框架，充分认识教育信息化不仅要带动"物的现代化"，更要带动"人的现代化"，变替代性应用为创新性应用，推动教育思想、观念、模式、内容和方法的全面变革。要加强信息化人才队伍建设，改变以往重在购买设备、资源等"见物不见人"的现象，实现"化人"与"化物"齐头并进，达到要素整合、环境统筹及主体协同的新格局。

（四）把握教育信息化的要素

学校教育中，教师、学生和教学设施是其基本的构成要素，教育信息化的深入展开，必须使教师的作用、学生的能力、教育设施的性能都有深刻的变化。一是就教师来讲。传统教育中，教师的基本作用是向学生传递一定学科的专业知识。信息技术的广泛应用，学生可以自主地通过各种途径，以各种方式进行学习。这种情况下，教师将从知识的传递者转变为学习的组织者和协调者。对于给定的学科内容，学生不仅通过老师，还可以通过互联网学习，也可以通过小组讨论和调查访问学习。因此，教师不再只是讲授，而应对学生的学习活动进行指导、组织、协调，要思考每一堂课怎么把信息化的优势发挥出来。二是就学生来讲。以知识的传递、知识的理解为中心的接受学习中，学生是被动地接受知识，对学生的要求是理解知识，掌握知识。信息技术的广泛应用，要求学生不仅是被动地接受知识，更重要的是主动地获取知识。特别是现在的网络条件下，学生的学习空间互动非常方便，视频、图像、文字等无所不能。在这种情况下，要求学生更多地参与，更要注重学习方法、思维方法和讨论方法的掌握，要求学生具备一定的自我学习能力。三是就教育教学设施来讲。信息技术在学校中的广泛应用，使学校中教育设施的性能有了很大的变化，这种变化主要包括学习资源的共享、教学设施的网络化、多媒体学习环境的完备等。

三、推进教育信息化的目标任务

（一）推进教育信息化的目标

当前和今后一段时期江西省教育信息化的总体目标是，以"三通两平台"（"宽带网络校校通"、"数字资源班班通"、"学习空间人人通"和教学资源公共服务平台、教育管理公共服务平台）建设为抓手，以优质教育资源和信息化学习环境建设为基础，以信息技术应用普及为重点，以学习方式和教育模式创新为核心，以创新体制机制和加强队伍建设为保障，大力推进信息技术与教育全面深度融合，不断提升江西省教育信息化整体水平和可持续发展能力，确保到2020年，全面建成涵盖各级各类教育的教育信息化公共服务体系，形成与教育现代化目标相适应的教育信息化体系，国家教育信息化标准达标率达到85%以上，基础设施更加优化，资源和基础数据库更加完备，队伍建设更上台阶，体制机制更加健全，教育管理信息化水平显著提高，信息技术与教育融合发展的水平显著提升。

（二）推进教育信息化的任务

一是加快推进宽带网络校校通建设。目前，江西省还有很多农村学校没有基本的宽带网络教学和学习环境。各地要全面整合"改薄"、"标准化"、"校安"等重大工程建设，加快推进宽带网络校校通建设，加快完善和提升江西省各级各类学校教育信息化基础设施设备水平和教育网络体系，重点是解决好农村义务教育薄弱学校网络条件下的基本教学环境，解决好农村教学点校园宽带接入"最后一公里"的问题，力争到2015年底实现江西省所有中小学宽带到校。在信息基础设施建设上，我们要充分发挥市场决定性作用，引导企业参与基础设施建设，实现各级各类学校宽带网络接入。在基础设施运营维护上，积极倡导市场化办法，由专业化企业或非营利性机构提供服务，由学校或政府购买。这方面外省有些好的经验值得我们学习，如广东省教育厅与中国电信广东公司签订合作协议，对学校宽带接入实行"三免费"政策，为未接入互联网的学校免费提供 4M 的 ADSL 专线；在线路满足 10M 接入条件后免费升级至 10M；所有接入学校前三年免费使用，三年后大中城市和珠三角地区学校执行每校每年 200 元的优惠资费标准，粤东、粤西、粤北地区农村中小学全部免费使用。希望江西省教育厅探索与江西电信公司、江西移动公司、江西联通公司加强合作。

二是加快推进数字资源班班通建设。通过专递课堂、名师讲堂、名校网络课堂等"三个课堂"，实现"一校带多点、一校带多校"，将优质教育教学资源推送到每一个班级，特别是让边远、农村地区孩子能够接受良好的教育，逐步缩小区域、城乡、校际差距，促进教育公平。所谓"专递课堂"，就是针对农村边远地区部分课程师资力量不足的问题，集中力量开发一批音乐、美术、英语、信息技术等短缺课程，实现教学点数字教育资源全覆盖。所谓"名师课堂"，就是支持各地各校大力开发一批优质数字教育资源，利用网络平台充分发挥名师示范带动作用，从而提高广大教师教学水平。所谓"名校网络课堂"，就是支持有条件的名校开设"网络课堂"，加速普及输送到其他学校，使更多学校学生享受到优质教育。据了解，这方面江西省南昌市市属学校全部实现了"班班通"，区局学校 68% 实现了"班班通"，县属学校 58% 实现了"班班通"。湖口县全县中心小学全部接入互联网，实现了"班班通"。

三是加快推进网络学习空间人人通建设。网络学习空间是信息化教学的全新模式，是教育信息化发展方向，是对网络时代学生学习、老师教学及师生互动、生生互动新模式的创新与探索，对以校园内学习为主的教育方式产生革命性影响，对继续教育、学习型教育和终生教育具有重大意义。要积极探索网络学习空间建设的有效机制，重点推动职业教育、教师空间建设，带动学生空间建设，使每个教师、高校学生、中学学生和职业类院校学生都有一个实名的网络学习空间。要在网络学习空间的有效应用上下功夫，深入研究利用信息技术丰富教育内容，变革教学手段、改进教学方法与学习方式，推动教师的因材施教和学生的个性化学习，创新人才培养模式。要积极利用网络空间组织教师开展研修活动，提高教师研修水平。如新余四中大力加强"名师工作室"建设，组建了以5个特级教师和3个省学科带头人组成的"名师工作室"，运用网络学习空间组织课堂教学活动。江西电信建设"翼校通业务平台"，目前已在江西省11个地市的1047所学校使用。

四是加快推进教育资源平台建设。资源公共服务平台建设是支撑教育信息化的基础性工程，要从师生需要和教育教学实际出发，建设以课程内容资源和自主学习资源为主，涵盖学前教育、基础教育、职业教育、高等教育、特殊教育和继续教育等各门类教育，多层次、智能化、开放式的数字化教育教学资源体系；要综合运用现代信息技术，如大数据和云技术，虚拟和智能技术等，优先建设"低门槛进入、轻负担运行、高效益回报"的教学应用平台；要加快慕课、微课等新型优质教学资源的开发与共享；要探索建立"企业竞争提供、政府评估准入、学校自主购买"的数字教育资源共享机制，推进建立省级教育资源公共服务平台与地方、企业平台互联互通和协同服务的数字教育资源云服务体系。

五是加快推进教育管理公共服务平台建设。要建立覆盖江西省各级教育行政部门和各级各类学校、学生、教师等基础信息的教育信息基础数据库、数据中心和教育管理信息系统，实现江西省各级各类教育学生、教师、教育机构、学校资产等信息全入库。要强化系统的部署应用，让教育管理信息系统在各级教育行政部门和学校真正用起来，通过系统应用为本单位和本地区教育管理和决策提供支撑，为社会公众提供服务。省市县校之间要做到数据互通和系统互联，提升教育监管能力与服务水平，实现教育管理现代化、决策科学化、服务网络化。

六是加快推进信息应用能力建设。要深入推进信息技术在教育教学、科研、管理中的广泛应用，鼓励和支持学校开展基于信息化环境下的教育教学改革与实践，支持有条件的学校和教科研究机构开展教育信息化理论研究，以教科研究带动教育信息化整体应用水平的提高。基础教育要利用信息技术开展启发式、探究式、参与式教学，建立以学生为中心的教学模式，引导学生利用信息手段主动学习、自主学习、合作学习，培养学生利用信息技术学习的良好习惯，增强学生在网络环境下提出问题、分析问题和解决问题的能力。例如，南昌大学附属中学通过建立学校管理、教师教学、学生学习、家长关注于一体的教育信息化综合平台，促进了学校管理模式、教学手段、教学方式的变革，使学校管理从传统管理向智能化管理转变，教学方式从教师单一授课向师生互动式转变，信息平台的应用提高了教师教学教研水平，优化了学生学习方式，提高了教育教学质量，实现了学生德智体美全面发展，学校办学水平从一般子弟学校迅速跃升到南昌市中学的前列。教育部领导到学校考察后给予了充分肯定和高度评价。职业教育要重点提高课程教学、实习实训、案例分析、职业竞赛和技能鉴定的信息化水平，以信息技术支撑产教结合、工学结合、校企合作和顶岗实习。继续教育要利用现代信息技术，深化"有教无类、因材施教、教学相长、学有所教、学有所成、学有所用"的远程开放教育办学模式，努力促进江西省终身教育体系建设，促进全民学习、终身学习的学习型社会形成。高等教育要成为推动教育信息化的排头兵，高校要积极推动信息技术与教学的深度融合，加快对课程和专业的数字化改造，提升学生自主学习的意识和能力，提高人才培养质量和办学水平；要积极推动教育信息化的技术研发，不仅为学校自身改进教学、科学管理提供支撑，也进一步丰富教育信息化的理念、理论和技术支撑，促进教育信息化的发展和教育改革；要积极推动"产学研用"相结合，提升高校服务经济社会发展的能力；要积极推动高素质信息化人才培养。

四、建立推动教育信息化的保障机制

推动教育信息化关键是抓落实。各有关部门和单位要把加快推进教育信息化作为事关教育改革发展全局的重大任务来抓，加强统筹协调，以更有力的工作措施，强力推进。

一是加强组织领导。各地各部门各学校重视是推动教育信息化的前提。各级政府是教育信息化建设的责任主体，要把教育信息化作为推动教育改革发展的重要战略，作为促进教育公平、提高教育质量的重大利民工程，列入重要议事日程，建立健全领导体制、决策机制和部门协作机制，及时研究解决教育信息化发展中的重大问题。要按照江西省教育信息化建设的总体规划，制定本地区教育信息化的建设和规划，明确时间表、路线图，推动各项任务落实到位。各级教育行政部门和各级各类学校是教育信息化建设的实施主体，要准确把握需求导向，因地因校推进教育信息化工作。各级教育行政部门和各校要成立由"一把手"担任组长的教育信息化工作领导小组，明确职能部门，配备信息化专职人员，完善技术支持服务机构，落实工作责任，避免出现"多头管理、无人负责"的现象。

二是加大经费保障。建立经费投入长效保障机制是推动教育信息化的基础。省本级财政已经设立教育信息化专项,每年投入不少于 2 个亿。各级政府要把教育信息化建设、应用和维护资金列入财政预算，设立教育信息化专项经费，切实保障教育信息化发展需求，特别要加强对农村、偏远地区教育信息化的经费支持力度。各级教育行政部门要确

保中小学校公用经费中的信息化经费支出，各高校要安排信息化专项经费。要鼓励企业和社会力量投资建设、参与教育信息化建设与服务，形成多渠道筹集教育信息化经费的投入保障机制，为教育信息化可持续发展提供保障。

三是加强人才建设。培养培训教育信息化应用人才，是实现"以应用为切入点和着力点"为核心理念的教育信息化的关键。要加大引进与培训力度，努力造就一支具有现代信息素养的校长队伍、一支熟练应用信息技术的教师队伍、一支具有研发能力的骨干队伍和一支网络管理的专业队伍。要继续以中小学和职业院校教师为重点，加强对教师信息技术应用能力的培训，培养信息化教学的习惯和素养，提升教师教育信息技术能力。要将教师信息技术应用能力纳入教师资格认定、职称评聘和考核奖励等教师管理体系，将信息化水平列入中小学办学水平评估和校长考评的指标体系，使教师养成良好的信息技术应用习惯，使信息技术融入教育教学的各个环节。要增强教育管理人员教育技术能力培训和教育信息化领导力培训，提升信息化规划能力、管理能力和执行能力。要加大对教育信息化相关学科的支持力度，鼓励高校和职业院校开设教育技术公共课程及信息技术通识课程，鼓励高校信息化相关学科毕业生到基层单位和学校从事教育信息化工作。

四是创新推进机制。教育信息化是一个系统工程，过程复杂，谁来建、谁来用、怎么用都要有新的机制。要建立专家咨询机制，促进决策科学化，做好顶层设计。要积极探索建立"政府引导、企业参与、学校应用、服务驱动"发展机制，充分发挥市场配置资源的决定性作用，以更加开放的视野，优化政策环境，调动资金雄厚、技术先进、人才众多的优秀企业参与教育信息化建设，提高教育信息化建设水平。要探索政府向社会力量购买技术、软件、管理、运行维护、个性化资源建设等服务的办法，逐步形成政府购买公益服务与个性化服务按需购买相结合的全社会共同参与的教育信息化服务大格局。要鼓励和引导跨区域、跨行业的教育信息化合作与资源共享，逐步形成江西省一体化的教育信息化格局。要完善与建设、运营、管理相关的各项规章制度，建立和完善教育信息化评估体系和督导评估机制，把教育信息化建设和应用水平纳入各级教育行政部门目标管理和督导评估考核。

五是坚持试点先行。要按照"试点先行、示范引领、分类指导、整体提高"的建设思路有序推进教育信息化。支持设区市、县（区）开展区域性整体推进的先行试点，鼓励各地各校围绕教育信息化带动教育现代化、信息技术与教育教学深度融合等主题，探索教育信息化发展模式和路径，整体提升教育信息化发展水平。江西省将选择有条件的地区和学校，重点在教育信息化体制机制创新、物联网示范应用、智慧校园、数字化学习型社区、区域内教育均衡发展等领域开展试点。到 2015 年，江西省建成 5 个物联网技术教育应用省级示范基地，100所智慧校园和 100 所省级数字化学习型社区示范点，逐步形成教育信息化区域规模和品牌效应，引领江西省教育信息化发展。

（2014 年 7 月 30 日）

加强学校及周边治安综合治理工作

学生安全涉及千家万户，校园稳定直接影响社会稳定。营造和谐平安的校园及周边环境，是各级党委政府及有关部门和各级各类学校的共同责任。

一、充分肯定成绩，坚定工作信心

近年来，在各级党委、政府的坚强领导下，全省学校及周边治安综治工作领导小组各成员单位和各级各类学校高度重视学校安全稳定工作，不断完善工作机制，创新管理模式，开展整治行动，学校及周边治安环境得到明显改善，探索出了学校及周边治安综治工作好的经验和做法，得到了中央有关部委的充分肯定，主要表现在以下方面。

（一）领导重视

江西省委、省政府高度重视学校及周边治安综合治理和学校安全稳定工作。江西省委领导多次就江西省学校安全稳定工作做出重要批示，提出明确要求，并多次亲自部署学校及周边治安综合治理整治行动，亲自协调解决学校及周边治安突出问题。为加强对学校及周边治安综治工作的领导，江西省综治委调整成立了由江西省政府分管教育的副省长担任组长，江西省综治办等十个省直部门负责同志为成员的学校及周边治安综治工作领导小组，负责组织协调全省学校及周边治安综治工作。各设区市、县（市、区）也及时对学校及周边治安综合治理工作领导小组及其办公室进行了调整。各级各类学校根据工作需要，也都组建了相应的领导小组和工作机构。为适应新形势下学校及周边治安综治工作需要，2010年，江西省综治办会同江西省教育厅、省公安厅等九个部门共同制定了《学校、幼儿园及周边地区治安综合治理工作规程（试行）》，进一步健全了学校及周边治安综治工作机制。

（二）整治有力

学校及周边治安综合治理涉及多方利益，整治难，反弹多。近年来，江西省坚持整治工作反复抓，抓反复，逐步改善学校及周边治安环境。每年春、秋两季开学期间，省综治委学校及周边综治工作领导小组都组织开展学校及周边治安综合治理集中整治行动。三年来，全省共摸底排查学校15000多所，重点整治了2500多所学校及周边的治安秩序，整治重点问题13000多个。省综治委学校及周边治安综治工作领导小组各成员单位根据工作职能，组织开展了一系列专项整治行动。如江西省教育厅组织开展了校园安全管理专项整治行动，江西省公安厅组织开展了护校安全、校车安全专项整治行动，江西省文化厅组织开展了校园周边网吧专项整治行动，江西省委宣传部会同省司法厅开展了"江西十大法治人物"评选活动，江西省司法厅组织开展了校园周边矛盾纠纷排查调处工作，江西省通信管理局开展了互联网有害信息专项清理整治行动，江西省住房和城乡建设厅组织开展了学校周边建设工程执法检查行动，江西省新闻出版局组织开展了"扫黄打非"专项行动，江西省工商局组织开展了打击传销宣传教育进校园活动，江西省卫生厅组织开展了学校及周边卫生专项整治行动，江西团省委组织开展了"优秀青少年维权岗"创建活动和未成年人自我保护教育活动。各地、各级各类学校结合本地、本校实际，组织开展了许多有针对性的整治工作。2011年，南昌市以"七城会"召开为契机，组织力量对南昌地区部分高校周边存在突出治安问题进行了集中整治，解决了一些问题，得到了学校和师生的充分肯定。

（三）基础稳固

近年来，江西省学校及周边治安综治工作注重抓基层、打基础。一是开展安全法制教育，强化师生的安全防范意识。近年来，江西省坚持每年在各级各类学校中开展学生安全知识竞赛和教师说课比赛，全面提高了广大师生的安全意识和防范能力。仅2011年，全省就有612名大中小教师参加了全省公共安全教育教师说课比赛，409万余名大中小学生参加了安全知识竞赛活动。二是推动平安校园创建，打牢学校的安全工作基础。"十一五"期间，江西省综治委、教育厅、公安厅在全省学校广泛深入地开展了安全文明校园创建活动，全省共有758所学校被评为省级安全文明校园。从2011年开始，又在全省学校广泛开展平安校园建设工作，共评选出353所首批全省中小学幼儿园平安校园示范学校和20所平安校园创建先进高校。通过创建活动，进一步提升了广大师生的文明素养，打牢了学校安全稳定工作的基础。三是建立台账管理平台，提高隐患的排查整改效率。为推进学校安全稳定工作信息化建设，我们研究开发了江西省学校安全隐患台账管理平台。目前，学校安全隐患台账管理平台已覆盖全省所有高校和2273所中小学幼儿园，初步实现了学校安全隐患排查的实时动态管理，提高了学校及周边综治工作的质量和效率。

二、正确认识形势，增强责任意识

总的来看，江西省学校及周边治安形势稳定，秩序良好，校园和谐,经济社会和教育事业发展正处于大有作为的重要战略机遇期。但是，我们也必须清醒地认识到，当前，我国仍处于各种矛盾凸显、刑事犯罪高发、对敌斗争形势复杂的特殊时期，学校及周边问题与社会问题的内外关联度越来越高，学校的安全稳定形势受国内外形势影响越来越大，影响安全稳定的因素更加复杂。2011 年，江西省教育厅组织对全省 2348 所学校进行安全隐患排查，排查出各类安全隐患共 4478 个。2012 年 3 月，全省高校排查出校园周边问题隐患 203 个，涉及所有设区市、65 所高校。从排查情况来看，当前学校及周边治安问题依然十分严峻，当地政府和各有关部门必须高度关注这些影响学校治安和稳定的隐患问题，进一步增强责任感和紧迫感。

（一）关注各种社会矛盾和问题对师生人身安全的影响

当前，我国正处于经济社会发展转型的特殊历史阶段，各种社会矛盾和问题日益凸显，这些因素势必给学校及周边治安综治形势带来新的挑战。一是一些对社会不满或有精神心理问题的社会人员，把中小学幼儿园学生作为侵害对象，制造恶性案件。2010 年上半年，福建南平校园伤害案件后，全国相继发生多起伤害学校幼儿园孩子的恶性刑事案件，造成了师生人身重大伤害，在全国引起了很大的震动。江西省也发生过类似案件。如 2011 年 10 月，赣州市安远县精神病患者李某驾车冲入赣南师范学院操场，造成 7 名学生受伤，其中 1 名重伤。二是校园周边一些犯罪团伙把学生作为侵害对象，实施犯罪。一些犯罪分子长期盘踞在学校附近，经常对广大师生实施偷盗、诈骗、抢夺、抢劫等犯罪行为，有的甚至对学生实施暴力侵害，严重影响到广大师生的生命财产安全。三是一些诈骗团伙和传销组织针对大中专院校学生进行犯罪。一些诈骗团伙利用非法途径获得学生个人有效信息后，通过电话、网络、短信或直接接触等方式，对学生实施财物诈骗。一些传销组织打着直销旗号，以帮助大中专院校学生自主创业为幌子，招揽学生从事传销活动。如2012年3月，南昌市经济技术开发区有关部门查获了一起长城直购商城传销案，就涉及江西省多所大中专院校的学生。

（二）关注各种违法追求利益行为对学校及周边环境的影响

在当前利益格局深刻调整的背景下，一些个人和群体在追求利益过程中，不惜违法违规，干扰了学校的正常教育生活秩序，损害了师生的身心健康。一是学校周边非法违规经营现象大量存在。学校周边存在的"黑车"揽客、流动摊点娱乐场所非法经营、出租屋和旅馆疏于管理等问题，不仅破坏了学校及周边治安秩序，影响了学生的身心健康，而且存在重大安全隐患。从近期排查情况看，全省近80%高校的周边存在类似问题。二是非法冲击校园事件时有发生。近年来，涉校事故和案件发生后，一些当事人或家属在善后处理中，为获得不正当利益，采取非法封堵校门、占据教室和办公楼、打骂学校工作人员等情况越来越多，对学校正常秩序的干扰越来越大。2011年，仅全省高校就发生20余起在善后处理过程中家属严重干扰学校正常秩序的事件。三是破坏学校围墙问题屡禁不止。一些学校尤其是地处城乡接合部高校周边的居民，为了方便出行或招揽学生住宿、就餐，经常在学校围墙上挖洞或搭建楼梯，严重影响学校正常教学生活秩序，给学校安全带来隐患。

（三）关注各种教育自身发展问题对学校及周边安全的影响

近年来，各地大力实施教育优先发展战略，教育改革与发展取得了明显成绩，但同时教育自身管理水平跟不上快速发展的需要，存在很多安全隐患。一是学校教育管理问题。从江西省学校近年来发生的安全事故或校园治安案件看，在各类事故中，溺水事故、交通事故、学生实习事故以及因心理问题自杀的事件占较大比例；校园内偷盗、学生之间打架斗殴问题比较普遍。这说明一些学校在自身管理上存在问题。二是经费投入不足问题。许多地方学校及周边治安综治工作都没有稳定可靠的经费来源，学校安全设施设备、专业人员配备等往往不能落实到位，尤其是部分农村中小学，学校及周边治安综治工作的硬件设施更是非常薄弱。2011 年，江西省中小学幼儿园在落实人防、物防、技防方面，因聘请专业保安的学校数未超过 20%、安装视频监控和报警设施的学校数未超过 30%，在中央综治办、公安部、教育部等三部委联合检查中被通报。三是历史遗留问题。由于历史原因，给学校安全工作留下了一些问题和隐患。如学前教育的滞后发展欠账太多，江西省公办幼儿园难以满足适龄儿童正常入学需求，民办幼儿园数量骤增。有些民办幼儿园办学条件十分简陋，缺乏必要的安全设施，没有健全的安全卫生管理制度，有的甚至没有经过政府有关部门审批，存在严重的安全隐患。

面对这些问题，我们既要看到过去取得的成绩和打下的基础，坚定工作信心；又要切实增强忧患意识和责任意识，切实做到居安思危、未雨绸缪，下好先手棋，打好主动仗。

三、明确具体要求，落实工作任务

2012 年是落实教育规划纲要的关键一年，我们还将迎来举世瞩目的党的十八大胜利召开，做好 2012 年全省学校及周边治安综治工作，具有十分重要的意义。全省各地各有关部门和学校要切实增强政治敏锐性，进一步强化工作措施，认真履行职责，确保学校及周边和谐稳定。

（一）抓重点，解难题，务求集中整治行动取得实效

各地、各有关部门要按照江西省下发的方案要求，迅速行动，周密部署，确保整治行动取得实效。一是深入排查，把握重点。各地各部门和各学校要结合这次整治行动，深入排查学校及周边存在的影响师生安全和校园稳定的各类问题和隐患。要在排查的基础上，对学校及周边安全稳定形势进行全面的分析研判，切实把那些师生反映强烈、可能造成重大人员伤亡和财产损失以及可能造成恶劣社会影响的突出问题找出来，列入重点整治内容，登入隐患台账，并采取有力措施进行整治。二是注重方法，破解难题。要以"除恶"、"清障"、"治乱"、"严管"、"建章"为重点内容，对各类隐患和问题进行整治。在整治中，要特别重视对那些利益牵扯面大、整治后严重反弹、长期困扰学校的"老大难"问题，要进行重点突破。解决"老大难"的关键是"老大不畏难"，各地党委、政府的主要领导要亲自抓，要通过领导包案的形式，现场办公，联合执法，切实破解整治中的难点问题。三是加强督查，确保实效。这次整治工作要采取全面排查、台账管理、问题抄告、重点督办、照单验收的形式进行。整治验收阶段，省综治委将向各设区市派出11个由省学校及周边综治工作领导小组成员单位领导带队的督查组，逐条验收由江西省下发的各个整治项目。对那些工作迟缓、力度不大、整治成效不明显的，要采取重点督办、挂账督办、问责约谈等方式，限期重新整改，务必取得实实在在的成效。

（二）抓领导，形合力，构建齐抓共管的工作格局

学校及周边治安综治工作是一项带有全局性、战略性的工作，涉及方方面面和校内校外。必须坚持党政抓总，综治牵头，部门联动，内外结合，齐抓共管。一要坚持发挥各级党委、政府的领导作用。各级党委、政府一定要从维护社会稳定和国家长治久安的战略高度，按照

省综治委关于"学校周边安全稳定工作由属地党政领导负责"的要求，把学校及周边治安综合治理工作摆在突出位置，加强组织领导。二要坚持发挥各级综治部门的组织协调作用。各级综治部门作为综合治理牵头单位，要抓好组织、协调和督查工作，将学校及周边环境综合治理作为社会治安综合治理工作的重要内容，主动协调有关职能部门及时解决学校及周边存在的突出问题，消除安全隐患，及时向当地党委、政府汇报工作情况。三是坚持发挥各级教育部门的指导监督作用。各级教育部门要加强对学校安保工作的指导、督促和检查，全面掌握学校安全工作状况，督促指导学校建立健全并落实安全管理制度。要认真履行学校及周边治安综合治理工作领导小组办公室职责，主动加强与有关部门的联系，推动各有关部门共同做好学校及周边治安综治工作。四是坚持发挥各成员单位的职能作用。各级宣传、公安、工商、文化、司法、卫生、建设、通信管理、食品药品监督、新闻出版、质量技术监督、共青团等学校及周边治安综治工作领导小组成员单位，要各司其职、各负其责。新闻媒体要加大宣传力度，营造整治工作的良好舆论氛围。五是坚持发挥各级各类学校的主体作用。各级各类学校是学校安全工作的责任主体，要切实加强对学生的教育和管理，全面落实各项安全措施，及时化解校内矛盾纠纷，切实做好校园内部治安环境整治工作。要及时反映学校及周边问题，积极争取当地党委、政府支持，配合有关部门整治学校及周边环境。

（三）调机构，明任务，建立健全长效的工作机制

为了更好地贯彻落实中央关于加强和创新社会管理的决策部署，2011 年 9 月，党中央、国务院决定，中央社会治安综合治理委员会更名为中央社会管理综合治理委员会，并对职责任务和成员单位进行调整，进一步充实工作力量。其中，中央综治委学校及周边治安综治领

导小组更名为中央综治委校园及周边治安综合治理专项组，调整了领导小组成员，明确了目标任务。下一步江西省也将调整设立社会管理综合治理委员会。为此，要重点做好以下几项工作：一是调整工作机构。要结合各级校园及周边治安综合治理专项组的调整，进一步加强机构建设，增加投入，确保学校及周边治安综合治理工作机构有办公场所、有工作人员和工作经费。二是明确目标任务。要根据新调整校园及周边治安综合治理专项组确定的"一个目标、四项任务"：即以确保师生生命财产安全和校园和谐稳定为目标，认真完成安全法制教育、平安校园创建、治安防控体系建设、严厉打击违法犯罪等四项任务，落实工作措施，分解细化部门工作责任。三是健全长效机制。各地要进一步贯彻落实好省综治委下发的《学校、幼儿园及周边地区治安综合治理工作规程（试行）》，实现学校及周边综治工作常态化。要将各成员单位纳入江西省学校安全隐患台账管理平台用户，实现学校及周边综治工作信息化。要完善会议制度、会商制度，加强督促检查和考核评估，实现学校及周边综治工作规范化。

（2012 年 4 月 28 日）

走"民族小省办民族大教育"的路子

民族教育是维护民族团结和国家统一、促进少数民族地区发展、全面贯彻当前教育方针和民族政策的战略举措,通过加强教育、改进管理、提升服务、维护稳定,努力使在赣少数民族学生生活愉快、学习安心、学业有成、健康成长是江西高校义不容辞的责任。

一、江西省各级各类学校少数民族学生基本情况

江西是民族小省,近年来,江西高度重视民族教育发展,大力加快少数民族人才的培养,走出了一条"民族小省办民族大教育"的路子。从各级各类学校少数民族学生来看,目前,江西省义务教育阶段学校少数民族学生总计在校生 27991 名,普通高中少数民族学生总计在校生 3209 名,民族乡村适龄儿童入学率和小学升初中率基本达到 100%,民族乡村普及九年义务教育得到实现,小学毕业生语数合格率超过 90%,近 90% 的初中生毕业后升入高中、中专、职高学习。新疆、西藏、青海藏区中职在校生 1226 人,涉及省内 7 所大、中专学校,为接受少数民族中职生最多的省份之一。高等教育少数民族学生总计在校生 61128

名，共涉及 54 个少数民族，相对集中在南昌工学院、南昌大学、江西中医药大学、上饶师范学院等学校，约占江西省高校在校生数 6.88%，其中土家族、回族、壮族、藏族、苗族、蒙古族、满族、畲族、侗族、彝族占据学生数前十位，总计 47180 名，占少数民族学生数 77.2%。

从民族班举办情况来看，江西省于 1985 年在南昌市第十七中学举办了西藏初中班，目前在校生 268 名；2008 年在莲塘一中举办了新疆克州高中班，目前在校生 300 人；2011 年南昌市进贤一中举办西藏高中班，目前在学生 229 名；另外，安义中学还举办了西藏高中生散插班，现有学生 42 名。

从承担民族预科教育情况来看，南昌工学院于 2003 年承担起民族预科教育的任务，目前在校少数民族学生数达 15688 人，其中预科生 9289 人，本专科生 6399 人，2003 年学校被教育部确定为"全国高校少数民族预科教育基地"。同年，江西中医药大学开设了"少数民族高层次骨干人才硕士研究生基础强化培训班"，2006 年学校被教育部民族教育司确定为全国医学类少数民族高层次骨干人才硕士研究生基础强化培训高校，也是教育部指定的 6 所基础强化培训学校中唯一的医药院校，负责全国高校医学类少数民族高层次骨干人才硕士研究生的基础强化培训工作。

二、江西省少数民族学生教育管理情况

近年来，江西省各相关学校根据少数民族学生思想、学习和生活实际，紧紧围绕立德树人这一根本任务，扎实开展了一系列有针对性的工作，使江西省民族教育工作呈现出了良好的发展态势。

一是不断加大支持力度。从 2011 年起，江西省政府把民族教育发展列入江西省"民生工程"，江西省财政每年安排 1000 万元用于发展民族教育。我们认真做好资金使用安排，一方面在江西省实施的中小

学危房改造、农村寄宿制学校建设、农村中小学基础设施改造、农村中小学远程教育建设和大中专院校支援贫困县乡农村中小学"结对帮扶工程"等工程建设中，对民族乡、民族村中小学校危房改造、新建校舍和远程教育等建设项目优先列入计划解决；一方面在教育经费十分紧张的情况下，安排少数民族专项扶持资金，对民族乡、村中小学校建设予以支持。2010 年至 2012 年，共改造和新建民族乡教育设施面积 3.644 万平方米，到 2012 年底，江西省民族中小学校 D 类危房全部消灭，危房改造基本完成，27 所民族中小学校建起了现代远程教育设施，10 多个民族村开设了幼儿园，各类配套设施也不断得到改善，并如期完成项目。从 2013 年起，继续安排专项资金支持民族地区基础教育，2013 年，江西省财政专项安排 1000 万元，支持 8 个民族乡、6 个民族村学校 25 个项目建设。2014 年，江西省财政专项安排 1000 万元，支持 8 个民族乡、28 个民族村学校教学楼、综合楼和运动场等 56 个项目建设。同时，充分发挥部门职能优势，开展对口支援工作，帮助民族乡村改善中小学办学条件，提高少数民族群众科技素质。

二是狠抓思想政治教育。针对少数民族学生思想政治教育工作实际，采取分层分类的方式，对招收少数民族学生的重点学校加大工作指导力度，进一步增强少数民族学生思想政治教育工作针对性和实效性。通过加强高校辅导员队伍建设推进少数民族大学生思想政治教育工作，一方面在省级高校辅导员培训班课程设置上安排少数民族大学生思想政治教育工作专题，邀请专家授课，另一方面结合实际工作需要，努力培养一批既熟悉汉语又懂少数民族语言的"双语型"高素质辅导员工作队伍。同时通过发挥思想政治课主渠道作用，推进少数民族学生思想政治教育工作，组织开展少数民族思政课建设情况调研和督查，推进少数民族学生培养学校思政课专题化、专业化建设。各有关学校精心组织"中国梦"系列主题教育活动，广泛开展"民族团结教育月"、"结对子"、"手拉手"等实践活动，扎实推进民族团结教育进教材、进课堂、进头脑，引导学生牢固树立"四个认同"、"三个离不开"的思想意识。

三是不断完善管理制度。各有关学校根据教育部的要求，细化各项教育管理服务办法，确保工作有规可依、有章可循、有据可查。例如，江西师范大学制定《新疆少数民族家庭经济困难学生资助管理暂行办法》，用于资助品学兼优、经济困难的新疆少数民族学生。南昌航空大学制定《少数民族预科生学籍管理规定》，规范学籍管理，保证培养质量。江西中医药大学制定《少数民族硕士研究生学籍管理办法》，加强对少数民族硕士生的管理。南昌工学院编印《民族预科学生手册》，加强对民族预科生的各方面教育。

四是着力强化队伍建设。各有关学校均成立少数民族学生工作领导小组，形成学校统一领导、部门齐抓共管的工作机制，并选派政治素质过硬、业务能力强的教师负责少数民族学生工作，注重培养选拔优秀民族学生干部，发挥其自我管理作用。例如，为加强思政队伍建设，调动辅导员工作的积极性和主动性，2014年12月，南昌工学院成立了"迪里努尔辅导员工作室"，引导鼓励全校教职工以迪里努尔·买买提依明老师为学习榜样。2015年，迪里努尔老师还被评为"全国优秀教师"。

五是深化教育教学改革。各有关学校针对少数民族学生文化课相对薄弱的情况，专门设计培养方案，精心组织课堂教学，深化教育教学改革，不断提高教学水平。例如，江西理工大学为少数民族学生安排辅导员进行"一对一"帮扶，对文化基础课薄弱的少数民族学生加强课外辅导，帮助他们顺利完成学业。南昌工学院加强预科教学与日常管理工作督导评估，推进预科课程和大学课程有机衔接。2015年新疆班高考升学率100%，其中二本上线率53%，继续保持良好态势。进贤一中西藏高中班升学率100%，其中二本上线率98.6%。

六是切实加强生活保障。各有关高校尊重少数民族学生风俗习惯和身心特点，关心饮食起居，关爱身心健康。在开斋节、古尔邦节、藏历新年等少数民族重大节日，学校都会举办联欢会或节日餐，并采取奖、免、助、贷、补、勤等方式资助贫困学生。2014 年江西省少数民族学生义务教育寄宿生获补助 1444 人次，普通高中国家助学金 814 人次，高考入学政府资助金 103 人次，中职助学金 2613 人次，本专科生"三金"7141 人次，研究生"三金"413 人次。同时，例如南昌大学设置清真餐厅，聘请专业厨师，减免场地费用；江西财经大学专门设置清真食堂，聘请专业厨师，对远离校本部不能到清真食堂吃饭的少数民族学生给予伙食补助，等等。

七是全力维护安全稳定。按照属地管理原则，把学生安全工作职责层层分解，并建立完善校园维稳预警机制，加强少数民族学生涉恐和犯罪预警。有关高校将少数民族学生维稳工作纳入学校安全稳定工作体系，定期研判形势，落实维稳措施，及时妥善处置突发情况，切实维护学校安全稳定。例如，上饶师范学院建立了《少数民族学生安全管理工作预案》，做到未雨绸缪。2015 年 10 月，南昌十七中被国务院授予"全国民族团结进步模范集体"。

八是重视就业创业工作。江西省高度重视少数民族大学毕业生就业工作，落实政策、搭建平台、搞好服务、拓宽渠道，并积极鼓励少数民族大学毕业生自主创业。2014 届少数民族高校毕业生人数为 7660 人，签约率达到 83.21%。2015 年，江西省少数民族高校毕业生人数 8607 人，比 2014 年增加 947 人（2014 年少数民族高校毕业生人数为 7660 人），截至 7 月底，江西省少数民族高校毕业生签约率为 86.12%，自主创业的少数民族高校毕业生有 33 人。

三、江西省民族教育存在的问题及突破口

（一）江西省民族教育存在的问题

江西省民族教育虽然取得了一定成绩，发展态势良好，但与办好人民满意的民族教育要求相比，也还存在着一些问题和困难，主要体现在：一是从事民族教育的力量比较薄弱，高学历高素质的民族教育干部、"双语"教师、心理咨询师缺乏，导致对汉语基础较差的少数民族学生的思政工作、民族团结和心理健康教育难以深入，容易形成本籍学生抱团现象。二是部分学校民族教育管理力量不足，未设立专门机构和岗位，缺乏专门管理制度和管理人员，或者用管理汉族学生的办法管理少数民族学生，致使产生教育和管理方面的问题。三是举办民族教育的投入尚感不足，有关部委文件配套解决办学资金、生师比、教职工岗位津贴等尚未到位，还需进一步加大投入，尽快落实相关资金。四是内地民族班办班经费标准较低，随着物价水平的提高，内地班每年生均公用经费 8000 元的标准偏低，学校办班较为困难，尚待建立内地班生均公用经费标准稳步增长机制。五是大部分少数民族学生长期接受本民族语言教育、生活习惯，毕业生汉语水平偏低、风俗饮食习惯等不符合用人单位要求，不利于其就业。六是部分少数民族毕业生受成长环境、传统观念等因素的影响制约，就业信心不足，就业变得更加困难。七是少数民族学生维稳工作存在难度。八是部分学校少数民族的食堂及生活设施有待改善，相关学校要加大少数民族学生日常生活、饮食投入，试点采取学生自愿购买商业保险、学校建立关爱基金等方式，完善学生在校医疗保障。

（二）江西省民族教育问题的突破口

一是加强民族团结教育。坚持不懈开展爱国主义教育和民族团结教

育，引导少数民族学生牢固树立"三个离不开"思想。深入推进民族团结教育进学校、进课堂、进头脑，切实增强各民族凝聚力。针对少数民族学生家庭背景、成长环境和心理特点，深入开展以马克思主义祖国观、民族观、宗教观和党的民族宗教理论政策为重点内容的民族团结教育；在民族班少数民族学生中定期组织形势报告会、开设讲座、开展宣讲、召开座谈会。要求相关高校试点开设宗教常识选修课和专题讲座，使少数民族学生全面了解宗教知识，客观看待宗教问题，自觉抵御宗教极端思想渗透；关注少数民族学生思想和心理状况，积极开展心理健康教育宣传工作，构建和完善民族大学生心理问题高危人群预警机制，发现问题及时疏导和解决。

二是提升教育办学水平。根据少数民族学生实际情况，创新教学观念和教学方法，采取集中讨论、案例分析、小班教学等方式，提升教学水平。根据实际探索多种模式混班教学方式，对学习困难的学生，采取民汉学生"一帮一"和"结对子"等方式，积极引导少数民族学生融入学校和集体。

三是全面加强管理工作。狠抓日常管理，特别是要严格学籍管理制度；全面掌握学生思想动态；定期开展安全检查，加强校园周边环境整治，不断强化安全管理；加强校园网络管理；依法依规处理非法宗教活动问题，对极个别参加恐怖组织、从事暴恐活动的，要坚决移交公安机关依法处理，确保校园安全稳定。

四是不断提高服务质量。做好家庭经济困难学生资助工作，认真落实国家资助政策，在奖学金评定、困难学生补助、学费减免、助学贷款办理、勤工助学岗位设置等方面，向少数民族学生倾斜，确保应助尽助，解决后顾之忧；解决好学生饮食问题，尊重少数民族学生饮食习惯，强化清真食品的原料进货和储运管理，切实办好清真食堂，稳定价格，提高质量，确保饭菜卫生安全。

　　五是抓好就业服务工作。建立少数民族毕业生信息数据库及就业进展状况动态管理机制；完善供需信息平台建设，加强地区及省际沟通，组织实施少数民族毕业生专场招聘活动；推进少数民族毕业生与就业市场的对接，要求相关高校根据少数民族学生就业特点开设就业指导课，有针对性地开展专项就业辅导培训和自主创业培训，引导学生树立正确的择业观，增强创业意识，提高就业创业能力。

（2015 年 8 月 18 日）

建设好部省共建赣州教育改革发展试验区

部省共建赣州教育改革发展试验区，是提高教育服务赣南等原中央苏区振兴发展能力的"金钥匙"，因此，必须加快推进部省共建赣州教育改革发展试验区。

一、进一步提高认识，切实增强责任感使命感

经济要发展，教育要先行。教育在经济社会发展中居于基础性、全局性、先导性的战略地位。近年来，为推动赣南等原中央苏区振兴发展，党中央、国务院和江西省委、省政府就加快赣州经济社会和教育事业发展作出了一系列政策和项目、资金上的特殊安排。2014年初，教育部和省政府联合签署了《关于共建赣州市教育改革发展试验区的意见》（以下简称《共建意见》），决定启动部省共建赣州教育改革发展试验区建设，明确提出"用三至五年时间，逐步缩小与全国平均水平的差距，逐步实现更高水平的普及教育、形成惠及全民的公平教育、提供更加丰富的优质教育、健全充满活力的教育体制""到2020年基本实现教育现代化，基本形成学习型社会，将赣州市丰富的人力资源转化为人

才红利，提高人民群众对教育的满意度，增强教育对区域经济社会发展的服务贡献能力"。这是省政府和教育部贯彻落实国务院《若干意见》、关心支持赣南革命老区经济社会特别是教育事业发展的一项重大举措，对于推动赣州经济社会特别是教育事业在新的起点上加快发展、科学发展、振兴发展具有重要而深远的意义。

赣州市教育改革发展试验区启动实施一年来，省、市两级高度重视，紧紧围绕试验区建设的目标任务，全力推进《共建意见》的贯彻落实，做了大量卓有成效的工作。一是帮扶力度大。江西省直各有关部门积极作为，在项目资金、政策上给予大力支持和倾斜，如江西省发改委、财政厅、教育厅三部门把赣州所有县（市、区）纳入"全面改薄"项目中央资金支持范围，安排资金量占中央下达江西省资金总量的三分之一；又如江西省教育厅在招生上给予特殊政策支持，连续三年单独面向赣州降分录取、定向培养大学生，累计支持赣州定向招生计划1400余名，并在特岗计划、两区人才支教、学前教育巡回支教以及国培、省培计划等教师队伍建设方面给予特殊支持。二是改革思路清晰。赣州市委市政府紧紧抓住这一难得机遇，主动作为，始终把教育摆在优先发展的战略地位，把立德树人和促进教育公平作为教育工作的根本要求，把全面实施素质教育和提高教育教学质量作为教育改革发展的核心任务，把教育改革创新作为推动教育发展的强大动力，强化责任落实，注重科学规划，健全工作机制，出台政策措施，加大资金投入，争取对口帮扶，统筹推进教育改革试验区建设，大力提升赣州教育的发展水平，通过教育率先发展，助推赣州经济社会发展。三是积极先行先试。赣州市利用部省共建试验区赋予的先行先试权，深入推进学校德育教育模式、特殊群体就学考试制度、办学模式、职业教育人才培养模式、城乡教师资源配置制度、教育对外合作交流机制、贫困地区教育发展投融资渠道等七项改革试点，在江西省率先推行紧缺学科和乡镇中心校教师走教等办学模式，探索了五年一贯制和"联合招生、分段培养"等职教形式，启动了现代学徒制试点，实行工学结合、订单培养，为江西省教育改革发展提供了不少鲜活经验。总之，教育改革发展试验区建设各项工作顺利推进，取得了明显成效。

但同时我们也要看到，由于受经济发展水平、教育发展基础以及自然条件等方面因素的影响，目前，赣南革命老区教育发展不仅在全国而且在江西省仍然是比较滞后的，面临的困难和问题还很多，要缩小与江西省、全国的差距，与江西省、全国同步实现教育现代化，任务还很艰巨。从这个层面上说，没有赣南老区教育的振兴发展，就没有江西省教育的跨越发展；没有赣南老区教育的现代化，就没有江西省教育的现代化。我们要深刻认识推进赣州教育改革发展试验区建设的重要意义，把思想和行动统一到党中央、国务院和江西省委、省政府的决策部署上来，切实增强责任感和使命感，以更加积极的行动、更加务实的举措、更加实干的精神，改革创新、合力攻坚，不断开创赣州和江西省教育发展的新局面。

二、推动试验区建设的抓手

加快部省共建赣州教育改革发展试验区建设，任务重，压力大。赣州市政府、江西省直有关单位要进一步明确目标任务，突出改革重点，狠抓工作落实，推动试验区建设取得更大成效。当前，重点在以下几个方面下功夫。

（一）加快推进教育领域综合改革

教育发展的根本动力在于改革，试验区建设的核心还是在于改革。赣州市政府要充分利用教育部和江西省赋予的先行先试政策，大胆探索试验，加快重要领域和关键环节改革步伐。一是要推进城乡教师资源配置制度改革。百年大计，教育为本；教育大计，教师为本。教师是教育的第一资源。要促进城乡教育均衡发展，就必须紧紧抓住教师资源配置这个"牛鼻子"，多措并举加快推进义务教育学校校长教师交流轮岗，着力解决城乡师资不均衡的问题。二是要深入推进职业教育人才培养模式改革。职业教育是与经济发展联系最为紧密的教育门类。过去很长一段时间，我们把主要精力放在了普通中、高等教育上，今后，我们还要把很大一部分精力放到职业教育上来。大力发展职业教育，不仅是赣州振兴发展的现实选择，也是教育扶贫的重要举措，一个贫困家庭有一个孩子进入职业学校并成功就业，就能带动整个家庭脱贫致富。赣州市要高度重视职业教育的发展，加大投入，创新体制机制，努力建设与经济社会发展相适应的现代职业教育体系，大力培养当地经济社会发展需要的高素质技术人才。三是要加快教育信息化建设。教育信息化建设，能以最快捷的办法扩大优质教育资源覆盖面，促进城乡、校际之间优质教育资源的共建和共享，是推动欠发达地区教育实现跨越发展的必由之路。赣州市政府要把教育信息化建设作为教育改革的突破口，加快推进教育信息化"三通两平台"建设，实现各级各类学校宽带网络的全覆盖，优质数字教育资源的共建共享，信息技术与教育教学的深度融合，逐步缩小区域、城乡、校际之间的差距，促进教育公平，提升教育质量。作为欠发达地区，还要大力推进教育发展投融资渠道改革，出台相关政策措施，鼓励社会资金投资捐资教育，为教育提供有力财经保障。

（二）加快教育基础设施建设步伐

教育基础设施是保障教育事业发展的前提和支撑。赣州教育发展滞后，很大程度上源于教育基础设施条件的滞后。要紧紧抓住赣南苏区振兴发展的历史机遇，着力谋划和推进一批关系当前和长远发展的大项目、好项目，着力突破制约赣州教育发展的瓶颈。2015 年，省级预算新增财力 40% 用于教育，这是对教育的最大支持。赣州市、县两级财政也要进一步加大对教育的投入，千方百计拓宽经费来源渠道，确保教育支出占财政支出的比例不降低，确保财政性教育经费占生产总值的比例不降低。当前和今后一个时期，要继续大力推进实施第二期"学前教育三年行动计划"，切实改善城乡幼儿园办园条件，进一步缓解城乡群众子女"入园难"问题；要认真抓好"全面改薄"工作，加快推进义务教育学校标准化建设，促进城乡义务教育均衡发展；要大力推进"普通高中改善办学条件"项目建设，进一步扩大优质高中教育资源，提升普通高中教育质量和办学水平；要大力推进职业教育基础能力建设，完善职业学校实习实训设施设备，培养大批技术技能型人才；要充分发挥高校人才和学科优势，深化高校产学研合作，大力推进高校科技创新平台建设，努力把科研成果转化为现实生产力，使教育更好地服务于赣州经济发展方式转变和产业结构调整。

（三）大力实施教育民生工程

保障和改善民生，满足人民群众对子女接受优质教育的需求，是推进赣州教育改革发展试验区建设的出发点和落脚点。要紧紧抓住国家新一轮集中连片扶贫攻坚政策机遇，切实抓好教育精准扶贫工作。要坚持从"输血"式扶贫向"造血"式扶贫转变，从单个扶贫向集中连片扶贫转变，切实增强贫困地区教育发展的内生动力。要加大财力人力投入，集中力量解决群众最关心、最直接、最现实的教育方面的问题，切实提高人民群众对教育的满意度。2015 年，江西省政府在实施教育民生工程方面提出了六项任务，如学前教育家庭贫困幼儿资助工作、义务教育"两免一补"工作、普通高中及考入大学家庭贫困学生资助工作、中职生免学费及政府资助工作等；赣州市结合自身实际，作了拓展和延伸，也提出了具体的目标任务，市、县两级政府和有关部门一定要高度重视，细化措施，抓好落实，把各项教育免费政策精准兑现到位，把乡村教师的各项待遇精准落实到位，把贫困地区的教师队伍精准培训到位，切实把好事办实、实事办好，全面兑现各级党委、政府对人民群众的承诺，让人民群众特别是基层群众真正享受教育改革发展成果，为教育改革发展营造良好氛围。

三、进一步加强领导，形成部省强大的合力

加快推进赣州教育改革发展试验区建设，是一项事关赣州市和江西省经济社会特别是教育事业发展大局、事关百姓福祉的系统性工程，需要我们群策群力。希望赣州各级地方党委、政府要把试验区建设放在重中之重的位置，加强领导、创新举措、统筹兼顾、全力以赴，确保试验区建设取得明显成效；在加强顶层设计的同时，要鼓励和支持各县（市、区）因地制宜改革创新，勇于实践，对实施过程中的好经验、好做法、好成果，要及时总结交流、积极加以推广，切实发挥示范带动和引领作用，扎扎实实把改革引向深入，努力探索革命老区和欠发达地区教育振兴发展的新路子。省直各有关部门要带着对老区人民的浓厚感情，进一步加大支持力度，多给倾斜、多切蛋糕；要加大与国家有关部委沟通、对接力度，争取更大的支持。

需要特别强调的是，部省共建赣州教育改革发展试验区省级联席会议，是推进试验区建设的重要议事、协调机构，各有关部门、有关单位要切实负起责任，明确工作思路，加强协调配合，定期调度试验区建设有关工作，及时解决工作中遇到的重大问题，为赣州试验区建设创造良好的政策环境。江西省教育厅要发挥牵头抓总作用，积极做好试验区建设重大政策和举措的协调工作；江西省编办要指导和协调赣州做好试验区教育改革相关机构编制工作；江西省发改委要将试验区

教育发展及重大教育项目列入国家、省级相关规划，统筹安排和优先支持试验区教育专项建设；江西省财政厅要在财政资金划拨及管理上给予试验区支持；江西省人力资源和社会保障厅要在教师招聘、人才引进及职称评聘等方面给予试验区支持；江西省国土资源厅要在教育项目用地指标上给予试验区支持；江西省住房城乡建设厅要负责指导试验区抓好教育网点布局规划及建设工作。"众人拾柴火焰高"，我们要通过各级各有关方面的共同努力，凝聚起推进赣州教育改革试验区建设的强大合力。

（2015 年 11 月 10 日）

后 记

　　百年大计，教育为本。我曾在学校工作过较长时间，到江西工作后，相当长一段时期又在省政府分管教育工作。江西教育如何改革创新，走一条什么样的道路，才能告别现实，实现跨越式发展，一直是我想回答的一个问题。我花了大量的时间和精力到全省教育系统和各级各类学校进行调研，反复思考一些问题：江西人会不会读书，会不会办教育？江西教育目前在全国处于一个什么样的位置？教育的根本任务是什么？江西高校如何实行转型发展？在调查研究的基础上，我进行了总结，本书即是我与同志们商量的结果的汇总。如在高等教育的发展战略上，我提出坚持"一个目标"，即有特色、高水平；"两个转变"，即从规模扩充向质量提升转变，从均衡推进向重点突破转变，并实施"440"协调创新工程和专业评估，打造一流学科和一流专业。在基础教育上，提出了"保基本、广覆盖、提质量"的方针，在职业教育和民办教育上，提出"内涵发展，特色立校"，即"学校有特色、专业有特点、教师有特长、学生有特技"等，并在此基础上提出了江西教育综合改革方案。在省委、省政府的正确领导下，全省教育系统同志的共同努力下，"十二五"时期江西教育得到了较好的发展。仅从高等教育方面看，能授予博士学位的学校从四个提升到九个，博士生招生人数增长了一倍。在全国科技发明奖、教育成果一等奖、长江学者、百篇博士论文等重要指标上实现零的突破。大学、普通本科院校、专科院校等超常规发展，科学技术进步奖等国家级大奖和国家工程实验室等大幅增加，材料物理、金牌讲解班等重点学科和重点专业迅速成长。高等教育在全国的排序从 22 位提升到 19 位。当然，由于我省还是一个经济欠发达地区，高等教育起步较晚，工作还有缺失，我们与兄弟省市相比，还存在着明显差距。我希望这本书能够抛砖引玉，大家共同来思考怎样使江西教育在"十三五"期间得到更大的发展。

感谢编辑同志为本书的出版付出的辛勤劳动。

作者

2017 年 5 月 21 日